专家课堂

——卓越公路工程师系列丛书

公路工程施工资料编制与立卷

主编 ◎ 李美民

人民交通出版社

China Communications Press

内 容 提 要

本书对公路施工项目的监理单位和施工单位资料的编制，进行了完整、系统的介绍，全书共分九章。第一章为概述；第二章为公路工程施工资料的编制内容；第三章为公路工程施工资料用表和编制程序；第四章至第七章分别以实际工程为例，介绍了怎样按照规定进行材料及标准试验资料、施工工序资料、交工验收评定资料、工程质量检验评定资料的计算、评定和表单的填写；第八章简单介绍了怎样运用计算机管理系统进行资料的编制；第九章为公路工程施工资料的立卷。

本书可供从事公路工程施工资料内业整理的工程技术人员参考使用，亦可作为高职院校相关专业课程教材。

图书在版编目(CIP)数据

公路工程施工资料编制与立卷/李美民主编. --北京：人民交通出版社，2012.3

ISBN 978-7-114-09341-8

Ⅰ.①公… Ⅱ.①李… Ⅲ.①道路工程—工程施工—资料—编制②道路工程—工程施工—立卷 Ⅳ.①U415

中国版本图书馆 CIP 数据核字(2011)第 161880 号

书　　名：公路工程施工资料编制与立卷
著 作 者：李美民
责任编辑：王　霞(wx@ccpress.com.cn)
出版发行：人民交通出版社
地　　址：(100011)北京市朝阳区安定门外外馆斜街 3 号
网　　址：http://www.ccpress.com.cn
销售电话：(010)59757973
总 经 销：人民交通出版社发行部
经　　销：各地新华书店
印　　刷：北京市密东印刷有限公司
开　　本：720×960　1/16
印　　张：32.25
字　　数：577 千
版　　次：2012 年 3 月　第 1 版
印　　次：2014 年 11 月　第 2 次印刷
书　　号：ISBN 978-7-114-09341-8
定　　价：65.00 元
(有印刷、装订质量问题的图书由本社负责调换)

前言

Preface

公路工程施工资料是指《公路工程竣交工验收办法实施细则》和《公路工程质量检验评定标准》中的监理资料和施工资料，《公路工程质量鉴定办法》中的内业资料，《公路工程施工监理规范》中的监理文件与资料，《公路建设项目文件材料立卷归档管理办法》中的监理文件和施工文件材料。

《公路工程质量检验评定标准》第四章路基土石方工程规定的实测项目的检测频率；多车道公路必须按车道数与双车道之比，相应增加检查数量。第七章7.1.2路面工程实测项目规定的检查频率为双车道公路每一检查段内的检查频率（按 m^2 或 m^3 或工作班设定的检查频率除外），多车道公路的路面各结构层均须按其车道数与双车道之比，相应增加检查数量。各施工规范和评定标准对高速公路、一级公路与其他公路资料的编制规定除规定值或允许偏差、保证率有所不同外，其余要求完全一致。归档范围、立卷归档管理办法、监理规范和各规程对资料的编制和立卷的规定没有区分公路等级。根据以上对资料编制和立卷的规定，为了举例既方便又有代表性，书中引用的实例采用了二级公路标准；书中介绍的资料编制和立卷方法，均适用于各等级公路监理资料和施工资料的编制和立卷。

书中介绍的所有内容、规范、规程及评定标准均以各相关文件的规定为依据，并在书中一一列明了规定原文。为了便于读者查找对照，书中序号仍按照原文序号排列。书中介绍的进行资料编制和立卷的方法，同样适用于沥青路面、隧道工程等未介绍项目资料的编制。只要掌握了方法，定能编制出符合要求的资料。

书中对一个实际施工项目的监理单位和施工单位资料的编制，进行了完整、系统的介绍。第一章概述，介绍了有关文件、规范、评定标准对公路工程施工资料编制的要求，介绍了资料的编制依据、步骤和管理；第二章公路工程施工资料的编制内容，介绍了依据立卷归档管理办法、归档范围、施工规范、评定标准的各项规定，确定资料的基本内容，具体的材料及标准试验，施工工序的具体内容及工序划分，分项工程的具体内容及分项工程划分，单位、分部工程的具体内容及单位、分部工程划分；第三章公路工程施工资料用表和编制程序，介绍了依据施工规范、规程、评定标准的规定，制定材料及标准试验资料、施工工序资料、交工验收评定资料、工程质量检验评定资料的用表和编制程序；第四章至第七章分别介绍了依据施工规范、规程、评定标准的规定，进行材料及标准试验资料、施工工序资料、交工验收评定资料、工程质量检验评定资料的编制；第八章介绍了运用"公路工程资料管理系统"进行资料的编制；第九章公路工程施工资料的立卷，介绍了依据归档范围、立卷归档管理办法的规定，进行监理资料和施工资料的立卷。书中以详细、具体的举例形式进行介绍，简单明了，具有较强的实用性和可操作性。

该书是在编写《公路工程施工资料编制实用指南》(下文简称《实用指南》)、《公路工程施工资料编制实用手册》(下文简称《实用手册》)、《公路工程施工资料编制示例》(下文简称《编制示例》)和研发"公路工程资料管理系统"(下文简称"资料管理系统")软件的基础上完成的，书中介绍的资料用表的表号、编制程序、编制方法与《实用手册》、《编制示例》、《资料管理系统》相一致。《实用指南》主要介绍了资料编制方法并列举了示例，《实用手册》较全面、系统地介绍了适用于各等级公路的资料用表和编制程序，《编制示例》对举例项目的资料进行了完整、系统地介绍，《资料管理系统》内容齐全、规范、系统，适用于各等级公路监理资料和施工资料的编制。该书是对《实用指南》内容的完善和更新，是对《实用手册》资料用表和编制程序制定依据和制定过程的说明，是对《编制示例》中资料编制依据和编制过程的说明，是对《资料管理系统》的研发依据、研发过程及进行资料编制过程的说明。

由于编写者水平有限，疏漏和错误在所难免，恳请业内专家和广大读者给予批评指教。

编　者

2012年1月

目录 Contents

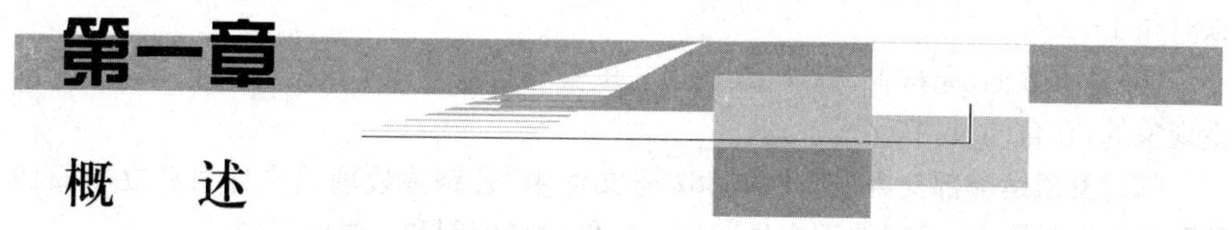

第一节　对公路工程施工资料编制和立卷的要求

对公路工程施工资料编制和立卷的要求，是公路工程施工资料编制和立卷工作的目标及在工作中应遵循的准则，其要求精神应认真领会，并贯穿整个资料编制工作的始终。

一、有关文件对公路工程施工资料编制和立卷的要求

（一）交通运输部交公路发[2010]65 号文件中“公路工程质量鉴定办法”对内业资料编制和立卷的要求

1.内业资料审查内容——质量保证资料

（1）所用原材料、半成品和成品质量检验结果。

（2）材料配比、拌和加工控制检验和试验数据。

（3）地基处理、隐蔽工程施工记录和大桥、隧道施工监控资料。

（4）各项质量控制指标的试验记录和质量检验汇总图表。

（5）施工过程中遇到的非正常情况记录及其对工程质量影响分析。

（6）施工过程中如发生质量事故，经处理补救后，达到设计要求的认可证明文件。

（7）中间交工验收资料。

（8）施工过程中各方指出较大质量问题、交工验收遗留问题及试运营期出现的质量问题处理情况资料。

2.内业资料要求及扣分标准

（1）质量保证资料及最基本的数据、资料齐全后方可组织鉴定。

（2）资料应真实、可靠，应有施工过程中的原始记录、原始资料（原件），不应有伪

造涂改现象，有欠缺时扣 2～4 分。

(3)资料应齐全、完整，有欠缺时扣 1～3 分。

(4)资料应系统、客观，反映出检查项目、频率、质量指标满足有关标准、规范要求，有欠缺时扣 1～3 分。

(5)资料记录应字迹清晰、内容详细、计算准确、整理应分类编排，装订整齐，有欠缺时扣 1～2 分。

(6)基本数据(原材料、标准试验、工艺试验等)、检验评定数据有严重不真实或伪造现象的，在合同段扣 5 分。

(二)交通运输部交办发[2010]382 号文件中“公路建设项目文件材料立卷归档管理办法”(见附录一)**对监理文件和施工文件材料编制和立卷的要求**

(1)测量基础资料、施工记录须是现场记录，如需清稿，须将原始记录与清稿后的记录文件一并归档保存。

(2)表单填写内容规范，产生及使用部位标注清楚，相关签署手续完备，且为相关责任人亲笔签名。

(3)项目文件材料应书写工整，字迹、线条清晰，修改规范。

(4)纸张优良，规格基本统一，书写材料应符合耐久性要求。

(5)卷内文件材料系统化排列。

(6)与工程建设同步收集、同步整理、同步归档，保证项目文件材料收集、立卷、归档的及时、准确、完整、系统和安全。

二、《公路工程质量检验评定标准》(JTG F80/1—2004)对监理资料和施工资料的要求

(一)对施工资料和监理资料编制的要求

3.2.4 (3.2.4——是评定标准中的序号，为了简明、具体地说明问题，以下凡是引用标准、规范、规程、文件原文的，均以原序号出现，不再按照本书进行排序)施工单位应有完整的施工原始记录、试验数据、分项工程自查数据等质量保证资料，并进行整理分析，负责提交齐全、真实和系统的施工资料和图表。工程监理单位负责提交齐全、真实和系统的监理资料。

(二)对施工资料的审查要求

3.2.1-4 分项工程的施工资料和图表残缺、缺乏最基本的数据，或有伪造涂改者，不予检验和评定。资料不全者应予减分。

三、《公路工程施工监理规范》(JTG G10—2006)对监理资料编制和立卷的要求

8.1 监理文件与资料管理

8.1.1 监理机构应建立健全监理文件与资料管理制度，并应根据工程建设需要建立文件资料的计算机管理系统，对文件资料进行管理。

8.1.3 监理文件与资料应及时整理，分类有序、系统、完善、妥善存放和保管。

8.1.4 监理资料应内容完整、填写认真、审批意见与签认齐全。

8.3 监理文件与资料归档

8.3.1 监理归档文件必须完整、准确、系统地反映工程监理活动的全过程。

8.3.2 监理文件归档与保存应符合国家及部、省主管部门的有关规定。

8.3.3 不列入归档的监理文件与资料也应分类整理，与工程直接相关的文件资料，竣工后移交建设单位保管。

四、施工规范对施工质量检查验收的规定

（一）《公路路面基层施工技术规范》(JTG 034—2000)的规定

9.1.3 必须建立、健全工地试验，质量检查及工序间的交接验收等项制度。试验、检验应做到原始记录齐全，数据真实可靠。

（二）《公路水泥混凝土路面施工技术规范》(JTG F30—2003)的规定

11.1.2 各级公路各种混凝土路面铺筑方式的施工，均应建立健全质量检测、管理和保证体系；应按铺筑进度作出质检仪器和人员数量动态计划。施工中应按计划落实质检仪器和人员，对施工各阶段的各项指标应做到及时检查、控制和评定，以达到规定的质量标准，确保施工质量及其稳定性。

（三）《公路桥涵施工技术规范》(JTJ 041—2000)的规定

11.11.1-3 必须配备相应的技术人员和必要的检验及试验设备，建立和健全必要的技术管理与质量控制制度。

第二节 公路工程施工资料编制和立卷的依据

各规范、规程、标准和有关文件等对各工程项目的施工、质量检查验收以及对文件材料立卷归档的规定和要求，就是公路工程施工资料编制和立卷的依据。在实际工作中，对这些规定和要求，应熟练掌握，做到心中有数，有的放矢。

下面仅列入书中所涉及的规范、规程、标准和有关文件等：

一、规范

公路工程施工监理规范(JTG G10—2006)(以下简称监理规范)；

公路路基施工技术规范(JTG F10—2006)(以下简称路基规范)；

公路路面基层施工技术规范(JTJ 034—2000)(以下简称路面基层规范);

公路水泥混凝土路面施工技术规范(JTG F30—2003)(以下简称水泥路面规范);

公路桥涵施工技术规范(JTJ 041—2000)(以下简称桥涵规范);

公路交通安全设施施工技术规范(JTG F71—2006)(以下简称交通安全设施规范)。

二、规程

公路土工试验规程(JTG E40—2007)(以下简称土工试验规程);

公路工程水泥及水泥混凝土试验规程(JTG E30—2005)(以下简称水泥及水泥混凝土试验规程);

公路工程集料试验规程(JTG E42—2005)(以下简称集料试验规程);

公路工程无机结合料稳定材料试验规程(JTG E51—2009)(以下简称无机结合料稳定材料试验规程);

公路路基路面现场测试规程(JTG E60—2008)(以下简称路基路面测试规程)。

三、标准

公路工程质量检验评定标准(JTG F80/1—2004)(以下简称评定标准)。

四、文件

交通运输部交公路发[2010]65号文件“关于印发公路建设项目文件材料立卷归档管理办法的通知”:公路工程竣(交)工验收办法实施细则;公路工程质量鉴定办法;公路工程项目文件归档范围。

交通运输部交办发[2010]382号文件“关于印发公路建设项目文件材料立卷归档管理办法的通知”:公路建设项目文件材料立卷归档管理办法。

五、其他

2004年11月交通部基本建设质量监督总站全国交通系统公路建设质量监督人员培训班讲义。

第三节　公路工程施工资料编制和立卷的基本管理步骤

公路工程施工资料的编制和立卷(施工质量控制文件)基本分四个阶段完成:第一阶段对原始记录的采集;第二阶段以原始记录为基础进行资料的计算、评定和表的填写；第三阶段对资料的审批和签认；第四阶段资料的立卷。前三个阶段资料的编制要在合同规定的时间内完成，及时为施工质量的管理提供决策依据，确保工程质量；第四阶段要在工程交工验收时装订成册，为工程的交工验收做好准备。

从第一节对公路工程施工资料编制和立卷的要求及第二节公路工程施工资料编制和立卷的依据可以看出，公路工程施工资料的编制和立卷是一项要求高、工作量大、专业性很强的工作，要想圆满完成这项工作的确不是一件容易的事。但规范、规程、评定标准、归档范围和管理办法等对公路工程施工资料编制和立卷的规定详细、具体、系统，依据之间内容一一对应，相互吻合，这就为公路工程施工资料的编制和立卷工作可以规范地进行奠定了基础，提供了方便。只要按照对公路工程施工资料编制和立卷的规定进行操作，就能解决要求高、专业性很强的问题。第二阶段以原始记录为基础进行资料的计算、评定和表格的填写，由于计算及评定多、表的填写多，编制既费力又费时，还容易出错，这都是资料编制工作量大的主要因素。因此，只要解决了第二阶段的问题，资料编制工作量大的问题就会迎刃而解。针对第二阶段资料编制的特点，有必要研发使用计算机管理系统。只要输入原始、真实、可靠、完整的原始数据，管理系统便可自动、准确、快捷地完成第二阶段资料的编制工作。不但轻松解决工作量大的问题，还可同时解决专业性很强的问题。但是，前提是必须保证计算机管理系统内容全面系统，符合规范、规程、评定标准以及其他文件等对公路工程施工资料编制的规定，否则达不到预期的效果。

根据对公路工程施工资料编制和立卷的要求以及资料编制和立卷的特点，归纳的公路工程施工资料编制和立卷的基本管理步骤，在几个工程的实际运用中，已经取得了不错的效果并得到了很好的评价。按其编制的资料无论是中间验收还是交工验收的检查，资料均符合要求。交工验收时已装订成册的资料，均与工程质量顺利通过验收。

公路工程施工资料编制和立卷的基本管理步骤如下。

一、原始记录的采集

（一）加强试验、检测工作的管理

（1）建立健全质量检测、管理和质量保证体系。

（2）按照实际工程所需制定质检仪器和人员数量计划。

（3）应建立具备相应资质的现场试验室，按计划配备质检仪器，对配备质检仪器的数量和性能应经过有关部门的批准和鉴定。仪器要专人负责，始终保持完好状态。

（4）必须按计划配备各相应的技术人员，要在开工前进行质检人员的实际操作培训，未经培训的人员不得独立上岗。

(二)确保原始记录的原始、真实、可靠与完整

(1)依照施工规范或评定标准规定的检查项目、检查频率和检查方法,按照试验规程、测试规程规定的相关试验、检测方法与步骤进行试验、检测。

(2)在现场,如实、准确手写记录试验检测原始数据,标注明确,不得涂改和伪造,修改应规范。

(3)其他,如桩号、检测日期、项目名称等内容,应对应记录齐全,以满足资料编制的需要和查考档案的需要为标准。

(4)试验检测人员、应在原始记录上签字,以示生效。

(5)保存原始记录,以备查考。对于不合格工程的原始记录亦应保存,不得丢弃。

二、以原始记录为基础,进行资料编制的计算、评定和表格的填写

(一)制定规范、统一的公路工程施工资料用表和编制程序,为第二阶段资料的编制提供规范、系统的操作平台

依据设计文件,按照规范、规程、评定标准的具体规定制定公路工程施工资料用表和编制程序(具体内容和制定方法详见第三章)。

(二)以原始记录为基础进行资料的编制

1.手工操作编制步骤

(1)试验、检测结果计算及评定计算

以试验、检测原始记录(个别需修约或简单计算后)为基础,按照试验规程、路基路面现场测试规程的相关试验、检测的计算步骤如实、准确进行计算,按照规定记录结果。评定计算是以试验、检测的计算结果(个别是检测结果)为基础,按照评定标准的相关规定,如实、准确进行评定计算和逐级评分计算。

(2)表格的填写

如实、准确填写基础数据(原始记录)、计算与评定结果,并与质量标准相对照,如实计算合格率或判定该项指标是否合格,并准确填写。表格的其他内容应按原始记录或其他要求认真填写完整。

2.运用计算机管理系统进行公路工程施工资料的管理

(1)按照原始、真实、可靠、完整的原始记录,在相对应的程序、相对应的表格、相对应的位置,如实、准确地进行输入。

(2)输入其他管理系统不可能完成的内容,如外观鉴定等。

(3)保证打印效果符合要求。

三、审批意见与签认

审批意见应在合同规定的时间内予以审批,内容应具体。审批意见和签认应是

相关责任人的亲笔，字迹要工整，对不合格工程亦应签认明确，并保存资料。

四、资料的立卷

（一）资料的临时归档（不立卷）

按照以上要求完成的资料就可符合立卷要求，不需要再整理，但要及时按照单位、分部、分项工程的划分进行分类编排，分别放入档案盒（旧档案盒即可，但要标注明确，以便查找）进行临时归档。同时原始记录也要相对应归档保存。

（二）交工时资料的立卷

（1）按照管理办法和档案主管部门的规定准备案卷卷盒。

（2）卷内文件材料的分类编排。

（3）按照管理办法的规定完成卷内封面、卷内目录及备考表的制定工作。把临时归档的资料按照立卷程序各就各位排列。

（4）交工验收前应按照管理办法和档案主管部门的规定装订成册。

第四节　对公路工程施工资料编制和立卷的管理

对公路工程施工资料编制和立卷的管理是资料编制和立卷工作中必不可少的环节。由于监理单位、施工单位一般是由不同的建设项目转移过来，在工作中或多或少带有一些各自的习惯做法，必须进行统一管理；在工作中随时都可能发生一些不可避免的这样那样问题等，也都需要进行统一管理。所以，应加强资料和立卷的管理，确保公路工程施工资料的编制和立卷能够自始至终规范地进行。

一、统一管理

（一）工程划分统一

应在施工准备阶段按照评定标准附录 A，将建设项目划分为单位工程、分部工程和分项工程。施工单位、监理单位和建设单位，应按统一的工程项目划分进行工程质量的监控和管理。

各施工单位的项目划分原则要统一，并提交总监理工程师予以批复，然后报建设单位备案。

（二）资料编制统一

（1）制定统一的资料编制程序和资料用表。

（2）资料编制方法和表格的填写方式统一、纸张规格统一、打印字体与字号统一。

(三)资料的立卷统一

由于资料的编制达到了统一，在立卷时只要按照立卷程序进行，资料的立卷很容易达到统一，但由于资料太多，仍要加强管理，避免不正常情况的发生。

二、时限管理

时限管理非常重要，在事前应以文件形式下发按合同规定的各项具体工作的时间要求，相关人员要做到心中有数，要按要求适时做好有关工作，以免耽误施工。需进行时限管理的工作内容有：

(一)按规定进行原材料试验和标准试验

(二)按相关规定对已完工程进行试验、检测

(三)资料的形成

(1)施工资料的形成，有关人员的签字、报验报审。

(2)监理资料的形成，有关人员的签字。

(四)监理工程师对施工资料的审批签认

(五)建设单位的审批

三、公路工程施工资料的全面管理

(一)施工资料编制的人员管理

(1)建设单位要配备一名有施工经验、会试验操作、懂资料编制的人员，负责公路工程施工资料编制和立卷工作的管理。

(2)施工单位、监理单位至少应配备两名懂技术、学历在专科以上的资料编制人员，一名负责试验资料的编制，一名负责施工检测的资料编制。

(3)在施工过程中(也就是施工资料编制过程中)资料的编制不宜换人。由于资料的内容多、专业性强，新换的人员一般不可能在短时期内掌握资料的编制要求，势必影响资料的编制和工程的正常施工；新换的人员不了解情况，对前期已形成的控制施工质量标准的资料，在采用的过程中，很容易出现失误，也将给工程质量管理工作带来不便。另外，还给资料的立卷工作带来困难。所以，为保证公路工程施工资料编制的正常进行，在施工过程中不宜换人。

(4)各单位的技术负责人，应负责管理施工资料的编制和立卷工作。

(5)各单位必须制定监理或施工资料编制的工作细则、工作制度和工作纪律，并应有明确的岗位分工，要以每个人的工作质量保证资料的编制质量。

(二)公路工程施工资料编制的全过程管理

1.事前加强培训

由于从事公路工程施工资料编制人员的工作能力参差不齐,有的是公路战线的新兵未参加过公路工程的施工,不知公路工程施工资料的编制该如何进行,所以,事前培训很重要。事前培训是解决公路工程施工资料编制难题的关键途径之一。

(1)合同段开工前的培训

一个单位的资料编制,必须由相关人员的合作才能完成,不要认为是资料员一个人完成的事。施工组织设计、复测、施工方案、技术交底、试验段总结报告等资料,均应由有经验的技术负责人编制。试验、检测原始记录由多位试验、检测人员来完成。所以,相关人员都要参加培训,了解各自的任务和要求,为编制出符合要求的资料打下初步基础。

(2)分项工程开工前的培训

只针对各分项工程而言,建设单位在分项工程开工前举办监理单位、施工单位资料编制人员和试验、检测人员的培训班。根据设计文件的具体施工项目内容,确定相对应的施工规范、试验规程、测试规程、评定标准的内容,按照内容的规定明确工序和分项工程的检查项目、检查频率、检查方法、资料编制的计算和评定方法,并依据第一节要求和表格填写等具体工作要求,以文件形式下发。通过培训让具体工作人员掌握操作要领,工作时有章可循,为规范地进行资料的编制打下基础。

2.事中加强检查

(1)检查内容

①是否在合同规定的时间内完成自检及抽检,资料是否及时形成,监理单位和施工单位的资料是否满足实际项目要求。

②检查项目、检查频率、检查方法是否符合要求。

③原始记录是否清晰、真实、完整,其他如桩号等是否记录齐全,修改是否规范,签字是否齐全。

④资料编制的基础数据及其他记录是否与原始记录相对应,计算是否准确,方法是否正确,表格的填写是否齐全,所形成资料是否完整、系统。

⑤各表的审批意见与签认是否齐全,是否负责人亲笔,审批意见是否具体,字迹是否工整。

⑥打印字迹、线条是否清晰,纸张是否优良,规格是否符合要求。

⑦临时归档是否符合要求。

(2)检查方式

①随时抽查

随时抽查是建设单位资料管理人员根据当前资料编制的重点、难点及各单位具体工作人员的实际工作能力，按照以上检查内容进行有目的的重点抽查。抽查前应提前通知监理单位，负责该施工单位资料编制人员携带该单位的监理资料到场，同时进行对照抽查。对抽查中发现的一般问题，现场应当立即改正或限期改进；若发现的问题较严重，应责令限期整改。

②月末检查

月末检查可配合工程质量检查同步进行。按照以上检查内容和培训提出的具体工作要求，制定出当月应完成资料的具体评分标准和评分表，原始记录是重点，评分比例可大些。并抽调各单位有经验的资料编制人员共同进行监理资料和施工资料的全面检查。按照评分标准及评分表的检查项目分别逐项进行检查和扣分，现场根据各检查项目的扣分进行评分。月末检查时对存在的问题提出改进的方法和措施；对问题严重者，责令单位整改并提出批评。

3. 事后加强验收

事后验收是对检查出的问题进行改正后的验收，以保证资料的编制工作规范地进行。

(三)建立奖惩制度

(1)采取资料的评比与工程施工质量挂钩的方法，将每月资料的检查评分以一定的比例计入工程质量检查总评分数中，以引起施工单位负责人对资料编制的重视。

(2)对优秀的资料编制人员、试验检测人员，提出表扬并给予一定的奖励。

第二章

公路工程施工资料的编制内容

公路工程施工资料编制内容的规范与完整，是保证施工质量保证资料达到齐全、系统的重要环节之一，要按照相关规定确定公路工程施工资料的编制内容，为编制出齐全、系统的监理资料和施工资料打好基础。

第一节　公路工程施工资料编制的基本内容

一、依据部颁文件的规定确定公路工程施工资料编制的基本内容

(一)交通运输部交办发[2010]382号文件中"公路工程建设项目文件材料立卷归档管理办法"对公路建设项目文件材料具体收集范围的规定

公路建设项目文件材料具体收集范围按照交通运输部《关于印发公路工程竣(交)工验收办法实施细则的通知》(交工路发65号)的附件2"公路工程项目文件归档范围"(见附录二)的规定执行。

(二)交通运输部交公路发[2010]65号文件"公路工程竣(交)工验收办法实施细则"对交工验收竣工文件的规定

竣工文件按公路工程档案管理的有关要求，完成"公路工程项目文件归档范围"第三、四、五部分内容的收集、整理及归档工作。

1."公路工程项目文件归档范围"中第三、四、五部分内容

第三部分　监理资料

一、监理管理文件

二、工程质量控制文件

(一)质量控制措施、规定及往来文件。

(二)监理独立抽检资料(注:编排顺序参照第四部分)。

(三)交工验收工程质量评定资料。

三、工程进度计划管理文件

四、工程合同管理文件

五、其他文件

六、其他资料

监理日志,会议记录、纪要,工程照片,音像资料。

监理机构及人员情况,各级监理人员的工作范围、责任划分、工作制度。

第四部分　施工资料

一、竣工图表

(一)变更设计一览表。

(二)变更图纸。

(三)工程竣工图。

二、工程管理文件

施工组织机构及人员,岗位责任划分,施工组织设计,技术交底文件,会议纪要等。

三、施工质量控制文件

(一)工程质量管理文件。

1. 工程质量往来文件(质量保证体系,专项技术方案等)。

2. 工程质量自检报告及工程质量检验评定资料。

3. 工程质量事故及处理情况报告、补救后达到要求的认可证明文件。

4. 桥梁荷载试验报告。

5. 桥梁基础检验汇总资料。

6. 施工中遇到的非正常情况记录、处理方案、施工工艺、质量检测记录及观察记录、对工程质量影响分析。

7. 交工验收施工单位的自检评定资料。

(二)材料及标准试验。

(三)施工工序资料。

(四)缺陷责任期资料。

四、施工安全及文明施工文件

五、进度控制文件

六、计量支付文件

七、合同管理文件

八、施工原始记录

(一)施工日志。

(二)天气、温度及自然灾害记录。

(三)测量原始记录。

(四)各工序施工原始记录(未汇入施工质量控制文件的部分)。

(五)会议记录、纪要。

(六)施工照片、音像资料。
(七)其他原始记录。
第五部分　科研、新技术资料
一、科研资料
二、新技术应用资料
(批准的所有科研、新技术资料均要整理归档)。

2. 不需要对非黑体字内容进行介绍的说明

(1)竣工图表。设计变更文件的组卷、工程竣工图的编制和组卷,“公路建设项目文件材料立卷归档管理办法”规定的详细、具体,按规定进行即可。

(2)工程质量事故及处理情况报告、补救后达到要求的认可证明文件、施工中遇到的非正常情况记录、处理方案、施工工艺、质量检测记录及观察记录、对工程质量影响分析,缺陷责任期资料,科研、新技术资料。这些文件和资料都是未知事件的资料。

(3)工程(监理)管理文件、工程质量往来文件、合同管理文件、施工安全及文明施工等文件及资料。这些文件和资料是由单位负责人制定、技术负责人编制或自然形成的文字材料,“公路建设项目文件材料立卷归档管理办法”中有详细的规定,要按照规定进行组卷。

3. 黑体字内容是公路工程施工资料的基本内容

监理资料中监理独立抽检资料(注:编排顺序参照第四部分)就是材料及标准试验和施工工序资料两个内容。交工验收工程质量评定资料,包括交工验收评定资料和工程质量检验评定资料。

施工资料中的施工质量自检报告是在交工时编制,桥梁荷载试验报告由有资质的试验部门试验后提交,桥梁基础检验汇总资料由施工工序资料的试验结果进行汇总。

依据归档范围确定公路工程施工资料编制的基本内容为工程质量检验评定资料、交工验收评定资料、材料及标准试验资料、施工工序资料。

二、依据施工规范的规定确定公路工程施工资料编制的基本内容

依据各施工规范对原材料及标准试验、施工过程中对施工质量检查与验收的规定,确定公路工程施工资料编制的基本内容为材料及标准试验资料和施工工序资料。

三、依据评定标准的规定确定公路工程施工资料编制的基本内容

依据评定标准中 3 工程质量评定,对分项工程质量评分、分部工程和单位工程质量评分、合同段工程质量评分的规定,确定公路工程施工资料编制的基本内容为交工

验收评定资料和工程质量检验评定资料。

依据“公路工程项目文件归档范围”、施工规范、评定标准的规定，确定公路工程施工资料编制的基本内容(按照施工顺序)为：

(1)材料及标准试验；

(2)施工工序资料；

(3)交工验收评定资料；

(4)工程质量检验评定资料。

这一部分内容是归档范围中的施工质量控制文件，是在各施工项目各施工阶段对各项质量指标进行质量管理、检查验收及评定形成的资料，是公路工程施工资料的主要组成部分。第一章对公路工程资料编制和立卷的要求、依据、基本管理步骤及资料编制和立卷管理的阐述就是针对这一部分内容。

第二节　实际施工项目

为了配合公路工程施工资料编制和立卷的阐述，使之达到全面、系统、具体、简明的效果，下面虚拟××公路××段建设项目××合同段(施工桩号为K51+000～K53+000)施工项目(因为工程项目是虚拟的，相互之间可能不尽合理)，对其进行公路工程施工资料编制和立卷的介绍。实际施工项目设计如下。

一、工程标准

××公路××段建设项目，公路等级为二级，路基宽12.0m，路面宽9.0m，基层宽9.5m，路肩(土路肩)宽2×1.50m，路面横坡1.5%，路肩横坡2.5%，边坡坡比1∶1.5。

二、路基工程

(一)路基土石方

1.土方路基

分项工程划分：K51+000～K52+000、K52+000～K53+000两个分项工程。

压实度：压实度标准为路床≥95%、上路堤≥94%、下路堤≥92%；路基基底的压实度≥90%(根据路基高度小于路面和路床总厚度的情况，设计已要求换填处理)。

设计弯沉值：180(0.01mm、BZZ—100)。

2.砂垫层(软土地基)

施工桩号：K51+050～K51+800、K52+200～K52+750。

(二)排水工程

K51＋000～K51＋500、K52＋120～K52＋600 段有浆砌排水沟和盲沟(渗沟)，其余均为边沟(土沟)。

(三)小桥

K51＋110 有一座二孔 10m 空心板小桥，空心板混凝土抗压强度等级为35.0 MPa，下部结构为混凝土墩台身、扩大基础。

(四)涵洞

K51＋800、K52＋100 处各有一道圆管涵，K52＋310 处有一道盖板涵，洞口形式均为八字墙式。

(五)砌筑防护工程

K51＋110 小桥有浆砌片石锥、护坡，K52＋120～K52＋600 段有浆砌片石护坡。

三、路面工程

分项工程划分：K51＋000～K52＋000、K52＋000～K53＋000。

(1)底基层：K51＋000～K53＋000 全段为 18cm 厚 5%水泥砂砾。

(2)基层：K51＋000～K53＋000 全段为 18cm 厚 6%水泥砂砾，抗压强度标准为3.0MPa，压实度标准为 97%。

(3)面层：K51＋000～K53＋000 全段为 22cm 厚水泥混凝土面层，设计弯拉强度标准 4.5MPa。

四、桥梁工程

K52＋930 处有一座三孔 13m 中桥，上部构造为空心板，下部构造为混凝土台身、柱式墩身、钻孔灌注桩(长 18m、三桩)基础，浆砌片石锥、护坡，上游有导流堤。

五、交通安全设施

全段一个分项工程，项目有标志、标线、波形护栏和轮廓标。

第三节　确定实际施工项目的原材料及标准试验

一、"公路工程项目文件归档范围"的规定

(一)原材料、外购成品、半成品抽检试验报告及资料

(二)外购材料(产品)出厂合格证书、检验报告及质量鉴定报告

(三)各种标准试验、配合比设计报告

对于外购材料(产品)出厂合格证书、检验报告及质量鉴定报告,要按照材料的技术指标和使用数量收集和保管,按"公路工程项目文件归档范围"的规定进行立卷。

二、确定实际施工项目的原材料及标准试验

(一)确定原材料

原材料是保证工程质量最重要的一个环节,按照施工规范对原材料的规定确定实际施工项目的原材料。

1.路基工程

(1)路基土石方工程

①土方路基。依据路基规范3.3.2路基施工前,应对路基基底土进行相关试验和3.3.3应及时对来源不同、性质不同的拟作为路堤填料的材料进行复查和取样试验的要求,确定路基填料(包括基底土)。

②砂垫层(软土地基)。依据路基规范6.3.4砂垫层确定中、粗砂。

(2)排水工程

依据路基规范5.4.3浆砌排水沟用砂浆,参照桥涵规范13.2.3-2确定水泥、砂、水(采用饮用水,以下略)。路基规范5.3.2填石渗沟确定中砂。

(3)小桥工程(K51+110小桥)

依据桥涵规范10确定钢筋混凝土用钢筋,11.2配制混凝土用材料确定水泥、细集料、组集料(外加剂等略)。依据桥涵规范13.5.2填土工程的技术要求和路基规范4.2.6桥、涵及结构物回填确定填料。

(4)涵洞工程(圆管涵、盖板涵)

同小桥工程。

(5)砌筑防护工程

依据路基规范8.2.3-5浆砌片石护坡用砂浆,参照桥涵规范13.2.3-2确定水泥、砂。

2.路面工程

(1)路面基层

依据路面基层规范3.2材料确定水泥砂砾底基层用水泥、集料。

(2)水泥砂砾基层

水泥砂砾基层,同水泥砂砾底基层。

(3)水泥混凝土面层

依据水泥路面规范3原材料技术要求确定水泥、粗集料、细集料、钢筋(其他外加剂等略)。

3.桥梁工程(K52＋930中桥)

钢筋、水泥、细集料、粗集料、填料的确定同小桥工程;浆砌片石锥、护坡的砂浆所用材料依据桥涵规范13.2.3-2确定水泥、砂。

4.交通安全设施

依据交通安全设施规范5.2.1-(3)和9.2.1对混凝土基础所用的水泥、细集料、粗集料等材料应符合现行《公路桥涵施工技术规范》(JTJ 041)的规定,确定水泥、细集料、粗集料等。

依据交通安全设施规范3.3.1波形梁护栏材料、5.2交通标志材料、6.2交通标线材料、9.2轮廓标材料的规定确定各项交通安全设施用成品(材料)。

实际施工项目的原材料见表2.3.2-1,原材料的编排顺序按照评定标准附录A的附表A-1一般建设项目的工程划分。一般建设项目的工程划分见表2.3.2-2。

实际施工项目的原材料 表2.3.2-1

单位工程	分部工程	分项工程	材料名称
路基工程	路基土石方	土方路基	填料(包括基底土)
		砂垫层(软土地基)	中、粗砂(砂砾)
	排水工程	填石渗沟(盲沟)	中砂(细集料)
		浆砌排水沟	水泥、砂(细集料)
	小桥工程	混凝土构件	钢筋、水泥、细集料、粗集料
		台背填土	填料
	涵洞工程	混凝土构件	钢筋、水泥、细集料、粗集料
		台背回填土	填料
	砌筑防护工程	浆砌片石锥、护坡	水泥、砂(细集料)
路面工程		水泥砂砾底基层	水泥、集料
		水泥砂砾基层	水泥、集料
		水泥混凝土面层	水泥、粗集料、细集料、钢筋
桥梁工程		混凝土构件	钢筋、水泥、细集料、粗集料
		台背填土	填料
		浆砌片石锥、护坡	水泥、砂(细集料)
		导流工程	水泥、砂(细集料)
交通安全设施		交通标志、轮廓标	水泥、细集料、粗集料
		波形梁护栏、交通标志、交通标线、轮廓标	交通安全设施成品(材料)

一般建设项目的工程划分 表 2.3.2-2

单位工程	分部工程	分项工程
路基工程（每10km或每标段）	路基土石方工程*（1～3km 路段）	土方路基*，石方路基*，软土地基*，土工合成材料处治层*等
	排水工程（1～3 km）	管节预制，管道基础及管节安装*，检查（雨水）井砌筑*，土沟，浆砌排水沟*，盲沟，跌水，急流槽*，水簸箕，排水泵站等
	小桥	基础及下部构造*，上部构造预制、安装或浇筑*，桥面*，栏杆，人行道等
	涵洞（1～3 km路段）	基础及下部构造*，主要构件预制、安装或浇筑*，填土，总体等
	砌筑防护工程（1～3km 路段）	挡土墙*，墙背填土，抗滑桩*，锥体，护坡，导流工程
路面工程（每10km或每标段）	路面工程（1～3km 路段）*	底基层，基层*，面层*，垫层，联结层，路缘石，人行道，路肩，路面边缘排水系统等
桥梁工程（特大、大、中桥）	基础及下部构造*（每桥或每墩、台）	扩大基础，桩基*，地下连续墙*，承台，沉井*，桩的制作*，钢筋加工及安装，墩台身（砌体）浇筑*，墩台身安装，墩台帽*，组合桥台*，台背填土，支座垫石和挡块等
	上部构造预制和安装*	主要构件预制*，其他构件预制，钢筋加工及安装，预应力筋的加工和张拉*，梁板安装，悬臂拼装*，顶推施工梁*，拱圈节段预制，拱的安装，转体施工拱*，劲性骨架拱肋安装*，钢管拱肋制作*，钢管拱肋安装*，吊杆制作和安装*，钢梁制作*，钢梁安装，钢梁防护*等
	上部构造现场浇筑*	钢筋加工及安装，预应力筋的加工和张拉*，主要构件浇筑*，其他构件浇筑，悬臂浇筑*，劲性骨架混凝土拱*，钢管混凝土拱*等
	总体、桥面系和附属工程	桥梁总体*，钢筋加工及安装，桥面防水层施工，桥面铺装*，钢桥面铺装*，支座安装，搭板，伸缩缝安装，大型伸缩缝安装*，栏杆安装，混凝土护栏，人行道铺设，灯柱安装等
	防护工程	护坡、导流工程*、石笼防护工程等
	引道工程	路基*，路面*，挡土墙*，小桥*，涵洞*，护栏等
互通立交桥工程	桥梁工程*（每座）	桥梁总体，基础及下部构造*，上部构造预制、安装或浇筑*，支座安装，支座垫石，桥面铺装*，护栏，人行道等
	主线路基路面工程*（1～3km 路段）	见路基、路面等分项工程
	匝道工程（每条）	路基*，路面*，通道*，护坡，挡土墙*，护栏等

续上表

单位工程	分部工程	分项工程
隧道工程	总体	隧道总体等
	明洞	明洞浇筑，明洞防水层，明洞回填*等
	洞口工程	洞口开挖，洞口边仰坡防护，洞门和翼墙的浇(砌)筑，截水沟，洞口排水沟等
	洞身开挖*	洞身开挖*(分段)等
	洞身衬砌*	(钢纤维)喷射混凝土支护，锚杆支护，钢筋网支护，仰拱，混凝土衬砌*，钢支撑，衬砌钢筋等
	防排水	防水层、止水带、排水沟等
	隧道路面	基层*，面层*等
	装饰	装饰工程
	辅助施工措施	超前锚杆、超前钢管等
交通安全设施(每标段)	标志*(5～10km路段)	标志*
	标线(5～10km路段)	标线*、突起路标等
	护栏*、轮廓标(5～10km路段)	波形梁护栏*、混凝土护栏*、轮廓标等
	防眩设施(5～10km路段)	防眩板、网等
	隔离栅、防落网(5～10km路段)	隔离栅、防落网等

注：表内标注*号者为主要工程，评分时给以2的权值；不带*号者为一般工程，权值为1。

(二)确定实际施工项目的标准试验

标准试验是施工过程中一项十分重要的工作，要按照施工规范对标准试验的规定确定。

1.路基工程

(1)路基土石方工程

①土方路基。依据路基规范3.3.3土的试验项目确定标准击实试验。

②砂垫层(软土地基)。依据路基规范6.3.4-2确定砂的标准击实试验。

(2)排水工程

依据路基规范5.4.3浆砌排水沟的砂浆强度要求，参照桥涵规范13.2.3-4确定砂浆配合比设计。

(3)小桥工程(K51＋110小桥)

依据桥涵规范11.3确定混凝土配合比设计。

依据路基规范4.2.6桥、涵及结构物的回填确定台背回填土标准击实试验。

(4)涵洞工程(圆管涵、盖板涵)

同小桥工程。

(5)砌筑防护工程

依据路基规范 8.2.3-5 浆砌片石护坡用砂浆并参照桥涵规范 13.2.3-4 确定砂浆配合比设计。

2. 路面工程

(1)路肩

同土方路基。

(2)水泥砂砾底基层

依据路面基层规范 3.3 和 3.3.2-1-(4) 确定混合料组成设计和击实试验。

(3)水泥砂砾基层

同水泥砂砾底基层。

(4)水泥混凝土面层

依据水泥路面规范 4.1 确定普通混凝土配合比设计。

3. 桥梁工程(K52+930 中桥)

混凝土配合比设计、标准击实试验同小桥工程。

依据桥涵规范 13.2.3-4 确定浆砌片石锥、护坡砂浆配合比设计。

4. 交通安全设施

依据交通安全设施规范 5.2.1-(3)、9.2.1 混凝土基础所用的材料应符合现行《公路桥涵施工技术规范》(JTJ 041)的规定,参照桥涵工程确定混凝土配合比设计。

实际施工项目的标准试验见表 2.3.2-3。

实际施工项目的标准试验　　表 2.3.2-3

单位工程	分部工程	分项工程	标准试验名称
路基工程	路基土石方	土方路基	标准击实
		砂垫层(软土地基)	标准击实
	排水工程	浆砌排水沟	砂浆配合比设计
	小桥工程	水泥混凝土各构件	混凝土配合比设计
		台背填土	标准击实
	涵洞工程	水泥混凝土各构件	混凝土配合比设计
		回填土	标准击实
	砌筑防护工程	浆砌片石护坡	砂浆配合比设计
路面工程		路肩	标准击实
		水泥砂砾底基层	标准击实
			混合料组成设计
		水泥砂砾基层	标准击实
			混合料组成设计
		水泥混凝土面层	混凝土配合比设计

续上表

单位工程	分部工程	分项工程	标准试验名称
桥梁工程		水泥混凝土各构件	混凝土配合比设计
		台背填土	标准击实
	防护工程	浆砌片石锥护坡	砂浆配合比设计
		导流工程	砂浆配合比设计
			标准击实
交通安全设施		交通标志、轮廓标	混凝土配合比设计

第四节 确定实际施工项目的施工工序及工序划分

工程质量的保证，控制施工工序质量是关键，按照施工规范的相关规定确定实际施工项目的施工工序。

一、"公路工程项目文件归档范围"对实际施工项目施工工序资料归档项目的规定

⊙路基工程

路基土石方工程；防护工程；小桥工程；排水工程。

⊙路面工程

⊙桥梁工程

⊙交通安全设施

二、确定实际施工项目的施工工序

由于施工过程中的原材料试验，规范的规定与原材料进场试验的规定相同，所以施工工序中除材料级配外其余试验项目不进行重复介绍。但在实际工作中，原材料试验内容要按照规范的规定列入相应工序中。

(一)路基工程

1.路基土石方

(1)土方路基

依据路基规范 4.2.2-1、4.2.2-2、4.2.2-6 分别确定地基表层处理、路堤填筑(下路堤、上路堤、下路床、上路床下层)和路堤填筑(路床顶面)三个工序。

(2)砂垫层(软土地基)

依据路基规范 6.3.4 砂(砾)垫层确定砂垫层工序。

2.排水工程

依据路基规范 5.2.1、5.4.3、5.3.2-2 确定边沟(土沟)、浆砌排水沟和填石渗沟

(盲沟)工序。

3.小桥工程(K51+110小桥)

工序的确定同桥梁工程。

4.涵洞工程(圆管涵、盖板涵)

钢筋加工及安装、模板,管节(盖板)预制、涵台、管座、桥面铺装混凝土浇筑等工序的确定同桥梁工程,依据桥涵规范21.1.6和路基规范4.2.6确定涵洞回填土工序。

5.砌筑防护工程

依据路基规范8.2.3-5确定基础基坑、浆砌片石护坡工序。

(二)路面工程

1.路肩工程

路肩工程本属于路基工程,依据评定标准路肩工程可作为路面工程的一个分项工程进行评定,路肩工序在路面工程中列入。确定路面每结构层的路肩工序。

2.水泥砂砾底基层

依据路面基层规范9.4.1施工过程中的质量管理包括外形尺寸的控制和检查以及质量控制和检查,确定水泥砂砾底基层工序。

3.水泥砂砾基层

同水泥砂砾底基层。

4.水泥混凝土面层

依据水泥路面规范7.2.1、7.2.2、9.1.5的规定和11.3.1-2施工单位应随时对施工质量进行自检。自检项目和频率:拌和物应按表6.2.7的规定进行;混凝土路面应按表11.3.1的规定进行的各项规定。确定模板矫正及安装,拉杆、胀缝板、传力杆及其套帽、滑移端设置,水泥混凝土面层工序。

(三)桥梁工程(K59+930中桥)

依据桥涵规范4.5、6.3、6.4、6.5、9.3、10.2、10.3、10.4、11.6、15.6.5、20.2.4、20.3.2、13.5.2、13.5.2-3、13.5.1-3和评定标准8.12.5、8.12.12、8.12.13分别确定基坑、钻孔桩成孔、钻孔灌注桩、模板、钢筋加工及安装、混凝土浇筑、空心板安装、支座安装(圆形板式橡胶支座)、伸缩缝安装(橡胶伸缩缝安装)、台背填土、基础基坑、浆砌片石锥护坡、支座垫石和挡块、混凝土防撞护栏、桥头搭板等工序。

(四)交通安全设施

依据交通安全设施1.0.9条文说明质量检验评定方面应符合现行《公路工程质量检验评定标准》(JTG F80/1)的规定,按照评定标准11.2、11.3、11.4、11.8确定交通标志、路面标线、波形梁钢护栏、轮廓标工序。

三、工序的划分

(1)应在分项工程的划分界限分开。

(2)以作业段为单元划分，如路基土石方、排水工程、路面工程等。

(3)以工作班(结构单元)划分，如基础的每层、每桩和梁(板)预制的每梁(板)等。

实际施工项目的施工工序及工序划分，见表 2.4.1。

实际施工项目的施工工序及工序划分 表 2.4.1

<table>
<tr><th rowspan="2">单位工程</th><th rowspan="2">分部工程</th><th rowspan="2" colspan="3">分项工程</th><th colspan="2">工序</th></tr>
<tr><th>划分</th><th>名称</th></tr>
<tr><td rowspan="20">路基工程
(K52+000～
K53+000)</td><td rowspan="5">路基土石方
(K51+000～
K52+000)</td><td rowspan="3" colspan="3">土方路基
(K51+000～K52+000)</td><td>每作业段</td><td>地基表层处理</td></tr>
<tr><td>每作业段</td><td>土质路堤填筑(下路堤、上路堤、下路床、上路床下层)</td></tr>
<tr><td>每作业段</td><td>土质路堤填筑(路床顶面)</td></tr>
<tr><td rowspan="2" colspan="3">砂垫层(软土地基)
(K51+050～K51+800)</td><td>每作业段</td><td>软基基底</td></tr>
<tr><td>每作业段</td><td>砂垫层</td></tr>
<tr><td rowspan="2">排水工程
(K51+000～
K52+000)</td><td colspan="3">土沟(边沟)
(K51+500～K52+000)</td><td>每作业段</td><td>边沟(土沟)</td></tr>
<tr><td colspan="3">浆砌排水沟
(K51+000～K51+500)</td><td>每作业段</td><td>浆砌排水沟</td></tr>
<tr><td rowspan="13">小桥工程
(K51+110)</td><td rowspan="13">1号台</td><td rowspan="4">扩大基础</td><td></td><td>每台</td><td>基坑</td></tr>
<tr><td>钢筋安装</td><td>每层</td><td>钢筋加工及安装</td></tr>
<tr><td rowspan="2"></td><td>每层</td><td>模板</td></tr>
<tr><td>每层</td><td>混凝土浇筑</td></tr>
<tr><td rowspan="3">台身</td><td>钢筋安装</td><td>每台</td><td>钢筋加工及安装</td></tr>
<tr><td rowspan="2"></td><td>每台</td><td>模板</td></tr>
<tr><td>每台</td><td>混凝土浇筑</td></tr>
<tr><td rowspan="3">台帽</td><td>钢筋安装</td><td>每台</td><td>钢筋加工及安装</td></tr>
<tr><td rowspan="2"></td><td>每台</td><td>模板</td></tr>
<tr><td>每台</td><td>混凝土浇筑</td></tr>
<tr><td colspan="2">支座垫石</td><td>每台</td><td>混凝土浇筑</td></tr>
<tr><td colspan="2">挡块</td><td>每台</td><td>混凝土浇筑</td></tr>
<tr><td colspan="2">台背填土(包括锥坡)</td><td>每工作班</td><td>台背填土</td></tr>
</table>

续上表

单位工程	分部工程	分项工程			工序划分	工序名称
路基工程（K52＋000～K53＋000）	小桥工程（K51＋110）	2号墩	扩大基础	钢筋安装	每墩	基坑
					每层	钢筋加工及安装
				扩大基础	每层	模板
					每层	混凝土浇筑
			墩身	钢筋安装	每墩	钢筋加工及安装
				墩身	每墩	模板
					每墩	混凝土浇筑
			墩帽	钢筋安装	每墩	钢筋加工及安装
				墩帽	每墩	模板
					每墩	混凝土浇筑
			支座垫石		每台	混凝土浇筑
			挡块		每台	混凝土浇筑
		3号台	同1号台			
		1孔	预制空心板	钢筋安装	每片梁	钢筋加工及安装
				空心板预制	每片梁	模板
					每片梁	混凝土浇筑
			梁（板）安装		每片梁	梁（板）安装
		2孔	同1号孔			
		桥面铺装	钢筋安装		每工作班	钢筋加工及安装
			原材料试验		每工作班	模板
			钢筋加工及安装		每工作班	混凝土浇筑
		支座安装			每工作班	支座安装
		伸缩缝安装			每道	伸缩缝安装
		混凝土防撞护栏	钢筋安装		每工作班	钢筋加工及安装
			混凝土防撞护栏		每工作班	模板
					每工作班	混凝土浇筑
		桥头搭板	钢筋安装		每侧	钢筋加工及安装
			桥头搭板		每侧	模板
					每侧	混凝土浇筑

续上表

<table>
<tr><th rowspan="2">单位工程</th><th rowspan="2" colspan="2">分部工程</th><th rowspan="2" colspan="2">分项工程</th><th colspan="2">工序</th></tr>
<tr><th>划分</th><th>名称</th></tr>
<tr><td rowspan="24">路基工程
（K52＋000～K53＋000）</td><td rowspan="10" colspan="2">涵洞工程
（圆管涵
K51＋800）</td><td rowspan="3">涵台</td><td rowspan="3">涵台</td><td>全涵</td><td>基坑（包括洞口八字墙）</td></tr>
<tr><td>每台</td><td>模板</td></tr>
<tr><td>每台</td><td>混凝土浇筑</td></tr>
<tr><td rowspan="2">洞口
八字墙</td><td rowspan="2">一字墙和八字墙</td><td>每工作班</td><td>模板</td></tr>
<tr><td>每工作班</td><td>混凝土浇筑</td></tr>
<tr><td rowspan="3">管节
预制</td><td>钢筋安装</td><td>每工作班</td><td>钢筋加工及安装</td></tr>
<tr><td rowspan="2">管节预制</td><td>每工作班</td><td>模板</td></tr>
<tr><td>每工作班</td><td>混凝土浇筑</td></tr>
<tr><td colspan="2">管座及涵管安装</td><td>每工作班</td><td>管座及涵管安装</td></tr>
<tr><td colspan="2">涵洞回填土</td><td>每工作班</td><td>涵洞回填土</td></tr>
<tr><td rowspan="2" colspan="2">砌筑防护工程
（K51＋110）</td><td rowspan="2" colspan="2">浆砌片石锥坡</td><td>每工作班</td><td>基础基坑</td></tr>
<tr><td>每工作班</td><td>浆砌片石锥坡</td></tr>
<tr><td rowspan="5" colspan="2">路基土石方
（K52＋000～
K53＋000）</td><td rowspan="3" colspan="2">土方路基
（K52＋000～K53＋000）</td><td>每作业段</td><td>地基表层处理</td></tr>
<tr><td>每作业段</td><td>路堤填筑（下路堤、上路堤、下路床、上路床下层）</td></tr>
<tr><td>每作业段</td><td>路堤填筑（路床顶面）</td></tr>
<tr><td rowspan="2" colspan="2">砂垫层（软土地基）
（K52＋200～K52＋750）</td><td>每作业段</td><td>软基基底</td></tr>
<tr><td>每作业段</td><td>砂垫层</td></tr>
<tr><td rowspan="3" colspan="2">排水工程
（K52＋000～
K53＋000）</td><td colspan="2">边沟（土沟）（K52＋000
～K52＋120）
（K52＋600～K52＋100）</td><td>每作业段</td><td>边沟（土沟）</td></tr>
<tr><td colspan="2">浆砌排水沟
（K52＋120～K52＋600）</td><td>每作业段</td><td>填石渗沟（盲沟）</td></tr>
<tr><td colspan="2">浆砌排水沟
（K52＋120～K52＋600）</td><td>每作业段</td><td>浆砌排水沟</td></tr>
<tr><td rowspan="4">涵洞工程</td><td>圆管涵
（K52＋100）</td><td colspan="4">同圆管涵（K51＋800）</td></tr>
<tr><td rowspan="3">盖板涵
（K52＋310）</td><td rowspan="3" colspan="2">一字墙和八字墙</td><td>全涵</td><td>基坑</td></tr>
<tr><td>每工作班</td><td>模板</td></tr>
<tr><td>每工作班</td><td>混凝土浇筑</td></tr>
</table>

续上表

单位工程	分部工程		分项工程		工序划分	工序名称
路基工程（K52＋000～K53＋000）	涵洞工程	盖板涵（K52＋310）	盖板制作	钢筋安装	每工作班	钢筋加工及安装
				盖板制作	每工作班	模板
					每工作班	混凝土浇筑
			盖板安装		每工作班	盖板安装
			台背填土		每工作班	涵洞回填土
		桥面铺装	钢筋安装		全涵	钢筋加工及安装
			桥面铺装		全涵	模板
					全涵	混凝土浇筑
		桥头搭板	钢筋安装		每侧	钢筋加工及安装
			桥头搭板（明涵）		每侧	模板
					每侧	混凝土浇筑
	砌筑防护工程		浆砌片石护坡（K52＋100～K52＋600）		每工作班	基础基坑
					每工作班	浆砌片石护坡
路面工程（K51＋000～K53＋000）	路面工程（K51＋000～K52＋000）		水泥砂砾底基层		每作业段	路肩
				水泥砂砾底基层	每作业段	水泥砂砾底基层
			水泥砂砾基层		每作业段	路肩
				水泥砂砾基层	每作业段	水泥砂砾基层
			水泥混凝土面层	路肩	每作业段	路肩
				水泥混凝土面层	每作业段	模板加工矫正及安装
					每作业段	拉杆、胀缝板、传力杆及其套帽、滑移端设置
					每作业段	水泥混凝土面层
	路面工程（K52＋000～K53＋000）		水泥砂砾底基层		每作业段	路肩
				水泥砂砾底基层	每作业段	水泥砂砾底基层
			水泥砂砾基层		每作业段	路肩
				水泥砂砾基层	每作业段	水泥砂砾基层
			水泥混凝土面层	路肩	每作业段	路肩
				水泥混凝土面层	每作业段	模板加工矫正及安装
					每作业段	拉杆、胀缝板、传力杆及其套帽、滑移端设置
					每作业段	水泥混凝土面层

续上表

单位工程	分部工程	分项工程			工序划分	工序名称
桥梁工程(K52+930)	基础及下部构造	1号台	钻孔灌注桩	钢筋安装	每桩	钢筋加工及安装
				钻孔灌注桩	每桩	钻孔桩成孔
					每桩	钻孔灌注桩
			承台	钢筋安装	每承台	钢筋加工及安装
				承台	每承台	模板
					每承台	混凝土浇筑
			台身	钢筋安装	每台	钢筋加工及安装
				台身	每台	模板
					每台	混凝土浇筑
			台帽	钢筋安装	每台	钢筋加工及安装
				台帽	每台	模板
					每台	混凝土浇筑
			支座垫石		每台	混凝土浇筑
			挡块		每台	混凝土浇筑
			台背填土		每台	台背填土
		2号墩	桩基础	钢筋安装	每桩	钢筋加工及安装
				桩基础	每桩	钻孔桩成孔
					每桩	钻孔灌注桩
			承台	钢筋安装	每承台	钢筋加工及安装
				承台	每承台	模板
					每承台	混凝土浇筑
			柱式墩身	钢筋安装	每柱	钢筋加工及安装
				柱或双臂墩身	每柱	模板
					每柱	混凝土浇筑
			墩盖梁	钢筋安装	每墩	钢筋加工及安装
				墩盖梁	每墩	模板
					每墩	混凝土浇筑
			支座垫石		每墩	混凝土浇筑
			挡块		每墩	混凝土浇筑
		3号墩	同2号墩			
		4号台	同1号台			

续上表

单位工程	分部工程	分项工程			工序	
					划分	名称
桥梁工程（K52＋930）	上部构造预制和安装	1孔	空心板预制	钢筋安装	每片梁	钢筋加工及安装
				空心板预制	每片梁	模板
					每片梁	混凝土浇筑
			空心板安装		每片梁	空心板安装
		2孔	同1孔			
		3孔	同1孔			
	总体、桥面系及附属工程	桥面铺装		钢筋安装	每工作班	钢筋加工及安装
				桥面铺装	每工作班	模板
					每工作班	混凝土浇筑
		支座安装			每工作班	支座安装
		伸缩缝安装			每道	伸缩缝安装
		混凝土防撞护栏		钢筋安装	每工作班	钢筋加工及安装
				混凝土防撞护栏	每工作班	模板
					每工作班	混凝土浇筑
		桥头搭板		钢筋安装	每侧	钢筋加工及安装
				桥头搭板	每侧	模板
					每侧	混凝土浇筑
	防护工程	浆砌片石锥、护坡		浆砌片石锥、护坡	每工作班	基础基坑
					每工作班	浆砌片石锥、护坡
		导流工程		导流工程	每工作班	导流工程填土
					每工作班	基础基坑
					每工作班	导流工程
交通安全设施	标志	交通标志			每工作班	交通标志
	标线	路面标线			每工作班	路面标线
	护栏	波形护栏			每工作班	波形护栏
	轮廓标	轮廓标			每工作班	轮廓标

第五节　确定实际施工项目的分项工程及分项工程划分

实际施工项目的分项工程及分项工程划分，要按照评定标准的规定确定。

一、确定实际施工项目的分项工程

(一)路基工程

1. 路基土石方

依据评定标准 4.2、4.4 分别确定土方路基和软土地基的砂垫层分项工程。

2. 排水工程

依据评定标准 5.5、5.6、5.7 分别确定土沟(边沟)、浆砌排水沟和盲沟(填石渗沟)分项工程。

3. 小桥工程(K51+110 小桥)

分项工程的确定同桥梁工程。

4. 涵洞工程(圆管涵、盖板涵)

依据评定标准 9.1.4 钢筋混凝土涵洞除按本章规定评定外,还应包括钢筋加工及安装分项工程。9.1.5 明涵的铺装可按本标准第 8.12 节的有关规定评定。9.4 预制涵管按本标准第 5 章 5.2 节评定。依据 9.2、9.3、8.3.1、5.2、9.5、9.6、9.7、9.11、8.6.5、8.12.2、8.12.13 分别确定涵洞总体、涵台、钢筋安装、管节预制、管座及涵管安装、盖板制作、盖板安装、一字墙和八字墙、台背填土、桥面铺装、桥头搭板等分项工程。

5. 砌筑防护工程

依据评定标准 6.9、6.10 确定锥、护坡和浆砌片石护坡分项工程。

(二)路面工程

依据评定标准 7.15、7.7、7.2 确定路肩、水泥砂砾底基层、水泥砂砾基层、水泥混凝土面层分项工程。

(三)桥梁工程(K52+930 中桥)

依据评定标准 8.2 桥梁总体、8.3 钢筋加工及安装、8.5.1 扩大基础、8.5.2 钻孔灌注桩、8.5.9 承台、8.6.1 混凝土墩台身、8.6.3 墩台帽或盖梁、8.6.5 台背填土、8.7.1梁(板)预制、8.12.2 桥面铺装、8.12.5 支座垫石和挡块、8.12.6 支座安装、8.12.8伸缩缝安装、8.12.12 混凝土防撞护栏、8.12.13 桥头搭板等,确定 K52+930 中桥的桥梁总体、钢筋安装、钢筋网、扩大基础、钻孔灌注桩、承台、混凝土台身、混凝土墩身、柱式墩身、墩帽、台帽、墩盖梁、台盖梁、台背填土、预制空心板、安装空心板、桥面铺装、支座垫石、挡块、支座安装、伸缩缝安装、混凝土防撞护栏、桥头搭板等分项工程,依据 8.1.2 的本章仅列出公路桥涵中最常用的砌体分项工程,防护工程和其他未包含的分项工程按本标准第 6 章进行评定的规定,则依据 6.9、6.11 确定锥、护坡和导流工程(浆砌片石护坡)分项工程。

(四)交通安全设施

依据评定标准 11.2、11.3、11.4、11.8 确定交通标志、路面标线、波形梁钢护栏、轮廓标分项工程。

二、分项工程划分

(一)评定标准对分项工程划分的规定

3.1.1　根据建设任务、施工管理和质量检验评定的需要,应在施工准备阶段按本标准附录 A(见表 2.3.2-2)将建设项目划分为单位工程、分部工程和分项工程。

3.1.1-3　在分部工程中,应按不同的施工方法、材料、工序及路段长度等划分为若干个分项工程。

8.1.13　分项工程原则上按结构构件和施工阶段划分。

9.1.1　每道涵洞为一个子分部工程,包含洞身各部分构件、洞口和填土等分项工程。

(二)分项工程划分的原则

1.原则上按 1km 划分

评定标准规定路基工程(小桥、挡土墙除外)和路面工程的分部工程按 1～3km 路段划分,按照评分程序(见第七章),分项工程应对应按 1～3km 路段划分,书中为了举例简便,按照 1km 划分。在实际工作中按工程量小一些划分较为适宜,一是数据少计算简便;二是对于规模较小的施工项目,若按 2～3km 进行评定,评定合格后再进行下一个分项工程的施工,有时会耽误施工(尤其是工期紧的情况下)。

2.桥梁工程的分项工程划分

根据评定标准 8.1.13 的规定,按结构构件划分,如桥梁的每墩台基础、墩台身,每孔上部梁(板)预制等。

3.小桥工程的分项工程划分

结构较简单的小桥(例如轻台、矩形板),可把全桥的基础,墩、台身,梁(板)预制等作为分项工程。

结构较复杂小桥的分项工程划分同桥梁工程。

4.涵洞工程的分项工程划分

根据评定标准 9.1.1 的规定,把洞身各部分构件如涵台、管节预制、盖板预制,八子墙和填土等作为分项工程。

5.排水、砌筑防护工程分项工程质量检验评定表桩号的填写

在划分分项工程桩号中,若有两段以上相同的工程,分项工程质量检验评定表的桩号应填写划分的分项工程桩号,检测表填写实际桩号。

实际施工项目的分项工程和分项工程划分，见表 2.5.1。

实际施工项目的分项工程和分项工程划分　　表 2.5.1

<table>
<tr><th rowspan="2">单位工程</th><th rowspan="2">分部工程</th><th colspan="4">分项工程</th></tr>
<tr><th colspan="3">名称</th><th>划分</th></tr>
<tr><td rowspan="31">路基工程
(K51+000～K52+000)</td><td rowspan="2">路基土石方
(K51+000～K52+000)</td><td colspan="3">土方路基</td><td>K51+000～K52+000</td></tr>
<tr><td colspan="3">砂垫层(软土地基)</td><td>K51+050～K52+800</td></tr>
<tr><td rowspan="2">排水工程
(K51+000～K52+000)</td><td colspan="3">土沟(边沟)</td><td>K51+500～K52+000</td></tr>
<tr><td colspan="3">浆砌排水沟</td><td>K51+000～K51+500</td></tr>
<tr><td rowspan="27">小桥工程(K51+110)</td><td rowspan="7">1号台</td><td rowspan="2">扩大基础</td><td>钢筋安装</td><td>每台</td></tr>
<tr><td>扩大基础</td><td>每台</td></tr>
<tr><td rowspan="2">台身</td><td>钢筋安装</td><td>每台</td></tr>
<tr><td>台身</td><td>每台</td></tr>
<tr><td rowspan="2">台帽</td><td>钢筋安装</td><td>每台</td></tr>
<tr><td>台帽</td><td>每台</td></tr>
<tr><td colspan="2">台背填土(包括锥坡填土)</td><td>每台</td></tr>
<tr><td rowspan="6">2号墩</td><td rowspan="2">扩大基础</td><td>钢筋安装</td><td>每墩</td></tr>
<tr><td>扩大基础</td><td>每墩</td></tr>
<tr><td rowspan="2">墩身</td><td>钢筋安装</td><td>每墩</td></tr>
<tr><td>墩身</td><td>每墩</td></tr>
<tr><td rowspan="2">墩帽</td><td>钢筋安装</td><td>每墩</td></tr>
<tr><td>墩帽</td><td>每墩</td></tr>
<tr><td>3号台</td><td colspan="3">同1号台</td></tr>
<tr><td rowspan="3">1孔</td><td rowspan="2">空心板预制</td><td>钢筋安装</td><td>每孔</td></tr>
<tr><td>空心板预制</td><td>每孔</td></tr>
<tr><td colspan="2">空心板安装</td><td>每孔</td></tr>
<tr><td>2孔</td><td colspan="3">同1孔</td></tr>
<tr><td colspan="3">桥梁总体</td><td>全桥</td></tr>
<tr><td colspan="2" rowspan="2">桥面铺装</td><td>钢筋安装</td><td>全桥</td></tr>
<tr><td>桥面铺装</td><td>全桥</td></tr>
<tr><td colspan="3">支座安装</td><td>全桥</td></tr>
<tr><td colspan="2" rowspan="2">混凝土防撞护栏</td><td>钢筋安装</td><td>全桥</td></tr>
<tr><td>混凝土防撞护栏</td><td>全桥</td></tr>
<tr><td colspan="3">伸缩缝安装</td><td>全桥</td></tr>
<tr><td colspan="2" rowspan="2">桥头搭板</td><td>钢筋安装</td><td>全桥</td></tr>
<tr><td>桥头搭板</td><td>全桥</td></tr>
</table>

续上表

<table>
<tr><th rowspan="2">单位工程</th><th rowspan="2" colspan="2">分部工程</th><th colspan="3">分项工程</th></tr>
<tr><th colspan="2">名称</th><th>划分</th></tr>
<tr><td rowspan="7">路基工程
(K51+000～K52+000)</td><td rowspan="6" colspan="2">涵洞工程(圆管涵)
(K51+800)</td><td colspan="2">涵台</td><td>全涵</td></tr>
<tr><td rowspan="2">钢筋预制</td><td>钢筋安装</td><td>全涵</td></tr>
<tr><td>管节预制</td><td>全涵</td></tr>
<tr><td colspan="2">管座及涵管安装</td><td>全涵</td></tr>
<tr><td colspan="2">涵洞回填土</td><td>全涵</td></tr>
<tr><td colspan="2">涵洞总体</td><td>全涵</td></tr>
<tr><td colspan="2">砌筑防护工程(K51+110)</td><td colspan="2">浆砌片石锥坡</td><td>全桥</td></tr>
<tr><td rowspan="16">路基工程
(K52+000～K53+000)</td><td rowspan="2" colspan="2">路基土石方
(K52+000～K53+000)</td><td colspan="2">土方路基</td><td>K52+000～K53+000</td></tr>
<tr><td colspan="2">砂垫层(软土地基)</td><td>K52+200～K52+750</td></tr>
<tr><td rowspan="3" colspan="2">排水工程
(K52+000～K53+000)</td><td colspan="2">土沟(边沟)</td><td>K52+000～K53+000</td></tr>
<tr><td colspan="2">盲沟(填石渗沟)</td><td>K52+120～K52+600</td></tr>
<tr><td colspan="2">浆砌片石排水沟</td><td>K52+120～K52+600</td></tr>
<tr><td rowspan="10">涵洞工程
(K52+000～K53+000)</td><td>圆管涵
(K52+100)</td><td colspan="3">同圆管涵(K51+800)</td></tr>
<tr><td rowspan="9">盖板涵
(K52+310)</td><td colspan="2">一字墙和八字墙</td><td>全涵</td></tr>
<tr><td rowspan="2">盖板制作</td><td>钢筋安装</td><td>全涵</td></tr>
<tr><td>盖板制作</td><td>全涵</td></tr>
<tr><td colspan="2">盖板安装</td><td>全涵</td></tr>
<tr><td colspan="2">台背填土</td><td>全涵</td></tr>
<tr><td colspan="2">桥面铺装</td><td>全涵</td></tr>
<tr><td rowspan="2">桥头搭板
(明涵)</td><td>钢筋安装</td><td>全涵</td></tr>
<tr><td>桥头搭板</td><td>全涵</td></tr>
<tr><td colspan="2">涵洞总体</td><td>全涵</td></tr>
<tr><td colspan="2">砌筑防护工程
(K52+000～K53+000)</td><td colspan="2">浆砌片石护坡</td><td>K52+120～K52+600</td></tr>
<tr><td rowspan="5">路面工程
(K51+000～K53+000)</td><td rowspan="4" colspan="2">路面工程
(K51+000～K52+000)</td><td colspan="2">路肩</td><td>K51+000～K52+000</td></tr>
<tr><td colspan="2">水泥砂砾底基层</td><td>K51+000～K52+000</td></tr>
<tr><td colspan="2">水泥砂砾基层</td><td>K51+000～K52+000</td></tr>
<tr><td colspan="2">水泥混凝土面层</td><td>K51+000～K52+000</td></tr>
<tr><td colspan="2">路面工程
(K52+000～K53+000)</td><td colspan="3">同路面工程 K51+000～K52+000 段</td></tr>
</table>

续上表

单位工程	分部工程	分项工程			
		名称			划分
桥梁工程（中桥 K52+930）	基础及下部构造	1号台	桩基础	钢筋安装	每台
				钻孔灌注桩	每台
			承台	钢筋安装	每台
				钻孔灌注桩	每台
			台身	钢筋安装	每台
				台身	每台
			台帽	钢筋安装	每台
				台帽	每台
			支座垫石	钢筋安装	每台
				支座垫石	每台
			挡块	钢筋安装	每台
				挡块	1/2全桥
			台背填土		每台
		2号墩	桩基础	钢筋安装	每墩
				钻孔灌注桩	每墩
			承台	钢筋安装	每墩
				承台	每墩
			柱式墩身	钢筋安装	每墩
				柱式墩身	每墩
			墩盖梁	钢筋安装	每墩
				墩盖梁	每墩
			支座垫石	钢筋网	每墩
				支座垫石	每墩
		3号墩	同2号墩		
		4号台	同1号台		
	上部构造预制和安装	1孔	空心板预制	钢筋安装	每孔
				空心板预制	每孔
			空心板安装		每孔
		2孔	同1孔		
		3孔	同2孔		

续上表

单位工程	分部工程	分项工程		划分
		名称		
桥梁工程 (中桥K52+930)	总体、桥面系及附属工程	桥梁总体		全桥
		桥面铺装	钢筋安装	全桥
			桥面铺装	全桥
		支座安装		全桥
		混凝土防撞护栏	钢筋安装	全桥
			混凝土防撞护栏	全桥
		伸缩缝安装		全桥
		桥头搭板	钢筋安装	全桥
			桥头搭板	全桥
	防护工程	浆砌片石锥、护坡		全桥
		导流工程		全桥
交通安全设施	标志	交通标志		全线
	标线	路面标线		全线
	护栏、轮廓标	波形梁护栏		全线
		轮廓标		全线

第六节　确定实际施工项目的单位、分部工程及单位、分部工程划分

实际施工项目的单位、分部工程及单位、分部工程划分，要按照评定标准的相关规定确定。

一、评定标准对单位工程、分部工程划分的规定

3.1.1　根据建设任务、施工管理和质量检验评定的需要，应在施工准备阶段按本标准附录A(见表2.3.2-2)将建设项目划分为单位工程、分部工程。施工单位、工程监理单位和建设单位应按相同的工程项目划分进行工程质量的监控和管理。

(一)单位工程

在建设项目中，根据签订的合同，具有独立施工条件的工程。

(二)分部工程

在单位工程中，应按结构部位、路段长度及施工特点或施工任务划分为若干个分部工程。

8.1.13 每座独立大、中桥为一个单位工程，路基工程中的每座小桥各为一个分部工程。

二、确定实际施工项目的单位、分部工程及单位、分部工程划分

按照评定标准附表 A-1 一般建设项目的工程划分规定确定实际施工项目的单位、分部工程及单位、分部工程划分，见表 2.6.1。

实际施工项目的单位、分部工程及单位、分部工程划分 表 2.6.1

单位工程		分部工程	
工程名称	工程划分	工程名称	工程划分
路基工程	K51+000～K53+000	路基土石方	K51+000～K52+000
		排水工程	K51+000～K52+000
		小桥工程	K51+110
		涵洞工程	K51+800
		路基土石方	K52+000～K53+000
		排水工程	K52+000～K53+000
		涵洞工程	K52+000～K53+000
		砌筑防护工程	K52+000～K53+000
路面工程	K51+000～K53+000	路面工程	K51+000～K52+000
		路面工程	K52+000～K53+000
桥梁工程	K52+930	基础及下部构造	K52+930
		上部构造预制及安装	K52+930
		总体、桥面系及附属工程	K52+930
		防护工程	K52+930
交通安全设施	K51+000～K53+000	标志	K51+000～K53+000
		标线	K51+000～K53+000
		护栏轮廓标	K51+000～K53+000

第三章

公路工程施工资料用表和编制程序

保证编制出的施工质量保证资料符合要求，立卷归档文件材料准确、完整和系统，非常重要的是所采用的资料用表和编制程序必须规范、适用。下面按照施工规范、规程、评定标准的规定制定实际施工项目的材料及标准试验、施工工序、交工验收评定和工程质量检验评定的资料用表和编制程序，为监理资料和施工资料的编制提供规范、适用的操作平台。

第一节　制定实际施工项目的材料及标准试验资料用表和编制程序

一、制定实际施工项目的原材料试验资料用表和编制程序

对于钢筋、交通安全设施成品，应经有资质的检测机构检测，取得合格资料，所以不进行资料用表和编制程序的制定。

(一)制定原材料试验资料用表

依据施工规范确定试验项目和试验方法，按照试验规程的相关试验方法制定试验资料用表。

为了保持与“公路工程施工资料编制实用手册”、“公路工程施工资料编制示例”两书和本书第八章介绍的“公路工程资料管理系统”中的表号一致，故采用原书中表号(以下同)。

1. 制定路基填料试验资料用表

(1)确定路基填料的试验项目

依据路基规范 3.3.3 土的试验项目包括天然含水率、液限、塑限、CBR 试验等，

必要时应做颗粒分析、相对密度、有机质含量、易溶盐含量、冻胀和膨胀量等试验的规定，根据该填料在其他工程项目使用的试验结果，确定填料的试验项目为天然含水率、液限、塑限、CBR试验(其他项目不需要做)。

(2)制定以上确定的试验项目的试验资料用表

①制定D-13含水率试验记录表(烘干法)。

依据土工试验规程T0103—1993土的含水率试验(烘干法)4.2的试验记录格式如表T0103-1。按照表T0103-1含水率试验记录(烘干法)的格式制定D-13含水率试验记录表(烘干法)，见表3.1.1-1。

②制定D-03路基填料试验(二)和D-03-1路基填料试验(二)记录表。

依据土工试验规程T0134—1993承载比试验中5.6试验记录格式如表T0134-3和T0134-4。按照表T0134-3贯入试验记录、表T0134-4膨胀量试验记录的格式制定D-03路基填料试验(二)和B-03-1路基填料试验(二)记录表，见表3.1.1-2和表3.1.1-3。

③制定D-04液限塑限联合测定试验记录表。

依据土工试验规程T0118—2007液限和塑限联合测定法试验中4.4试验记录格式如表T0118-1。按照表T0118-1液限塑限联合试验记录的格式制定D-04液限塑限联合测定试验记录表，见表3.1.1-4。

④路基填料试验报告。

根据试验项目、试验方法和质量管理的需要制定D-01路基填料试验报告，见表3.1.1-5。

2. 制定水泥混凝土面层原材料试验资料用表

(1)水泥(普通硅酸盐水泥)

①确定水泥的试验项目。

依据水泥路面规范5.4.4原材料的检验项目应符合表5.4.4的规定。

混凝土用水泥的检测项目 表5.4.4

检测项目	检测方法
抗折强度、抗压强度、安定性	公路工程水泥及水泥混凝土试验规程(JTG E30—2005)
凝结时间、标稠需水量、细度	
f-CaO、MgO、SO_3含量，铝酸三钙、铁铝酸四钙，干缩率、耐磨性、碱度，混合材料种类及数量	

确定水泥的检验项目为抗折强度、抗压强度、安定性、凝结时间、标准稠度需水量和细度(其他检测项目应经有资质的试验单位进行检测，取得合格资料)。

②制定以上确定的水泥试验项目的试验资料用表。

a. 制定D-19水泥物理力学性能试验(一)记录表。

水泥及水泥混凝土试验规程的规定：T0502—2005 水泥细度检验方法（80μm 筛筛析法）5.1 水泥试样筛余百分数计算公式中水泥筛余物的质量（g），水泥试样的质量（g），水泥试样的筛余百分数（%）；6 试验报告内容包括试样编号，要求检测的项目名称，原材料的品种、规格和产地，试验日期及时间，仪器设备的名称、型号及编号，环境温度和湿度，试验采用方法，执行标准，水泥试样的筛余百分数，要说明的其他内容。T0502 附录水泥试验筛的标定方法 A.6 水泥试样筛余百分数结果修正计算公式中的试验筛修正系数，水泥试样修正前的筛余百分数（%），水泥试样修正后的筛余百分数（%）。T0505—2005 水泥标准稠度用水量、凝结时间、安定性检验方法中 5.3 标准稠度用水量测定步骤、6.3 初凝时间测定、6.4 终凝时间测定、8 安定性测定（标准法）和 10 试验报告内容包括要求检测的项目名称，试样编号，试验日期及时间，仪器设备的名称、型号及编号，环境温度和湿度，执行标准，使用检测方法，水泥试样的标准稠度用水量、凝结时间、安定性等。按照以上规定制定 D-19 水泥物理力学试验（一）记录表，见表 3.1.1-6。

b. 制定 D-20 水泥物理力学性能试验（二）记录表。

水泥及水泥混凝土试验规程的规定：T0506—2005 水泥胶砂强度检验方法（ISO 法）7.2.4 抗折强度计算公式中破坏荷载（N），试件断面正方形的边长（为 40mm），抗折强度（MPa）；7.3.3 抗压强度计算公式中破坏荷载（N），受压面积（40mm×40mm=1600mm^2），抗压强度（MPa）；7.3.4 抗压强度结果为一组 6 个断块试件抗压强度的算术平均值；8 试验报告内容包括要求检测的项目名称，原材料的品种、规格和产地，试验日期及时间，仪器设备的名称、型号及编号，环境温度和湿度，执行标准，不同龄期对应的水泥试样的抗折强度、抗压强度，报告中应包括所有单个强度结果（包括舍去的试验结果）和计算出的平均值，要说明的其他内容等。按照以上规定制定 D-20 水泥物理力学性能试验（二）记录表，见表 3.1.1-7。

c. D-18 水泥试验报告的制定方法同路基填料，见表 3.1.1-8。

（2）粗集料（碎石）

①确定粗集料的试验项目。

依据水泥路面规范 5.4.4 原材料的检验项目应符合表 5.4.4 的规定。

混凝土用粗集料的检验项目　　表 5.4.4

检测项目	检测方法
针片状、超径颗粒含量，级配，表观密度，堆积密度，空隙率	公路工程集料试验规程（JTG E42—2005）
含泥量、泥块含量	
坚固性、岩石抗压强度、压碎指标	
碱集料反应	
含水率	

确定粗集料的试验项目为针片状、超径颗粒含量、级配、表观密度、堆积密度、空隙率、含泥量、泥块含量、坚固性、压碎值指标。

②制定以上粗集料试验项目的试验资料用表。

a. 制定 D-38 路面用水泥混凝土粗集料技术性能试验(一)记录表。

集料试验规程的规定：T0302—2005 粗集料及集料混合料的筛分试验 1.1 测定粗集料(碎石、砾石)的颗粒组成。对水泥混凝土用粗集料可采用干筛法筛分；6 计算及表 T0302-2 粗集料干筛法筛分记录等。按照以上规订制定 D-38 路面用水泥混凝土粗集料技术性能试验(一)记录表，见表 3.1.1-9。

b. 制定 D-40 水泥混凝土粗集料技术性能试验(二)记录表。

集料试验规程的规定：T0309—2005 粗集料堆积密度及空隙率试验 5.2 堆积密度(包括自然堆积状态、振实状态)计算公式中容量筒的容积(L)，容量筒的质量(kg)，容量筒与试样的总质量(kg)，自然堆积状态和振实状态的堆积密度(t/m^3)；5.3 水泥混凝土用粗集料振实状态下的空隙率计算公式中集料的表观密度(t/m^3)，按振实法测定的粗集料的堆积密度(t/m^3)，水泥混凝土用粗集料的空隙率(%)；6 以两次平行试验结果的平均值作为测定值。T0304—2005 粗集料密度及吸水率试验(网篮法)，5.1 表观相对密度计算和 5.3 粗集料的表观密度计算公式中集料的烘干质量(g)，集料的水中质量(g)，试验温度 T 时水的密度(g/cm^3)，粗集料的表观密度(g/cm^3)。T0316—2005 粗集料压碎值试验 5 石料压碎值计算公式中试验前试样质量(g)，试验后通过 2.36mm 筛孔的细料质量(g)，石料压碎值(%)；6 以 3 个试样平行试验结果的算术平均值作为压碎值的测定值；条文说明采用 T0316 试验后，利用相关关系式 $y=0.816x-5$ 换算。T0311—2005 水泥混凝土用粗集料针片状颗粒含量试验(规准仪法)5 碎石针片状颗粒含量计算公式中试样总质量(g)，试样中所含针状颗粒和片状颗粒的总质量(g)，试样的针片状颗粒含量(%)等。按照以上规定制定D-40水泥混凝土粗集料技术性能试验(二)记录表，见表 3.1.1-10。

c. 制定 D-41 水泥混凝土粗集料技术性能试验(三)记录表。

集料试验规程的规定：T0310—2005 粗集料含泥量及泥块含量试验 5.1 碎石的含泥量计算公式中试验前烘干试样质量(g)、试验后烘干试样质量(g)、碎石含泥量(%)，以两次试验的算术平均值作为测定值；5.2 碎石中黏土泥块含量计算公式中 4.75mm筛筛余量(g)、试验后烘干试样质量(g)、碎石中黏土泥块含量(%)，以两个试样两次试验结果的算术平均值作为测定值。T0314—2000 粗集料坚固性试验 5.1 试样中各粒级颗粒的分计质量损失百分率计算公式中各粒级试样试验前的烘干质量(g)，经硫酸钠溶液法试验后各粒级筛余颗粒的烘干质量(g)，各粒级颗粒的分计质量损失百分率(%)，试样中各粒级的分计质量(g)；5.2 试样总质量质量损失百分率(%)等。按照以上规定制定 D-41 水泥混凝土粗集料技术性能试验(三)记录表，见

表3.1.1-11。

d.制定D-36水泥混凝土粗集料技术性能试验报告的方法同路基填料，见表3.1.1-12。

(3)细集料(河砂)

①确定细集料的试验项目。

依据水泥路面规范5.4.4原材料的检验项目应符合表5.4.4的规定。

混凝土用细集料检测项目(节选) 表5.4.4

检测项目	检测方法
细度模数、表观密度、堆积密度、空隙率、级配	《公路工程集料试验规程》(JTG E42—2005)
含泥量、泥块含量	
坚固性	
云母含量、轻物质与有机物含量	
含盐量(硫酸盐、氯盐)	
含水率	

确定细集料的试验项目为细度模数、表观密度、堆积密度、空隙率、级配、泥块含量、坚固性、云母含量、轻物质含量、有机物含量。

②制定以上确定的细集料试验项目的试验资料用表。

a.制定D-43水泥混凝土细集料技术性能试验(一)记录表。

集料试验规程的规定：T0327—2005细集料筛分试验1测定细集料(天然砂、人工砂、石屑)的颗粒级配及粗细程度，对水泥混凝土用细集料可采用干筛法；5.1计算分计筛余百分率；5.2计算累计筛余百分率；5.3计算质量通过百分率；5.5天然砂的细度模数计算；5.6应进行二次平行试验等。按照以上规定制定D-43水泥混凝土细集料技术性能试验(一)记录表，见表3.1.1-13。

b.制定D-44水泥混凝土细集料技术性能试验(二)记录表。

集料试验规程的规定：T0328—2005细集料表观密度试验(容量瓶法)1容量瓶法测定细集料(天然砂、石屑、机制砂)在23℃时对水的表观相对密度和表观密度。方法适用于含有少量大于2.36mm部分的细集料；5.1细集料的表观相对密度计算公式中试样的烘干质量(g)，水及容量瓶总质量(g)，试样、水及容量瓶总质量(g)；5.2表观密度计算公式中试验温度T时水的密度(g/cm^3)，细集料的表观密度(g/cm^3)；6以两次平行试验结果的算术平均值作为测定值。T0331—1994细集料堆积密度及紧装密度试验5.1堆积密度计算公式中砂的堆积密度(g/cm^3)，容量筒的质量(g)，容量筒和堆积砂的总质量(g)，容量筒容积(mL)，砂的表观密度(g/cm^3)；6 以两次试验结果的算术平均值作为测定值。T0340—2005 细集料坚固性试验 5.1 试样中各粒级的分计损失百分率计算公式中试样中各粒级颗粒的分计损失百分率(%)，每一粒级试样试验前烘干质量(g)，经硫酸钠溶液试验后，每一粒级筛余颗粒的烘干质量(g)；5.2 试样的坚固性损失总百分率。T0333—2000 细集料含泥量试验(筛洗法)5 砂的含泥量计算公式中砂的含泥量(%)、试验前的烘干试样质量(g)、试验后的烘干试样质量(g)，以两个试样试验结果的算术平均值作为测定值等。按照以上规定制定 D-44水泥混凝土细集料技术性能试验(二)记录表，见表 3.1.1-14。

c. 制定 D-45 水泥混凝土细集料技术性能试验(三)记录表。

集料试验规程的规定：T0335—1994 细集料泥块含量试验 5 砂中泥块含量计算公式中砂中大于 1.18mm 泥块含量(%)，试验前存留于 1.18mm 筛上的烘干试样质量(g)，试验后的烘干试样量(g)；6 取两次平行试验结果的算术平均值作为测定值。T0337—1994 细集料云母含量试验 4 砂中云母含量计算公式中砂中云母含量(%)，烘干试样质量(g)，挑出的云母质量(g)。T0338—1994 细集料轻物质含量试验 5 砂中轻物质的含量计算公式中砂中轻物质的含量(%)，烘干的轻物质与烧杯的总量(g)，烧杯的质量(g)；6 以两份试样试验结果的算术平均值作为测定值。T0336—1994 细集料有机质含量试验 4 试验步骤等。按照以上规定制定 D-45 水泥混凝土细集料技术性能试验(三)记录表，见表 3.1.1-15。

d. 制定 D-42 水泥混凝土细集料技术性能试验报告的方法同粗集料，见表 3.1.1-16。

3. 制定水泥砂砾基层(底基层)原材料试验资料用表

(1)水泥(普通硅酸盐水泥)

①确定水泥的试验项目。

依据路面基层规范 9.2.2 对用做底基层和基层的原材料，应进行表 9.2.2 所列试验。

基层材料的试验项目(节选)　　　　表 9.2.2

试验项目	材料名称	仪器和试验方法
强度等级和终凝时间	水泥	水泥胶砂强度检验方法，水泥终凝结时间检验方法

依据水泥路面规范条文说明 3.1.5 工程上曾经发现使用小厂生产的普通水泥或矿渣水泥铺筑水泥稳定基层时，由于安定性和凝结时间不合格，基层摊铺一周后都无法形成板体，不得不返工重铺的情况，特规定“水泥的抗压强度、抗折强度、安定性、凝结时间必须检验合格”。

确定水泥的试验项目为抗折强度、抗压强度、安定性、初凝时间、终凝时间。

②制定以上确定的水泥试验项目的试验资料用表。

水泥试验资料用表的制定同水泥混凝土面层。

(2)集料

①确定集料的试验项目。

依据路面基层规范 9.2.2 对用做底基层、基层的原材料,应进行表 9.2.2 所列的试验。

原材料的试验项目(节选)　　表 9.2.2

试验项目	材料名称	仪器和试验方法
颗粒分析	砂砾、碎石等集料	筛分法
液限、塑限	土、级配砾石或级配碎石中 0.5mm以下的细土	液限塑限联合测定法测液限;滚搓法塑限试验测塑限
相对毛体积密度、吸水率	砂砾、碎石等	网篮法或容积 1000mL 以上的比重瓶法
压碎值	砂砾、碎石等	集料压碎值试验
有机质和硫酸盐含量	土	有机质含量试验,易溶盐试验

确定集料的试验项目为含水率、颗粒分析、液限和塑性指数、相对毛体积密度、吸水率、压碎值。

②制定以上确定试验项目的试验资料用表。

a. 制定 D-23-1 路面基层集料计算性能试验(一)记录表。

颗粒分析试验资料用表的制定同水泥混凝土面层粗集料。D-23-1 路面基层集料技术性能试验(一)记录表,见表 3.1.1-17。

液限和塑性指数试验资料用表同路基填料。

b. 制定 D-27 路面基层用集料技术性能试验(二)记录表。

集料试验规程的规定:T0304—2005 粗集料密度及吸水率试验(网篮法)4.7 对同一规格的集料应平行试验两次,取平均值作为试验结果;5.1 毛体积相对密度计算公式中集料的烘干质量(g)、集料的表干质量(g)、集料的水中质量(g)。5.2 集料的吸水率以烘干试样为准,计算公式中集料的表干质量(g)、集料的烘干质量(g)。T0316—2005 粗集料压碎值试验 5 石料压碎值计算公式中试验前试样质量(g)、试验后通过 2.36mm 筛孔的细料质量(g);6 以 3 个试样平行试验结果的算术平均值作为压碎值的测定值等。按照以上规定制定D-27路面基层用集料技术性能试验(二)记录表,见表3.1.1-18。

4.制定桥涵工程(包括排水、防护工程)原材料试验资料用表

(1)水泥(普通硅酸盐水泥)

①确定水泥的试验项目。

依据桥涵规范条文说明11.2.1-3对所用水泥应检验其安定性和强度。确定水泥的试验项目为安定性、抗折强度和抗压强度。

②制定以上确定的水泥试验项目的试验资料用表。

水泥试验项目资料用表同水泥混凝土面层。

(2)细集料(河砂)

①确定细集料的试验项目。

依据桥涵规范11.2.2-2砂的筛分应符合表11.2.2-1砂的分类和表11.2.2-2砂的分区及级配范围;11.2.2-3当对河砂、海砂或机制砂的坚固性有怀疑时,应用硫酸钠进行坚固性试验;11.2.2-4砂中杂质的含量应通过试验测定,其最大含量不宜超过表11.2.2-4的规定。确定细集料的筛分、含泥量、泥块含量、云母含量、轻物质含量、硫化物及硫酸盐折算SO_3、有机质含量等试验项目。

②制定以上确定的细集料试验项目的试验资料用表。

以上确定的细集料试验项目的试验资料用表,同水泥混凝土路面细集料。

(3)粗集料(碎石)

①确定粗集料的试验项目。

依据桥涵规范11.2.3-2粗集料的颗粒级配,可采用连续级配或连续级配与单粒级配合使用;11.2.3-4粗集料的技术要求及有害物质含量的规定见表11.2.3-2及表11.2.3-3。确定粗集料的试验项目为筛分、石料压碎指标值、针片状颗粒含量、含泥量、泥块含量、小于2.5mm的颗粒含量、硫化物及硫酸盐折算为SO_3等。

②制定以上确定的粗集料试验项目的试验资料用表。

粗集料筛分试验资料用表的制定同水泥混凝土路面粗集料,制定的D-37水泥混凝土粗集料技术性能试验(一)见表3.1.1-19。

粗集料的其他试验项目的试验资料用表,同水泥混凝土路面粗集料。

5.交通安全设施原材料试验资料用表

交通安全设施原材料试验资料用表,同桥涵工程。

(二)制定实际施工项目的原材料试验编制程序

原材料试验资料编制程序由以上制定的试验报告和试验表组成。试验报告是施工单位用表,监理单位不填写报告单。实际施工项目的原材料试验资料编制程序见表3.1.1-20。

××公路××段建设项目　　表 3.1.1-1

承包单位：＿＿＿＿＿＿　合同号：＿＿＿＿＿＿

监理单位：＿＿＿＿＿＿　编　号：＿＿＿＿＿＿

含水率试验记录表(烘干法)　　D-13

工程名称		施工路段			试样名称			
最佳含水率(%)		试验日期			试验执行标准			
取样位置(桩号)								
盒号			1	2	3	4	5	6
盒质量	(g)	(1)						
盒+湿试样质量	(g)	(2)						
盒+干试样质量	(g)	(3)						
水分质量	(g)	(4)=(2)-(3)						
干试样质量	(g)	(5)=(3)-(1)						
含水率	(%)	(6)=(4)/(5)						
平均含水率	(%)	(7)						

结论：

签字：　　年　月　日

试验：　　审核：

××公路××段建设项目　　表 3.1.1-2

承包单位：＿＿＿＿＿＿　合同号：＿＿＿＿＿＿

监理单位：＿＿＿＿＿＿　编　号：＿＿＿＿＿＿

路基填料试验(二)

D-03

填料名称		试验单位	
土场名称		试验完成日期	年　月　日
工程名称		试验执行标准	
现场桩号		试验人签字	
来料日期		审核人签字	

承载比试验(CBR)记录

土样编号						测力环校正系数					
最大干密度(g/cm^3)						贯入杆面积					
最佳含水率(%)						l=2.5mm 时，p=　　kPa，CBR=　　%					
每层击数						l=5.0mm 时，p=　　kPa，CBR=　　%					
荷载测力计百分表变形值 R(0.01mm)			单位压力 p (kPa)			贯入量百分表平均位移值(0.01mm)			贯入量 l (mm)		
1	2	3	1	2	3	1	2	3	1	2	3

结论：

签字：　　　　年　月　日

××公路××段建设项目　　表 3.1.1-3

承包单位：________　合同号：________

监理单位：________　编　号：________

路基填料试验(二)

D-03-1

填料名称		试验单位	
土场名称		试验完成日期	年　月　日
工程名称		试验执行标准	
现场桩号		试验人签字	
来料日期		审核人签字	

膨胀量试验记录

	试验次数			1	2	3
膨胀量	筒号	(1)				
	泡水前试件(原试件)高度(mm)	(2)				
	泡水后试件高度(mm)	(3)				
	膨胀量(%)	(4)	$\frac{(3)-(2)}{(2)}\times 100$			
	膨胀量平均值(%)					
密度	筒质量 m_1(g)	(5)				
	筒+试件质量 m_2(g)	(6)				
	筒体积(cm^3)	(7)				
	湿密度 ρ(g/cm^3)	(8)	$\frac{(6)-(5)}{(7)}$			
	含水率 w(%)	(9)				
	干密度 ρ_d(g/cm^3)	(10)	$(8)/(1+0.01w)$			
	干密度平均值(g/cm^3)					
吸水量	泡水后筒+试件质量 m_3(g)	(11)				
	吸水量 w_a(g)	(12)	(11)−(6)			
	吸水量平均值(g)					

××公路××段建设项目 表 3.1.1-4

承包单位：____________ 合同号：____________

监理单位：____________ 编　号：____________

液限塑限联合测定试验

D-04

填料名称		试验单位	
代表数量(m^3)		试验完成日期	年　月　日
产地		试验执行标准	
工程名称		试验人签字	
现场桩号		审核人签字	

液限塑限联合测定试验记录

<table>
<tr><td colspan="2">试验次数
试验项目</td><td colspan="2">1</td><td colspan="2">2</td><td colspan="2">3</td><td>h-w 图</td></tr>
<tr><td rowspan="3">入土深度
(mm)</td><td>H_1</td><td colspan="2"></td><td colspan="2"></td><td colspan="2"></td><td rowspan="7">二级双对数纸

锥入深度与含水率
(h-w)关系图</td></tr>
<tr><td>H_2</td><td colspan="2"></td><td colspan="2"></td><td colspan="2"></td></tr>
<tr><td>$(H_1+H_2)/2$</td><td colspan="2"></td><td colspan="2"></td><td colspan="2"></td></tr>
<tr><td rowspan="8">含水率
(%)</td><td>盒号</td><td></td><td></td><td></td><td></td><td></td><td></td></tr>
<tr><td>盒质量(g)</td><td></td><td></td><td></td><td></td><td></td><td></td></tr>
<tr><td>盒＋湿土质量(g)</td><td></td><td></td><td></td><td></td><td></td><td></td></tr>
<tr><td>盒＋干土质量(g)</td><td></td><td></td><td></td><td></td><td></td><td></td></tr>
<tr><td>水分质量(g)</td><td></td><td></td><td></td><td></td><td></td><td></td><td>液限 w_L＝</td></tr>
<tr><td>干土质量(g)</td><td></td><td></td><td></td><td></td><td></td><td></td><td>塑限 w_p＝</td></tr>
<tr><td>含水率(%)</td><td></td><td></td><td></td><td></td><td></td><td></td><td>塑性指数 I_p＝</td></tr>
<tr><td>平均含水率(%)</td><td></td><td></td><td></td><td></td><td></td><td></td><td></td></tr>
<tr><td colspan="9">结论：

签字：　　　　年　月　日</td></tr>
</table>

××公路××段建设项目 表 3.1.1-5

承包单位：____________ 合同号：____________

监理单位：____________ 编 号：____________

路基填料试验报告

D-01

填料名称		试验单位	
代表数量(m^3)		试验完成日期	年 月 日
土场名称		试验执行标准	
进场日期		试验人签字	
工程名称		审核人签字	
现场桩号		试验室主任签字	

填 料 试 验 报 告

试验指标	单位	标准	试验结果	结果评定	试验方法
颗粒分析 (＜0.075mm)，≥	(%)				T0115
液限，不大于	(%)				T0118
塑性指数，不大于					T0118
强度(CBR)，不小于	(%)				T0134
含水率	(%)				T0103

结论：

监理机构：

年 月 日

××公路××段建设项目 表 3.1.1-6

承包单位：＿＿＿＿＿＿ 合同号：＿＿＿＿＿＿

监理单位：＿＿＿＿＿＿ 编　号：＿＿＿＿＿＿

水泥物理力学性能试验(一) D-19

水泥品种及规格		试验单位	
工程名称		试验完成日期	年　月　日
产地及代表数量(t)		环境温度及湿度	
仪器设备名称、型号及编号		试验执行标准	
		试验人签字	
		审核人签字	

水 泥 试 验 记 录

1. 细度(%)(　　　筛法)

试验日期及时间：

试验结果	编号	水泥筛余物的质量(g)	水泥试样的质量(g)	水泥试样的筛余百分数(%)	
				单值	平均

水泥试样修正后的筛余百分数	试验筛修正系数	水泥试样修正前的筛余百分数(%)	水泥试样修正后的筛余百分数(%)

注：试验筛修正系数的测定按 T0502 附录进行

2. 密度(kg/m^3)

试验日期及时间：

编号	装入密度瓶的水泥质量(g)	被水泥所排出的液体体积(cm^3)	水泥的密度(kg/m^3)	
			单值	平均

3. 标准稠度用水量 P(%)(标准法)

试样编号：

试验日期及时间：

水泥试样质量(g)：

试杆沉入净浆并距底板 6mm±1mm 时，拌和水(mL)：

标准稠度用水量 P(%)：

4. 凝结时间

试验日期：

水泥全部加入水中时间：

试针沉至距底板 4mm±1mm 时间：

试针沉入试件 0.5mm 时间：

初凝(min)：　　终凝(min)：

5. 安定性(标准法)

试验日期及时间：

水泥试样重(g)：

拌和水(mL)：

标准稠度用水量(%)：

编号	A (mm)	C (mm)	$(C\text{-}A)$ (mm)	平均 (mm)

评定：

结论：

签字：　　　　年　月　日

××公路××段建设项目

表 3.1.1-7

承包单位:__________ 合同号:__________

监理单位:__________ 编　号:__________

水泥物理力学性能试验(二)

D-20

水泥品种及规格		试验单位	
工程名称		试验完成日期	年　月　日
产地及代表数量(t)		环境温度及湿度	
仪器设备名称、型号及编号		试验执行标准	
		试验人签字	
		审核人签字	

水泥胶砂强度试验记录(ISO 法)

龄期(d)	制作日期及时间	试验日期及时间	抗折					抗压				
			编号	试件尺寸(mm)	破坏荷载(N)	强度(MPa)		编号	受压面积(mm^2)	破坏荷载(N)	强度(MPa)	
						单值	平均				单值	平均
3												
28												

结论:

签字:　　　　年　月　日

××公路××段建设项目　　　　表 3.1.1-8

承包单位：＿＿＿＿＿＿　合同号：＿＿＿＿＿＿

监理单位：＿＿＿＿＿＿　编　号：＿＿＿＿＿＿

水 泥 试 验 报 告

D-18

水泥品种及规格		试验单位	
代表数量(t)		试验完成日期	年　月　日
产地		试验执行标准	
进场日期		试验人签字	
工程名称		审核人签字	
工程部位		试验室主任签字	

水 泥 试 验 报 告

物 理 性 能			标　准	试验结果	结果评定	试验方法
细度：80μm 标准筛筛余(%)						T0502
水泥密度(kg/m^3)						T0503
标准稠度用水量 P(%)(标准法)						T0505
凝结时间	初凝时间(min)					T0505
	终凝时间(min)					
安定性(标准法)						T0505
强度(ISO 法)	抗折(MPa)	3(d)				T0506
		28(d)				
	抗压(MPa)	3(d)				
		28(d)				

结论：

监理机构：

年　月　日

××公路××段建设项目　　表 3.1.1-9

承包单位：______ 合同号：______

监理单位：______ 编　号：______

路面用水泥混凝土粗集料技术性能试验(一)　　D-38

材料名称及规格		试验单位	
代表数量(m^3)		试验完成日期	年　月　日
产地		试验执行标准	
工程名称		试验人签字	
工程部位		审核人签字	

碎石筛分记录(干筛法)

干燥试样总量(g)	第1组			第2组			平均
筛孔尺寸(mm)	筛上重 m_i (g)	分计筛余(%)	累计筛余(%)	筛上重 m_i (g)	分计筛余(%)	累计筛余(%)	累计筛余(%)
	(1)	(2)	(3)	(1)	(2)	(3)	(4)
37.5							
31.5							
26.5							
19.0							
16.0							
9.5							
4.75							
2.36							
筛底							
筛分后总量$\sum m_i$(g)							
损耗(g)							
损耗率(%)							
超径颗粒含量(%)							

结论：

签字：　　年　月　日

××公路××段建设项目　　表 3.1.1-10

承包单位：__________　合同号：__________

监理单位：__________　编　号：__________

水泥混凝土粗集料技术性能试验(二)

D-40

材料名称及规格		试验单位	
代表数量(m^3)		试验完成日期	年　月　日
产地		试验执行标准	
工程名称		试验人签字	
工程部位		审核人签字	

碎(砾)石试验记录

<table>
<tr><td rowspan="4">自然堆积密度</td><td rowspan="2">容量筒的容积(L)</td><td rowspan="2">容量筒的质量(kg)</td><td rowspan="2" colspan="3">容量筒与试样总质量(kg)</td><td colspan="2">自然堆积密度(t/m³)</td></tr>
<tr><td>单值</td><td>平均值</td></tr>
<tr><td></td><td></td><td colspan="3"></td><td></td><td rowspan="2"></td></tr>
<tr><td></td><td></td><td colspan="3"></td><td></td></tr>
<tr><td rowspan="4">振实密度</td><td rowspan="2">容量筒的容积(L)</td><td rowspan="2">容量筒的质量(kg)</td><td rowspan="2" colspan="3">容量筒与试样总质量(kg)</td><td colspan="2">振实密度(t/m³)</td></tr>
<tr><td>单值</td><td>平均值</td></tr>
<tr><td></td><td></td><td colspan="3"></td><td></td><td rowspan="2"></td></tr>
<tr><td></td><td></td><td colspan="3"></td><td></td></tr>
<tr><td rowspan="4">表观密度(网篮法)</td><td rowspan="2">集料的烘干质量(g)</td><td rowspan="2">集料的水中质量(g)</td><td rowspan="2" colspan="3">试验温度 T 时水的密度(g /cm³)</td><td colspan="2">表观密度(g/cm³)</td></tr>
<tr><td>单值</td><td>平均值</td></tr>
<tr><td></td><td></td><td colspan="3"></td><td></td><td rowspan="2"></td></tr>
<tr><td></td><td></td><td colspan="3"></td><td></td></tr>
<tr><td rowspan="2">空隙率</td><td>粗集料的表观密度(t/m³)</td><td colspan="4">振实(自然)密度(t/m³)</td><td colspan="2">空隙率(%)</td></tr>
<tr><td></td><td colspan="4"></td><td colspan="2"></td></tr>
<tr><td rowspan="4">压碎值</td><td rowspan="2">试验前试样质量(g)</td><td rowspan="2" colspan="4">试验后通过 2.36mm 筛孔的细料质量(g)</td><td colspan="2">压碎值(%)</td></tr>
<tr><td>单值</td><td>平均值</td></tr>
<tr><td></td><td colspan="4"></td><td></td><td rowspan="2"></td></tr>
<tr><td></td><td colspan="4"></td><td></td></tr>
<tr><td rowspan="2">针片状颗粒含量(规准仪法)</td><td>试样总质量(g)</td><td>针状颗粒的质量(g)</td><td>片状颗粒的质量(g)</td><td colspan="2">针、片状颗粒的总质量(g)</td><td colspan="2">针、片状颗粒含量(%)</td></tr>
<tr><td></td><td></td><td></td><td colspan="2"></td><td colspan="2"></td></tr>
<tr><td colspan="8">结论：

签字：　　　　年　月　日</td></tr>
</table>

注：水泥混凝土粗集料的压碎值，采用 T0316 方法试验后，应用相关关系式 $y=0.816x-5$ 进行换算。

××公路××段建设项目 表 3.1.1-11

承包单位：__________ 合同号：__________

监理单位：__________ 编　号：__________

水泥混凝土粗集料技术性能试验(三)

D-41

材料名称及规格		试验单位	
代表数量(m^3)		试验完成日期	年　月　日
产地		试验执行标准	
工程名称		试验人签字	
工程部位		审核人签字	

碎(砾)石试验记录

<table>
<tr><td rowspan="4">含泥量</td><td colspan="2" rowspan="2">试验前烘干试样质量(g)</td><td colspan="2" rowspan="2">试验后烘干试样质量(g)</td><td colspan="2">含泥量(%)</td></tr>
<tr><td>单值</td><td>平均值</td></tr>
<tr><td colspan="2"></td><td colspan="2"></td><td></td><td rowspan="2"></td></tr>
<tr><td colspan="2"></td><td colspan="2"></td><td></td></tr>
<tr><td rowspan="4">泥块含量</td><td colspan="2" rowspan="2">4.75mm 筛筛余量(g)</td><td colspan="2" rowspan="2">试验后烘干试样质量 (g)</td><td colspan="2">泥块含量(%)</td></tr>
<tr><td>单值</td><td>平均值</td></tr>
<tr><td colspan="2"></td><td colspan="2"></td><td></td><td rowspan="2"></td></tr>
<tr><td colspan="2"></td><td colspan="2"></td><td></td></tr>
<tr><td rowspan="2">三氧化硫含量
(定性试验)</td><td>试剂注入时间</td><td colspan="2">日　时　分</td><td>判定时间</td><td colspan="2">日　时　分</td></tr>
<tr><td>结果评定</td><td colspan="5"></td></tr>
<tr><td rowspan="4">三氧化硫含量
(定量试验)</td><td rowspan="2">做定量试验的试样质量(g)</td><td colspan="2" rowspan="2">坩埚和灰化物质量(g)</td><td rowspan="2">坩埚质量(g)</td><td colspan="2">三氧化硫含量(%)</td></tr>
<tr><td>单值</td><td>平均值</td></tr>
<tr><td></td><td colspan="2"></td><td></td><td></td><td rowspan="2"></td></tr>
<tr><td></td><td colspan="2"></td><td></td><td></td></tr>
<tr><td rowspan="2">有机物含量
(比色法)</td><td>试剂注入时间</td><td colspan="2">日　时　分</td><td>判定时间</td><td colspan="2">日　时　分</td></tr>
<tr><td>结果评定</td><td colspan="5"></td></tr>
<tr><td rowspan="7">坚固性试验</td><td>粒级(mm)</td><td>各粒级试样试验前的烘干质量(g)</td><td>试验后各粒级筛余颗粒的烘干质量(g)</td><td colspan="2">各粒级的分计质量损失百分率(%)</td><td>试样总质量损失百分率(%)</td></tr>
<tr><td>2.36～4.75</td><td></td><td></td><td colspan="2"></td><td rowspan="6"></td></tr>
<tr><td>4.75～9.5</td><td></td><td></td><td colspan="2"></td></tr>
<tr><td>9.5～19</td><td></td><td></td><td colspan="2"></td></tr>
<tr><td>19～37.5</td><td></td><td></td><td colspan="2"></td></tr>
<tr><td>37.5～63</td><td></td><td></td><td colspan="2"></td></tr>
<tr><td>63～75</td><td></td><td></td><td colspan="2"></td></tr>
</table>

结论：

签字：　　　　年　月　日

××公路××段建设项目　　表 3.1.1-12

承包单位:________ 合同号:________

监理单位:________ 编　号:________

水泥混凝土粗集料技术性能试验报告　　D-36

材料名称		试验单位	
材料规格		试验完成日期	年　月　日
代表数量(m^3)		试验执行标准	
产地		试验人签字	
工程名称		审核人签字	
工程部位		试验室主任签字	

碎(砾)石试验报告

试 验 指 标	标　　准	试验结果	结果评定	试验方法
级 配				T0302
小于 2.5mm 的颗粒或 超径颗粒含量(%)				T0302
自然堆积密度(t/m^3)				T0309
振实密度(t/m^3)				T0309
表观密度(g/cm^3)				T0304
空隙率(%)				T0309
压碎值(%)				T0316
针片状颗粒含量(%)				T0311
含泥量(%)				T0310
泥块含量(%)				T0310
硫化物及硫酸盐(三氧化硫质量计,%)				T0341
有机物含量(%)				T0313
坚固性(%)				T0314

结论:

监理机构:

年　月　日

××公路××段建设项目　　表 3.1.1-13

承包单位：________　合同号：________

监理单位：________　编　号：________

水泥混凝土细集料技术性能试验(一)

D-43

材料名称及规格		试验单位	
代表数量(m^3)		试验完成日期	年　月　日
产地		试验执行标准	
工程名称		试验人签字	
工程部位		审核人签字	

砂的筛分记录(干筛法)

干燥试样总量(g)	第1组				第2组				平均
筛孔尺寸(mm)	筛上重 m_i(g)	分计筛余(%)	累计筛余(%)	通过百分率(%)	筛上重 m_i(g)	分计筛余(%)	累计筛余(%)	通过百分率(%)	累计筛余(%)
	(1)	(2)	(3)	(4)	(1)	(2)	(3)	(4)	(5)
9.5(10.0)									
4.75(5.0)									
2.36(2.5)									
1.18(1.25)									
0.6(0.63)									
0.3(0.315)									
0.15(0.16)									
底盘									
筛分后总量 $\sum m_i$ (g)									
损耗(g)									
损耗率(%)									
细度模数									
结论： 签字：　　年　月　日									

注：《公路桥涵施工技术规范》(JTJ 041—2000)中砂的级配范围要求以圆孔筛表示，所以在筛孔尺寸的括号中列入圆孔筛尺寸。

××公路××段建设项目　　　表 3.1.1-14

承包单位：__________　合同号：__________

监理单位：__________　编　号：__________

水泥混凝土细集料技术性能试验(二)　　　D-44

材料名称及规格		试验单位	
代表数量(m^3)		试验完成日期	年　月　日
产地		试验执行标准	
工程名称		试验人签字	
工程部位		审核人签字	

砂 的 试 验 记 录

<table>
<tr><td rowspan="4">堆积密度</td><td rowspan="2" colspan="2">容量筒容积(mL)</td><td rowspan="2" colspan="2">容量筒质量(g)</td><td rowspan="2" colspan="2">容量筒和堆积砂的总质量(g)</td><td colspan="3">堆积密度(g/cm³)</td></tr>
<tr><td>单值</td><td colspan="2">平均值</td></tr>
<tr><td colspan="2"></td><td colspan="2"></td><td colspan="2"></td><td></td><td rowspan="2" colspan="2"></td></tr>
<tr><td colspan="2"></td><td colspan="2"></td><td colspan="2"></td><td></td></tr>
<tr><td rowspan="4">表 观 密 度
(容量瓶法)</td><td rowspan="2" colspan="2">试样的烘干质量(g)</td><td rowspan="2" colspan="2">水及容量瓶总质量(g)</td><td rowspan="2" colspan="2">试样、水及容量瓶总质量(g)</td><td rowspan="2">试验温度 T 时水的密度(g/cm³)</td><td colspan="2">表观密度(g/cm³)</td></tr>
<tr><td>单值</td><td>平均值</td></tr>
<tr><td colspan="2"></td><td colspan="2"></td><td colspan="2"></td><td></td><td></td><td rowspan="2"></td></tr>
<tr><td colspan="2"></td><td colspan="2"></td><td colspan="2"></td><td></td><td></td></tr>
<tr><td>空隙率</td><td colspan="6">(1－堆积密度/表观密度)×100</td><td colspan="3">%</td></tr>
<tr><td rowspan="5">坚固性</td><td>粒级(mm)</td><td colspan="2">各粒级试样试验前烘干质量(g)</td><td colspan="2">试验后每一粒级筛余颗粒的烘干质量(g)</td><td colspan="2">不同粒级分计质量损失百分率(%)</td><td colspan="2">试样的坚固性损失总百分率(%)</td></tr>
<tr><td>0.3～0.6</td><td colspan="2"></td><td colspan="2"></td><td colspan="2"></td><td rowspan="4" colspan="2"></td></tr>
<tr><td>0.6～1.18</td><td colspan="2"></td><td colspan="2"></td><td colspan="2"></td></tr>
<tr><td>1.18～2.36</td><td colspan="2"></td><td colspan="2"></td><td colspan="2"></td></tr>
<tr><td>2.36～4.75</td><td colspan="2"></td><td colspan="2"></td><td colspan="2"></td></tr>
<tr><td rowspan="4">含泥量
(筛洗法)</td><td rowspan="2" colspan="3">试验前的烘干试样质量(g)</td><td rowspan="2" colspan="3">试验后的烘干试样质量(g)</td><td colspan="3">含泥量(%)</td></tr>
<tr><td>单值</td><td colspan="2">平均值</td></tr>
<tr><td colspan="3"></td><td colspan="3"></td><td></td><td rowspan="2" colspan="2"></td></tr>
<tr><td colspan="3"></td><td colspan="3"></td><td></td></tr>
<tr><td colspan="10">结论：

签字：　　　　年　月　日</td></tr>
</table>

××公路××段建设项目　　表 3.1.1-15

承包单位：＿＿＿＿＿＿　合同号：＿＿＿＿＿＿

监理单位：＿＿＿＿＿＿　编　号：＿＿＿＿＿＿

水泥混凝土细集料技术性能试验(三)

D-45

材料名称及规格		试验单位	
代表数量(m^3)		试验完成日期	年　月　日
产地		试验执行标准	
工程名称		试验人签字	
工程部位		审核人签字	

砂的试验记录

泥块含量	试验前存留于 1.18mm 筛上的烘干试样质量(g)	试验后的烘干试样质量(g)		泥块含量(%)	
				单值	平均值
云母含量	[挑出的云母质量(g)/烘干试样质量(g)]×100				(%)
轻物质含量	试验前烘干的试样质量(g)	烘干的轻物质和烧杯质量(g)	烧杯质量(g)	轻物质含量(%)	
				单值	平均值
三氧化硫含量(定性试验)	试剂注入时间	日　时　分	判定时间	日　时　分	
	结果评定				
三氧化硫含量(定量试验)	做定量试验的试样质量(g)	坩埚和灰化物总质量(g)	坩埚质量(g)	三氧化硫含量(%)	
				单值	平均值
有机质含量(比色法)	试剂注入时间	日　时　分	判定时间	日　时　分	
	结果评定				
结论：					
				签字：　　年　月　日	

××公路××段建设项目　　　　表 3.1.1-16

承包单位:________　合同号:________

监理单位:________　编　号:________

水泥混凝土细集料技术性能试验报告

D-42

材料名称及规格		试验单位	
产地		试验完成日期	年　月　日
代表数量(m^3)		试验执行标准	
进场日期		试验人签字	
工程名称		审核人签字	
工程部位		试验室主任签字	

砂 试 验 报 告

试 验 指 标	标　准	试验结果	结果评定	试验方法
级配				T0327
细度模数				T0327
堆积密度(g/cm^3)				T0331
表观密度(g/cm^3)				T0328
空隙率(%)				T0331
坚固性(%)				T0340
含 泥 量(%)				T0333
泥块含量(%)				T0335
云母含量(%)				T0337
轻物质含量(%)				T0338
硫化物及硫酸盐(按三氧化硫质量计%)				T0341
有机质含量(%)				T0336

结论:

监理机构:

年　月　日

××公路××段建设项目　　表 3.1.1-17

承包单位：＿＿＿＿＿＿　合同号：＿＿＿＿＿＿

监理单位：＿＿＿＿＿＿　编　号：＿＿＿＿＿＿

路面基层集料技术性能试验(一)　　D-23-1

材料名称及规格		试验单位	
代表数量(m^3)		试验完成日期	年　月　日
产地		试验执行标准	
工程名称		试验人签字	
现场桩号		审核人签字	

碎(砾)石的筛分记录

干燥试样总量(g)	第1组				第2组				平均
筛孔尺寸(mm)	筛上重 m_i(g)	分计筛余(%)	累计筛余(%)	通过百分率(%)	筛上重 m_i(g)	分计筛余(%)	累计筛余(%)	通过百分率(%)	通过百分率(%)
	(1)	(2)	(3)	(4)	(1)	(2)	(3)	(4)	(5)
筛底									
筛分后总量 $\sum m_i$ (g)									
损耗(%)									
损耗率(%)									

结论：

签字：　　　年　月　日

××公路××段建设项目 表 3.1.1-18

承包单位：__________ 合同号：__________

监理单位：__________ 编 号：__________

路面基层用集料技术性能试验(二)

D-27

材料名称及规格		试验单位	
代表数量(m^3)		试验完成日期	年 月 日
产地		试验执行标准	
工程名称		试验人签字	
现场桩号		审核人签字	

碎(砾)石试验记录

压碎值	试验前试样质量 (g)	试验后通过 2.36mm 筛孔的细料质量 (g)		压碎值(%)	
				单值	平均值
毛体积 相对密度 (网篮法)	集料的烘干质量 (g)	集料的表干质量 (g)	集料的水中质量 (g)	毛体积相对密度	
				单值	平均值
吸水率	集料的表干质量 (g)	集料的烘干质量 (g)	吸水率(%)		
			单值	平均值	
有机质含量 (比色法)	试剂注入时间	日 时 分	判定时间	日 时 分	
	结果评定				
三氧化硫含量 (定性试验)	试剂注入时间	日 时 分	判定时间	日 时 分	
	结果评定				
三氧化硫含量 (定量试验)	做定量试验的试样质量(g)	坩埚和灰化物质量 (g)	坩埚质量 (g)	三氧化硫含量(%)	
				单值	平均值
结论： 签字： 年 月 日					

××公路××段建设项目　　表 3.1.1-19

承包单位：________　合同号：________

监理单位：________　编　号：________

水泥混凝土粗集料技术性能试验(一)　　D-37

材料名称及规格		试验单位	
代表数量(m^3)		试验完成日期	年　月　日
产地		试验执行标准	
工程名称		试验人签字	
工程部位		审核人签字	

碎石筛分记录(干筛法)

干燥试样总量(g)	第1组			第2组			平均
筛孔尺寸 (方孔筛 mm)	筛上重 m_i (g)	分计筛余 (%)	累计筛余 (%)	筛上重 m_i (g)	分计筛余 (%)	累计筛余 (%)	累计筛余 (%)
	(1)	(2)	(3)	(1)	(2)	(3)	(4)
筛底							
筛分后总量$\sum m_i$(g)							
损耗(g)							
损耗率(%)							
<2.5mm 颗粒含量(%)							

结论：

签字：　　　年　月　日

实际施工项目的原材料试验资料编制程序 表 3.1.1-20

	单位工程	分部工程	分项工程	材料名称	程序表格内容
(一)原材料试验资料	1.路基工程	(1)路基土石方工程	①土方路基	路基基底土、路堤填料	D-01 路基填料试验报告； D-03 路基填料试验(二)； D-03-1 路基填料试验(二)； D-04 液限塑限联合测定试验； D-13 含水率试验记录表
			②砂垫层(软土地基)	砂砾	D-14 砂砾技术性能试验报告； D-15 砂砾技术性能试验
		(2)排水工程		①水泥	D-18 水泥试验报告； D-19 水泥物理力学性能试验(一)； D-20 水泥物理力学性能试验(二)
				②细集料	D-42 水泥混凝土细集料技术性能试验报告； D-43 水泥混凝土细集料技术性能试验(一)； D-44 水泥混凝土细集料技术性能试验(二)； D-45 水泥混凝土细集料技术性能试验(三)
		(3)小桥		①水泥	D-18 水泥试验报告； D-19 水泥物理力学性能试验(一)； D-20 水泥物理力学性能试验(二)
				②粗集料	D-36 水泥混凝土粗集料技术性能试验报告； D-37 水泥混凝土粗集料技术性能试验(一)； D-40 水泥混凝土粗集料技术性能试验(二)； D-41 水泥混凝土粗集料技术性能试验(三)
				③细集料	D-42 水泥混凝土细集料技术性能试验报告； D-43 水泥混凝土细集料技术性能试验(一)； D-44 水泥混凝土细集料技术性能试验(二)； D-45 水泥混凝土细集料技术性能试验(三)
				④台背填土	D-01 路基填料试验报告； D-03 路基填料试验(二)； D-03-1 路基填料试验(二)； D-04 液限塑限联合测定试验

续上表

	单位工程	分部工程	分项工程	材料名称	程序表格内容
(一)原材料试验资料	1.路基工程	(4)涵洞		①水泥	D-18 水泥试验报告； D-19 水泥物理力学性能试验(一)； D-20 水泥物理力学性能试验(二)
				②粗集料	D-36 水泥混凝土粗集料技术性能试验报告； D-37 水泥混凝土粗集料技术性能试验(一)； D-40 水泥混凝土粗集料技术性能试验(二)； D-41 水泥混凝土粗集料技术性能试验(三)
				③细集料	D-42 水泥混凝土细集料技术性能试验报告； D-43 水泥混凝土细集料技术性能试验(一)； D-44 水泥混凝土细集料技术性能试验(二)； D-45 水泥混凝土细集料技术性能试验(三)
				④回填土、台背填土	D-01 路基填料试验报告； D-03 路基填料试验(二)； D-03-1 路基填料试验(二)； D-04 液限塑限联合测定试验
		(5)砌筑防护工程		①水泥	D-18 水泥试验报告； D-19 水泥物理力学性能试验(一)； D-20 水泥物理力学性能试验(二)
				②细集料	D-42 水泥混凝土细集料技术性能试验报告； D-43 水泥混凝土细集料技术性能试验(一)； D-44 水泥混凝土细集料技术性能试验(二)； D-45 水泥混凝土细集料技术性能试验(三)
	2.路面工程		(1)水泥砂砾底基层	①水泥	D-18 水泥试验报告； D-19 水泥物理力学性能试验(一)； D-20 水泥物理力学性能试验(二)
				②集料	D-23 路面基层集料技术性能试验报告； D-23-1 路面基层集料技术性能试验(一)； D-27 路面基层用集料技术性能试验(二)； D-04 液限塑限联合测定试验

续上表

	单位工程	分部工程	分项工程	材料名称	程序表格内容
(一)原材料试验资料	2.路面工程		(2)水泥砂砾基层	①水泥	D-18 水泥试验报告； D-19 水泥物理力学性能试验(一)； D-20 水泥物理力学性能试验(二)
				②集料	D-23 路面基层集料技术性能试验报告； D-23-1 路面基层集料技术性能试验(一)； D-27 路面基层用集料技术性能试验(二)； D-04 液限塑限联合测定试验
			(3)水泥混凝土面层	①水泥	D-18 水泥试验报告； D-19 水泥物理力学性能试验(一)； D-20 水泥物理力学性能试验(二)
				②粗集料	D-36 水泥混凝土粗集料技术性能试验报告； D-38 路面用水泥混凝土粗集料技术性能试验(一)； D-39 路面水泥混凝土粗集料级配试验； D-40 水泥混凝土粗集料技术性能试验(二)； D-41 水泥混凝土粗集料技术性能试验(三)
				③细集料	D-42 水泥混凝土细集料技术性能试验报告； D-43 水泥混凝土细集料技术性能试验(一)； D-44 水泥混凝土细集料技术性能试验(二)； D-45 水泥混凝土细集料技术性能试验(三)
	3.桥梁工程			(1)水泥	D-18 水泥试验报告； D-19 水泥物理力学性能试验(一)； D-20 水泥物理力学性能试验(二)
				(2)粗集料	D-36 水泥混凝土粗集料技术性能试验报告； D-37 水泥混凝土粗集料技术性能试验(一)； D-40 水泥混凝土粗集料技术性能试验(二)； D-41 水泥混凝土粗集料技术性能试验(三)
				(3)细集料	D-42 水泥混凝土细集料技术性能试验报告； D-43 水泥混凝土细集料技术性能试验(一)； D-44 水泥混凝土细集料技术性能试验(二)； D-45 水泥混凝土细集料技术性能试验(三)

续上表

	单位工程	分部工程	分项工程	材料名称	程序表格内容
(一)原材料试验资料	3.桥梁工程			(4)台背填土	D-01 路基填料试验报告； D-03 路基填料试验(二)； D-03-1 路基填料试验(二)； D-04 液限塑限联合测定试验
	4.交通安全设施			(1)水泥	D-18 水泥试验报告； D-19 水泥物理力学性能试验(一)； D-20 水泥物理力学性能试验(二)
				(2)粗集料	D-36 水泥混凝土粗集料技术性能试验报告； D-37 水泥混凝土粗集料技术性能试验(一)； D-40 水泥混凝土粗集料技术性能试验(二)； D-41 水泥混凝土粗集料技术性能试验(三)
				(3)细集料	D-42 水泥混凝土细集料技术性能试验报告； D-43 水泥混凝土细集料技术性能试验(一)； D-44 水泥混凝土细集料技术性能试验(二)； D-45 水泥混凝土细集料技术性能试验(三)

二、制定实际施工项目的标准试验资料用表和编制程序

(一)制定实际施工项目的标准试验资料用表

1. 水泥混凝土配合比设计试验资料用表

(1)制定水泥混凝土配合比设计试验资料用表

①制定 D-46 水泥混凝土配合比试验报告。

依据水泥混凝土配合比设计试验的相关指标和试验要求，制定 D-46 水泥混凝土配合比试验报告，见表 3.1.2-1。

②制定 D-51 水泥混凝土抗压强度试验报告单。

水泥及水泥混凝土试验规程的规定：T0553—2005 水泥混凝土立方体抗压强度试验方法 5.1 混凝土立方体试件抗压强度计算公式中的混凝土立方体抗压强度(MPa)，极限荷载(N)，受压面积(mm^2)。5.2 以 3 个试件测值的算术平均值为测定值。6 试验报告内容应包括要求检测的项目名称和执行标准，原材料的品种、规格和产地，仪器设备的名称、型号及编号，环境温度和湿度，水泥混凝土立方体抗压强度值，要说明的其他内容。按照以上规定制定 D-51 水泥混凝土抗压强度试验报告单，

见表 3.1.2-2。

③所用水泥、粗集料、细集料的试验资料同原材料试验(以下同)。

(2)制定路面用水泥混凝土配合比设计试验资料用表

①制定 D-53 水泥混凝土抗弯拉强度试验报告单。

水泥及水泥混凝土试验规程的规定:T0558—2005 水泥混凝土抗弯拉强度试验方法 5.1 当断面发生在两个加荷点之间时抗弯拉强度计算公式中的抗弯拉强度(MPa),极限荷载(N),支座间距离(mm),试件宽度(mm),试件高度(mm);5.2 以 3 个试件测值的算术平均值为测定值;6 试验报告应包括要求检测的项目名称、执行标准,原材料的品种、规格和产地,试验日期及时间,仪器设备的名称、型号及编号,环境温度和湿度,水泥混凝土抗弯拉强度值,要说明的其他内容。按照以上规定制定D-53 水泥混凝土抗弯拉强度试验报告单,见表 3.1.2-3。

②制定 D-39 路面用水泥混凝土粗集料级配试验表。

依据水泥路面规范 3.3.2 用做路面和桥面混凝土的粗集料不得使用不分级的统料,应按最大公称粒径的不同采用 2～4 个粒级的集料进行掺配的要求制定 D-39 路面用水泥混凝土粗集料级配试验,见表 3.1.2-4。

2. 水泥砂浆配合比设计试验资料用表

制定 D-52 水泥砂浆抗压强度试验报告单:

水泥及水泥混凝土试验规程的规定:T0570—2005 水泥砂浆立方体抗压强度试验方法 5 试验结果计算公式中砂浆立方体抗压强度(MPa),破坏荷载(N),试件承压面积(mm^2);5.2 以 6 个试件的算术平均值作为该组试件的抗压强度;6 试验报告内容应包括要求检测的项目名称、执行标准,原材料的品种、规格和产地,仪器设备的名称、型号及编号,环境温度和湿度,立方体抗压强度,要说明的其他内容。按照以上规定制定 D-52 水泥砂浆抗压强度试验报告单,见表 3.1.2-5。

3. 标准击实试验资料用表

(1)制定土方路基、砂垫层、台背填土的 D-10 土的击实试验和 D-12 标准击实曲线图

依据土工试验规程 T0131—2007 击实试验 5.5 的试验记录格式如表 T0131-4 及 6.1 土的鉴别分类和代号按照表 T0131-4 击实试验记录等规定制定 D-10 土的击实试验和 D-12 标准击实曲线图,见表 3.1.2-6、表 3.1.2-7。

(2)制定水泥砂砾基层(底基层)D-11 稳定材料击实试验和 D-12 标准击实曲线图

无机结合料稳定材料试验规程的规定:T0804—1994 无机结合料稳定材料击实试验方法 7 试验报告内容应包括试样的最大粒径、超尺寸颗粒的百分率,无机结合料类型及剂量,所用试验方法类别,最大干密度(g/cm^3),最佳含水率(%)并附击实曲

线;8 试验的记录格式见表 T0804-3 记录表。按照以上规定制定 D-11 稳定材料击实试验(D-12 同土方路基)见表 3.1.2-8。

4. 制定水泥砂砾基层(底基层)混合料组成设计试验资料用表

(1)制定 D-30 无侧限抗压强度试验报告单

无机结合料稳定材料试验规程的规定:T0805—1994 无机结合料稳定材料无侧限抗压强度试验方法 7 试验报告内容应包括材料的颗粒组成,水泥的种类和强度等级,重型击实的最佳含水率(%)和最大干密度(g/cm³),无机结合料类型及剂量,试件干密度(保留 3 位小数 g/cm³)或压实度,吸水量以及测抗压强度时的含水率(%);8 无侧限抗压强度试验的记录格式见表 T0805-1。评定标准附录 G 半刚性基层和底基层材料强度评定的规定:G.0.3 试件的平均强度 $\overline{R}$ 应满足公式 $\overline{R} \geqslant R_d/(1-Z_\alpha C_v)$ 的要求,R_d——设计抗压强度(MPa),C_v——试验结果的偏差系数(以小数计),Z_α——标准正态分布表中随保证率而变的系数。按照以上规定制定 D-30 无侧限抗压强度试验报告单,见表 3.1.2-9。

(2)制定 D-28 水泥(石灰)标准曲线和 D-29 水泥(石灰)剂量测定记录表(EDTA 滴定法)

依据无机结合料稳定材料试验规程 T0809—2009 水泥或石灰稳定材料中水泥或石灰剂量测定方法(EDTA 滴定法)8 试验的记录格式见表 T0809-1。按照表 T0809-1 水泥或石灰剂量测定记录表的格式制定 D-28 水泥(石灰)标准曲线和 D-29 水泥(石灰)剂量测定记录表(EDTA 滴定法),见表 3.1.2-10 和表 3.1.2-11。

(二)制定实际施工项目的标准试验资料编制程序

标准试验资料的编制程序由设计书、试验报告单、材料试验资料等组成,正常情况下,监理工程师在施工单位标准试验的基础上进行验证试验,无设计书。必要时监理试验室做标准试验,编制程序与施工单位的相同。实际施工项目的标准试验资料编制程序,见表 3.1.2-12。

××公路××段建设项目　　表 3.1.2-1

承包单位：______　合同号：______

监理单位：______　编　号：______

水泥混凝土配合比试验报告

D-46

工程名称			试验单位	
工程部位			试验完成日期	年　月　日
材料规格及产地	碎石		试验执行标准	
	砂		试验人签字	
	水泥		审核人签字	
环境温度和湿度			试验室主任签字	

水泥混凝土配合比试验记录

设计强度等级(MPa)	水泥强度等级	拌制方法	试件尺寸(mm)	水灰比	每立方米混凝土材料用量(kg)				坍落度(mm)	养护条件	混凝土单位体积重(kg/m³)	抗压(弯拉)强度		试配强度(MPa)
					砂	碎石	水	水泥				龄期(d)	强度(MPa)	

集料说明	砂	堆积密度	(g/cm³)	石	振实密度	(g/cm³)
		表观密度	(g/cm³)		表观密度	(g/cm³)
		空隙率	(%)		空隙率	(%)

结论：

监理机构：

年　月　日

××公路××段建设项目　　表 3.1.2-2

承包单位：＿＿＿＿＿　合同号：＿＿＿＿＿

监理单位：＿＿＿＿＿　编　号：＿＿＿＿＿

水泥混凝土抗压强度试验报告单

D-51

工程名称			试验单位	
工程部位			试验设备名称、型号及编号	
材料规格及产地	水泥			
	砂		试验执行标准	
	碎石		试验人签字	
环境温度和湿度			审核人签字	

水泥混凝土抗压强度试验记录

试样编号	试件编号	制作日期	试验日期	龄期(d)	养生条件	试件尺寸(mm)	极限荷载(N)	抗压强度(MPa)		设计强度等级(MPa)
								单值	平均	

结论：

签字：　　　　年　月　日

××公路××段建设项目　　表 3.1.2-3

承包单位：＿＿＿＿＿＿　合同号：＿＿＿＿＿＿

监理单位：＿＿＿＿＿＿　编　号：＿＿＿＿＿＿

水泥混凝土抗弯拉强度试验报告单

D-53

工程名称			试验单位	
现场桩号			环境温度和湿度	
部位			设备名称、型号及编号	
材料规格及产地	水泥		试验执行标准	
	砂		试验人签字	
	碎石		审核人签字	

水泥混凝土抗弯拉强度试验记录

试样编号	试件编号	制作日期及时间	试验日期及时间	龄期(d)	养生条件	试件尺寸(mm)	极限荷载(N)	支座间距(mm)	抗弯拉强度(MPa)		设计强度等级(MPa)
									单值	平均	

结论：

签字：　　　年　月　日

××公路××段建设项目　　表 3.1.2-4

承包单位：________　合同号：________

监理单位：________　编　号：________

路面水泥混凝土粗集料级配试验

D-39

材料名称		试验单位	
代表数量(m^3)		试验完成日期	年　月　日
产地		试验执行标准	
工程名称		试验人签字	
现场桩号		审核人签字	

碎(砾)石粗集料级配计算

材料组成		方筛孔尺寸(mm)							
		2.36	4.75	9.50	16.0	19.0	26.5	31.5	37.5
		累计筛余(以质量计)(%)							
单粒级规格(mm)									
混合料配合比(mm)	(　%)								
	(　%)								
	(　%)								
	(　%)								
合成级配(%)									
标准级配范围(%)									

结论：

签字：　　　年　月　日

××公路××段建设项目　　　　表 3.1.2-5

承包单位：____________　　合同号：____________

监理单位：____________　　编　号：____________

水泥砂浆(水泥浆)抗压强度试验报告单　　D-52

工程名称			试验单位	
工程部位			试验设备名称、型号及编号	
材料规格及产地	水泥			
	砂		试验执行标准	
	碎石		试验人签字	
环境温度和湿度			审核人签字	

水泥砂浆(水泥浆)抗压强度试验记录

试样编号	试件编号	制作日期	试验日期	龄期(d)	养生条件	试件尺寸(mm)	破坏荷载(N)	抗压强度(MPa)		设计强度等级(MPa)
								单值	平均	

结论：

签字：　　　　年　月　日

××公路××段建设项目　　表 3.1.2-6

承包单位：＿＿＿＿＿＿　合同号：＿＿＿＿＿＿

监理单位：＿＿＿＿＿＿　编　号：＿＿＿＿＿＿

土的击实试验

D-10

工程名称		试验单位	
现场桩号		试验完成日期	年　月　日
代表数量(m^3)		试验执行标准	
土场名称		试验人签字	
土样类别		审核人签字	

击实试验记录

土样编号		筒容积			cm³	层　数							
试验日期		击锤质量			kg	每层击数							
试验方法		最大粒径			mm	超粒径含量					%		
干密度	试验次数	1		2		3		4		5		6	
	筒＋土质量(g)												
	筒质量(g)												
	湿土质量(g)												
	湿密度(g/ cm³)												
	干密度(g/ cm³)												
含水率	盒号												
	盒质量(g)												
	盒＋湿土质量(g)												
	盒＋干土质量(g)												
	水质量(g)												
	干土质量(g)												
	含水率(%)												
	平均含水率(%)												
最佳含水率(%)					最大干密度(g/ cm³)								

注：以干密度为纵坐标，以含水率为横坐标，绘制击实曲线图附此表后。

××公路××段建设项目 表 3.1.2-7

承包单位：____________ 合同号：____________

监理单位：____________ 编 号：____________

标准击实曲线图 D-12

干密度(g/cm^3)

含水率 w（%）

最大干密度(g/cm^3)____________

最佳含水率（%）____________

超尺寸颗粒的校正：

校正后的最大干密度(g/cm^3)____________

校正后最佳含水率（%）____________

结论：

签字： 年 月 日

××公路××段建设项目　　表 3.1.2-8

承包单位：＿＿＿＿＿＿　合同号：＿＿＿＿＿＿

监理单位：＿＿＿＿＿＿　编　号：＿＿＿＿＿＿

稳定材料击实试验

D-11

工程名称		试验单位	
现场桩号		试验完成日期	年　月　日
代表数量(m^3)		试验执行标准	
结合料剂量(%)		试验人签字	
土样类别		审核人签字	

击 实 试 验 记 录

试验日期		筒容积	cm^3	层　数								
击数		最大粒径	mm	超粒径含量	%							
试验方法		结合料含水率	%	集料含水率	%							
干密度	试验序号	1		2		3		4		5		6
	加水量											
	筒＋湿试样质量(g)											
	筒质量(g)											
	湿试样质量(g)											
	湿密度(g/ cm^3)											
	干密度(g/ cm^3)											
含水率	盒号											
	盒质量(g)											
	盒＋湿试样质量(g)											
	盒＋干试样质量(g)											
	水质量(g)											
	干试验质量(g)											
	含水率(%)											
	平均含水率(%)											
最佳含水率(%)				最大干密度(g/ cm^3)								

注：以干密度为纵坐标，以含水率为横坐标，绘制击实曲线图(D-12 同土方路基)。

××公路××段建设项目　　表 3.1.2-9

承包单位：＿＿＿＿＿＿　　合同号：＿＿＿＿＿＿

监理单位：＿＿＿＿＿＿　　编　号：＿＿＿＿＿＿

无侧限抗压强度试验报告单

D-30

工程名称		试验单位	
作业段桩号		制件及试验日期	年　月　日
试件尺寸及养生龄期		试验执行标准	
结合料剂量(%)		试验人签字	
最大干密度(g/ cm^3)		审核人签字	
试件压实度(%)		试验室主任签字	

无侧限抗压强度试验记录

试件编号	1	2	3	4	5	6	7	8	9	10	11	12	13
取样桩号													
养生前试件质量 m_2(g)													
浸水前试件质量 m_3(g)													
浸水后试件质量 m_4(g)													
养生期间质量损失(g)(m_2-m_3)													
吸水量(g)(m_4-m_3)													
养生前试件高度 h (cm)													
浸水后试件高度 h (cm)													
试验最大压力 P (N)													
无侧限抗压强度 R_i(MPa)													
设计抗压强度 R_d(MPa)＝　　平均抗压强度 $\overline{R}$(MPa)＝　　标准差 S(MPa)＝													
偏差系数 C_v(%)＝　　Z_α＝　　$R_d/(1-Z_\alpha C_v)$(MPa)＝　　质量评定：													
结论： 签字：　　年　月　日													

××公路××段建设项目　　表 3.1.2-10

承包单位：________　合同号：________

监理单位：________　编　号：________

水泥(石灰)标准曲线　　D-28

工程名称		试验单位	
现场桩号		试验完成日期	年　月　日
结构层名称		试验执行标准	
稳定剂种类		试验人签字	
设计剂量		审核人签字	

标 准 曲 线 制 定

平行试样	1			2			平均 EDTA 二钠标准溶液消耗量(mL)
剂　量	V_1 (mL)	V_2 (mL)	EDTA 二钠标准溶液消耗量(mL)	V_1 (mL)	V_2 (mL)	EDTA 二钠标准溶液消耗量(mL)	

EDTA 标准曲线

××公路××段建设项目　　　表 3.1.2-11

承包单位：＿＿＿＿＿＿　合同号：＿＿＿＿＿＿

监理单位：＿＿＿＿＿＿　编　号：＿＿＿＿＿＿

水泥(石灰)剂量试验(EDTA 滴定法)　　　D-29

工程名称		试验单位	
现场桩号		试验完成日期	年　月　日
设计剂量(%)		试验人签字	
试验执行标准		审核人签字	

水泥(石灰)剂量测定记录

试验编号	1		2		3		4		5		6	
取样桩号												
试样质量(g)												
V_1(mL)												
V_2(mL)												
EDTA 二钠标准溶液消耗量(mL)												
平均 EDTA 二钠标准溶液消耗量(mL)												
结合料剂量(%)												
质量标准(%)					质量鉴定							

结论：

签字：　　　年　月　日

实际施工项目的标准试验资料编制程序 表 3.1.2-12

		单位工程	分部工程	试验报告名称	程序表格内容
(二)标准试验报告	1. 混凝土、砂浆配合比试验报告	(1)路基工程	①排水工程	水泥砂浆配合比设计报告	D-58 ××水泥砂浆(水泥浆)配合比设计书; D-52 水泥砂浆(水泥浆)抗压强度试验报告单; D-18 水泥试验报告; D-19 水泥物理力学性能试验(一); D-20 水泥物理力学性能试验(二); D-42 水泥混凝土细集料技术性能试验报告; D-43 水泥混凝土细集料技术性能试验(一); D-44 水泥混凝土细集料技术性能试验(二); D-45 水泥混凝土细集料技术性能试验(三)
			②小桥	××混凝土配合比设计报告	D-56 ××水泥混凝土配合比试验设计书; D-46 水泥混凝土配合比试验报告; D-51 水泥混凝土抗压强度试验报告单; D-18 水泥试验报告; D-19 水泥物理力学性能试验(一); D-20 水泥物理力学性能试验(二); D-36 水泥混凝土粗集料技术性能试验报告; D-37 水泥混凝土粗集料技术性能试验(一); D-40 水泥混凝土粗集料技术性能试验(二); D-41 水泥混凝土粗集料技术性能试验(三); D-42 水泥混凝土细集料技术性能试验报告; D-43 水泥混凝土细集料技术性能试验(一); D-44 水泥混凝土细集料技术性能试验(二); D-45 水泥混凝土细集料技术性能试验(三)
			③涵洞	涵洞水泥混凝土配合比设计报告	D-56 ××水泥混凝土配合比试验设计书; D-46 水泥混凝土配合比试验报告; D-51 水泥混凝土抗压强度试验报告单; D-18 水泥试验报告; D-19 水泥物理力学性能试验(一); D-20 水泥物理力学性能试验(二); D-36 水泥混凝土粗集料技术性能试验报告; D-37 水泥混凝土粗集料技术性能试验(一); D-40 水泥混凝土粗集料技术性能试验(二); D-41 水泥混凝土粗集料技术性能试验(三); D-42 水泥混凝土细集料技术性能试验报告; D-43 水泥混凝土细集料技术性能试验(一); D-44 水泥混凝土细集料技术性能试验(二); D-45 水泥混凝土细集料技术性能试验(三)

续上表

		单位工程	分部工程	试验报告名称	程序表格内容
(二)标准试验报告	1.混凝土、砂浆配合比试验报告	(1)路基工程	④砌筑防护工程	砌筑防护工程水泥砂浆配合比设计报告	D-58 ××水泥砂浆(水泥浆)配合比设计书； D-52 水泥砂浆(水泥浆)抗压强度试验报告单； D-18 水泥试验报告； D-19 水泥物理力学性能试验(一)； D-20 水泥物理力学性能试验(二)； D-42 水泥混凝土细集料技术性能试验报告； D-43 水泥混凝土细集料技术性能试验(一)； D-44 水泥混凝土细集料技术性能试验(二)
		(2)桥梁工程		①××水泥混凝土配合比设计报告	D-56 ××水泥混凝土配合比试验设计书； D-46 水泥混凝土配合比试验报告； D-51 水泥混凝土抗压强度试验报告单； D-18 水泥试验报告； D-19 水泥物理力学性能试验(一)； D-20 水泥物理力学性能试验(二)； D-36 水泥混凝土粗集料技术性能试验报告； D-37 水泥混凝土粗集料技术性能试验(一)； D-40 水泥混凝土粗集料技术性能试验(二)； D-41 水泥混凝土粗集料技术性能试验(三)； D-42 水泥混凝土细集料技术性能试验报告； D-43 水泥混凝土细集料技术性能试验(一)； D-44 水泥混凝土细集料技术性能试验(二)； D-45 水泥混凝土细集料技术性能试验(三)
				②水泥砂浆(水泥浆)配合比设计报告	D-58 ××水泥砂浆(水泥浆)配合比设计书； D-52 水泥砂浆(水泥浆)抗压强度试验报告单； D-18 水泥试验报告； D-19 水泥物理力学性能试验(一)； D-20 水泥物理力学性能试验(二)； D-42 水泥混凝土细集料技术性能试验报告； D-43 水泥混凝土细集料技术性能试验(一)； D-44 水泥混凝土细集料技术性能试验(二)
		(3)交通安全设施		①××水泥混凝土配合比设计报告	D-56 ××水泥混凝土配合比试验设计书； D-46 水泥混凝土配合比试验报告； D-51 水泥混凝土抗压强度试验报告单； D-18 水泥试验报告； D-19 水泥物理力学性能试验(一)； D-20 水泥物理力学性能试验(二)； D-36 水泥混凝土粗集料技术性能试验报告； D-37 水泥混凝土粗集料技术性能试验(一)； D-40 水泥混凝土粗集料技术性能试验(二)； D-41 水泥混凝土粗集料技术性能试验(三)； D-42 水泥混凝土细集料技术性能试验报告； D-43 水泥混凝土细集料技术性能试验(一)； D-44 水泥混凝土细集料技术性能试验(二)； D-45 水泥混凝土细集料技术性能试验(三)

续上表

<table>
<tr><th></th><th></th><th>单位工程</th><th>分部工程</th><th>分项工程</th><th>试验报告名称</th><th>程序表格内容</th></tr>
<tr><td rowspan="5">(二)标准试验报告</td><td rowspan="5">2.击实试验报告</td><td rowspan="4">(1)路基工程</td><td rowspan="2">①路基土石方工程</td><td>A土方路基</td><td>击实试验报告</td><td>D-10 土的击实试验；
D-12 标准击实曲线图；
D-01 路基填料试验报告；
D-03 路基填料试验(二)；
D-03-1 路基填料试验(二)；
D-04 液限塑限联合测定试验</td></tr>
<tr><td>B砂垫层（软土地基）</td><td>击实试验报告</td><td>D-10 土的击实试验；
D-12 标准击实曲线图；
D-14 砂砾技术性能试验报告；
D-15 砂砾技术性能试验</td></tr>
<tr><td>②小桥</td><td>台背填土（包括锥坡填土）</td><td>击实试验报告</td><td>D-10 土的击实试验；
D-12 标准击实曲线图；
D-01 路基填料试验报告；
D-03 路基填料试验(二)；
D-03-1 路基填料试验(二)；
D-04 液限塑限联合测定试验</td></tr>
<tr><td>③涵洞</td><td>回填土、台背填土</td><td>击实试验报告</td><td>D-10 土的击实试验；
D-12 标准击实曲线图；
D-01 路基填料试验报告；
D-03 路基填料试验(二)；
D-03—1 路基填料试验(二)；
D-04 液限塑限联合测定试验</td></tr>
<tr><td>(2)路面工程</td><td></td><td>①水泥砂砾底基层</td><td>击实试验报告</td><td>D-11 稳定土击实试验；
D-12 标准击实曲线图；
D-29 水泥(石灰)剂量试验(EDTA滴定法)；
D-18 水泥试验报告；
D-19 水泥物理力学性能试验(一)；
D-20 水泥物理力学性能试验(二)；
D-23 路面基层集料技术性能试验报告；
D-23-1 路面基层集料技术性能试验(一)；
D-27 路面基层用集料技术性能试验(二)；
D-04 液限塑限联合测定试验</td></tr>
</table>

续上表

		单位工程	分部工程	分项工程	试验报告名称	程序表格内容
(二)标准试验报告	2.击实试验报告	(2)路面工程		②水泥砂砾基层	击实试验报告	D-11　稳定土击实试验； D-12　标准击实曲线图； D-29　水泥(石灰)剂量试验(EDTA 滴定法)； D-18　水泥试验报告； D-19　水泥物理力学性能试验(一)； D-20　水泥物理力学性能试验(二)； D-23　路面基层集料技术性能试验报告； D-23-1　路面基层集料技术性能试验(一)； D-27　路面基层用集料技术性能试验(二)； D-04　液限塑限联合测定试验
				③路肩	路肩击实试验报告	D-10　土的击实试验； D-12　标准击实曲线图； D-01　路基填料试验报告； D-03　路基填料试验(二)； D-03-1　路基填料试验(二)； D-04　液限塑限联合测定试验
		(3)桥梁工程			①台背填土（包括锥坡填土）击实试验报告	D-10　土的击实试验； D-12　标准击实曲线图； D-01　路基填料试验报告； D-03　路基填料试验(二)； D-03-1　路基填料试验(二)； D-04　液限塑限联合测定试验
					②导流堤填土击实试验报告	D-10　土的击实试验； D-12　标准击实试验图

续上表

		单位工程	分部工程	分项工程	试验报告名称	程序表格内容
(二)标准试验报告	3.路面结构层配合比设计报告			(1)水泥砂砾底基层	混合料组成设计报告	D-31　水泥砂砾底基层混合料组成设计书； D-30　无侧限抗压强度试验报告单； D-28　水泥(石灰标准曲线)； D-29　水泥(石灰)剂量试验(EDTA滴定法)； D-18　水泥试验报告； D-19　水泥物理力学性能试验(一)； D-20　水泥物理力学性能试验(二)； D-23　路面基层集料技术性能试验报告； D-23-1　路面基层集料技术性能试验(一)； D-27　路面基层用集料技术性能试验(二)； D-04　液限塑限联合测定试验； D-11　稳定土击实试验； D-12　标准击实曲线图
				(2)水泥砂砾基层	混合料组成设计报告	D-31　水泥砂砾基层混合料组成设计书； D-30　无侧限抗压强度试验报告单； D-28　水泥(石灰标准曲线)； D-29　水泥(石灰)剂量试验(EDTA滴定法)； D-18　水泥试验报告； D-19　水泥物理力学性能试验(一)； D-20　水泥物理力学性能试验(二)； D-23　路面基层集料技术性能试验报告； D-23-1　路面基层集料技术性能试验(一)； D-27　路面基层用集料技术性能试验(二)； D-04　液限塑限联合测定试验； D-11　稳定土击实试验； D-12　标准击实曲线图
				(3)水泥混凝土面层	水泥混凝土配合比设计报告	D-57　路面水泥混凝土配合比设计书； D-46　水泥混凝土配合比试验报告； D-53　水泥混凝土抗弯拉强度试验报告单； D-18　水泥试验报告； D-19　水泥物理力学性能试验(一)； D-20　水泥物理力学性能试验(二)； D-36　水泥混凝土粗集料技术性能试验报告； D-38　路面用水泥混凝土粗集料技术性能试验(一)； D-39　路面水泥混凝土粗集料级配试验； D-40　水泥混凝土粗集料技术性能试验(二)； D-41　水泥混凝土粗集料技术性能试验(三)； D-42　水泥混凝土细集料技术性能试验报告； D-43　水泥混凝土细集料技术性能试验(一)； D-44　水泥混凝土细集料技术性能试验(二)； D-45　水泥混凝土细集料技术性能试验(三)

第二节　制定实际施工项目的施工工序资料用表和编制程序

一、制定实际施工项目的施工工序资料用表

(一)制定现场质量检验报告单

1. 按照施工规范规定的检查项目、规定值或允许偏差(质量标准)、检查方法和频率制定现场质量检验报告单

(1)制定 C-002 土质路堤现场质量检验报告单(路床顶面,二级公路)

路基规范的规定:

4.2.2-5-(2)　施工过程中,每一压实层均应检验压实度,检测频率为每 $1000m^2$ 至少检验 2 点,不足 $1000m^2$ 时检验 2 点,必要时可根据需要增加检验点。

4.2.2-6　路堤填筑至设计高程并整修完成后,其施工质量应符合表 4.2.2-2 的规定。

土质路堤施工质量标准(节选)　　　　表 4.2.2-2

项次	检 查 项 目	规定值或允许偏差(二级公路)	检查方法和频率
1	压实度	符合规定	施工记录
2	弯沉	不大于设计值	—
3	纵断高程(mm)	+10,−20	每 200m 测 4 个断面
4	中线偏位(mm)	100	每 200m 测 4 点,弯道加 HY、YH 两点
5	宽度	不小于设计值	每 200m 测 4 处
6	平整度(mm)	20	3m 直尺:每 200m 测 2 处×10 尺
7	横坡(%)	±0.5	每 200m 测 4 个断面
8	边坡坡度	不大于设计坡度	每 200m 抽查 4 处

依据以上压实度检测频率、施工质量标准的要求规定和工序质量管理的需要制定 C-002 土质路堤现场质量检验报告单(其他公路),见表 3.2.1-1。

(2)制定 C-014 土质边沟、截水沟、排水沟现场质量检验报告单

路基规范的规定:

5.4.2　土质边沟、截水沟、排水沟施工质量,应符合表 5.4.2 的规定。

土质边沟、截水沟、排水沟施工质量标准　　表 5.4.2

项次	检 查 项 目	规定值或允许偏差	检查方法和频率
1	沟底纵坡	符合设计要求	水准仪：每 200m 测 8 点
2	沟底高程(mm)	+0，-30	水准仪：每 200m 测 8 处
3	断面尺寸	不小于设计要求	尺量：每 200m 测 8 处
4	边坡坡度	不陡于设计要求	每 50m 测 2 处
5	边棱顺直度(mm)	50	尺量：20m 拉线，每 200m 测 4 处

依据以上规定和工序施工质量管理的需要制定 C-014 土质边沟、截水沟、排水沟现场质量检验报告单，见表 3.2.1-2。

(3)制定 C-054 水泥砂砾基层现场质量检验报告单

①路面基层规范的规定：

9.4.1　施工过程中的质量管理包括外形尺寸的控制和检查以及质量控制和检查。

9.4.2　外形尺寸检查项目、频度和质量标准应符合表 9.4.2 的要求。

9.4.3　质量控制的项目、频度和质量标准应符合表 9.4.3 的要求。

外形尺寸检查项目、频度和质量标准　　表 9.4.2

工程类别	项 目		频 度	质量标准(二级公路)
基层	纵断高程(mm)		二级及二级以下公路每 20 延米 1 点	+5，-15
	厚度(mm)	均值	每 1500～2000m² 6 个点	-10
		单个值		-20
	宽度(mm)		每 40 延米 1 处	+0 以上
	横坡度(%)		每 100 延米 3 处	±0.5
	平整度(mm)		每 200 延米 2 处，每处连续 10 尺	12

质量控制的项目、频度和质量标准　　表 9.4.3

工程类别	项 目	频 度	质 量 标 准
水泥稳定土及综合稳定土	级配	每 2000m² 1 次	在本规范规定范围内
	集料压碎值	据观察，异常时随时试验	不超过本规范规定值
	水泥剂量	每 2000m² 1 次，至少 6 个样品，用滴定法或用直读式测钙仪试验，并与实际水泥或石灰用量校核	不小于设计值-1.0%
	水泥稳定土含水率	据观察，异常时随时试验	在本规范规定范围内

续上表

工程类别	项目	频度	质量标准
水泥稳定土及综合稳定土	拌和均匀性	随时观察	无灰条、灰团，色泽均匀，无离析现象
	稳定中粒土和粗粒土压实度	每一作业段或不超过 $2000m^2$ 检查6次以上	二级及二级以下公路的底基层95%，基层97%；高速公路和一级公路的底基层96%，基层98%
	抗压强度	稳定细粒土，每一作业段或每 $2000m^2$ 6个试件；稳定中粒土和粗粒土，每一作业段或 $2000m^2$ 6个或9个试件	符合本规范规定要求

9.4.4 对于无机结合料稳定基层、应取钻件(俗称路面芯样)检验其整体性。水泥稳定基层的龄期7～10d时，应能取出完整的钻件。

如果路面钻机取不出水泥稳定基层的完整钻件，则应找出不合格基层的界限，进行返工处理。

②水泥路面规范的规定：

5.5.2 垫层、基层除应符合《公路水泥混凝土路面设计规范》(JTG D40)和《公路路面基层施工技术规范》(JTJ 034)的规定外，尚应符合下列技术要求：

1(上)基层纵、横坡一般可与面层一致，但横坡可略大0.15%～0.20%，并不得小于路面横坡。

依据以上规范的规定和进行工序施工管理的要求，制定C-054水泥稳定粒料基层现场质量检验报告单(其他公路)，见表3.2.1.-3。

(4)制定C-031水泥混凝土面层现场质量检验报告单(一)(其他公路)和C-033水泥混凝土面层现场质量报告单(二)(其他公路)

水泥路面规范的规定：

11.3.1-2 施工单位应随时对施工质量进行自检。自检项目和频率：混凝土路面应按表11.3.1规定进行。

混凝土路面的检验项目、方法和频率 表11.3.1

项次	检查项目	检验方法和频率(其他公路)
1	弯拉强度	每班留1～3组试件，日进度＜500m取1组；≥500m取2组；≥1000m取3组，测 f_{cs}、f_{min}、C_v
	钻芯劈裂强度	每车道每3km钻取1个芯样，硬路肩为1个车道，测平均 f_{cs}、f_{min}、C_v、板厚 h

续上表

项次	检查项目	检验方法和频率(其他公路)
2	板厚度	路面摊铺宽度内每100m左右各1处,连接摊铺每100m单边1处,参考芯样
3	3m直尺平整度	每半幅车道100m,测2处10尺
	动态平整度	所有车道连续检测
4	抗滑构造深度	铺砂法:每幅200m,测1处
5	相邻板高差	尺测:每200m纵横缝2条,每条2处
6	连接摊铺纵缝高差	尺测:每200m纵向工作缝,每条2处,每处间隔2m测3尺,共6尺
7	接缝顺直度	20m拉线测:每200m测4条
8	中线平面偏位	经纬仪:每200m测4点
9	路面宽度	尺测:每200m测4处
10	纵段高程	水准仪:每200m测4点
11	横坡度	水准仪:每200m测4个断面
12	断板率	数断板面板块占总块数比例
13	脱皮裂纹露石缺边掉角	量实际面积,并计算与总面积比
14	路缘石顺直度和高度	20m拉线测:每200m测2处
15	灌缝饱满度	尺测:每200m接缝测4处
16	切缝深度	尺测:每200m测4处
17	涨缝表面缺陷	每条观察填缝及啃边断角
18	胀缝板连浆	每条涨缝板安装时测量
	胀缝板倾斜	尺测:每块涨缝板每条两侧
	胀缝板弯曲和位移	尺测:每块涨缝板每条3处
19	传力杆偏斜	钢筋保护层仪:每车道3根

各等级公路混凝土路面铺筑质量要求 表11.3.3

项次	检验项目		允许值(其他公路)
1	弯拉强度①(MPa)		100%符合附录A.1的规定
2	板厚度(mm)		代表值≥−5;极值≥−10,C_v值符合设计规定
3	平整度	σ(mm)	≤2.0
		IRI(mm)	≤3.2
		3m直尺最大间隙Δh(mm)	≤5(合格率应≥90%)
4	抗滑构造深度(mm)	一般路段	0.50～0.90
		特殊路段	0.60～1.00

续上表

项次	检验项目	允许值(其他公路)
5	相邻板高差(mm)	≤3
6	连接摊铺纵缝高差(mm)	平均值≤5;极值≤7
7	接缝顺直度(mm)	≤10
8	中线平面偏位(mm)	≤20
9	路面宽度(mm)	≤±20
10	纵段高程(mm)	±15
11	横坡度(%)	±0.25
12	断板率(‰)	≤4
13	脱皮印痕裂纹露石缺边掉角(‰)	≤3
14	路缘石顺直度和高度(mm)	≤20
15	灌缝饱满度(mm)	≤3
16	切缝深度(mm)	≥50
17	涨缝表面缺陷	不宜有
18	胀缝板连浆(mm) 胀缝板倾斜(mm) 胀缝板弯曲和位移(mm)	≤30 ≤25 ≤15
19	传力杆偏斜(mm)	≤13

注:路面钻芯劈裂强度应换算为实际面板弯拉强度进行质量评定。

11.3.4 施工单位的质检结果应按表11.3.3的规定,以1km为单位进行整理。

按照以上弯拉强度、板厚度的允许值和11.3.4款的规定,弯拉强度、板厚度以1km为单位进行整理,在编制程序中列入弯拉强度、板厚度评定表。按照表11.3.1钻芯劈裂强度每车道每3km钻取1个芯样的规定,工序中不列钻芯劈裂强度试验单,在交工资料中列入。现场质量检验报告单的弯拉强度、板厚度两项改为工序的要求,其他检验项目依据以上规定,制定C-031水泥混凝土面层现场质量检验报告单(一)(其他公路),C-033水泥混凝土面层现场质量检验报告单(二)(其他公路),见表3.2.1-4和表3.2.1-5。

运用同样的方法制定其他类似项目的现场质量检验报告单。

2.制定桥涵工程现场质量检验报告单

(1)按照桥涵规范和评定标准的规定制定现场质量检验报告单

①制定C-085梁(板)预制和C-086梁(板)安装现场质量检验报告单。

桥涵规范的规定：

11.11.2-3　对混凝土的强度，应制取试件检验其在标准养护条件下28d龄期的抗压极限强度。试件制取组数应符合下列规定：

1)不同强度及不同配合比的混凝土应分别制取试件，试件应在浇筑地点或拌和地点随机制取。

每片梁长16m以下应制取1组。

15.8.2-5　预制梁、板的允许偏差见表15.8.2-3。

预制梁、板的允许偏差　　表15.8.2-3

检 查 项 目		规定值或允许偏差(mm)
梁(板)长度		+5,−10
宽度	干接缝(梁翼缘、板)	±10
	湿接缝(梁翼缘、板)	±20
	箱梁顶宽	±30
	腹板或梁肋	+10,0
高度	梁、板	±5
	箱梁	+0,−5
跨径(支座中心至支座中心)		±20
支座平面平整度		2
平整度		5
横系梁及预埋件位置		5

15.8.2-7　简支梁、板就位后支座须密合，否则应重新安装，安装的允许偏差见表15.8.2-5。

简支梁、板安装允许偏差　　表15.8.2-5

检 查 项 目		允 许 偏 差
支座中心偏位(mm)	梁	5
	板	10
竖直度		1.2%
梁、板顶面纵向高程(mm)		+8,−5

评定标准的规定：

8.7.1　预制和安装梁(板)

8.7.1-2　实测项目见表8.7.1-1和表8.7.1-2。

梁(板)预制实测项目 表 8.7.1-1

<table>
<tr><th>项次</th><th colspan="3">检 查 项 目</th><th>规定值或允许偏差</th><th>检查方法和频率</th></tr>
<tr><td>1△</td><td colspan="3">混凝土强度(MPa)</td><td>在合格标准内</td><td>按附录D检查</td></tr>
<tr><td>2</td><td colspan="3">梁(板)长度(mm)</td><td>+5,−10</td><td>尺量:每梁(板)</td></tr>
<tr><td rowspan="4">3</td><td rowspan="4">宽度(mm)</td><td colspan="2">干接缝(梁翼缘、板)</td><td>±10</td><td rowspan="4">尺量:检查3处</td></tr>
<tr><td colspan="2">湿接缝(梁翼缘、板)</td><td>±20</td></tr>
<tr><td rowspan="2">箱梁</td><td>顶宽</td><td>±30</td></tr>
<tr><td>底宽</td><td>±20</td></tr>
<tr><td rowspan="2">4△</td><td rowspan="2">高度(mm)</td><td colspan="2">梁、板</td><td>±5</td><td rowspan="2">尺量:检查2个断面</td></tr>
<tr><td colspan="2">箱梁</td><td>+0,−5</td></tr>
<tr><td rowspan="3">5△</td><td rowspan="3">断面尺寸(mm)</td><td colspan="2">顶板厚</td><td rowspan="3">+5,−0</td><td rowspan="3">尺量:检查2个断面</td></tr>
<tr><td colspan="2">底板厚</td></tr>
<tr><td colspan="2">腹板或梁肋</td></tr>
<tr><td>6</td><td colspan="3">平整度(mm)</td><td>5</td><td>2m直尺:每侧面每10m梁长测1处</td></tr>
<tr><td>7</td><td colspan="3">横系梁及预埋件位置(mm)</td><td>5</td><td>尺量:每件</td></tr>
</table>

梁(板)安装实测项目 表 8.7.1-2

<table>
<tr><th>项次</th><th colspan="2">检 查 项 目</th><th>规定值或允许偏差</th><th>检查方法和频率</th></tr>
<tr><td rowspan="2">1△</td><td rowspan="2">支座中心偏位(mm)</td><td>梁</td><td>5</td><td rowspan="2">尺量:每孔抽查4～6个支座</td></tr>
<tr><td>板</td><td>10</td></tr>
<tr><td>2</td><td colspan="2">倾斜度(%)</td><td>1.2</td><td>吊线垂:每孔检查3片梁</td></tr>
<tr><td>3</td><td colspan="2">梁(板)顶面纵向高程</td><td>+8,−5</td><td>水准仪:抽查每孔2片,每片3点</td></tr>
<tr><td>4</td><td colspan="2">相邻梁(板)顶面高差(mm)</td><td>8</td><td>尺量:每相邻梁(板)</td></tr>
</table>

2004年11月,原交通部基本建设质量监督总站在全国交通公路建设质量监督人员培训班的讲义:

8.7.1-1 梁(板)预制实测项目中,删去了原来的“跨径”和“支座表面平整度”两项,增加了第5项断面尺寸。表8.7.1-2梁(板)安装实测项目中,增加了第4项“相邻梁(板)顶面高差、允许偏差8”。

依据以上规定,采用评定标准的形式制定梁(板)预制和安装的现场质量检验报告单。检查频率暂按评定标准的规定执行,要在实施过程中按实际情况进行调整(以下同)。C-085梁(板)预制现场质量检验报告单和C-086梁(板)安装现场质量检验报告单,见表3.2.1-6和表3.2.1-7。

②制定C-069钢筋安装现场质量检验报告单。

桥涵规范的规定:

10.5.4　安装钢筋的允许偏差：

钢筋的级别、直径、根数和间距均应符合设计要求。绑扎或焊接的钢筋网和钢筋骨架不得有变形、松脱和开焊，钢筋位置的偏差不得超过表10.5.4的规定。

钢筋位置允许偏差　　表10.5.4

检查项目			允许偏差(mm)
受力钢筋间距	两排以上排距		±5
	同排	梁、板、拱肋	±10
		基础、锚碇、墩台、柱	±20
	灌注桩		±20
箍筋、横向水平钢筋、螺旋筋间距			0，−20
钢筋骨架尺寸		长	±10
		宽、高或直径	±5
弯起钢筋位置			±20
保护层厚度		柱、梁、拱肋	±5
		基础、锚碇、墩台	±10
		板	±3

评定标准的规定：

8.3.1　钢筋加工及安装：

8.3.1-2　实测项目见表8.3.1-1。

钢筋安装实测项目　　表8.3.1-1

项次	检查项目			允许偏差(mm)	检查方法和频率
1△	受力钢筋间距(mm)	两排以上排距		±5	尺量：每构件检查2个断面
		同排	梁、板、拱肋	±10	
			基础、锚碇、墩台、柱	±20	
		灌注桩		±20	
2	箍筋、横向水平钢筋、螺旋筋间距(mm)			±10	尺量：每构件检查5～10个间距
3	钢筋骨架尺寸(mm)		长	±10	尺量：按骨架总数30%抽查
			宽、高或直径	±5	
4	弯起钢筋位置(mm)			±20	尺量：每骨架抽查30%
5△	保护层厚度(mm)		柱、梁、拱肋	±5	尺量：每构件沿模板周边检查8处
			基础、锚碇、墩台	±10	
			板	±3	

从以上规定可以看出，箍筋、横向水平钢筋、螺旋筋间距一项，桥涵规范规定的允许偏差(mm)为"0，－20"，评定标准则为"±10"，现场质量报告单暂按"0，－10"制定。制定的C-069钢筋安装现场质量检验报告单见表3.2.1-8。

按照同样的方法制定其他类似项目基础、桥面铺装、支座安装、伸缩缝安装等现场质量报告单。

(2)制定桥涵规范没有规定，评定标准列有具体项目的现场质量报告单

①制定C-81混凝土墩、台身现场质量检验报告单。

桥涵规范的规定：

11.11.2-3 对混凝土的强度，应制取试件检验其在标准养护条件下28d龄期的抗压强度。

11.11.2-3-(2)浇筑一般体积的结构物(如基础、墩台等)时，每一单元结构物应制取2组。

评定标准规定：8.6.1-2 混凝土墩、台身实测项目见表8.6.1-1。

墩、台身实测项目 表8.6.1-1

项次	检查项目	规定值或允许偏差	检查方法和频率
1△	混凝土强度(MPa)	在合格标准内	按附录D检查
2	断面尺寸(mm)	±20	尺量：检查3个断面
3	竖直度或斜坡(mm)	0.3%H且不大于20	吊垂线或经纬仪：测量2点
4	顶面高程(mm)	±10	水准仪：测量3处
5△	轴线偏位(mm)	10	全站仪或经纬仪：纵、横各测量2点
6	节段间错台(mm)	5	尺量：每节检查4处
7	大面积平整度(mm)	5	2m直尺：检查竖直、水平两个方向，每$20m^2$测1处
8	预埋件位置(mm)	符合设计规定，设计未规定时：10	尺量：每件

注：H为墩、台身高度。

依据以上规定制定C-081混凝土墩、台身现场质量检验报告单，见表3.2.1-9。

②按照同样的方法制定柱或双臂墩身、桥头搭板、涵台、挡块等项目的现场质量检验报告单。

3.按照其他规定制定现场质量检验报告单

(1)制定C-004地基表层处理现场质量检验报告单

路基规范的规定：

4.2.2-1　地基表层处理应符合下列规定：

1)二级及二级以上公路路堤基底的压实度应不小于90%；三、四级公路应不小于85%。路基填土高度小于路面和路床总厚度时，基底应按设计要求处理。

2)原地面坑、洞、穴等，应在清除沉积物后，用合格填料分层回填分层压实，压实度符合4.2.2条第1款第1)项的规定。

3)泉眼或露头地下水，应按设计要求，采取有效导排措施后方可填筑路堤。

4)地基为耕地、松散土、水稻田、湖塘、软土、高液限土等时，应按设计要求进行处理，局部软弹的部分也应采取有效的处理措施。

5)地下水位较高时，应按设计要求进行处理。

6)陡坡地段、土石混合地基、填挖界面、高填方地基等都应按设计要求进行处理。

根据以上规定，制定C-004地基表层处理现场质量检验报告单(其他公路)，见表3.2.1-10。

(2)制定C-084台背填土现场质量检验报告单

①桥涵规范的规定：

13.5.2　填土工程的技术要求：

13.5.2-2　台背填土顺路线方向长度，应自台身起，顶面不小于桥台高度加2m，底面不小于2m。锥坡填土应与台背填土同时进行，并应按设计宽度一次填足。

13.5.2-3　台背填土的质量直接关系到竣工后行车的舒适与安全，应严格控制分层厚度和密实度，检查频率每$50m^2$检验1点，不足$50m^2$时至少检验一点，每点都应合格。

②路基规范的规定：

4.2.6-2　二级及二级以上公路，采用小型夯实机具时，基坑回填的分层压(夯)实厚度不宜大于150mm，并应压(夯)实到设计要求的压实度。

4.2.6-3-1　二级及二级以上公路应按设计做好过渡段，过渡段路堤压实度应不小于96%，并应按设计做好纵向和横向防排水系统。

条文说明4.2.6-3《公路路基设计规范》(JTG D30)规定二级及二级以上公路的路堤与桥台、横向构造物(涵洞、通道)连接处应设置过渡段，其长度为路基填土高度的2～3倍，其压实度不小于96%。

根据以上规定制定C-084台背填土现场质量检验报告单(二级公路)见表3.2.1-11。

以上表中检查频率为暂定，实施时应根据实际情况进行调整。

4.制定C-111交通标志现场质量检验报告单

交通安全设施规范条文说明1.0.9质量检验评定方面应符合现行《公路工程质

量检验评定标准》(JTG F80/1)的规定，以交通标志为例，按照评定标准 11.2.2 制定 C-111 交通标志现场质量检验报告单，见表 3.2.1-12。

(二)制定实际施工项目的施工工序试验、检测用表

依据施工规范的检查项目确定试验、检测用表，按照试验、检查方法制定试验、检测用表(施工工序资料的水泥混凝土抗弯拉强度、抗压强度、水泥砂浆抗压强度、无侧限抗压强度、EDTA 滴定等用表已在标准试验中制定)。

1. 制定 D-09 压实度试验记录表(灌砂法)

路基路面测试规程的规定：T0921—2008 挖坑灌砂法测定压实度试验方法 4.1 计算填满试坑所用砂的质量(g)，灌砂前灌砂筒内砂的质量(g)，灌砂筒下部圆锥体内砂的质量(g)，灌砂后灌砂筒内剩余砂的质量(g)，灌砂筒下部圆锥体内及基板和粗糙表面间砂的合计质量(g)；4.2 计算试坑材料的湿密度(g/cm^3)及试坑中取出的全部材料的质量(g)、量砂的松方密度(g/cm^3)；4.3 计算试坑材料的干密度(g/cm^3)。另外为了方便检查试坑体积是否符合要求，增加了试坑体积的内容。按照以上规定等制定 D-09 压实度试验记录表(灌砂法)，见表 3.2.1-13。

2. 制定 C-128 回弹弯沉值测定记录表

路基路面现场测试规程的规定：T0951—2008 贝克曼梁测定路基路面回弹弯沉试验方法 2 仪具与材料(1)标准车的主要参数应符合表 T0951 的要求；3.2-(3)安装百分表于弯沉仪的测定杆上，百分表调零；3.2-(4)当表针转动到最大值时，迅速读取初读数 L_1，待表针回转稳定后，再次读取终读数 L_2。按照以上规定制定 C-128 回弹弯沉测定记录表，见表 3.2.1-14。

弯沉测定用的标准车参数 表 T0951

标准轴载等级	BZZ-100
后轴标准轴载 P(kN)	100±1
一侧双轮荷载(kN)	50±0.5
轮胎充气压力(MPa)	0.70±0.05
单轮传压面当量圆直径(cm)	21.30±0.5
轮隙宽度	应满足能自由插入弯沉仪测头的测试要求

3. 制定 C-130 路面结构厚度检验记录表

路基路面现场测试规程的规定：T0912—2008 挖坑及钻芯法测定路面厚度试验方法 4.1 按式(T0912)计算路面实测厚度与设计厚度之差及式中的 T_{1i}——路面的实测厚度(mm)，T_{0i}——路面的设计厚度(mm)；5 路面厚度检测报告应列表填写，并记录与设计厚度之差。按照以上规定制定 C-130 路面结构厚度检验记录表，见表 3.2.1-15。

4.制定 C-131 抗滑构造深度检验记录表(铺砂法)

依据路基路面现场测试规程：T0961—1995 手工铺砂法测定路面构造深度试验方法 3.2-(5)同一处平行测定不少于 3 次，该处的测定位置以中间测点的位置表示；4.1 路面表面构造深度测定结果计算公式中的路面表面构造深度(mm)，砂的体积($25cm^3$)，摊平砂的平均直径(mm)；4.2 每一处均取 3 次路面构造深度的测定结果的平均值作为试验结果。制定的 C-131 抗滑构造深度检验记录表(铺砂法)，见表 3.2.1-16。

5.制定纵断高程、横坡、中线偏位、宽度、平整度等检验表

依据路基路面测试规程 T0911—2008 路基路面几何尺寸测试方法和 T0931—2008 三米直尺测定平整度试验方法的规定，制定 C-121 纵断高程检验记录表、C-123 中线偏位检验记录表、C-124 宽度检验记录表、C-125 平整度检验记录表和 C-126 横坡检验记录表，分别见表 3.2.1-17～表 3.2.1-21。

6.制定 C-148 ________工程检验记录表

依据桥涵等工程检测的特殊性：检测数据不需要进行计算，有的工程项目数据很少(例如墩、台身)，有的则很多(例如交工评定时的钢筋安装)，特制定 C-148 ________工程检验记录通用表，见表 3.2.1-22。

(三)其他表格的制定

1.制定 E-07 水泥混凝土施工原始记录

桥涵规范的规定：11.4.4-1 混凝土拌和物的坍落度，应在搅拌地点和浇筑地点分别取样检测，每一工作班或每一单元结构不应少于两次，评定时应以浇筑地点的测值为准。在检测坍落度时，还应观察混凝土拌和物的黏聚性和保水性；11.11.2-1-2)-(3)砂石材料的含水率，每日开工前 1 次，气候有较大变化时随时检测；当含水率变化较大，将使配料偏差超过规定时，应及时调整；11.11.2-3 对混凝土强度，应制取试件检验其在标准养护下 28d 龄期的抗压极限强度。水泥路面规范的规定：6.2.7 混凝土拌和物的质量检验项目和频率。按照以上规定制定的 E-07 水泥混凝土施工原始记录，见表 3.2.1-23。

2.制定 D-47 路面水泥混凝土施工期间微调配合比试验报告单

水泥路面规范的规定：4.5.3-2 降雨后，应根据每天不同时间的气温及砂石料实际含水率变化，微调加水量，同时微调砂石料称量，其他配合比参数不得变更，维持施工配合比基本不变。

集料试验规程的规定：T0305—1994 粗集料含水率试验 4 含水率计算公式中的烘干前试样与容器总质量(g)，烘干后试样与容器总质量(g)，容器质量(g)，粗集料

的含水率(%);5 以两次平行试验结果的算术平均值作为测定值(T0332—2005 细集料含水率试验的规定同粗集料)。

按照以上规定制定的 D-47 路面水泥混凝土施工期间微调配合比试验报告单,见表 3.2.1-24。

3. 制定 C-188-1 路面水泥混凝土弯拉强度评定表

依据水泥路面规范 11.3.2-2 弯拉强度应采用三参数评价:平均弯拉强度合格值、最小值和统计变异系数。各级公路弯拉强度合格标准规定应按附录 A.1(混凝土弯拉强度评定方法)进行,统计变异系数应符合设计规定。制定的 C-188-1 路面水泥混凝土弯拉强度评定表,见表 3.2.1-25。

4. 制定 C-185-1 水泥混凝土路面结构厚度检验评定表

依据水泥路面规范表 11.3.3 各等级公路混凝土路面铺筑质量中板厚度允许值的代表值≥−5、极值≥−10 和 C_v 值应符合设计规定的要求。制定 C-185-1 水泥混凝土路面结构厚度检验评定表,见表 3.2.1-26。

二、制定实际施工项目的施工工序资料编制程序

具体施工项目的施工工序资料编制程序由管理表,现场质量报告单,试验、检测、施工原始记录等表组成。程序是施工单位的编制程序,监理单位除没有管理、原始记录表外,其余与施工单位相同。其编制程序见表 3.2.2。

××公路××段建设项目 表 3.2.1-1

承包单位：________ 合同号：________

监理单位：________ 编　号：________

土质路堤现场质量检验报告单(其他公路) C-002

工程部位			桩　号		
施工日期			检验日期		
填筑材料		液限(%)		塑性指数	
最大干密度(g/cm^3)			最佳含水率(%)		
检验项目	规定值或允许偏差	检验方法与频率	检验结果	检验资料编号	备注
压实度(%)	符合规定	灌砂法：每 1000m^2 至少检验 2 点，不足 1000m^2 时检验 2 点			必要时可根据需要增加检验点
弯沉值(0.01mm)	不大于设计值	弯沉仪：每 1000m 测 80～100 点			同上
纵断高程(mm)	+10，−20	水准仪：每 200m 测 4 断面			
中线偏位(mm)	100	经纬仪：每 200m 测 4 点			弯道加 HY、YH 两点
宽度(mm)	不小于设计值	米尺：每 200m 测 4 处			
平整度(mm)	20	3m 直尺：每 200m 测 2 处×10 尺			
横坡(%)	±0.5	每 200m 测 4 断面			
边坡	不陡于设计要求	每 200m 抽查 4 处			
外观检查					
质量评定					

施工负责人： 质量检查员： 监理工程师：

××公路××段建设项目

表 3.2.1-2

承包单位：______ 合同号：______

监理单位：______ 编　号：______

土质边沟、截水沟、排水沟现场质量检验报告单

C-014

工程名称		工程部位		施工日期	
桩号		图纸号		检验日期	
检验项目	规定值或允许偏差	检验方法与频率	检验结果	检验资料编号	备注
沟底纵坡	符合设计要求	水准仪：每 200m 测 8 点			
沟底高程（mm）	0，－30	水平仪：每 200m 测 8 处			
断面尺寸（mm）	不小于设计要求	尺量：每 200m 测 8 处			
边坡坡度	不陡于设计要求	坡度尺：每 50m 测 2 处			
边棱直顺度（mm）	50	尺量：20m 拉线，每 200m 测 4 处			
外观检查					
质量评定					

施工负责人：　　　　质量检查员：　　　　监理工程师：

××公路××段建设项目 表 3.2.1-3

承包单位：________ 合同号：________

监理单位：________ 编　号：________

水泥稳定粒料基层现场质量检验报告单(其他公路) C-054

工程名称			施工日期		
桩号			检验日期		
检验项目		规定值或允许偏差	检验方法与频率	检验结果	检验资料编号	备注
压实度(%)		≥97	灌砂法：每作业段或不超过 $2000m^2$ 检查 6 次以上			
平整度(mm)		12	3m 直尺：每 200 延米测 2 处×10 尺			
纵断高程(mm)		+5，−15	水准仪：每 20 延米 1 点			
宽度(mm)		+0 以上	尺量：每 40 延米 1 处			
厚度(mm)	均值	−10	尺量：每 1500～2000 m^2 测 6 个点			每作业段小于 $1500m^2$ 时，每车道每 100m 2 点
	单个值	−20				
横坡度(%)		不小于面层横坡、且不大于面层横坡 0.2	水准仪：每 100 延米 3 处			水泥混凝土面层要求
抗压强度(MPa)		符合规范规定	每一作业段或 $2000m^2$ 6 个或 9 个试件			
剂量(%)		不小于设计值 −1.0	每作业段或每 $2000m^2$ 1 次，至少 6 个样品			
集料级配		在规范规定范围内	每 $2000m^2$ 1 次			
整体性		完整钻件	每一作业段或 $2000m^2$ 7～10d 时取钻件 1 个			
外观鉴定						
质量评定						

施工负责人： 质量检查员： 监理工程师：

××公路××段建设项目 表 3.2.1-4

承包单位：______________ 合同号：______________

监理单位：______________ 编　号：______________

水泥混凝土面层现场质量检验报告单(一)(其他公路) C-031

工程名称		施工日期			
桩号		检验日期			
检验项目	规定值或允许偏差	检验方法与频率	检验结果	检验资料编号	备注
弯拉强度(MPa)	在合格标准之内	每工作班制取 28d 试件，日进度≥1000m 取 3 组；≥500m 取 2 组；<500m 取 1 组			每工作班还应制取 7d 试件 1 组
板厚度(mm)	不小于设计值	路面摊铺范围内每 100m 左右各 1 处，连接摊铺 100m 测单边 1 处			用测板连续检验控制
平整度(mm)	5	3m 直尺：每半幅车道 200m^2 测 10 尺			合格率应≥90%
抗滑构造深度(mm)	一般路段 0.5～0.9，特殊路段 0.6～1.0	铺砂法：每幅 200m 测 1 处			施工中用拉毛器控制
相邻板高差(mm)	3	尺测：每 200m 纵横缝 2 条，每条 2 点			
连接摊铺纵缝高差(mm)	平均值≤5；极值≤7	尺测：每 200m 纵向工作缝，每条 2 处，每处间隔 2m^3 尺，共 6 尺			
接缝顺直度(mm)	10	20m 拉线，每 200m 测 4 条			
中线平面偏位(mm)	20	经纬仪：每 200m 测 4 点			
路面宽度(mm)	±20	尺测：每 200m 测 4 处			
纵断高程(mm)	±15	水准仪：每 200m 测 4 点			
横坡(mm)	±0.25	水准仪：每 200m 测 4 断面			
材料配合比	符合规范要求	每工作班一次			
外观检查					
质量评定					

施工负责人： 质量检查员： 监理工程师：

××公路××段建设项目 表 3.2.1-5

承包单位：__________ 合同号：__________

监理单位：__________ 编　号：__________

水泥混凝土面层现场质量检验报告单(二)(其他公路) C-033

工程名称			施工日期		
桩号			检验日期		
检验项目	规定值或允许偏差	检验方法与频率	检验结果	检验资料编号	备注
断板率(‰)	≤4	数断板面板块占总块数比例			
脱皮、印痕、裂纹、露石、缺边、掉角(‰)	≤3	量实际面积，并计算与总面积比			
路缘石顺直度和高度(mm)	≤20	20m 拉线测：每 200m 测 2 处			
灌缝饱满度(mm)	≤3	尺测：每 200m 接缝测 4 处			
切缝深度(mm)	≥50	尺测：每 200m 4 处			
胀缝表面缺陷	不宜有	每条观察填缝及啃边断角			
胀缝板 连浆(mm)	≤30	每条胀缝板安装时测量			
胀缝板 倾斜(mm)	≤25	尺测：每块胀缝板每条两侧			以板底为准
胀缝板 弯曲和位移(mm)	≤15	尺测：每块胀缝板每条 3 处			以缝中心线为准
传力杆偏斜(mm)	≤13	钢筋保护层仪：每车道 3 根			
外观检查					
质量评定					

施工负责人：　　　质量检查员：　　　监理工程师：

××公路××段建设项目

表 3.2.1-6

承包单位：＿＿＿＿＿＿ 合同号：＿＿＿＿＿＿

监理单位：＿＿＿＿＿＿ 编　号：＿＿＿＿＿＿

梁(板)预制现场质量检验报告单

C-085

工程名称		工程部位		施工日期	
桩号		图纸号		检验日期	

检验项目			规定值或允许偏差	检验方法与频率	检验结果	检验资料编号	备注
混凝土强度(MPa)			在合格标准之内	每片梁制取试件2组，7d1组、28d 1组			16m以下，其他按桥规要求制取
梁(板)长度(mm)			+5，−10	尺量：每梁(板)			
宽度(mm)	干接缝(梁翼缘、板)		±10	尺量：检查3处			
	湿接缝(梁翼缘、板)		±20				
	箱梁	顶宽	±30				
		底宽	±20				
高度(mm)	梁、板		±5	尺量：检查2个断面			
	箱梁		+0，−5				
断面尺寸(mm)	顶板厚		+5，−0	尺量：检查2个断面			
	底板厚						
	腹板或梁肋						
平整度(mm)			5	2m直尺：每侧面每10m梁长测1处			
横系梁及预埋件位置(mm)			5	尺量：每个			
外观检查							
质量评定							

施工负责人：　　　　质量检查员：　　　　监理工程师：

××公路××段建设项目 表 3.2.1-7

承包单位：__________ 合同号：__________

监理单位：__________ 编　号：__________

梁(板)安装现场质量检验报告单 C-086

工程名称			工程部位		施工日期	
桩号			图纸号		检验日期	
检验项目		规定值或允许偏差	检验方法与频率	检验结果	检验资料编号	备注
支座中心偏位(mm)	梁	5	尺量:检查每个支座			
	板	10				
倾斜度(%)		1.2	吊垂线			
梁(板)顶面纵向高程(mm)		+8,−5	水准仪:检查3点			
相邻梁(板)顶面高差(mm)		8	尺量:每相邻梁(板)			
外观检查						
质量评定						

施工负责人： 质量检查员： 监理工程师：

××公路××段建设项目 表 3.2.1-8

承包单位:____________ 合同号:____________

监理单位:____________ 编　号:____________

钢筋安装位置现场质量检验报告单 C-069

工程名称		工程部位		施工日期		
桩号		图纸号		检验日期		
检验项目		规定值或允许偏差	检验方法与频率	检验结果	检验资料编号	备注
受力钢筋间距(mm)	两排以上排距	±5	尺量:每构件检查2个断面			
	同排 梁、板、拱肋	±10				
	同排 基础、锚碇、墩台、柱	±20				
	灌注桩	±20				
箍筋、横向水平钢筋、螺旋筋间距(mm)		0,－10	尺量:每构件检查5～10个间距			
钢筋骨架尺寸(mm)	长	±10	尺量:按骨架总数30%抽查			
	宽、高或直径	±5				
弯起钢筋位置(mm)		±20	尺量:每骨架抽查30%			
保护层厚度(mm)	柱、梁、拱肋	±5	尺量:每构件沿模板周边检查8处			
	基础、锚碇、墩台	±10				
	板	±3				
外观检查						
质量评定						

施工负责人: 质量检查员: 监理工程师:

表 3.2.1-9

××公路××段建设项目

承包单位：________ 合同号：________

监理单位：________ 编　号：________

混凝土墩、台身现场质量检验报告单

C-081

工程名称		工程部位		施工日期	
桩号		图纸号		检验日期	
检验项目	规定值或允许偏差	检验方法与频率	检验结果	检验资料编号	备注
混凝土强度（MPa）	在合格标准之内	每工序制取试件3组，7d 1组、28d 2组			
断面尺寸（mm）	±20	尺量：检查3个断面			
竖直度或斜度（mm）	0.3%H且不大于20	吊垂线或经纬仪：测量2点			H为墩、台身高度
顶面高程（mm）	±10	水准仪：测量3处			
轴线偏位（mm）	10	全站仪或经纬仪：纵、横各测量2处			
节段间错台（mm）	5	尺量：每节检查4处			
大面积平整度（mm）	5	2m直尺：检查竖直、水平两个方向，每20m²测1处			
预埋件位置（mm）	符合设计规定时，设计未规定时：10	尺量：每件			
外观检查					
质量评定					

施工负责人：　　　　质量检查员：　　　　监理工程师：

××公路××段建设项目　　　　表 3.2.1-10

承包单位：＿＿＿＿＿＿　　合同号：＿＿＿＿＿＿

监理单位：＿＿＿＿＿＿　　编　号：＿＿＿＿＿＿

地基表层处理现场质量检验报告单(其他公路)　　　　C-004

工程名称		工程部位		施工日期	
桩号		图纸号		检验日期	
检验项目	规定值或允许偏差	检验方法与频率	检验结果	检验资料编号	备注
纵断高程(mm)	按照实际情况	水平仪：每 200m 测 4 点			
中线偏位(mm)	100	经纬仪：每 200m 测 4 点			弯道加 HY、YH 两点
宽度(mm)	不小于设计值	米尺：每 200m 测 4 处			
清理	清除垃圾、淤泥、杂草等	目测、全施工段检查			
回填	回填坑槽、洞穴，并按要求夯实				
路基排水	排除积水，开挖边沟				
表土清除	按设计要求清除不适宜土壤				
填前压实度(%)	符合规定	灌砂法：每 $1000m^2$ 至少检验 2 点，不足 $1000m^2$ 时检验 2 点			必要时可根据需要增加检验点
外观检查					
质量评定					

施工负责人：　　　　质量检查员：　　　　监理工程师：

××公路××段建设项目　　表 3.2.1-11

承包单位：＿＿＿＿＿＿＿　合同号：＿＿＿＿＿＿＿

监理单位：＿＿＿＿＿＿＿　编　号：＿＿＿＿＿＿＿

台背填土现场质量检验报告单(二级公路)　　C-084

工程名称		工程部位		施工日期	
桩号		填土高度(cm)		检验日期	
检验项目	规定值或允许偏差	检验方法与频率	检测结果	检验资料编号	备注
填筑材料	符合设计要求	土质变化时应补做试验			填筑材料应经现场监理同意
填筑长度(cm)	台身顶面不小于桥台高度加 2m 底面不小于 2m 或符合设计要求	每压实层 2 处			过渡段不小于 2～3 倍的填土高度
填筑层厚度(cm)	压实厚度不大于 15	每 $50m^2$ 压实层至少检查 1 点			
压实度(%)	≥96	每压实层每 $50m^2$ 至少检查 1 点			
纵断高程(mm)	＋10，－20	每压实层 2 断面			
中心偏位(mm)	100	每压实层 2 点			
宽度(mm)	符合设计要求	每压实层 2 处			
横坡(%)	±0.5	2 断面			
外观检查					
质量评定					

施工负责人：　　质量检查员：　　监理工程师：

××公路××段建设项目 表 3.2.1-12

承包单位:____________ 合同号:____________

监理单位:____________ 编 号:____________

交通标志现场质量检验报告单 C-111

工程名称		工程部位		施工日期	
桩号		图纸号		检验日期	
检验项目	规定值或允许偏差	检验方法和频率	检验结果	检验资料编号	备注
标志板外形尺寸(mm)	±5。当边长尺寸大于1.2m时允许偏差为边长的±0.5%;三角形内角应为60°±5°	钢卷尺、万能角尺、卡尺:检查100%			
标准底板厚度(mm)	不小于设计				
标志汉字、数字、拉丁字的字体及尺寸(mm)	应符合规定字体,基本字高不小于设计	字体与标准字体对照,字高用刚卷尺:检查10%			
标志面反光膜等级及逆反射系数($cd \cdot 1x^{-1} \cdot m^{-2}$)	反光膜等级符合设计。逆反射系数值不低于(JT/T279)的规定	反光膜等级用目测初定。便携式测定仪:检查100%			
标志板下缘至路面净空高度及标志板内缘距路边缘距离(mm)	+100,0	用直尺、水平尺或经纬仪:检查100%			
立柱竖直度(mm/m)	±3	垂线、直尺:检查100%			
标志金属构件镀层厚度(μm)	标志柱,横梁≥78,紧固件≥50	测厚仪:检查100%			
标准基础尺寸(mm)	−50,+100	钢尺、直尺:检查100%			
基础混凝土强度(MPa)	在合格标准内	每基础制作28d试件1组,每工作班制取7d试件1组			
外观检查					
质量评定					

施工负责人: 质量检查员: 监理工程师:

××公路××段建设项目

表 3.2.1-13

承包单位:________ 合同号:________

监理单位:________ 编　号:________

压实度试验记录(灌砂法)

D-09

工程名称				试验单位					
现场桩号				试验完成日期	年　月　日				
土样类别				试验执行标准					
最大干密度(g/cm^3)				试验人签字					
最佳含水率(%)				审核人签字					
取样桩号									
取样位置(m)									
a	灌砂前:筒+砂质量(g)								
b	灌砂后:筒+砂质量(g)								
c	锥体砂质量(g)								
d	试洞砂质量 $a-b-c$ (g)								
e	砂密度(g/cm^3)								
f	试洞体积 $V=d/e$ (cm^3)								
g	试洞土质量(g)								
h	湿密度$=g/f$(g/cm^3)								
	盒号								
i	盒+湿土质量(g)								
j	盒+干土质量(g)								
k	水质量(g)								
l	盒质量(g)								
m	干土质量(g)								
n	含水率(%)								
o	平均含水率(%)								
p	干密度(g/cm^3)								
压实度(%)									
路基部位(第几层)									
压实度标准(%)									
结论									

××公路××段建设项目　　　　表 3.2.1-14

承包单位：＿＿＿＿＿＿　合同号：＿＿＿＿＿＿

监理单位：＿＿＿＿＿＿　编　号：＿＿＿＿＿＿

回弹弯沉值测定记录表

C-128

工程名称		桩号		
试验车型号		后轴重(kN)		当量圆直径(cm)
轮胎气压(MPa)		一侧荷载(kN)		弯沉仪型号
测定日期	年 月 日	天　气		温度(℃)

桩号	左(0.01mm)			左 中(0.01mm)			右 中(0.01mm)			右(0.01mm)		
	初读数	终读数	弯沉值	初读数	终读数	弯沉值	初读数	终读数	弯沉值	初读数	终读数	弯沉值

设计弯沉(0.01mm)		检测点数	
合格点数		合格率(%)	

施工负责人：　　　　质量检查员：　　　　监理工程师：

××公路××段建设项目　　表 3.2.1-15

承包单位：________　合同号：________

监理单位：________　编　号：________

路面结构厚度检验记录表

C-130

工程名称			施工日期			
桩号			检验日期			
桩号	左幅(mm)			右幅(mm)		
	设计	实测	偏差	设计	实测	偏差
允许偏差(mm)			平均值(mm)			
检测点数		合格点数		合格率(%)		

施工负责人：　　质量检查员：　　监理工程师：

××公路××段建设项目 表 3.2.1-16

承包单位：__________ 合同号：__________

监理单位：__________ 编　号：__________

抗滑构造深度检验记录表(铺砂法) C-131

工程名称			施工日期		
桩号			检验日期		
桩号	测点位置	砂的体积 V (cm^3)	摊平砂的平均直径 D (mm)	构造深度 TD(mm)	
				单值	平均值
允许值(mm)			检测点数		
合格点数			合格率(%)		

施工负责人： 质量检查员： 监理工程师：

××公路××段建设项目

表 3.2.1-17

承包单位：________ 合同号：________

监理单位：________ 编　号：________

纵断高程检验记录表

C-121

工程名称				施工日期					
桩号				检验日期					
桩号	左幅			路中			右幅		
	距路中心(m)						距路中心(m)		
	设计(m)	实测(m)	偏差(mm)	设计(m)	实测(m)	偏差(mm)	设计(m)	实测(m)	偏差(mm)
允许偏差(mm)				检测点数					
合格点数				合格率(%)					

施工负责人：　　质量检查员：　　监理工程师：

××公路××段建设项目　　　　表 3.2.1-18

承包单位:＿＿＿＿＿＿　合同号:＿＿＿＿＿＿

监理单位:＿＿＿＿＿＿　编　号:＿＿＿＿＿＿

中线偏位检验记录表

C-123

工程名称		施工日期	
桩号		检验日期	
桩号	偏差(mm)	桩号	偏差(mm)
允许偏差(mm)		检测点数	
合格点数		合格率(%)	

施工负责人:　　　　质量检查员:　　　　监理工程师:

××公路××段建设项目　　表 3.2.1-19

承包单位：＿＿＿＿＿＿　合同号：＿＿＿＿＿＿

监理单位：＿＿＿＿＿＿　编　号：＿＿＿＿＿＿

宽度检验记录表　　C-124

工程名称				施工日期			
桩号				检验日期			
桩号	设计（m）	实测（m）	偏差（mm）	桩号	设计（m）	实测（m）	偏差（mm）
允许偏差(mm)				检测点数			
合格点数				合格率(%)			

施工负责人：　　质量检查员：　　监理工程师：

××公路××段建设项目　　　　表 3.2.1-20

承包单位:______________　合同号:______________

监理单位:______________　编　号:______________

平整度检验记录表

C-125

工程名称						施工日期					
桩号						检验日期					
桩号	检测部位	实测(mm)									
		1	2	3	4	5	6	7	8	9	10
允许偏差(mm)						检测点数					
合格点数						合格率(%)					

施工负责人:　　　　质量检查员:　　　　监理工程师:

表 3.2.1-21

××公路××段建设项目

承包单位：______________ 合同号：______________

监理单位：______________ 编　号：______________

C-126

横坡检验记录表

工程名称			桩号			施工日期				检验日期				
桩号	左幅							右幅						
	实测值(m)				横坡度(%)			实测值(m)				横坡度(%)		
	内侧高程	外侧高程	高差	宽度	设计	实测	偏差	内侧高程	外侧高程	高差	距离	设计	实测	偏差
允许偏差(%)			检查点数				合格点数				合格率(%)			

施工负责人：　　　　　　质量检查员：　　　　　　监理工程师：

表 3.2.1-22

××公路××段建设项目

承包单位：______________ 合同号：______________

监理单位：______________ 编　号：______________

工程检验记录通用表

C-148

工程名称		工程部位		桩号		施工日期		检验日期	
检验项目	规定值或允许偏差	设计值	实　测　值		偏　　差		检验点数	合格点数	合格率(%)

施工负责人：　　　　　　质量检查员：　　　　　　监理工程师：

××公路××段建设项目 表 3.2.1-23

承包单位：__________ 合同号：__________

监理单位：__________ 编　号：__________

水泥混凝土施工原始记录

E-07

<table>
<tr><td colspan="3">工程名称</td><td colspan="3"></td><td colspan="2">工程部位</td><td colspan="2"></td></tr>
<tr><td colspan="3">施工日期</td><td colspan="3"></td><td colspan="2">最低气温(℃)</td><td colspan="2"></td></tr>
<tr><td colspan="3">设计强度等级</td><td colspan="3"></td><td colspan="2">试配强度(MPa)</td><td colspan="2"></td></tr>
<tr><td colspan="3">水泥品种及厂家</td><td colspan="3"></td><td colspan="2">水泥强度等级</td><td colspan="2"></td></tr>
<tr><td colspan="3">混凝土设计配合比</td><td colspan="3"></td><td colspan="2">混凝土水灰比</td><td colspan="2"></td></tr>
<tr><td colspan="3">水泥用量(kg/m³)</td><td colspan="3"></td><td colspan="2">坍落度(mm)</td><td colspan="2"></td></tr>
<tr><td rowspan="4">施工材料情况</td><td colspan="2">水泥(kg/m³)</td><td colspan="3"></td><td colspan="4" rowspan="4">每天施工前要进行材料的级配复核试验，并根据材料的实际含水率计算材料的用量</td></tr>
<tr><td colspan="2">砂(kg/m³)</td><td colspan="3"></td></tr>
<tr><td colspan="2">碎石(kg/m³)</td><td colspan="3"></td></tr>
<tr><td colspan="2">水(kg/m³)</td><td colspan="3"></td></tr>
<tr><td colspan="3">外加剂</td><td colspan="3"></td><td colspan="2">微调外加剂</td><td colspan="2"></td></tr>
<tr><td rowspan="7">混凝土拌和物</td><td colspan="2">坍落度(mm)</td><td></td><td colspan="2"></td><td></td><td></td><td colspan="2"></td></tr>
<tr><td rowspan="4">性质</td><td>棍度</td><td></td><td colspan="2"></td><td></td><td></td><td colspan="2"></td></tr>
<tr><td>含砂情况</td><td></td><td colspan="2"></td><td></td><td></td><td colspan="2"></td></tr>
<tr><td>黏聚性</td><td></td><td colspan="2"></td><td></td><td></td><td colspan="2"></td></tr>
<tr><td>保水性</td><td></td><td colspan="2"></td><td></td><td></td><td colspan="2"></td></tr>
<tr><td colspan="2">水灰比</td><td></td><td colspan="2"></td><td></td><td></td><td colspan="2"></td></tr>
<tr><td colspan="2">表观密度(kg/m³)</td><td></td><td colspan="2"></td><td></td><td></td><td colspan="2"></td></tr>
<tr><td colspan="3">施工拌和方法</td><td colspan="3"></td><td colspan="2">振捣方法</td><td colspan="2"></td></tr>
<tr><td colspan="3">试件编号</td><td colspan="3"></td><td colspan="2"></td><td colspan="2"></td></tr>
<tr><td colspan="3">试件强度(MPa)</td><td>7d</td><td colspan="2"></td><td>28d</td><td></td><td>28d</td><td></td></tr>
<tr><td colspan="3">试件养生方法</td><td colspan="3"></td><td colspan="2">施工养生方法及天数</td><td colspan="2"></td></tr>
<tr><td colspan="10">监理工程师意见：

签字：　　　　　年　　月　　日</td></tr>
</table>

施工负责人： 质量检查员： 监理工程师：

××公路××段建设项目　　表 3.2.1-24

承包单位：＿＿＿＿＿＿　合同号：＿＿＿＿＿

监理单位：＿＿＿＿＿＿　编　号：＿＿＿＿＿

路面水泥混凝土施工期间微调配合比试验报告单　　D-47

工程名称		试验单位	
现场桩号		试验日期	年　月　日
试样描述		试验执行标准	
		试验人签字	
		审核人签字	

水泥混凝土施工期间微调配合比试验记录

<table>
<tr><td rowspan="12">微调加水量及砂、石用量</td><td rowspan="7">集料含水率</td><td>集 料 名 称</td><td colspan="2">砂</td><td colspan="2">碎石$_1$</td><td colspan="2">碎石$_2$</td><td colspan="2">碎石$_3$</td></tr>
<tr><td>烘干前试样与容器总质量(g)</td><td></td><td></td><td></td><td></td><td></td><td></td><td></td><td></td></tr>
<tr><td>烘干后试样与容器总质量(g)</td><td></td><td></td><td></td><td></td><td></td><td></td><td></td><td></td></tr>
<tr><td>容器质量(g)</td><td></td><td></td><td></td><td></td><td></td><td></td><td></td><td></td></tr>
<tr><td>含水率(%)</td><td></td><td></td><td></td><td></td><td></td><td></td><td></td><td></td></tr>
<tr><td>平均含水率(%)</td><td colspan="2"></td><td colspan="2"></td><td colspan="2"></td><td colspan="2"></td></tr>
<tr><td>配合比状态含水率(%)</td><td colspan="2"></td><td colspan="2"></td><td colspan="2"></td><td colspan="2"></td></tr>
<tr><td></td><td>微调含水率(%)</td><td colspan="2"></td><td colspan="2"></td><td colspan="2"></td><td colspan="2"></td></tr>
<tr><td rowspan="4">实际单位材料用量</td><td>集料用量(kg/m³)</td><td colspan="2"></td><td colspan="2"></td><td colspan="2"></td><td colspan="2"></td></tr>
<tr><td>水泥 C 用量不变(kg/m³)</td><td colspan="8" rowspan="2">碎石$_1$：碎石$_2$：碎石$_3$＝
%：　%：　%</td></tr>
<tr><td>砂 S(kg/m³)</td></tr>
<tr><td>碎石(混合料)G(kg/m³)
水 W(kg/m³)</td><td colspan="8">混凝土单位体积重(kg/m³)：</td></tr>
<tr><td colspan="2">微调外加剂用量</td><td colspan="9"></td></tr>
<tr><td colspan="2">设计配合比</td><td colspan="9">水泥：砂：碎石(混合料)：水＝　：　：　：　＝　kg：　kg：　kg：　kg</td></tr>
<tr><td colspan="11">结论：

签字：　　　　年　　月　　日</td></tr>
</table>

××公路××段建设项目　　　　表 3.2.1-25

承包单位：＿＿＿＿＿＿　合同号：＿＿＿＿＿＿

监理单位：＿＿＿＿＿＿　编　号：＿＿＿＿＿＿

路面水泥混凝土弯拉强度评定表

C-188-1

工程名称			分项工程桩号		
弯拉强度报告单中试样编号	作业段桩号	工程量(m)	试件组数	弯拉强度(MPa)	
				左幅	右幅

平均弯拉强度 f_{cs}(MPa)＝	设计弯拉强度标准 f_r(MPa)＝	合格判断系数 K＝	
0.85 f_r(MPa)＝	平均强度合格判断值(f_r+K_σ)(MPa)＝	强度最小值 f_{min}(MPa)＝	
0.80f_r(MPa)＝	强度标准差 σ(MPa)＝	变异系数 C_v＝	试件组数 n＝
0.75f_r(MPa)＝	1.10f_r(MPa)＝	变异系数合格值 C_v＝	质量评定：

施工负责人：　　　　计算：　　　　监理工程师：

××公路××段建设项目　　表 3.2.1-26

承包单位：＿＿＿＿　合同号：＿＿＿＿

监理单位：＿＿＿＿　编　号：＿＿＿＿

水泥混凝土路面结构厚度检验评定表

C-185-1

工程名称				分项工程桩号			
桩号	距中线位置(m)	实测厚度(mm)		桩号	距中线位置(m)	实测厚度(mm)	
		左幅	右幅			左幅	右幅
设计厚度(mm)＝			平均厚度 X(mm)＝		厚度代表值 X_L(mm)＝		
标准差 S(mm)＝			变异系数合格值 C_v＝		变异系数 C_v＝		
n＝　$t_\alpha/\sqrt{n}$＝				合格率(%)＝			

施工负责人：　　计算：　　监理工程师：

实际施工项目施工工序资料编制程序 表 3.2.2

单位工程	分部工程	分项工程	工序		
			名称	划分	程序表格内容
(一)路基工程	1. 路基土石方工程	(1)土方路基	①地基表层处理	每工作班	A-10 中间检验申请单； A-04 施工放样报验单； C-004 地基表层处理现场质量检验报告单(其他公路)； E-01 路基施工原始记录； C-121 纵断高程检验记录表； C-123 中线偏位检查记录表； C-124 宽度检验记录表； D-13 含水率试验记录(施工控制)； D-09 压实度试验记录(灌砂法)； E-11 水准测量记录
			②土质路堤填筑(下路堤、上路堤、下路床、上路床下层)	每工作班	A-10 中间检验申请单； A-04 施工放样报验单； C-002 土质路堤现场质量检验报告单(其他公路)； E-01 路基施工原始记录； E-02 路基挖台阶施工原始记录； C-122 路堤每层填筑纵断高程检验记录表； C-123 中线偏位检验记录表； C-124 宽度检验记录表； C-126 横坡检验记录； D-13 含水率试验记录(施工控制)； D-09 压实度试验记录(灌砂法)
			③土质路堤填筑(路床顶面)	每工作班	A-10 中间检验申请单； A-04 施工放样报验单； C-002 土质路堤现场质量检验报告单(其他公路)； E-01 路基施工原始记录； C-121 纵断高程检验记录表； C-123 中线偏位检验记录表； C-124 宽度检验记录表； C-125 平整度检验记录表； C-126 横坡检验记录； C-127 边坡检验记录表； E-11 水准测量记录表； D-13 含水率试验记录(施工控制)； D-09 压实度试验记录(灌砂法)； C-128 回弹弯沉值测定记录表

续上表

单位工程	分部工程	分项工程	工序		
			名称	划分	程序表格内容
(一)路基工程	1. 路基土石方工程	(2)砂垫层(软土地基)	①软基基底	每工作班	A-10 中间检验申请单； A-04 施工放样报验单； C-005 软基基底现场质量检验报告单； C-122 路基每层填筑纵断高程检验记录表； C-124 宽度检验记录表； E-11 水准测量记录表
			②砂垫层(软土地基)	每工作班	A-10 中间检验申请单； C-006 软土地基砂垫层现场质量检验报告单； C-129 砂垫层厚度检验记录表； C-124 宽度检验记录； D-09 压实度检验记录
	2. 排水工程	(1)边沟	边沟	每工作班	A-10 中间检验申请单； A-04 施工放样报验单； C-014 土沟现场质量检验报告单； C-146 浆砌排水沟(土沟、盲沟)沟底高程检查记录表； C-145 土沟(盲沟)检查记录表； E-11 水准测量记录
		(2)浆砌排水沟	浆砌排水沟	每工作班	A-10 中间检验申请单； A-04 施工放样报验单； C-015 浆砌排水沟现场质量检验报告单； C-146 浆砌排水沟(土沟、盲沟)沟底高程检查记录表； C-147 浆砌排水沟检查记录； D-52 水泥砂浆(水泥浆)抗压强度试验报告单； E-11 水准测量记录
		(3)填石渗沟	填石渗沟	每工作班	A-10 中间检验申请单； A-04 施工放样报验单； C-016 盲沟现场质量检验报告单； C-146 浆砌排水沟(土沟、盲沟)沟底高程检查记录表； C-145 土沟(盲沟)检验记录表； E-11 水准测量记录

续上表

单位工程	分部工程	分项工程		工序 名称	工序 划分	工序 程序表格内容
(一)路基工程	3. 小桥工程	(1)基础及下部构造	①扩大基础	A 基坑	每墩台	A-10 中间检验申请单； A-04 施工放样报验单； C-074 结构物基坑基底现场质量检验报告单； C-148 ______工程检验记录表； E-13 桥涵放样记录； E-11 水准测量记录； D-07 结构物基坑基底承载力试验； D-08 结构物基坑基底承载力试验(触探法)
				B 钢筋加工及安装	每层	A-10 中间检验申请单； A-04 施工放样报验单； C-071 加工钢筋现场质量检验报告单； C-148 ______工程检验记录表； C-072 钢筋电弧焊接头现场质量检验报告单； C-148 ______工程检验记录表； C-070 钢筋焊接网及焊接骨架现场质量检验报告单； C-148 ______工程检验记录表； E-12 钢筋制作与焊接记录
				C 模板	每层	A-10 中间检验申请单； C-075 模板、支架制作现场质量检验报告单； C-149 钢模板制作检验记录表； C-076 模板安装现场质量检验报告单； C-150 模板安装检验记录表
				D 混凝土浇筑	每层	A-10 中间检验申请单； C-077 混凝土扩大基础现场质量检验报告单； C-010 混凝土浇筑申请报告单； E-07 水泥混凝土施工原始记录； C-148 ______工程检验记录表； D-51 水泥混凝土抗压强度试验报告单

续上表

单位工程	分部工程	分项工程		工序 名称	工序 划分	程序表格内容
(一)路基工程	3. 小桥工程	(1)基础及下部构造	②混凝土墩、台身	A 钢筋加工及安装	每墩台	A-10　中间检验申请单； C-071　加工钢筋现场质量检验报告单； C-148　________工程检验记录表； C-069　钢筋安装现场质量检验报告单； C-148　________工程检验记录表； E-12　钢筋制作与焊接记录
				B 模板	每墩台	A-10　中间检验申请单； C-075　模板、支架制作现场质量检验报告单； C-149　钢模板制作检验记录表； C-076　模板安装现场质量检验报告单； C-150　模板安装检验记录表
				C 混凝土浇筑	每墩台	A-10　中间检验申请单； C-081　混凝土墩、台身现场质量检验报告单； C-010　混凝土浇筑申请报告单； E-07　水泥混凝土施工原始记录； C-148　________工程检验记录表； D-51　水泥混凝土抗压强度试验报告单
			③墩、台帽	A 钢筋加工及安装	每墩、台帽	A-10　中间检验申请单； C-071　加工钢筋现场质量检验报告单； C-148　________工程检验记录表； C-072　钢筋电弧焊接头现场质量检验报告单； C-148　________工程检验记录表； C-070　钢筋焊接网及焊接骨架现场质量检验报告单； C 148　________工程检验记录表； C-069　钢筋安装现场质量检验报告单； C-148　________工程检验记录表； E-12　钢筋制作与焊接记录
				B 模板	每墩、台帽	A-10　中间检验申请单； C-075　模板、支架制作现场质量检验报告单； C-149　钢模板制作检验记录表； C-076　模板安装现场质量检验报告单； C-150　模板安装检验记录表
				C 混凝土浇筑	每墩、台帽	A-10　中间检验申请单； C-083　墩、台帽或盖梁现场质量检验报告单； C-010　混凝土浇筑申请报告单； E-07　水泥混凝土施工原始记录； C-148　________工程检验记录表； D-51　水泥混凝土抗压强度试验报告单

续上表

单位工程	分部工程	分项工程		工序 名称	工序 划分	程序表格内容
(一)路基工程	3.小桥工程	(1)基础及下部构造	④支座垫石	混凝土浇筑	每墩台	A-10 中间检验申请单； C-092 支座垫石现场质量检验报告单； C-010 混凝土浇筑申请报告单； E-07 水泥混凝土施工原始记录； C-148 ______工程检验记录表； D-51 水泥混凝土抗压强度试验报告单
			⑤台背填土	台背填土	每工作班	A-10 中间检验申请单； A-04 施工放样报验单； C-084 台背填土现场质量检验报告单； C-148 ______工程检验记录表； D-09 压实度试验记录(灌砂法)
			⑥挡块	混凝土浇筑	每工作班	A-10 中间检验申请单； C-093 挡块现场质量检验报告单； C-010 混凝土浇筑申请报告单； E-07 水泥混凝土施工原始记录； C-148 ______工程检验记录表； D-51 水泥混凝土抗压强度试验报告单
		(2)上部构造预制和安装	①梁(板)预制	A钢筋加工及安装	每片梁	A-10 中间检验申请单； C-071 加工钢筋现场质量检验报告单； C-148 ______工程检验记录表； C-072 钢筋电弧焊接头现场质量检验报告单； C-148 ______工程检验记录表； C-070 钢筋焊接网及焊接骨架现场质量检验报告单； C-148 ______工程检验记录表； C-069 钢筋安装现场质量检验报告单； C-148 ______工程检验记录表； E-12 钢筋制作与焊接记录
				B模板	每片梁	A-10 中间检验申请单； C-075 模板、支架制作现场质量检验报告单； C-149 钢模板制作检验记录表； C-076 模板安装现场质量检验报告单； C-150 模板安装检验记录表
				C混凝土浇筑	每片梁	A-10 中间检验申请单； C-085 梁(板)预制现场质量检验报告单； C-010 混凝土浇筑申请报告单； E-07 水泥混凝土施工原始记录； C-148 ______工程检验记录表； D-51 水泥混凝土抗压强度试验报告单
			②梁板安装	梁板安装	每片梁	A-10 中间检验申请单； C-086 梁(板)安装现场质量检验报告单； C-148 ______工程检验记录表

续上表

<table>
<tr><th rowspan="2">单位工程</th><th rowspan="2">分部工程</th><th rowspan="2" colspan="2">分项工程</th><th colspan="3">工　序</th></tr>
<tr><th>名称</th><th>划分</th><th>程序表格内容</th></tr>
<tr><td rowspan="8">(一)路基工程</td><td rowspan="8">3. 小桥工程</td><td rowspan="8">(3)桥面系和附属工程</td><td rowspan="3">①桥面铺装</td><td>A 钢筋加工及安装</td><td>每工作班</td><td>A-10　中间检验申请单；
C-071　加工钢筋现场质量检验报告单；
C-148　________工程检验记录表；
C-072　钢筋电弧焊接头现场质量检验报告单；
C-148　________工程检验记录表；
C-069　钢筋安装现场质量检验报告单；
C-148　________工程检验记录表；
E-12　钢筋制作与焊接记录</td></tr>
<tr><td>B 模板</td><td>每片梁</td><td>A-10　中间检验申请单；
C-075　模板、支架制作现场质量检验报告单；
C-149　钢模板制作检验记录表；
C-076　模板安装现场质量检验报告单；
C-150　模板安装检验记录表</td></tr>
<tr><td>C 水泥混凝土铺装</td><td>每工作班</td><td>A-10　中间检验申请单；
C-089　桥面铺装现场质量检验报告单(高速及一级公路)；
C-090　桥面铺装现场质量检验报告单(其他公路)；
C-010　混凝土浇筑申请报告单；
E-07　水泥混凝土施工原始记录；
C-148　________工程检验记录表；
C-131　抗滑构造深度检验记录表(铺砂法)；
D-51　水泥混凝土抗压强度试验报告单</td></tr>
<tr><td>②支座安装</td><td>支座安装</td><td>每工作班</td><td>A-10　中间检验申请单；
C-094　支座安装现场质量检验报告单；
C-148　________工程检验记录表</td></tr>
<tr><td rowspan="3">③搭板</td><td>A 钢筋加工及安装</td><td>每侧</td><td>A-10　中间检验申请单；
C-071　加工钢筋现场质量检验报告单；
C-148　________工程检验记录表；
C-072　钢筋电弧焊接头现场质量检验报告单；
C-148　________工程检验记录表；
C-070　钢筋焊接网及焊接骨架现场质量检验报告单；
C-148　________工程检验记录表；
C-069　钢筋安装现场质量检验报告单；
C-148　________工程检验记录表；
E-12　钢筋制作与焊接记录</td></tr>
<tr><td>B 模板</td><td>每侧</td><td>A-10　中间检验申请单；
C-075　模板、支架制作现场质量检验报告单；
C-149　钢模板制作检验记录表；
C-076　模板安装现场质量检验报告单；
C-150　模板安装检验记录表</td></tr>
<tr><td>C 混凝土浇筑</td><td>每侧</td><td>A-10　中间检验申请单；
C-100　桥头搭板现场质量检验报告单；
C-010　混凝土浇筑申请报告单；
E-07　水泥混凝土施工原始记录；
C-148　________工程检验记录表；
D-51　水泥混凝土抗压强度试验报告单</td></tr>
<tr><td>④伸缩缝安装</td><td>伸缩缝安装</td><td>每道</td><td>A-10　中间检验申请单；
C-095　伸缩缝安装现场质量检验报告单；
C-148　________工程检验记录表</td></tr>
</table>

续上表

<table>
<tr><th rowspan="2">单位工程</th><th rowspan="2">分部工程</th><th rowspan="2" colspan="2">分项工程</th><th colspan="3">工　序</th></tr>
<tr><th>名称</th><th>划分</th><th>程序表格内容</th></tr>
<tr><td rowspan="6">(一)路基工程</td><td rowspan="3">3.小桥工程</td><td rowspan="3">(3)桥面系和附属工程</td><td rowspan="3">⑤混凝土防撞护栏</td><td>A钢筋加工及安装</td><td>每工作班</td><td>A-10　中间检验申请单；
C-071　加工钢筋现场质量检验报告单；
C-148　________工程检验记录表；
C-069 钢筋安装现场质量检验报告单；
C-148　________工程检验记录表；
E-12　钢筋制作与焊接记录</td></tr>
<tr><td>B模板</td><td>每工作班</td><td>A-10　中间检验申请单；
C-075　模板、支架制作现场质量检验报告单；
C-149　钢模板制作检验记录表；
C-076　模板安装现场质量检验报告单；
C-150　模板安装检验记录表</td></tr>
<tr><td>C混凝土浇筑</td><td>每工作班</td><td>A-10　中间检验申请单；
C-099　混凝土防撞护栏浇筑现场质量检验报告单；
C-010　混凝土浇筑申请报告单；
E-07　水泥混凝土施工原始记录；
C-148　________工程检验记录表；
D-51　水泥混凝土抗压强度试验报告单</td></tr>
<tr><td rowspan="3">4.涵洞</td><td rowspan="3">(1)基础及下部构造</td><td rowspan="3">①涵台</td><td>A基坑</td><td>每涵</td><td>A-10　中间检验申请单；
C-074　结构物基坑基底现场质量检验报告单；
C-148　________工程检验记录表；
E-13　桥涵放样检验记录；
E-11　水准测量记录；
D-08　结构物基坑基底承载力试验(触探法)</td></tr>
<tr><td>B模板</td><td>每工作班</td><td>A-10　中间检验申请单；
C-075　模板、支架制作现场质量检验报告单；
C-149　钢模板制作检验记录表；
C-076　模板安装现场质量检验报告单；
C-150　模板安装检验记录表</td></tr>
<tr><td>C混凝土浇筑</td><td>每工作班</td><td>A-10　中间检验申请单；
C-101　涵台现场质量检验报告单；
C-010　混凝土浇筑申请报告单；
E-07　水泥混凝土施工原始记录；
C-148　________工程检验记录表；
D-51　水泥混凝土抗压强度试验报告单</td></tr>
</table>

续上表

单位工程	分部工程	分项工程		工序		
				名称	划分	程序表格内容
(一)路基工程	4.涵洞	(1)基础及下部构造	②一字墙和八字墙	A 模板	每工作班	A-10 中间检验申请单； C-075 模板、支架制作现场质量检验报告单； C-149 钢模板制作检验记录表； C-076 模板安装现场质量检验报告单； C-150 模板安装检验记录表
				B 混凝土浇筑	每工作班	A-10 中间检验申请单； C-106 一字墙和八字墙现场质量检验报告单； C-010 混凝土浇筑申请报告单； E-07 水泥混凝土施工原始记录； C-148 ________工程检验记录表； D-51 水泥混凝土抗压强度试验报告单
		(2)主要构件预制、安装或浇筑	①管节预制	A 钢筋加工及安装	每工作班	A-10 中间检验申请单； C-071 加工钢筋现场质量检验报告单； C-148 ________工程检验记录表； C-069 钢筋安装现场质量检验报告单； C-148 ________工程检验记录表； E-12 钢筋制作与焊接记录
				B 模板	每工作班	A-10 中间检验申请单； C-075 模板、支架制作现场质量检验报告单； C-149 钢模板制作检验记录表； C-076 模板安装现场质量检验报告单； C-150 模板安装检验记录表
				C 混凝土浇筑	每工作班	A-10 中间检验申请单； C-011 管节预制现场质量检验报告单； C-010 混凝土浇筑申请报告单； E-07 水泥混凝土施工原始记录； C-148 ________工程检验记录表； D-51 水泥混凝土抗压强度试验报告单
			②管座及涵管安装	A 管座及涵管安装	每工作班	A-10 中间检验申请单； C-102 管座及涵管安装现场质量检验报告单； C-010 混凝土浇筑申请报告单； E-07 水泥混凝土施工原始记录； C-148 ________工程检验记录表； D-51 水泥混凝土抗压强度试验报告单

续上表

单位工程	分部工程	分项工程		工序名称	工序划分	程序表格内容
(一)路基工程	4. 涵洞	(2)主要构件预制、安装	③盖板制作	A钢筋加工及安装	每工作班	A-10 中间检验申请单； C-071 加工钢筋现场质量检验报告单； C-148 ________工程检验记录表； C-069 钢筋安装现场质量检验报告单； C-148 ________工程检验记录表； E-12 钢筋制作与焊接记录
(一)路基工程	4. 涵洞	(2)主要构件预制、安装	③盖板制作	B模板	每工作班	A-10 中间检验申请单； C-075 模板、支架制作现场质量检验报告单； C-149 钢模板制作检验记录表； C-076 模板安装现场质量检验报告单； C-150 模板安装检验记录表
(一)路基工程	4. 涵洞	(2)主要构件预制、安装	③盖板制作	C混凝土浇筑	每工作班	A-10 中间检验申请单； C-103 盖板制作现场质量检验报告单； C-010 混凝土浇筑申请报告单； E-07 水泥混凝土施工原始记录； C-148 ________工程检验记录表； D-51 水泥混凝土抗压强度试验报告单
(一)路基工程	4. 涵洞	(2)主要构件预制、安装	④盖板安装	A盖板安装	每工作班	A-10 中间检验申请单； C-104 盖板安装现场质量检验报告单； C-148 ________工程检验记录表
(一)路基工程	4. 涵洞	(3)填土、附属工程等	①桥面铺装(明涵)	水泥混凝土铺装	每工作班	A-10 中间检验申请单； C-090 桥面铺装现场质量检验报告单(其他公路)； C-010 混凝土浇筑申请报告单； E-07 水泥混凝土施工原始记录； C-148 ________工程检验记录表； C-131 抗滑构造深度检验记录表(铺砂法)； D-51 水泥混凝土抗压强度试验报告单
(一)路基工程	4. 涵洞	(3)填土、附属工程等	②涵洞回填土、台背填土	涵洞回填土、台背填土	每工作班	A-10 中间检验申请单； A-04 施工放样报验单； C-084 台背填土现场质量检验报告单； C-148 ________工程检验记录表； D-09 压实度试验记录

续上表

单位工程	分部工程	分项工程		工序		
				名称	划分	程序表格内容
(一)路基工程	4.涵洞	(3)填土、附属工程等	③明涵搭板	A钢筋加工及安装	每侧	A-10 中间检验申请单； C-071 加工钢筋现场质量检验报告单； C-148 ________工程检验记录表； C-072 钢筋电弧焊接头现场质量检验报告单； C-148 ________工程检验记录表； C-070 钢筋焊接网及焊接骨架现场质量检验报告单； C-148 ________工程检验记录表； C-069 钢筋安装现场质量检验报告单； C-148 ________工程检验记录表； E-12 钢筋制作与焊接记录
				B模板	每侧	A-10 中间检验申请单； C-075 模板、支架制作现场质量检验报告单； C-149 钢模板制作检验记录表； C-076 模板安装现场质量检验报告单； C-150 模板安装检验记录表
				C混凝土浇筑	每侧	A-10 中间检验申请单； C-100 桥头搭板现场质量检验报告单； C-010 混凝土浇筑申请报告单； E-07 水泥混凝土施工原始记录； C-148 ________工程检验记录表； D-51 水泥混凝土抗压强度试验报告单
	5.砌筑防护工程		(1)锥、护坡	①基础基坑	每工作班	A-10 中间检验申请单； A-04 施工放样报验单； C-074 结构物基坑基底现场质量检验报告单； C-148 ________工程检验记录表； E-11 水准测量记录； D-08 结构物基坑基底承载力试验(触探法)
				②锥、护坡	每工作班	A-10 中间检验申请单； A-04 施工放样报验单； C-022 锥(护)坡现场质量检验报告单； C-148 ________工程检验记录表； D-09-1 压实度试验记录； D-52 水泥砂浆(水泥浆)抗压强度试验报告单

续上表

单位工程	分部工程	分项工程	工序		
			名称	划分	程序表格内容
(二)路面工程		1.水泥混凝土面层	(1)模板加工矫正及安装	每作业段	A-10 中间检验申请单; A-04 施工放样报验单; C-037 水泥混凝土路面模板(加工矫正)现场质量检验报告单(小型机具); C-137 模板(加工矫正)检验记录表; C-040 水泥混凝土路面模板安装现场质量检验报告单(小型机具); C-123 中线偏位检验记录表; C-124 宽度检验记录表; C-130 路面结构厚度检验记录表; C-121 纵断高程检验记录表; C-126 横坡检验记录表; C-136 水泥混凝土面层模板安装检验记录表
			(2)拉杆、胀缝板、传力杆及其套帽、滑移端设置	每作业段	A-10 中间检验申请单; C-034 拉杆、胀缝板、传力杆及其套帽、滑移端设置现场质量检验报告单; C-135 拉杆、胀缝板、传力杆及其套帽、滑移端设置检验记录表
			(3)水泥混凝土面层	每作业段	A-10 中间检验申请单; C-031 水泥混凝土面层现场质量检验报告单(一)(其他公路); C-010 混凝土浇筑申请单; E-07 水泥混凝土施工记录; E-06 水泥混凝土路面施工原始记录; C-130 路面结构厚度检验记录表; C-125 平整度检验记录表; C-131 抗滑构造深度检验记录表(铺砂法); C-132 水泥混凝土面层相邻板高差检验记录表; C-152 水泥混凝土面层接缝顺直度检验记录表; C-123 中线偏位检验记录表; C-124 宽度检验记录表; C-121 纵断高程检验记录表; C-126 横坡检验记录表; E-11 水准测量记录; D-53 水泥混凝土弯拉强度试验报告单; D-38 路面用水泥混凝土粗集料技术性能试验(一); D-39 路面水泥混凝土粗集料级配试验; D-43 水泥混凝土细集料技术性能试验(一); D-47 路面水泥混凝土施工期间微调配合比试验报告单; C-033 水泥混凝土面层现场质量检验报告单(二)(其他公路); C-134 水泥混凝土路面检验记录表; C-188-1 路面水泥混凝土弯拉强度评定表; C-185-1 路面结构厚度检验评定表

续上表

单位工程	分部工程	分项工程	工序		
			名称	划分	程序表格内容
(二)路面工程		2. 水泥砂砾基层	水泥砂砾基层	每作业段	A-10 中间检验申请单； A-04 施工放样报验单； C-054 水泥稳定土粒料基层现场质量检验报告单(其他公路)； E-04 水泥稳定土基层(底基层)施工原始记录； C-125 平整度检验记录表； C-121 纵断高程检验记录表； C-124 宽度检验记录表； C-130 路面结构厚度检验记录表； C-126 横坡检验记录表； D-09 压实度试验记录(灌砂法)； D-30 无侧限抗压强度试验报告单； D-28 水泥(石灰)标准曲线； D-29 水泥(石灰)剂量试验(EDTA 滴定法)； E-11 水准测量记录； D-13 含水率试验记录(施工控制)； D-23-1 路面基层集料技术性能试验(一)
		3. 水泥砂砾底基层	水泥砂砾底基层	每作业段	A-10 中间检验申请单； A-04 施工放样报验单； C-056 水泥稳定粒料底基层现场质量检验报告单(其他公路)； E-04 水泥稳定土基层(底基层)施工原始记录； C-125 平整度检验记录表； C-121 纵断高程检验记录表； C-124 宽度检验记录表； C-130 路面结构厚度检验记录表； C-126 横坡检验记录表； D-09 压实度试验记录(灌砂法)； D-30 无侧限抗压强度试验报告单； D-28 水泥(石灰)标准曲线； D-29 水泥(石灰)剂量试验(EDTA 滴定法)； E-11 水准测量记录； D-13 含水率试验记录(施工控制)； D-23-1 路面基层集料技术性能试验(一)
		4. 路肩	(1)路肩(底基层)	每作业段	A-10 中间检验申请单； A-04 施工放样报验单； C-068 路肩现场质量检验报告单； C-124 宽度检验记录表； D-09 压实度试验记录(灌砂法)； D-13 含水率试验记录(施工控制)
			(2)路肩(基层)	每作业段	A-10 中间检验申请单； A-04 施工放样报验单； C-068 路肩现场质量检验报告单； C-124 宽度检验记录表； D-09 压实度试验记录(灌砂法)； D-13 含水率试验记录(施工控制)
			(3)路肩(面层)	每作业段	A-10 中间检验申请单； A-04 施工放样报验单； C-068 路肩现场质量检验报告单； C-125 平整度检验记录表； C-126 横坡检验记录表； C-124 宽度检验记录表； D-09 压实度试验记录(灌砂法)； D-13 含水率试验记录(施工控制)

续上表

单位工程	分部工程	分项工程	工序 名称	工序 划分	程序表格内容
（三）桥梁工程	1.基础及下部构造	(1)钻孔灌注桩	①钢筋加工及安装	每桩	A-10 中间检验申请单； C-071 加工钢筋现场质量检验报告单； C-148 ________工程检验记录表； C-072 钢筋电弧焊接头现场质量检验报告单； C-148 ________工程检验记录表； C-070 钢筋焊接网及焊接骨架现场质量检验报告单； C-148 ________工程检验记录表； C-069 钢筋安装现场质量检验报告单； C-148 ________工程检验记录表； E-12 钢筋制作与焊接记录
			②钻孔桩成孔	每桩	A-10 中间检验申请单； A-04 施工放样报验单； C-078 钻孔桩成孔现场质量检验报告单； C-148 ________工程检验记录表； E-15 钻孔钻进记录(回旋法)； E-13 桥涵放样原始记录； E-11 水准测量记录
			③钻孔灌注桩	每桩	A-10 中间检验申请单； C-079 钻孔灌注桩现场质量检验报告单； C-010 混凝土浇筑申请报告单； E-07 水泥混凝土施工原始记录； C-148 ________工程检验记录表； E-16 钻孔桩水下混凝土灌注记录表； D-51 水泥混凝土抗压强度试验报告单
		(2)承台	①钢筋加工及安装	每承台	A-10 中间检验申请单； C-071 加工钢筋现场质量检验报告单； C-148 ________工程检验记录表； C-072 钢筋电弧焊接头现场质量检验报告单； C-148 ________工程检验记录表； C-070 钢筋焊接网及焊接骨架现场质量检验报告单； C-148 ________工程检验记录表； C-069 钢筋安装现场质量检验报告单； C-148 ________工程检验记录表； E-12 钢筋制作与焊接记录
			②模板	每承台	A-10 中间检验申请单； C-075 模板、支架制作现场质量检验报告单； C-149 钢模板制作检验记录表； C-076 模板安装现场质量检验报告单； C-150 模板安装检验记录表
			③混凝土浇筑	每承台	A-10 中间检验申请单； C-080 承台现场质量检验报告单； C-010 混凝土浇筑申请报告单； E-07 水泥混凝土施工原始记录； C-148 ________工程检验记录表； D-51 水泥混凝土抗压强度试验报告单

续上表

单位工程	分部工程	分项工程	工序		
			名称	划分	程序表格内容
(三)桥梁工程	1.基础及下部构造	(3)混凝土台身	①钢筋加工及安装	每墩台	A-10 中间检验申请单； C-071 加工钢筋现场质量检验报告单； C-148 ________工程检验记录表； C-069 钢筋安装现场质量检验报告单； C-148 ________工程检验记录表； E-12 钢筋制作与焊接记录
			②模板	每墩台	A-10 中间检验申请单； C-075 模板、支架制作现场质量检验报告单； C-149 钢模板制作检验记录表； C-076 模板安装现场质量检验报告单； C-150 模板安装检验记录表
			③混凝土浇筑	每墩台	A-10 中间检验申请单； C-081 混凝土墩、台身现场质量检验报告单； C-010 混凝土浇筑申请报告单； E-07 水泥混凝土施工原始记录； C-148 ________工程检验记录表； D-51 水泥混凝土抗压强度试验报告单
		(4)柱式墩身	①钢筋加工及安装	每柱或每墩身	A-10 中间检验申请单； C-071 加工钢筋现场质量检验报告单； C-148 ________工程检验记录表； C-072 钢筋电弧焊接头现场质量检验报告单； C-148 ________工程检验记录表； C-070 钢筋焊接网及焊接骨架现场质量检验报告单； C-148 ________工程检验记录表； C-069 钢筋安装现场质量检验报告单； C-148 ________工程检验记录表； E-12 钢筋制作与焊接记录
			②模板	每柱或每墩身	A-10 中间检验申请单； C-075 模板、支架制作现场质量检验报告单； C-149 钢模板制作检验记录表； C-076 模板安装现场质量检验报告单； C-150 模板安装检验记录表
			③混凝土浇筑	每柱或每墩身	A-10 中间检验申请单； C-082 柱或双壁墩身现场质量检验报告单； C-010 混凝土浇筑申请报告单； E-07 水泥混凝土施工原始记录； C-148 ________工程检验记录表； D-51 水泥混凝土抗压强度试验报告单

续上表

单位工程	分部工程	分项工程	工序		
			名称	划分	程序表格内容
(三)桥梁工程	1. 基础及下部构造	(5)墩、台帽或盖梁	①钢筋加工及安装	每墩台	A-10 中间检验申请单； C-071 加工钢筋现场质量检验报告单； C-148 ______工程检验记录表； C-072 钢筋电弧焊接头现场质量检验报告单； C-148 ______工程检验记录表； C-070 钢筋焊接网及焊接骨架现场质量检验报告单； C-148 ______工程检验记录表； C-069 钢筋安装现场质量检验报告单； C-148 ______工程检验记录表； E-12 钢筋制作与焊接记录
			②模板	每墩台	A-10 中间检验申请单； C-075 模板、支架制作现场质量检验报告单； C-149 钢模板制作检验记录表； C-076 模板安装现场质量检验报告单； C-150 模板安装检验记录表
			③混凝土浇筑	每墩台	A-10 中间检验申请单； C-083 墩、台帽或盖梁现场质量检验报告单； C-010 混凝土浇筑申请报告单； E-07 水泥混凝土施工原始记录； C-148 ______工程检验记录表； D-51 水泥混凝土抗压强度试验报告单
		(6)支座垫石	支座垫石	每墩台	A-10 中间检验申请单； C-092 支座垫石现场质量检验报告单； C-010 混凝土浇筑申请报告单； E-07 水泥混凝土施工原始记录； C-148 ______工程检验记录表； D-51 水泥混凝土抗压强度试验报告单
		(7)台背填土	台背填土	每工作班	A-10 中间检验申请单； A-04 施工放样报验单； C-084 台背填土现场质量检验报告单； C-148 ______工程检验记录表； D-09 压实度试验记录(灌砂法)
		(8)挡块	挡块	每工作班	A-10 中间检验申请单； C-093 挡块现场质量检验报告单； C-010 混凝土浇筑申请报告单； E-07 水泥混凝土施工原始记录； C-148 ______工程检验记录表； D-51 水泥混凝土抗压强度试验报告单

续上表

单位工程	分部工程	分项工程	工序		
			名称	划分	程序表格内容
(三)桥梁工程	2. 上部构造预制和安装	(1)梁(板)预制	①钢筋加工及安装	每片梁	A-10 中间检验申请单； C-071 加工钢筋现场质量检验报告单； C-148 ________工程检验记录表； C-072 钢筋电弧焊接头现场质量检验报告单； C-148 ________工程检验记录表； C-070 钢筋焊接网及焊接骨架现场质量检验报告单； C-148 ________工程检验记录表； C-069 钢筋安装位置现场质量检验报告单； C-148 ________工程检验记录表； E-12 钢筋制作与焊接记录
			②模板	每片梁	A-10 中间检验申请单； C-075 模板、支架制作现场质量检验报告单； C-149 钢模板制作检验记录表； C-076 模板安装现场质量检验报告单； C-150 模板安装检验记录表
			③混凝土浇筑	每片梁	A-10 中间检验申请单； C-085 梁(板)预制现场质量检验报告单； C-010 混凝土浇筑申请报告单； E-07 水泥混凝土施工原始记录； C-148 ________工程检验记录表； D-51 水泥混凝土抗压强度试验报告单
		(2)梁板安装	梁板安装	每片梁	A-10 中间检验申请单； C-086 梁(板)安装现场质量检验报告单； C-148 ________工程检验记录表
	3. 桥面系和附属工程	(1)桥面铺装	①钢筋加工及安装	每工作班	A-10 中间检验申请单； C-071 加工钢筋现场质量检验报告单； C-148 ________工程检验记录表； C-072 钢筋电弧焊接头现场质量检验报告单； C-148 ________工程检验记录表； C-069 钢筋安装现场质量检验报告单； C 148 ________工程检验记录表； E-12 钢筋制作与焊接记录
			②模板	每片梁	A-10 中间检验申请单； C-075 模板、支架制作现场质量检验报告单； C-149 钢模板制作检验记录表； C-076 模板安装现场质量检验报告单； C-150 模板安装检验记录表
			③水泥混凝土铺装	每工作班	A-10 中间检验申请单； C-089 桥面铺装现场质量检验报告单(高速及一级公路)； C-090 桥面铺装现场质量检验报告单(其他公路)； C-010 混凝土浇筑申请报告单； E-07 水泥混凝土施工原始记录； C-148 ________工程检验记录表； C-131 抗滑构造深度检验记录表(铺砂法)； D-51 水泥混凝土抗压强度试验报告单

续上表

单位工程	分部工程	分项工程	工序		
			名称	划分	程序表格内容
(三)桥梁工程	3.桥面系和附属工程	(2)支座安装	支座安装	每工作班	A-10 中间检验申请单； C-094 支座安装现场质量检验报告单； C-148 ________工程检验记录表
		(3)搭板	①钢筋加工及安装	每工作班	A-10 中间检验申请单； C-071 加工钢筋现场质量检验报告单； C-148 ________工程检验记录表； C-072 钢筋电弧焊接头现场质量检验报告单； C-148 ________工程检验记录表； C-070 钢筋焊接网及焊接骨架现场质量检验报告单； C-148 ________工程检验记录表； C-069 钢筋安装现场质量检验报告单； C-148 ________工程检验记录表； E-12 钢筋制作与焊接记录
			②模板	每工作班	A-10 中间检验申请单； C-075 模板、支架制作现场质量检验报告单； C-149 钢模板制作检验记录表； C-076 模板安装现场质量检验报告单； C-150 模板安装检验记录表
			③水泥混凝土铺装	每工作班	A-10 中间检验申请单； C-100 桥头搭板现场质量检验报告单； C-010 混凝土浇筑申请报告单； E-07 水泥混凝土施工原始记录； C-148 ________工程检验记录表； D-51 水泥混凝土抗压强度试验报告单
		(4)伸缩缝安装	伸缩缝安装	每道	A-10 中间检验申请单； C-095 伸缩缝安装现场质量检验报告单； C-148 ________工程检验记录表
		(5)混凝土防撞护栏	①钢筋加工及安装	每工作班	A-10 中间检验申请单； C-071 加工钢筋现场质量检验报告单； C-148 ________工程检验记录表； C-069 钢筋安装现场质量检验报告单； C-148 ________工程检验记录表； E-12 钢筋制作与焊接记录
			②模板	每工作班	A-10 中间检验申请单； C-075 模板、支架制作现场质量检验报告单； C-149 钢模板制作检验记录表； C-076 模板安装现场质量检验报告单； C-150 模板安装检验记录表
			③混凝土浇筑	每工作班	A-10 中间检验申请单； C-099 混凝土防撞护栏浇筑现场质量检验报告单； C-010 混凝土浇筑申请报告单； E-07 水泥混凝土施工原始记录； C-148 ________工程检验记录表； D-51 水泥混凝土抗压强度试验报告单

续上表

单位工程	分部工程	分项工程	工序		
			名称	划分	程序表格内容
(三)桥梁工程	4. 防护工程	(1)护坡	①基础基坑	每工作班	A-10　中间检验申请单； A-04　施工放样报验单； C-074　结构物基坑基底现场质量检验报告单； C-148　________工程检验记录表； E-11　水准测量记录； D-08　结构物基坑基底承载力试验(触探法)
			②护坡	每工作班	A-10　中间检验申请单； A-04　施工放样报验单； C-022　锥(护)坡现场质量检验报告单； C-148　________工程检验记录表； D-09　压实度试验记录； D-52　水泥砂浆(水泥浆)抗压强度试验报告单
		(2)导流工程	①导流工程填土	每工作班	A-10　中间检验申请单； A-04　施工放样报验单； C-024　导流工程填土现场质量检验报告单； C-148　________工程检验记录表； D-09　压实度试验记录(灌砂法)
			②基础基坑	每工作班	A-10　中间检验申请单； A-04　施工放样报验单； C-074　结构物基坑基底现场质量检验报告单； C-148　________工程检验记录表； E-11　水准测量记录； D-08　结构物基坑基底承载力试验(触探法)
			③导流工程	每工作班	A-10　中间检验申请单； A-04　施工放样报验单； C-023　导流工程现场质量检验报告单； C-148　________工程检验记录表； D-52　水泥砂浆(水泥浆)抗压强度试验报告单
(四)交通安全设施	1. 交通标志	标志	标志	每工作班	A-10　中间检验申请单； C-111　交通标志现场质量检验报告单； C-148　________工程检验记录表； D-51　水泥混凝土抗压强度试验报告单
	2. 路面标线	标线	标线	每工作班	A-10　中间检验申请单； C-112　路面标线现场质量检验报告单； C-148　________工程检验记录表
	3. 防撞护栏及附属设施	(1)波形梁钢护栏	波形梁钢护栏	每工作班	A-10　中间检验申请单； A-04　施工放样报验单； C-113　波形梁护栏现场质量检验报告单； C-148　________工程检验记录表
		(2)轮廓标	轮廓标	每工作班	A-10　中间检验申请单； C-115　轮廓标现场质量检验报告单； C-148　________工程检验记录表； D-51　水泥混凝土抗压强度试验报告单

第三节　制定实际施工项目的交工验收评定资料用表和编制程序

一、制定实际施工项目的交工验收评定资料用表

(一)制定中间交工证书、工程检验认可书、工程报验单

1. 中间交工证书

依据监理规范附录D中间交工证书制定B-03交工证书,见表3.3.1-1。

2. 工程检验认可书

依据工程计量的需要制定B-05工程检验认可书,见表3.3.1-2。

3. 工程报验单

依据对分项工程施工质量控制管理的需要制定A-11工程报验单,见表3.3.1-3。

(二)制定分项工程质量检验评定表

1. 分项工程质量检验评定表的形式

(1)按照评定标准附录J工程质量检验评定用表的附表J-1分项工程质量检验评定表的形式。

(2)附表J-1分项工程质量检验评定表是施工单位用表,依据评定标准3.1.4建设单位根据对工程质量的检查及平时掌握的情况,对工程监理单位所做的工程质量评分及等级进行审定的规定,监理单位用表应把表中的监理意见改为建设单位意见。

(3)实测值或实测偏差值。由于有的工程项目试验、检测数据较多,为使分项工程质量检验评定表更简洁、明了,实测值或实测偏差值一栏,由10个格改为一个格,以便填写试验、检测表的表号。

2. 制定具体施工项目的分项工程质量检验评定表

(1)制定土方路基分项工程质量检验评定表

①确定压实度指标是按上路床的检查数据计分。

依据评定标准4.1.3路基压实度须分层检测,并符合附录B的规定。条文说明4.1.3路基压实度指标需分层检测,强调确保分层压实质量;压实度指标可只按上路床的检查数据计分,以下层位的压实质量则由监理工程师按分区压实度要求检查控制,也可视情况按层合并计分。确定压实度指标只按上路床的检查数据计分,因为路基每层压实度均已通过自检,监理抽检按点点合格控制。

②制定土方路基分项工程质量检验评定表。

依据评定标准 4.2.2 的实测项目见表 4.2.2 的规定。

土方路基实测项目　　表 4.2.2

项次	检查项目	规定值或允许偏差(二级公路)	权值
1△	压实度(%)	≥95	3
2△	弯沉(0.01mm)	不大于设计要求值	3
3	纵断高程(mm)	+10,-20	2
4	中线偏位(mm)	100	2
5	宽度(mm)	符合设计要求	2
6	平整度(mm)	20	2
7	横坡(%)	±0.5	1
8	边坡	符合设计要求	1

按照表 4.2.2 土方路基实测项目的项次、检查项目、规定值或允许偏差、权值制定 B-05-1 分项工程质量检验评定表(二级公路)(002 土方路基)见表 3.3.1-4。

(2)制定水泥砂砾分项工程质量检验评定表

依据评定标准 7.7 水泥稳定粒料(碎石、砂砾或矿渣等)基层和底基层 7.7.2 的实测项目见表 7.7.2 的规定。

水泥稳定粒料基层和底基层实测项目　　表 7.7.2

项次	检查项目		规定值或允许偏差(基层)(其他公路)	权值
1△	压实度(%)	代表值	97	3
		极值	93	
2	平整度(mm)		12	2
3	纵断高程(mm)		+5,-15	1
4	宽度(mm)		符合设计要求	1
5△	厚度(mm)	代表值	-10	3
		合格值	-20	
6	横坡(%)		±0.5	1
7△	强度(MPa)		符合设计要求	3

按照表 7.7.2 水泥稳定粒料基层和底基层实测项目表的项次、检查项目、规定值或允许偏差、权值制定水泥砂砾基层 B-05-1 分项工程质量检验评定表(其他公路)(034 水泥砂砾基层),见表 3.3.1-5。

按照以上方法制定具体施工项目的其他分项工程质量检验评定表。

(三)制定强度指标评定表

1. 制定 C-181 压实度检验评定表

评定标准的规定:附录 B 路基、路面压实度评定 B. 0. 3 检验评定段的压实度代表值 K(算术平均值的下置信界限)计算式中检验评定段内各测点压实度的平均值、t 分布表中随测点数和保证率(或置信度 α)而变的系数、检测值的标准差、检测点数、压实度标准值等。按照以上规定制定 C-181 压实度检验评定表,见表 3. 3. 1-6。

2. 制定 C-188 水泥混凝土弯拉强度评定表

评定标准的规定:附录 C 水泥混凝土弯拉强度评定 C. 0. 2 混凝土弯拉强度合格标准 1)试件组数大于 10 组时,平均弯拉强度合格判断公式中混凝土合格判定平均弯拉强度(MPa)、设计弯拉强度标准值(MPa)、合格判定系数、强度标准差。当试件组数为 11-19 组时,允许有一组最小弯拉强度小于 $0.85f_r$,但不得小于 $0.8f_r$。当试件组数大于 20 组时,其他公路允许有一组最小弯拉强度小于 $0.85f_r$,但不得小于 $0.75f_r$;2)试件组数等于或小于 10 组时,试件平均强度不得小于 $1.10f_r$,任一组强度均不得小于 $0.85f_r$。按照以上规定制定 C-188 路面水泥混凝土弯拉强度评定表,见表 3. 3. 1-7。

3. 制定 C-186 水泥混凝土抗压强度评定表

评定标准的规定:附录 D 水泥混凝土抗压强度评定 D. 0. 2 水泥混凝土抗压强度的合格标准 1)试件大于 10 组时,应以数理统计方法进行评定公式中同批混凝土试件组数、同批 n 组试件强度的平均值(MPa)、同批 n 组试件标准差、混凝土设计强度等级(MPa)、第 i 组混凝土的抗压强度(MPa)、n 组试件中强度最低一组的值(MPa)、合格判断系数;2)试件小于 10 组时,可用非统计方法进行评定即平均值应大于等于 1. 5 设计值,最小值大于等于 0. 95 设计值。按照以上规定制定 C-186 水泥混凝土抗压强度评定表,见表 3. 3. 1-8。

4. 制定 C-187 水泥砂浆抗压强度评定表

评定标准的规定:附录 F 水泥砂浆强度评定 F. 0. 2 1)同强度等级试件的平均强度不低于设计强度等级,2)任意一组试件的强度最低值不低于设计强度等级的 75%;F. 0. 3 实测项目中,水泥砂浆强度评为不合格时相应分项工程为不合格。按照以上规定制定 C-187 水泥砂浆(水泥浆)抗压强度评定表,见表 3. 3. 1-9。

5. 制定 C-189 无侧限抗压强度评定表

评定标准附录 G 半刚性基层和底基层材料强度评定的规定:

G. 0. 2 在现场按规定频率取样,按工地预定达到的压实度制备试件。每 $2000m^2$ 或每工作班制备 1 组试件;不论稳定细粒土、中粒土或粗粒土,当多次偏差系数 $C_v \leqslant 10\%$ 时,可为 6 个试件;$C_v = 10\% \sim 15\%$ 时,可为 9 个试件;$C_v > 15\%$ 时,则需 13 个试件。

G.0.3 试件的平均强度应满足下式要求：

$$\overline{R} \geqslant R_d/(1 - Z_\alpha C_V)$$

式中：R_d——设计抗压强度(MPa)；

C_V——试验结果的偏差系数(以小数计)；

Z_α——标准正态分布表中随保证率而变的系数。

从以上规定可知，每 2000m^2 或每工作班制备的试件在施工工序资料中已经过强度评定达到合格，交工验收勿再进行第二次评定，可只进行平均计算。制定的C-189无侧限抗压强度评定表，见表 3.3.1-10。

6. 制定 C-185 路面结构层厚度评定表

评定标准的规定：附录 H 路面结构层厚度评定 H.0.3 厚度代表值为厚度的算术平均值的下置信界限值公式中厚度代表值、厚度平均值、标准差、检测点数、分布表中随测点数和保证率而变的系数。按照规定制定的 C-185 路面结构层厚度检验评定表，见表 3.3.1-11。

7. 制定 C-184 弯沉值检验评定表

评定标准的规定：附录 I 路基、柔性基层、沥青路面弯沉值评定 1.0.2 弯沉代表值为弯沉测量值的上波动界限计算公式中弯沉代表值(0.01mm)、实测弯沉的平均值(0.01mm)、标准差、与要求保证率有关的系数。按照规定制定 C-184 弯沉值检验评定表，见表 3.3.1-12。

(四)制定试验、检测用表

1. 制定 D-55 水泥混凝土圆柱体劈裂抗拉强度试验报告单

依据评定标准附录 C 水泥混凝土弯拉强度评定 C.0.1 混凝土弯拉强度试验方法应使用标准小梁法或钻芯劈裂法的规定确定水泥混凝土圆柱体劈裂抗拉强度试验报告单。

水泥及水泥混凝土试验规程的规定：T0551—2005 水泥混凝土试件制作与硬化水泥混凝土现场取样方法 6.1.3 钻出后的每个芯样应立即清楚地编号并记录所取芯样在混凝土结构中的位置。6.3.1 外观检查。T0561—2005 水泥混凝土圆柱体劈裂抗拉强度试验方法 5.1 圆柱体劈裂抗拉强度计算公式中圆柱体劈裂抗拉强度(MPa)，极限荷载(N)，圆柱体截面的平均值(mm)，圆柱体平均长度(mm)；6 试验报告内容为要求检测的项目名称、执行标准，原材料的品种、规格和产地，试验日期及时间，仪器设备的名称、型号及编号，环境温度和湿度，圆柱体劈裂抗拉强度值，要说明的其他内容。

评定标准附录 C 的规定：C.0.3 实测劈裂强度，通过各自工程的经验统计公式换算弯拉强度。

按照以上规定制定 D-55 水泥混凝土圆柱体劈裂抗拉强度试验报告单，见表 3.2.1-13。

2. 其他试验、检测用表

其他试验、检测用表同土方路基。

(五)制定汇总表

依据公路工程项目文件归档范围施工工序资料中对路基土石方的分段资料汇总，路面工程的压实度、弯沉、强度等汇总资料，桥涵工程中的砂浆强度、混凝土强度、台背回填压实度等汇总资料的规定，分别制定 C-161 压实度检验汇总表、C-162 弯沉值检验汇总表、C-168 水泥混凝土抗压强度试验结果汇总表、C-169 水泥砂浆(水泥浆)抗压强度试验结果汇总表、C-170 路面水泥混凝土弯拉强度汇总表、C-171 无侧限抗压强度试验结果汇总表。各汇总表分别见表 3.3.1-14～表 3.3.1-19。

×× 公路 ×× 段建设项目　　　　表 3.3.1-1

承包单位:＿＿＿＿＿＿　合同号:＿＿＿＿＿

监理单位:＿＿＿＿＿＿　编　号:＿＿＿＿＿

中 间 交 工 证 书　　　　B-03

工程项目		监理机构	
中间交工内容(桩号、项目划分、工程项目、工程数量)			
施工单位签字		申请日期	年　月　日
监理接收人		接收日期	年　月　日
监理机构对施工单位中间交工申请的评述意见及其结论			
监理机构签字		日　期	年　月　日
施工单位签字		日　期	年　月　日

××公路××段建设项目　　表 3.3.1-2

承包单位：____________　合同号：__________

监理单位：____________　编　号：__________

工程检验认可书

B-05

<table>
<tr><td colspan="3">致(承包人)__________：
你的第　　号工程报验单所报的　　　　工程，经检验确定为合格。</td></tr>
<tr><td>测量放样认可</td><td>材料试验认可</td><td>施工质量认可</td></tr>
<tr><td>测量监理工程师：
年　月　日</td><td>试验监理工程师：
年　月　日</td><td>监理工程师：
年　月　日</td></tr>
<tr><td colspan="3">监理机构意见：

监理机构：
年　月　日</td></tr>
</table>

××公路××段建设项目　　　　表 3.3.1-3

承包单位：____________　　合同号：__________

监理单位：____________　　编　号：__________

工 程 报 验 单

A-11

致监理工程师________________：

按合同规定要求，已完成____________________工程，并经自检合格，报请查验。

附件：自检资料。

承包人：　　　　　　年　月　日

查验情况：

查验项目	查验点数	合格点数	合格率	查验结果	备注

附：查验资料

检查员：　　　　　　年　月　日

监理机构意见：

监理机构：

年　月　日

注：合格工程将由监理另发工程检验认可书。

表 3.3.1-4

×× 公路 ×× 段建设项目

分项工程质量检验评定表(二级公路)

分项工程名称:土方路基　　所属分部工程名称:路基土石方　　所属建设项目:

工 程 部 位:　　施 工 单 位:　　监 理 单 位:

(桩号、墩台号、孔号)　　合 同 号:　　编 号:

B-05-1(002)

基本要求								
实测项目	项次	检查项目	规定值或允许偏差	实测值或实测偏差值	质量评定			
					平均值、代表值	合格率(%)	权值	得分
	1△	压实度(%)	≥95				3	
	2△	弯沉(0.01 mm)	不大于设计要求值				3	
	3	纵断高程(mm)	+10,−20				2	
	4	中线偏位(mm)	100				2	
	5	宽度(mm)	符合设计要求				2	
	6	平整度(mm)	20				2	
	7	横坡(%)	±0.5				1	
	8	边坡	符合设计要求				1	
	合计							
外观鉴定		减分		监理意见				
质量保证资料		减分						
工程质量等级评定	评分:		质量等级:					

检验负责人:　　检测:　　记录:　　复核:　　年　月　日

表 3.3.1-5

××公路××段建设项目

分项工程质量检验评定表(其他公路)

分项工程名称:水泥砂砾基层　　所属分部工程名称:路面工程　　所属建设项目:
工程部位:　　施工单位:　　监理单位:
(桩号、墩台号、孔号)　　合同号:　　编号:

B-05-1(034)

基本要求									
实测项目	项次	检查项目		规定值或允许偏差	实测值或实测偏差值	质量评定			
						平均值、代表值	合格率(%)	权值	得分
	1△	压实度(%)	代表值	97				3	
			极值	93					
	2	平整度(mm)		12				2	
	3	纵断高程(mm)		+5,−15				1	
	4	宽度(mm)		符合设计要求				1	
	5△	厚度(mm)	代表值	−10				3	
			合格值	−20					
	6	横坡(%)		±0.5				1	
	7△	强度(MPa)		符合设计要求				3	
	合计								
外观鉴定		减分		监理意见					
质量保证资料		减分							
工程质量等级评定	评分:		质量等级:						

检验负责人:　　检测:　　记录:　　复核:　　年　月　日

××公路××段建设项目　　表 3.3.1-6

承包单位：＿＿＿＿＿＿　合同号：＿＿＿＿＿＿

监理单位：＿＿＿＿＿＿　编　号：＿＿＿＿＿＿

压实度检验评定表

C-181

工程名称			分项工程桩号		
桩　号	取样位置(m)	压实度(%)	桩　号	取样位置(m)	压实度(%)
压实度平均值$\bar{k}$(%)＝			压实度标准值 K_0(%)＝		标准差 S(%)＝
代表值 K(%)＝		(K_0-2)(%)＝	扣分点($K_0-2>K_i>K_{jz}$)＝		点
n＝		$t_\alpha/\sqrt{n}$＝	极值 K_{jz}(%)＝		合格率(%)＝

施工负责人：　　　　计算：　　　　监理工程师：

××公路××段建设项目 表3.3.1-7

承包单位：________ 合同号：________

监理单位：________ 编 号：________

路面水泥混凝土弯拉强度评定表 C-188

工程名称			分项工程桩号		
弯拉强度报告单中试样编号	作业段桩号	工程量(m)	试件组数	弯拉强度(MPa)	
				左幅	右幅
平均弯拉强度 f_{cs}(MPa)＝		设计弯拉强度标准 f_r(MPa)＝		合格判断系数 K＝	
0.85f_r(MPa)＝	平均强度合格判断值(f_r+K_σ)(MPa)＝				
0.80f_r(MPa)＝	强度标准差 σ(MPa)＝			试件组数 n＝	
0.75f_r(MPa)＝	1.10f_r(MPa)＝		强度最小值 f_{min}(MPa)＝	质量评定：	

施工负责人： 计算： 监理工程师：

××公路××段建设项目　　表 3.3.1-8

承包单位：＿＿＿＿＿＿　合同号：＿＿＿＿＿

监理单位：＿＿＿＿＿＿　编　号：＿＿＿＿＿

水泥混凝土抗压强度评定表

C-186

工程名称				桩号			
强度报告单中试样编号	工程部位	试件组数	实测值（MPa）	强度报告单中的编号	工程部位	试件组数	实测值（MPa）
试件组数 n＝				设计强度等级 R(MPa)＝		平均值 R_n(MPa)＝	
标准差 S_n(MPa)＝				合格判断值($0.9R+K_1S_n$)(MPa)＝		K_2R(MPa)＝	
R_{min}(MPa)＝		1.15R(MPa)＝		0.95R(MPa)＝		质量评定：	

施工负责人：　　　　计算：　　　　监理工程师：

×× 公路 ×× 段建设项目 表 3.3.1-9

承包单位：________ 合同号：________

监理单位：________ 编　号：________

水泥砂浆(水泥浆)抗压强度评定表 C-187

工程名称			工程部位		
桩　　号	试件组数	实测值(MPa)	桩　　号	试件组数	实测值(MPa)

试件组数 n		设计强度等级(MPa)	
平均强度(MPa)		强度最低值(MPa)	
质量评定			

施工负责人：　　　　计算：　　　　监理工程师：

××公路××段建设项目　　　　表 3.3.1-10

承包单位:＿＿＿＿＿＿　合同号:＿＿＿＿＿

监理单位:＿＿＿＿＿＿　编　号:＿＿＿＿＿

无侧限抗压强度评定表

C-189

工程名称		分项工程桩号		
抗压强度报告单编号	作业段桩号	工程量(m^2)	试件组数	抗压强度(MPa)
设计强度(MPa)＝	平均强度(MPa)＝		质量评定:	

施工负责人:　　　　计算:　　　　监理工程师:

××公路××段建设项目　　表 3.3.1-11

承包单位：__________　　合同号：__________

监理单位：__________　　编　号：__________

路面结构层厚度检验评定表　　C-185

工程名称				分项工程桩号			
桩　号	距中线位置(m)	实测厚度(mm)		桩　号	距中线位置(m)	实测厚度(mm)	
		左幅	右幅			左幅	右幅
设计厚度(mm)＝				平均厚度 X (mm)＝			
标准差 S(mm)＝				厚度代表值 X_L(mm)＝			
n＝　　$t_\alpha/\sqrt{n}$＝				合格率(%)＝			

施工负责人：　　计算：　　监理工程师：

××公路××段建设项目　　表 3.3.1-12

承包单位：＿＿＿＿＿＿　合同号：＿＿＿＿＿＿

监理单位：＿＿＿＿＿＿　编　号：＿＿＿＿＿＿

弯沉值检验评定表

C-184

工程名称					分项工程桩号				
桩　号	弯沉值(0.01mm)				桩　号	弯沉值(0.01mm)			
	左　幅		右　幅			左　幅		右　幅	
	左侧	右侧	左侧	右侧		左侧	右侧	左侧	右侧

季节影响系数：	温度修正系数：	车型系数：	
弯沉设计值 l (0.01mm)＝	弯沉平均值 $\bar{l}$ (0.01mm)＝	弯沉值标准差 S (0.01mm)＝	
检测点数 n ＝	弯沉代表值 l_r (0.01mm)＝	系数 Z_α ＝	质量评定：

施工负责人：　　　　计算：　　　　监理工程师：

××公路××段建设项目　　表 3.3.1-13

承包单位：________　合同号：________

监理单位：________　编　号：________

水泥混凝土圆柱体劈裂抗拉强度试验报告单　　D-55

<table>
<tr><td colspan="2">工程名称</td><td></td><td>试验单位</td><td></td></tr>
<tr><td rowspan="3">材料规格及产地</td><td>水泥</td><td></td><td>试验完成日期</td><td>年　月　日</td></tr>
<tr><td>砂</td><td></td><td rowspan="2">试验执行标准</td><td rowspan="2"></td></tr>
<tr><td>碎石</td><td></td></tr>
<tr><td colspan="2" rowspan="2">仪器设备名称、型号和编号</td><td rowspan="2"></td><td>试验人签字</td><td></td></tr>
<tr><td>审核人签字</td><td></td></tr>
</table>

水泥混凝土圆柱体劈裂抗拉强度试验记录

<table>
<tr><td>编号</td><td>取样桩号与位置</td><td>平均直径（mm）</td><td>平均长度（mm）</td><td>极限荷载（N）</td><td>抗拉强度（MPa）</td><td>外观检查</td></tr>
<tr><td></td><td></td><td></td><td></td><td></td><td></td><td></td></tr>
<tr><td></td><td></td><td></td><td></td><td></td><td></td><td></td></tr>
<tr><td></td><td></td><td></td><td></td><td></td><td></td><td></td></tr>
<tr><td colspan="7">换算弯拉强度：</td></tr>
<tr><td colspan="7">结论：
签字：　　　年　月　日</td></tr>
</table>

××公路××段建设项目　　　　表 3.3.1-14

承包单位：________　　合同号：________

监理单位：________　　编　号：________

压实度检验汇总表　　　　C-161

工程名称				分项工程桩号				
桩　号	压实度(%)		桩　号	压实度(%)		桩　号	压实度(%)	
	左幅	右幅		左幅	右幅		左幅	右幅

填表：　　　　　　　　　　　　复核：

××公路××段建设项目　　　　表 3.3.1-15

承包单位：＿＿＿＿＿＿　合同号：＿＿＿＿＿＿

监理单位：＿＿＿＿＿＿　编　号：＿＿＿＿＿＿

弯沉值检验汇总表　　　　C-162

工程名称					分项工程桩号				
桩　号	弯沉值(0.01mm)				桩　号	弯沉值(0.01mm)			
	左　幅		右　幅			左　幅		右　幅	
	左侧	右侧	左侧	右侧		左侧	右侧	左侧	右侧

填表：　　　　　　　　复核：

×× 公路 ×× 段建设项目

表 3.3.1-16

承包单位：________ 合同号：________

监理单位：________ 编　号：________

水泥混凝土抗压强度试验结果汇总表

C-168

工程名称					桩　号		
抗压强度评定表中的编号	工程部位	混凝土设计强度等级 R (MPa)	混凝土试件抗压强度				
			组数 (n)	抗压强度 R_i (MPa)	强度平均值 R_n (MPa)	强度最低值 R_{min} (MPa)	标准差 S_n (MPa)	强度代表值 ($0.9R+K_iS_n$) 或 $1.15R$ (MPa)

填表：　　　　　　　　　　　　复核：

××公路××段建设项目　　表 3.3.1-17

承包单位：________　合同号：________

监理单位：________　编　号：________

水泥砂浆(水泥浆)抗压强度试验结果汇总表

C-169

工程名称			桩　号			
抗压强度评定表中的编号	工程部位	砂浆设计强度等级 R (MPa)	砂浆试件抗压强度			
			组数 (n)	抗压强度 R_i (MPa)	强度平均值 R_n (MPa)	强度最低值 R_{min} (MPa)

填表：　　　　　　　　复核：

表 3.3.1-18

×× 公路 ×× 段建设项目

承包单位：＿＿＿＿＿＿ 合同号：＿＿＿＿＿＿

监理单位：＿＿＿＿＿＿ 编　号：＿＿＿＿＿＿

路面水泥混凝土弯拉强度汇总表

C-170

弯拉强度评定表中编号	分项工程桩号	作业段桩号	设计弯拉强度标准值 f_r (MPa)	混凝土弯拉强度						
				组数 (n)	弯拉强度 R_i (MPa)		平均弯拉强度 f_{ce} (MPa)	弯拉强度最小值 f_{min} (MPa)	强度标准差 σ (MPa)	平均强度合格判断值 (f_r+k_σ)或 $1.10f_r$ (MPa)
					左幅	右幅				

填表：　　　　　　　　　　　　复核：

表 3.3.1-19

××公路××段建设项目

承包单位：____________ 合同号：__________

监理单位：____________ 编　号：__________

C-171

无侧限抗压强度试验结果汇总表

抗压强度评定表中编号	分项工程桩号	作业段桩号	工程量（m^2）	抗压强度标准（MPa）	试件组数	实际抗压强度（MPa）	备　注

填表：　　　　　　　　　　复核：

二、制定实际施工项目的交工验收评定资料编制程序

实际施工项目的交工验收评定资料编制程序由B-03、B-05、A-11、B-05-1、各评定表、试验检测表组成。程序中除A-11外为监理单位编制程序，除B-03、B-05外是施工单位编制程序。实际施工项目的交工验收评定资料编制程序，见表3.3.2。

实际施工项目的交工验收评定资料编制程序　表3.3.2

<table>
<tr><th rowspan="2">单位工程</th><th rowspan="2">分部工程</th><th colspan="3">分项工程</th></tr>
<tr><th>名　称</th><th>工程部位</th><th>程序表格内容</th></tr>
<tr><td rowspan="5">(一)路基工程</td><td rowspan="2">1.路基土石方工程</td><td>(1)土方路基</td><td>分项工程桩号</td><td>B-03　中间交工证书；
B-05　工程检验认可书；
A-11　工程报验单；
B-05-1　分项工程质量检验评定表(二级公路)(002土方路基)；
C-181　压实度检验评定表；
C-184　弯沉值检验评定表；
C-121　纵断高程检验记录表；
C-123　中线偏位检验记录表；
C-124　宽度检验记录表；
C-125　平整度检验记录表；
C-126　横坡检验记录表；
C-127　边坡检验记录表；
D-09　压实度试验记录(灌砂法)；
C-128　回弹弯沉值测定记录表；
C-161　压实度检验汇总表；
C-162　弯沉值检验汇总表</td></tr>
<tr><td>(2)砂垫层(软土地基)</td><td>分项工程桩号</td><td>B-03　中间交工证书；
B-05　工程检验认可书；
A-11　工程报验单；
B-05-1　分项工程质量检验评定表(004砂垫层(软土地基))；
C-129　砂垫层厚度检验记录表；
C-124　宽度检验记录表；
D-09　压实度试验记录(灌砂法)；
C-161　压实度检验汇总表</td></tr>
<tr><td rowspan="3">2.排水工程</td><td>(1)土沟</td><td>分项工程桩号</td><td>B-03　中间交工证书；
B-05　工程检验认可书；
A-11　工程报验单；
B-05-1　分项工程质量检验评定表(008土沟)；
C-146　浆砌排水沟(土沟、盲沟)沟底高程检验记录表；
C-145　土沟(盲沟)检验记录表</td></tr>
<tr><td>(2)浆砌排水沟</td><td>分项工程桩号</td><td>B-03　中间交工证书；
B-05　工程检验认可书；
A-11　工程报验单；
B-05-1　分项工程质量检验评定表(009浆砌排水沟)；
C-187　水泥砂浆(水泥浆)抗压强度评定表；
C-146　浆砌排水沟(土沟、盲沟)沟底高程检验记录表；
C-147　浆砌排水沟检验记录表</td></tr>
<tr><td>(3)盲沟</td><td>分项工程桩号</td><td>B-03　中间交工证书；
B-05　工程检验认可书；
A-11　工程报验单；
B-05-1　分项工程质量检验评定表(010盲沟)；
C-146　浆砌排水沟(土沟、盲沟)沟底高程检验记录表；
C-145　土沟(盲沟)检验记录表</td></tr>
</table>

续上表

单位工程	分部工程	分项工程	子分项工程			
			名称		工程部位	程序表格内容
(一)路基工程	3.小桥工程	(1)基础及下部构造	①扩大基础	A钢筋安装	墩台号	B-03 中间交工证书； B-05 工程检验认可书； A-11 工程报验单； B-05-1 分项工程质量检验评定表(051 钢筋网)； C-148 ______工程检验记录表
				B混凝土浇筑	墩台号	B-03 中间交工证书； B-05 工程检验认可书； A-11 工程报验单； B-05-1 分项工程质量检验评定表(053 扩大基础)； C-186 水泥混凝土抗压强度评定表； C-148 ______工程检验记录表； C-168 水泥混凝土抗压强度试验结果汇总表
			②墩、台身	A钢筋安装	墩台号	B-03 中间交工证书； B-05 工程检验认可书； A-11 工程报验单； B-05-1 分项工程质量检验评定表(050 钢筋安装)； C-148 ______工程检验记录表
				B混凝土浇筑	墩台号	B-03 中间交工证书； B-05 工程检验认可书； A-11 工程报验单； B-05-1 分项工程质量检验评定表(056 墩、台身)； C-186 水泥混凝土抗压强度评定表； C-148 ______工程检验记录表； C-168 水泥混凝土抗压强度试验结果汇总表
			③墩台帽	A钢筋安装	墩台号	B-03 中间交工证书； B-05 工程检验认可书； A-11 工程报验单； B-05-1 分项工程质量检验评定表(050 钢筋安装)； C-148 ______工程检验记录表
				B混凝土浇筑	墩台号	B-03 中间交工证书； B-05 工程检验认可书； A-11 工程报验单； B-05-1 分项工程质量检验评定表(058 墩台帽或盖梁)； C-186 水泥混凝土抗压强度评定表； C-148 ______工程检验记录表； C-168 水泥混凝土抗压强度试验结果汇总表

续上表

<table>
<tr><th rowspan="2">单位工程</th><th rowspan="2">分部工程</th><th rowspan="2">分项工程</th><th colspan="4">子 分 项 工 程</th></tr>
<tr><th colspan="2">名 称</th><th>工程部位</th><th>程 序 表 格 内 容</th></tr>
<tr><td rowspan="4">(一)
路基工程</td><td rowspan="4">3.小桥工程</td><td>(1)基础及下部构造</td><td>④台背填土</td><td>台背填土</td><td>台号</td><td>B-03 中间交工证书;
B-05 工程检验认可书;
A-11 工程报验单;
B-05-1 分项工程质量检验评定表(059 台背填土);
C-182 台背填土压实度检验评定表;
C-161 压实度检验汇总表</td></tr>
<tr><td rowspan="3">(2)上部构造预制和安装</td><td rowspan="2">①梁(板)预制</td><td>A钢筋安装</td><td>孔号</td><td>B-03 中间交工证书;
B-05 工程检验认可书;
A-11 工程报验单;
B-05-1 分项工程质量检验评定表(050 钢筋安装);
C-148 ________工程检验记录表</td></tr>
<tr><td>B混凝土浇筑</td><td>孔号</td><td>B-03 中间交工证书;
B-05 工程检验认可书;
A-11 工程报验单;
B-05-1 分项工程质量检验评定表(062 梁(板)预制(一));
B-05-1 分项工程质量检验评定表(062 梁(板)预制(二));
C-186 水泥混凝土抗压强度评定表;
C-148 ________工程检验记录表;
C-168 水泥混凝土抗压强度试验结果汇总表</td></tr>
<tr><td colspan="2">②梁(板)安装</td><td>孔号</td><td>B-03 中间交工证书;
B-05 工程检验认可书;
A-11 工程报验单;
B-05-1 分项工程质量检验评定表[063 梁(板)安装];
C-148 ________工程检验记录表</td></tr>
</table>

续上表

<table>
<tr><th rowspan="2">单位
工程</th><th rowspan="2">分部
工程</th><th rowspan="2">分项
工程</th><th colspan="4">子 分 项 工 程</th></tr>
<tr><th colspan="2">名 称</th><th>工程部位</th><th>程 序 表 格 内 容</th></tr>
<tr><td rowspan="9">(一)
路
基
工
程</td><td rowspan="9">3.小桥
工程</td><td rowspan="9">(3)总体、桥面系和附属工程</td><td colspan="2">①桥梁总体</td><td>桥梁中心桩号</td><td>B-03 中间交工证书;
B-05 工程检验认可书;
A-11 工程报验单;
B-05-1 分项工程质量检验评定表(049 桥梁总体);
C-148 ________工程检验记录表</td></tr>
<tr><td rowspan="2">②
桥
面
铺
装</td><td>A
钢
筋
安
装</td><td>桥梁中心桩号</td><td>B-03 中间交工证书;
B-05 工程检验认可书;
A-11 工程报验单;
B-05-1 分项工程质量检验评定表(051 钢筋网);
C-148 ________工程检验记录表</td></tr>
<tr><td>B
水
泥
混
凝
土
铺
装</td><td>桥梁中心桩号</td><td>B-03 中间交工证书;
B-05 工程检验认可书;
A-11 工程报验单;
B-05-1 分项工程质量检验评定表(其他公路)(067 桥面铺装);
C-186 水泥混凝土抗压强度评定表;
C-148 ________工程检验记录表;
C-131 抗滑构造深度检验记录表;
C-168 水泥混凝土抗压强度试验结果汇总表</td></tr>
<tr><td colspan="2">③支座安装</td><td>桥梁中心桩号</td><td>B-03 中间交工证书;
B-05 工程检验认可书;
A-11 工程报验单;
B-05-1 分项工程质量检验评定表(071 支座安装);
C-148 ________工程检验记录表</td></tr>
<tr><td rowspan="2">④
桥
头
搭
板</td><td>A
钢
筋
安
装</td><td>桥梁中心桩号</td><td>B-03 中间交工证书;
B-05 工程检验认可书;
A-11 工程报验单;
B-05-1 分项工程质量检验评定表(050 钢筋安装);
C-148 ________工程检验记录表</td></tr>
<tr><td>B
混
凝
土
浇
筑</td><td>桥梁中心桩号</td><td>B-03 中间交工证书;
B-05 工程检验认可书;
A-11 工程报验单;
B-05-1 分项工程质量检验评定表(077 桥头搭板);
C-186 水泥混凝土抗压强度评定表;
C-148 ________工程检验记录表;
C-168 水泥混凝土抗压强度试验结果汇总表</td></tr>
<tr><td colspan="2">⑤伸缩缝安装</td><td>桥梁中心桩号</td><td>B-03 中间交工证书;
B-05 工程检验认可书;
A-11 工程报验单;
B-05-1 分项工程质量检验评定表(072 伸缩缝安装);
C-148 ________工程检验记录表</td></tr>
<tr><td rowspan="2">⑥
混
凝
土
防
撞
护
栏</td><td>A
钢
筋
安
装</td><td>桥梁中心桩号</td><td>B-03 中间交工证书;
B-05 工程检验认可书;
A-11 工程报验单;
B-05-1 分项工程质量检验评定表(050 钢筋安装);
C-148 ________工程检验记录表</td></tr>
<tr><td>B
混
凝
土
浇
筑</td><td>桥梁中心桩号</td><td>B-03 中间交工证书;
B-05 工程检验认可书;
A-11 工程报验单;
B-05-1 分项工程质量检验评定表(076 混凝土防撞护栏);
C-186 水泥混凝土抗压强度评定表;
C-148 ________工程检验记录表;
C-168 水泥混凝土抗压强度试验结果汇总表</td></tr>
</table>

续上表

<table>
<tr><th rowspan="2">单位工程</th><th rowspan="2">分部工程</th><th rowspan="2">分项工程</th><th colspan="4">子 分 项 工 程</th></tr>
<tr><th colspan="2">名　称</th><th>工程部位</th><th>程 序 表 格 内 容</th></tr>
<tr><td rowspan="7">(一)
路
基
工
程</td><td rowspan="7">4. 涵洞
工程</td><td rowspan="2">(1)基础
及下部
构造</td><td colspan="2">①涵台</td><td>中心桩号</td><td>B-03　中间交工证书；
B-05　工程检验认可书；
A-11　工程报验单；
B-05-1　分项工程质量检验评定表(079 涵台)；
C-186　水泥混凝土抗压强度评定表；
C-148　________工程检验记录表；
C-168　水泥混凝土抗压强度试验结果汇总表</td></tr>
<tr><td colspan="2">②一字墙
和八字墙</td><td>中心桩号</td><td>B-03　中间交工证书；
B-05　工程检验认可书；
A-11　工程报验单；
B-05-1　分项工程质量检验评定表(084 一字墙和八字墙)；
C-186　水泥混凝土抗压强度评定表；
C-148　______工程检验记录表；
C-168 水泥混凝土抗压强度试验结果汇总表</td></tr>
<tr><td rowspan="5">(2)
主
要
构
件
预
制、
安
装</td><td rowspan="2">①
管
节
预
制</td><td>A
钢
筋
安
装</td><td>中心桩号</td><td>B-03　中间交工证书；
B-05　工程检验认可书；
A-11　工程报验单；
B-05-1　分项工程质量检验评定表(005 管节预制)；
C-148　______工程检验记录表</td></tr>
<tr><td>B
混
凝
土
浇
筑</td><td>中心桩号</td><td>B-03　中间交工证书；
B-05　工程检验认可书；
A-11　工程报验单；
B-05-1　分项工程质量检验评定表(005 管节预制)；
C-186　水泥混凝土抗压强度评定表；
C-148　________工程检验记录表；
C-168　水泥混凝土抗压强度试验结果汇总表</td></tr>
<tr><td colspan="2">②管座及
涵管安装</td><td>中心桩号</td><td>B-03　中间交工证书；
B-05　工程检验认可书；
A-11　工程报验单；
B-05-1　分项工程质量检验评定表(080 管座及涵管安装)；
C-186　水泥混凝土抗压强度评定表；
C-148　________工程检验记录表；
C-168　水泥混凝土抗压强度试验结果汇总表</td></tr>
<tr><td rowspan="2">③
盖
板
制
作</td><td>A
钢
筋
安
装</td><td>中心桩号</td><td>B-03　中间交工证书；
B-05　工程检验认可书；
A-11　工程报验单；
B-05-1　分项工程质量检验评定表(050 钢筋安装)；
C-148　________工程检验记录表</td></tr>
<tr><td>B
混
凝
土
浇
筑</td><td>中心桩号</td><td>B-03　中间交工证书；
B-05　工程检验认可书；
A-11　工程报验单；
B-05-1　分项工程质量检验评定表(081 盖板制作)；
C-186　水泥混凝土抗压强度评定表；
C-148　________工程检验记录表；
C-168　水泥混凝土抗压强度试验结果汇总表</td></tr>
</table>

续上表

<table>
<tr><th rowspan="2">单位工程</th><th rowspan="2">分部工程</th><th rowspan="2">分项工程</th><th colspan="4">子分项工程</th></tr>
<tr><th colspan="2">名称</th><th>工程部位</th><th>程序表格内容</th></tr>
<tr><td rowspan="6">(一)路基工程</td><td rowspan="6">4. 涵洞工程</td><td>(2)主要构件预制、安装</td><td colspan="2">④盖板安装</td><td>中心桩号</td><td>B-03　中间交工证书；
B-05　工程检验认可书；
A-11　工程报验单；
B-05-1　分项工程质量检验评定表(082 盖板安装)；
C-148　________工程检验记录表</td></tr>
<tr><td rowspan="5">(3)填土、总体附属工程</td><td colspan="2">①桥面铺装(明涵)</td><td>中心桩号</td><td>B-03　中间交工证书；
B-05　工程检验认可书；
A-11　工程报验单；
B-05-1　分项工程质量检验评定表(其他公路)(067 桥面铺装)；
C-186　水泥混凝土抗压强度评定表；
C-148　________工程检验记录表；
C-131　抗滑构造深度检验记录表；
C-168　水泥混凝土抗压强度试验结果汇总表</td></tr>
<tr><td colspan="2">②涵洞回填土、台背填土</td><td>中心桩号</td><td>B-03　中间交工证书；
B-05　工程检验认可书；
A-11　工程报验单；
B-05-1　分项工程质量检验评定表(059 台背填土)；
C-182　台背填土压实度检验评定表；
C-161　压实度检验汇总表</td></tr>
<tr><td colspan="2">③涵洞总体</td><td>中心桩号</td><td>B-03　中间交工证书；
B-05　工程检验认可书；
A-11　工程报验单；
B-05-1　分项工程质量检验评定表(078 涵洞总体)；
C-148　________工程检验记录表</td></tr>
<tr><td rowspan="2">④搭板(明涵)</td><td>A 钢筋安装</td><td>中心桩号</td><td>B-03　中间交工证书；
B-05　工程检验认可书；
A-11　工程报验单；
B-05-1　分项工程质量检验评定表(050 钢筋安装)；
C-148　________工程检验记录表</td></tr>
<tr><td>B 混凝土浇筑</td><td>中心桩号</td><td>B-03　中间交工证书；
B-05　工程检验认可书；
A-11　工程报验单；
B-05-1　分项工程质量检验评定表(077 桥头搭板)；
C-186　水泥混凝土抗压强度评定表；
C-148　________工程检验记录表；
C-168　水泥混凝土抗压强度试验结果汇总表</td></tr>
</table>

续上表

<table>
<tr><th rowspan="2">单位工程</th><th rowspan="2">分部工程</th><th colspan="3">分项工程</th></tr>
<tr><th>名　称</th><th>工程部位</th><th>程序表格内容</th></tr>
<tr><td>(一)路基工程</td><td>5.砌筑防护工程</td><td>锥、护坡</td><td>分项工程桩号</td><td>B-03　中间交工证书；
B-05　工程检验认可书；
A-11　工程报验单；
B-05-1　分项工程质量检验评定表(015 锥、护坡)；
C-187　水泥砂浆(水泥浆)抗压强度评定表；
C-148　________工程检验记录表</td></tr>
<tr><td rowspan="2">(二)路面工程</td><td rowspan="2"></td><td>(1)水泥混凝土面层</td><td>分项工程桩号</td><td>B-03　中间交工证书；
B-05　工程检验认可书；
A-11　工程报验单；
B-05-1　分项工程质量检验评定表(其他公路(一))(023 水泥混凝土面层)；
B-05-1　分项工程质量检验评定表(其他公路(二))(023 水泥混凝土面层)；
C-188　路面水泥混凝土弯拉强度评定表；
C-185　路面结构层厚度检验评定表；
C-125　平整度检验记录表；
C-138　平整度检验记录表(连续式平整度仪测定法)；
C-131　抗滑构造深度检验记录表(铺砂法)；
C-132　水泥混凝土面层相邻板高差检验记录表；
C-133　水泥混凝土面层纵、横缝顺直度检验记录表；
C-123　中心偏位检验记录表；
C-124　宽度检验记录表；
C-121　纵断高程检验记录表；
C-126　横坡检验记录表；
D-55　水泥混凝土圆柱体劈裂抗拉强度试验报告单；
C-170　路面水泥混凝土弯拉强度汇总表</td></tr>
<tr><td>(2)水泥砂砾基层</td><td>分项工程桩号</td><td>B-03　中间交工证书；
B-05　工程检验认可书；
A-11　工程报验单；
B-05-1　分项工程质量检验评定表(其他公路)(034 水泥××基层)；
C-181　压实度检验评定表；
C-125　平整度检验记录表；
C-121　纵断高程检验记录表；
C-124　宽度检验记录表；
C-185　路面结构层厚度检验评定表；
C-126　横坡检验记录表；
C-189　无侧限抗压强度评定表；
D-09　压实度试验记录(灌砂法)；
C-161　压实度检验汇总表；
C-171　________无侧限抗压强度汇总表</td></tr>
</table>

续上表

<table>
<tr><th rowspan="2">单位工程</th><th rowspan="2">分部工程</th><th colspan="4">分项工程</th></tr>
<tr><th colspan="2">名称</th><th>工程部位</th><th>程序表格内容</th></tr>
<tr><td rowspan="2">(二)路面工程</td><td rowspan="2"></td><td colspan="2">(3)水泥砂砾底基层</td><td>分项工程桩号</td><td>B-03 中间交工证书；
B-05 工程检验认可书；
A-11 工程报验单；
B-05-1 分项工程质量检验评定表(其他公路)(036 水泥××底基层)；
C-181 压实度检验评定表；
C-125 平整度检验记录表；
C-121 纵断高程检验记录表；
C-124 宽度检验记录表；
C-185 路面结构层厚度检验评定表；
C-126 横坡检验记录表；
C-189 无侧限抗压强度评定表；
D-09 压实度试验记录(灌砂法)；
C-161 压实度检验汇总表；
C-171 ________无侧限抗压强度汇总表</td></tr>
<tr><td colspan="2">(4)路肩</td><td>分项工程桩号</td><td>B-03 中间交工证书；
B-05 工程检验认可书；
A-11 工程报验单；
B-05-1 分项工程质量检验评定表(048 路肩)；
C-181 压实度检验评定表；
C-125 平整度检验记录表；
C-126 横坡检验记录表；
C-124 宽度检验记录表</td></tr>
<tr><td rowspan="2">(三)桥梁工程</td><td rowspan="2">1. 基础及下部构造</td><td rowspan="2">(1)桩基础</td><td>①钢筋安装</td><td>墩台号</td><td>B-03 中间交工证书；
B-05 工程检验认可书；
A-11 工程报验单；
B-05-1 分项工程质量检验评定表(050 钢筋安装)；
C-148 ________工程检验记录表</td></tr>
<tr><td>②钻孔灌注桩</td><td>墩台号</td><td>B-03 中间交工证书；
B-05 工程检验认可书；
A-11 工程报验单；
B-05-1 分项工程质量检验评定表(054 钻孔灌注桩)；
C-186 水泥混凝土抗压强度评定表；
C-148 ________工程检验记录表；
C-168 水泥混凝土抗压强度试验结果汇总表</td></tr>
</table>

续上表

单位工程	分部工程	分项工程 名称		工程部位	程序表格内容
（三）桥梁工程	1. 基础及下部构造	（2）承台	①钢筋安装	墩台号	B-03　中间交工证书； B-05　工程检验认可书； A-11　工程报验单； B-05-1　分项工程质量检验评定表（050 钢筋安装）； C-148　________工程检验记录表
			②混凝土浇筑	墩台号	B-03　中间交工证书； B-05　工程检验认可书； A-11　工程报验单； B-05-1　分项工程质量检验评定表（055 承台）； C-186　水泥混凝土抗压强度评定表； C-148　________工程检验记录表； C-168　水泥混凝土抗压强度试验结果汇总表
		（3）台身	①钢筋安装	台号	B-03　中间交工证书； B-05　工程检验认可书； A-11　工程报验单； B-05-1　分项工程质量检验评定表（050 钢筋安装）； C-148　________工程检验记录表
			②混凝土浇筑	台号	B-03　中间交工证书； B-05　工程检验认可书； A-11　工程报验单； B-05-1　分项工程质量检验评定表（056 墩、台身）； C-186　水泥混凝土抗压强度评定表； C-148　________工程检验记录表； C-168　水泥混凝土抗压强度试验结果汇总表
		（4）柱式墩身	①钢筋安装	墩号	B-03　中间交工证书； B-05　工程检验认可书； A-11　工程报验单； B-05-1　分项工程质量检验评定表（050 钢筋安装）； C-148　________工程检验记录表
			②混凝土浇筑	墩号	B-03　中间交工证书； B-05　工程检验认可书； A-11　工程报验单； B-05-1　分项工程质量检验评定表（057 柱或双壁墩身）； C-186　水泥混凝土抗压强度评定表； C-148　________工程检验记录表； C-168　水泥混凝土抗压强度试验结果汇总表

续上表

单位工程	分部工程	分项工程			
		名称		工程部位	程序表格内容
(三)桥梁工程	1.基础及下部构造	(5)墩、台帽或盖梁	①钢筋安装	墩台号	B-03　中间交工证书； B-05　工程检验认可书； A-11　工程报验单； B-05-1　分项工程质量检验评定表(050 钢筋安装)； C-148　________工程检验记录表
			②混凝土浇筑	墩台号	B-03　中间交工证书； B-05　工程检验认可书； A-11　工程报验单； B-05-1　分项工程质量检验评定表(058 墩、台帽或盖梁)； C-186　水泥混凝土抗压强度评定表； C-148　________工程检验记录表； C-168　水泥混凝土抗压强度试验结果汇总表
		(6)支座垫石		墩台号	B-03　中间交工证书； B-05　工程检验认可书； A-11　工程报验单； B-05-1　分项工程质量检验评定表(069 支座垫石)； C-186　水泥混凝土抗压强度评定表； C-148　________工程检验记录表； C-168　水泥混凝土抗压强度试验结果汇总表
		(7)台背填土		台号	B-03　中间交工证书； B-05　工程检验认可书； A-11　工程报验单； B-05-1　分项工程质量检验评定表(059 台背填土)； C-182　台背填土压实度检验评定表； C-161　压实度检验汇总表
		(8)挡块		墩台号	B-03　中间交工证书； B-05　工程检验认可书； A-11　工程报验单； B-05-1　分项工程质量检验评定表(070 挡块)； C-186　水泥混凝土抗压强度评定表； C-148　________工程检验记录表； C-168　水泥混凝土抗压强度试验结果汇总表

续上表

<table>
<tr><th rowspan="2">单位工程</th><th rowspan="2">分部工程</th><th colspan="4">分项工程</th></tr>
<tr><th colspan="2">名称</th><th>工程部位</th><th>程序表格内容</th></tr>
<tr><td rowspan="6">(三)桥梁工程</td><td rowspan="3">2.上部构造预制和安装</td><td rowspan="2">(1)梁(板)预制</td><td>①钢筋安装</td><td>孔号</td><td>B-03 中间交工证书;
B-05 工程检验认可书;
A-11 工程报验单;
B-05-1 分项工程质量检验评定表(050 钢筋安装);
C-148 ________工程检验记录表</td></tr>
<tr><td>②混凝土浇筑</td><td>孔号</td><td>B-03 中间交工证书;
B-05 工程检验认可书;
A-11 工程报验单;
B-05-1 分项工程质量检验评定表(一)(062 梁(板)预制);
B-05-1 分项工程质量检验评定表(二)(062 梁(板)预制);
C-186 水泥混凝土抗压强度评定表;
C-148 ________工程检验记录表;
C-168 水泥混凝土抗压强度试验结果汇总表</td></tr>
<tr><td colspan="2">(2)梁板安装</td><td>孔号</td><td>B-03 中间交工证书;
B-05 工程检验认可书;
A-11 工程报验单;
B-05-1 分项工程质量检验评定表(063 梁(板)安装);
C-148 ________工程检验记录表</td></tr>
<tr><td rowspan="3">3.总体、桥面系和附属工程</td><td colspan="2">(1)桥梁总体</td><td>桥梁中心桩号</td><td>B-03 中间交工证书;
B-05 工程检验认可书;
A-11 工程报验单;
B-05-1 分项工程质量检验评定表(049 桥梁总体);
C-148 ________工程检验记录表</td></tr>
<tr><td rowspan="2">(2)桥面铺装</td><td>①钢筋安装</td><td>桥梁中心桩号</td><td>B-03 中间交工证书;
B-05 工程检验认可书;
A-11 工程报验单;
B-05-1 分项工程质量检验评定表(051 钢筋网);
C-148 ________工程检验记录表</td></tr>
<tr><td>②水泥混凝土铺装</td><td>桥梁中心桩号</td><td>B-03 中间交工证书;
B-05 工程检验认可书;
A-11 工程报验单;
B-05-1 分项工程质量检验评定表(其他公路)(067 桥面铺装);
C-186 水泥混凝土抗压强度评定表;
C-148 ________工程检验记录表;
C-131 抗滑构造深度检验记录表;
C-168 水泥混凝土抗压强度试验结果汇总表</td></tr>
</table>

续上表

<table>
<tr><th rowspan="2">单位工程</th><th rowspan="2">分部工程</th><th colspan="4">分 项 工 程</th></tr>
<tr><th colspan="2">名 称</th><th>工程部位</th><th>程 序 表 格 内 容</th></tr>
<tr><td rowspan="7">(三)桥梁工程</td><td rowspan="7">3.总体、桥面系和附属工程</td><td colspan="2">(3)支座安装</td><td>桥梁中心桩号</td><td>B-03 中间交工证书;
B-05 工程检验认可书;
A-11 工程报验单;
B-05-1 分项工程质量检验评定表(071 支座安装);
C-148 ________工程检验记录表</td></tr>
<tr><td rowspan="2">(4)桥头搭板</td><td>①钢筋安装</td><td>桥梁中心桩号</td><td>B-03 中间交工证书;
B-05 工程检验认可书;
A-11 工程报验单;
B-05-1 分项工程质量检验评定表(050 钢筋安装);
C-148 ________工程检验记录表</td></tr>
<tr><td>②混凝土浇筑</td><td>桥梁中心桩号</td><td>B-03 中间交工证书;
B-05 工程检验认可书;
A-11 工程报验单;
B-05-1 分项工程质量检验评定表(077 桥头搭板);
C-186 水泥混凝土抗压强度评定表;
C-148 ________工程检验记录表;
C-168 水泥混凝土抗压强度试验结果汇总表</td></tr>
<tr><td colspan="2">(5)伸缩缝安装</td><td>桥梁中心桩号</td><td>B-03 中间交工证书;
B-05 工程检验认可书;
A-11 工程报验单;
B-05-1 分项工程质量检验评定表(072 伸缩缝安装);
C-148 ________工程检验记录表</td></tr>
<tr><td rowspan="2">(6)混凝土防撞护栏</td><td>①钢筋安装</td><td>桥梁中心桩号</td><td>B-03 中间交工证书;
B-05 工程检验认可书;
A-11 工程报验单;
B-05-1 分项工程质量检验评定表(050 钢筋安装);
C-148 ________工程检验记录表</td></tr>
<tr><td>②混凝土浇筑</td><td>桥梁中心桩号</td><td>B-03 中间交工证书;
B-05 工程检验认可书;
A-11 工程报验单;
B-05-1 分项工程质量检验评定表(076 混凝土防撞护栏);
C-186 水泥混凝土抗压强度评定表;
C-148 ________工程检验记录表;
C-168 水泥混凝土抗压强度试验结果汇总表</td></tr>
</table>

续上表

单位工程	分部工程	分项工程		
		名　称	工程部位	程序表格内容
（三）桥梁工程	4. 防护工程	（1）锥、护坡	桥梁中心桩号	B-03　中间交工证书； B-05　工程检验认可书； A-11　工程报验单； B-05-1　分项工程质量检验评定表（015 锥、护坡）； C-187　水泥砂浆（水泥浆）抗压强度评定表； C-148　________工程检验记录表
		（2）导流工程	桥梁中心桩号	B-03　中间交工证书； B-05　工程检验认可书； A-11　工程报验单； B-05-1　分项工程质量检验评定表（016 导流工程）； C-187　水泥砂浆（水泥浆）抗压强度评定表； C-148　________工程检验记录； C-169　水泥砂浆抗压强度试验结果汇总表
（四）交通安全设施	1. 交通标志	交通标志	分项工程桩号	B-03　中间交工证书； B-05　工程检验认可书； A-11　工程报验单； B-05-1　分项工程质量检验评定表（一）（085 交通标志）； B-05-1　分项工程质量检验评定表（二）（085 交通标志）； C-148　________工程检验记录表
	2. 路面标线	路面标线	分项工程桩号	B-03　中间交工证书； B-05　工程检验认可书； A-11　工程报验单； B-05-1　分项工程质量检验评定表（一）（086 路面标线）； B-05-1　分项工程质量检验评定表（二）（086 路面标线）； C-148　________工程检验记录表
	3. 护栏、轮廓标	（1）波形梁钢护栏	分项工程桩号	B-03　中间交工证书； B-05　工程检验认可书； A-11　工程报验单； B-05-1　分项工程质量检验评定表（087 波形梁钢护栏）； C-148　________工程检验记录表
		（2）轮廓标	分项工程桩号	B-03　中间交工证书； B-05　工程检验认可书； A-11　工程报验单； B-05-1　分项工程质量检验评定表（089 轮廓标）； C-148　________工程检验记录表

第四节　制定实际施工项目的工程质量检验评定资料用表和编制程序

一、制定实际施工项目的工程质量检验评定资料用表

(一)在评定中运用子单位工程、子分部工程、子分项工程的概念

1. 评定标准的规定

9.1.1　每道涵洞为一个子分部工程,包含洞身各部分构件、洞口和填土等分项工程。

2. 部质检站规定

2004 年 1 月交通部基本建设质量监督总站在全国交通系统公路建设质量监督人员培训讲义中规定:

在评定中可以运用子单位工程,子分部工程或子分项工程的概念,使评定工作易于执行。例如路基工程中的小桥为分部工程,可是有的小桥也很复杂,这时可以把其基础与下部构造、上部构造预制和安装或浇筑,分别作为子分部工程,子分部工程再包含一些具体的分项工程,这样可使评定工作容易、程序化地进行。

3. 一般建设项目的工程划分(表 2.3.2-2)说明

(1)小桥、涵洞的工程划分

①小桥、涵洞的分项、子分项工程

在工程划分中小桥和涵洞工程的基础及下部构造、上部构造预制和安装等为分项工程,但小桥的基础及下部构造包含基础和墩、台身等分项工程,涵洞的基础及下部构造包含涵台、一字墙或八字墙等分项工程。为了工程质量检验评定工作易于进行,基础、涵台等分项工程变为子分项工程,增列基础及下部构造、上部构造预制和安装同 J-2 分部工程质量检验评定表形式的 J-1-1 分项工程质量检验评定表。

②小桥的分部、子分部工程

在一般建设项目的工程划分中,每座小桥为分部工程,按照培训班讲义的规定把全桥的基础及下部构造、上部构造预制和安装分别作为子分部工程。

③在一般建设项目的工程划分中,每 1～3km(实际施工项目的划分为 1km)的

涵洞为分部工程，按照评定标准 9.1.1 的规定，每道涵洞作为子分部工程。

(2)路基工程的单位工程和子单位工程

路基工程中 1～3km 路段的各分部工程，经过加权评分生成 1～3km 路段的子单位工程，几个子单位工程算术平均生成每 10km 或每标段路基工程的单位工程。

(3)桥梁工程中基础和下部构造的分部工程和子分部工程

桥梁工程中的基础及下部构造为分部工程，但基础及下部构造的括号内标明是每桥或每墩、台，所以在评分过程中把每墩台的基础及下部构造作为子分部工程，全桥的基础及下部构造作为分部工程。

(二)制定工程质量检验评定资料用表

1. 制定分部、单位、合同段质量检验评分表

按照评定标准附录 J 工程质量检验评定表附表 J-2 分部工程质量检验评定表、附表 J-3 单位工程质量检验评定表、附表 J-4 建设项目(合同段)质量检验评定表制定分部、单位、合同段质量检验评定表。因为有的施工项目增加了子分部和子单位工程，所以分部工程的所属项目就有可能是分项工程，例如路基土石方分部工程所属的是土方路基、石方路基等分项工程；也可能是子分部工程，例如桥梁工程全桥的基础及下部构造为分部工程，所属的是每墩台基础及下部构造为子分部工程，所以应在 J-2分部工程质量检验评定表中与分项工程并列列入子分部工程内容。同理，在 J-3 单位工程质量评定表中与分部工程并列列入子单位工程的内容。分别见表 3.4.1-1、表 3.4.1-2 和表 3.4.1-3。

2. 制定分项、子分部、子单位工程质量检验评定表

按照 J-2 分部工程质量检验评定表的形式制定 J-1-1 分项工程质量检验评定表。见表 3.4.1-4。

按照 J-2 分部工程质量检验评定表的形式制定 J-2-1 子分部工程质量检验评定表。见表 3.4.1-5。

按照 J-3 单位工程质量检验评定表的形式制定 J-3-1 子单位工程质量检验评定表。见表 3.4.1-6。

二、制定实际施工项目的工程质量检验评定资料编制程序

制定供监理单位和施工单位共同使用的实际施工项目的工程质量检验评定资料编制程序，见表 3.4.2。

××公路××段建设项目 表 3.4.1-1

承包单位：＿＿＿＿＿＿＿＿ 合同号：＿＿＿＿＿＿

监理单位：＿＿＿＿＿＿＿＿ 编 号：＿＿＿＿＿＿

分部工程质量检验评定表

分部工程名称： 所属单位工程：

所属建设项目： 工程地点： J-2

施工单位	子分部、分项工程					备 注
	工 程 名 称	质 量 评 定				
		实得分	权值	加权得分	等级	
	合 计					
质量等级		加权平均分				
评定意见						

检验负责人： 计算： 复核： 年 月 日

××公路××段建设项目　　表 3.4.1-2

承包单位：＿＿＿＿＿＿　合同号：＿＿＿＿＿

监理单位：＿＿＿＿＿＿　编　号：＿＿＿＿＿

单位工程质量检验评定表

单位工程名称：　　　　所属建设项目：

路线名称：　　　　工程地点、桩号：　　　　J-3

施工单位	子单位、分部工程					备　注
	工程名称	质量评定				
		实得分	权值	加权得分	等级	
	合计					
质量等级			加权平均分			
评定意见						

检验负责人：　　计算：　　复核：　　年　月　日

××公路××段建设项目　　表 3.4.1-3

承包单位：________　合同号：________

监理单位：________　编　号：________

建设项目(合同段)工程质量检验评定表

建设项目名称：　　路线名称：

起讫桩号：　　完工日期：　　J-4

施工单位	单位工程			备注
	工程名称	实得分	投资额	
质量等级		加权平均分		
评定意见				

检验负责人：　　计算：　　复核：　　年　月　日

××公路××段建设项目 表 3.4.1-4

承包单位：____________ 合同号：__________

监理单位：____________ 编　号：__________

分项工程质量检验评定表

分项工程名称： 所属分部工程：

所属建设项目： 工程地点： J-1-1

施工单位	子分项工程					备注
	工程名称	质量评定				
		实得分	权值	加权得分	等级	
	合计					
质量等级			加权平均分			
评定意见						

检验负责人： 计算： 复核： 年 月 日

××公路××段建设项目　　表 3.4.1-5

承包单位：______　合同号：______

监理单位：______　编　号：______

子分部工程质量检验评定表

子分部工程名称：　　所属分部工程：

所属建设项目：　　工程地点：　　J-2-1

施工单位	分项工程					备注
	工程名称	质量评定				
		实得分	权值	加权得分	等级	
	合计					
质量等级			加权平均分			
评定意见						

检验负责人：　　计算：　　复核：　　年　月　日

××公路××段建设项目　　表 3.4.1-6

承包单位：______________　合同号：__________

监理单位：______________　编　号：__________

子单位工程质量检验评定表

子单位工程名称：　　所属建设项目：

路线名称：　　工程地点、桩号：　　J-3-1

施工单位	分部工程					备　注
	工程名称	质量评定				
		实得分	权值	加权得分	等级	
	合计					
质量等级			加权平均分			
评定意见						

检验负责人：　　计算：　　复核：　　年　　月　　日

表 3.4.2

实际施工项目的工程质量检验评定资料编制程序

合同段工程质量检验评定表(J-4)		单位工程质量检验评定表(J-3)		子单位工程质量检验评定表(J-3-1)		分部工程质量检验评定表(J-2)		子分部工程质量检验评定表(J-2-1)		分项工程质量检验评定表(J-1-1)	
名称	部位	名称	部位	名称	部位	名称	部位	名称	部位	名称	部位
(一)合同段	合同段桩号	1.路基工程	合同段桩号	(1)路基工程…	分项工程桩号	*①路基土石方工程	分项工程桩号				
						②排水工程	分项工程桩号				
						*③小桥工程	中心桩号	*A基础及下部构造	中心桩号	a基础及下部构造…	每墩或每台号
								*B上部构造预制和安装	中心桩号	a上部构造预制和安装…	孔号
								C总体、桥面系及附属工程	中心桩号		
						④涵洞	分项工程桩号	A××涵洞	中心桩号	a基础及下部构造*	中心桩号
										b主要构件预制、安装或浇筑*	中心桩号
										c填土、总体、附属工程	中心桩号
						⑤砌筑防护工程					

续上表

合同段工程质量检验评定表(J-4)		单位工程质量检验评定表(J-3)		子单位工程质量检验评定表(J-3-1)		分部工程质量检验评定表(J-2)		子分部工程质量检验评定表(J-2-1)	
名称	部位	名称	部位	名称	部位	名称	部位	名称	部位
(一)合同段	合同段桩号	2.路面工程	每合同段			*(1)路面工程…	分项工程桩号		
		3.桥梁工程	中心桩号			*(1)基础及下部构造	中心桩号	①基础及下部构造…	墩台号
						*(2)上部构造预制和安装	中心桩号	①上部构造预制和安装…	孔号
						(3)总体、桥面系及附属工程	中心桩号		
						(4)防护工程	中心桩号		
		4.交通安全设施	分项工程桩号			(1)*标志	分项工程桩号		
						(2)标线			
						(3)护栏、轮廓标			

第四章

原材料及标准试验资料的编制

在公路工程建设中，材料起着至关重要的作用。要特别强调把好材料关，应以试验为依据，严格控制材料质量。标准试验是在工程开工之前，为确定工程材料的最佳组合(如含水率、级配、配合比等)，建立施工控制和检验标准进行的试验。

第一节　有关对原材料试验及标准试验的规定

一、监理规范的规定

5.1.3　审批工程原材料与混合料

监理工程师应审查施工单位申报的原材料、混合料试验资料，对原材料应独立取样进行平行试验；对混合料可在施工单位标准试验的基础上进行试验验证，必要时做标准试验，在合同规定的期限内予以批复。

监理工程师应对施工单位申请使用的商品混凝土或商品混合料配合比进行审查，并进行试验验证。

5.1.3　审批工程原材料与混合料(条文说明)

本条中"必要时做标准试验"是指监理工程师对施工单位申请使用的配合比设计和标准试验结果进行复核性试验后，证明施工单位所作的配合比设计不能满足合同要求时，一般应要求施工单位重新进行配合比设计和试验，并指派监理工程师和试验检测人员旁站施工单位的设计和试验过程。如结果仍无改进时，可由监理试验室做平行的标准试验。

监理工程师对施工单位申请使用的商品混凝土或商品混合料配合比进行审查，一般只对其具有出厂合格证的商品混合料进行复核性试验。不再对其原材料进行检查和试验。如对一些直接影响混合料质量的主要原材料有疑问时，可对该原材料进行抽查检验。

5.1.11　抽检

监理工程师应按规定重点对施工过程中使用的水泥、钢材、沥青、石灰、粉煤灰、砂砾、碎石等主要原材料及各种混合料进行抽检，抽检频率应不低于施工单位自检频率的20%，其余材料应不低于10%。

5.1.11　抽检(条文说明)

本条所指"抽检"，是指在施工过程中，监理人员对已批准使用的原材料、混合料进行的抽查检测和取样试验。"抽检频率"是指监理抽检次数相对于施工单位根据合同、相关施工技术规范或《公路工程质量检验评定标准》(JTG F80)的规定进行施工自检的次数比例(%)，该"抽检频率"仅适于每个检测项目的检测和取样试验的次数，而对各种原材料、混合料和每个单位、分部、分项工程及所有规定的检测项目要全部抽检。

二、评定标准附录B对标准击实的规定

B.0.1　路基和路面基层、底基层的压实度以重型击实标准为准。

B.0.2　标准密度应做平行试验，求其平均值作为现场检验的标准值。对于均匀性差的路基土质和路面结构层材料，应根据实际情况增补标准密度试验，求得相应的标准值，以控制和检验施工质量。

三、施工规范的规定

(一)路基规范的规定

3.3.3　应及时对来源不同、性质不同的拟作为路堤填料的材料进行复查和取样试验。

4.1.2　路基填料应符合下列规定：

4.1.2-1　含草皮、生活垃圾、树根、腐殖质的土严禁作为路基填料。

4.1.2-2　泥炭、淤泥、冻土、强膨胀土、有机质土及易溶盐超过允许含量的土，不得直接用于填筑路基；确需使用时，必须采取技术措施进行处理，经检验满足设计要求后方可使用。

4.1.2-3　液限大于50%、塑性指数大于26、含水率不适宜直接压实的细粒土，不得直接作为路堤填料；需要使用时，必须采取技术措施进行处理，经检验满足设计要求后方可使用。

4.1.2-4　粉质土不宜直接填筑于路床，不得直接填筑于浸水部分的路堤及冰冻地区的路床。

4.1.2-5　填料强度和粒径，应符合表4.1.2的规定。

路基填料最小强度和最大粒径要求　　表4.1.2

填料应用部位(路床顶面以下深度)(m)		填料最小强度(CBR)(二级公路)	填料最大粒径(mm)
路堤	上路床(0～0.30)	6	100
	下路床(0.30～0.80)	4	100
	上路堤(0.80～1.50)	3	150
	下路堤>1.50	2	150
零填及挖方路基	0～0.30	6	100
	0.30～0.80	4	100

(二)路面基层规范的规定

3.2.1　对于二级和二级以下的公路，水泥稳定土所用的粗粒土、中粒土、细粒土应满足如下要求：

3.2.1-1　水泥稳定土用做底基层时，单个颗粒的最大粒径不应超过53mm，水泥稳定土的颗粒组成应在表3.2.1-1所列范围内，土的均匀系数应大于5。细粒土的液限不应超过40，塑性指数不应超过17。对于中粒土和粗粒土，如土中小于0.6mm的颗粒含量在30%以下，塑性指数可稍大。实际工作中，宜选用均匀系数大于10、塑性指数小于12的土。塑性指数大于17的土，宜采用石灰稳定，或用水泥和石灰综合稳定。

用做底基层时水泥稳定土的颗粒组成范围　　表3.2.1-1

筛孔尺寸(mm)	53	4.75	0.6	0.075	0.002
通过质量百分率(%)	100	50～100	17～100	0～50	0～30

3.2.1-2　水泥稳定土用做基层时，单个颗粒的最大粒径不应超过37.5mm。水泥稳定土的颗粒组成应在表3.2.1-2范围内。集料中不宜含有塑性指数的土。对于二级公路宜按接近级配范围的下限级配混合料或采用表3.2.2中的2号级配。

用做基层时水泥稳定土的颗粒组成范围　　表3.2.1-2

筛孔尺寸(mm)	通过质量百分率(%)	筛孔尺寸(mm)	通过质量百分率(%)
37.5	90～100	2.36	20～70
26.5	66～100	1.18	14～57
19	54～100	0.6	8～47
9.5	39～100	0.075	0～30
4.75	28～84		

水泥稳定土的颗粒组成范围 表 3.2.2

通过质量百分率(%) 编号 / 项目		1	2	3
筛孔尺寸(mm)	37.5	100	100	
	31.5		90～100	100
	26.5			90～100
	19		67～90	72～89
	9.5		45～68	47～67
	4.75	50～100	29～50	29～49
	2.36		18～38	17～35
	0.6	17～100	8～22	8～22
	0.075	0～30	0～7	0～7
液限(%)				＜28
塑性指数				＜9

3.2.4 水泥稳定土中碎石或砾石的压碎值应符合下列要求：

基层：二级和二级以下公路，不大于35%；

底基层：二级和二级以下公路，不大于40%。

3.2.7 普通硅酸盐水泥、矿渣硅酸盐水泥和火山灰质硅酸盐水泥都可用于稳定土，但应选用初凝时间3h以上和终凝时间较长(宜在6h以上)的水泥。不应使用快硬水泥、早强水泥以及已受潮变质的水泥。宜采用标号325或425(强度等级32.5或42.5)的水泥。

9.2.1 在组织现场施工以前以及在施工过程中，原材料(包括土)或混合料发生变化时，必须对拟采用的材料进行规定的基本性质试验，评定材料质量和性能是否符合要求。

9.2.2 对用做底基层和基层的原材料，应进行表9.2.2所列的试验。

底基层和基层原材料的试验项目 表 9.2.2

试验项目	材料名称	目的	频率	仪器和试验方法
颗粒分析	砂砾、碎石等集料	确定级配是否符合要求，确定材料配合比	每种土使用前测2个样品	筛分法
液限、塑限	土、级配砾石或级配碎石中0.5mm以下的细土	求塑性指数，审定是否符合规定	每种土使用前测2个样品	液限塑限联合测定法测液限；滚搓法塑限试验测塑限

续上表

试验项目	材料名称	目的	频率	仪器和试验方法
相对毛体积密度、吸水率	砂砾、碎石等	评定粒料质量，计算固体体积率	使用前测 2 个样品	网篮法或容积 1000ml 以上的比重瓶法
压碎值	砂砾、碎石等	评定石料的抗压碎能力是否符合要求	使用前测 2 个样品	集料压碎值试验
有机质和硫酸盐含量	土	确定土是否适宜于用石灰或水泥稳定	对土有怀疑时做此试验	有机质含量试验，易溶盐试验
强度等级	水泥	确定水泥的质量是否适宜应用	做材料组成设计时测 1 个样品	水泥胶砂强度检验方法，水泥凝结时间检验方法

9.2.3　对初步确定使用的底基层和基层混合料，包括掺配后不用结合料稳定的材料，应进行表 9.2.3 所列的试验。

底基层和基层混合料的试验项目　　表 9.2.3

试验项目	目的
重型击实试验	求最佳含水率和最大干密度，以规定工地碾压时的合适含水率和应该达到的最小干密度，确定制备强度试验和耐久性试验的试件所应该用的含水率和干密度；确定制备承载比试件的材料含水率
抗压强度	进行材料组成设计，选定最适宜于用水泥或石灰稳定的土（包括粒料）；规定施工中所用的结合料剂量；为工地提供评定质量的标准

(三)水泥路面规范的规定

5.4.2　开工前，工地试验室应对计划使用的原材料进行质量检验和混凝土配合比优选，监理应对原材料抽检和配合比试验验证，报请业主正式审批。

5.4.3　应根据路面施工进度安排，保证及时地供给符合第 3 章原材料技术指标规定的各种原材料，不合格材料不得进场。所有原材料进出场应进行称量、登记、保管或签发。

5.4.4　应将相同料源、规格、品种的原材料作为一批，分批量检验和存储。原材料的检验项目和批量应符合表 5.4.4 的规定。

(四)桥涵规范的规定

11.2.1　水泥：

11.2.1-1　选用水泥时，应注意其特性对混凝土结构强度、耐久度和使用条件是否有不利影响。

11.2.1-2　选用水泥时，应以能使所配制的混凝土强度达到要求、收缩小和易性好和节约水泥为原则。

11.2.1-3　水泥应符合现行国家标准，并附有制造厂的水泥品质试验报告等合格证明文件。水泥进场后，应按其品种、强度、证明文件以及出厂时间等情况分批进行检查验收。对所用水泥应进行复查试验。

11.2.1-6　水泥如受潮或存放时间超过3个月，应重新取样检验，并按其复验结果使用。

11.2.1-3　(条文说明)对所用水泥应检验其安定性和强度。有必要时，尚应检验其他性能。其检验方法应符合现行国家有关标准的规定。

11.2.2　细集料：

11.2.2-1　桥涵混凝土的细集料，应采用级配良好、质地坚硬、颗粒洁净、粒径小于5mm的河砂，河砂不易得到时，也可用山砂或用硬质岩石加工的机制砂。细集料的试验可按现行《公路工程集料试验规程》执行。

11.2.2-2　砂的筛分应符合下列规定：

11.2.2-2-(1)　砂的分类见表11.2.2-1。

砂的分类　　表11.2.2-1

砂组	粗砂	中砂	细砂
细度模数	3.7～3.1	3.0～2.3	2.2～1.6

11.2.2-2-(2)　砂的级配应符合表11.2.2-2中任何一个级配区所规定的级配范围。

砂的分区及级配范围　　表11.2.2-2

标准筛筛孔尺寸(mm)	级配区			标准筛筛孔尺寸(mm)	级配区		
	I区	II区	III区		I区	II区	III区
	累计筛余(%)				累计筛余(%)		
10.00	0	0	0	0.63	85～71	70～41	40～16
5.00	10～0	10～0	10～0	0.315	95～80	92～70	85～55
2.50	35～5	25～0	15～0	0.16	100～90	100～90	100～90
1.25	65～35	50～10	25～0				

注：1.表中除5.00mm、0.63mm、0.16mm筛孔外，其余各筛孔累计筛余允许超出分界线，但其总量不得大于5%。

2.I区砂宜提高砂率以配低流动性混凝土；II区砂宜优先选用以配不同等级的混凝土；III区砂宜适当降低砂率以保证混凝土的强度。

11.2.2-3　当对河砂、海砂或机制砂的坚固性有怀疑时，应用硫酸钠进行坚固性试验，试验时循环5次，砂的总质量损失应符合表11.2.2-3的规定。

砂的坚固性指标　　表 11.2.2-3

混凝土所处的环境条件	循环后的质量损失
在寒冷地区室外使用，并经常处于潮湿或干燥交替状态下的混凝土	≤8
在其他条件下使用的混凝土	≤12

注：对同一产源的砂，在类似的气候条件下使用已有可靠经验时，可不做坚固性检验。

11.2.2-4　砂中杂质的含量应通过试验测定，其最大含量不宜超过表 11.2.2-4 的规定。

砂中杂质的最大含量　　表 11.2.2-4

项　目	≥C30 的混凝土	<C30 的混凝土
含泥量(%)	≤3	≤5
其中泥块含量(%)	≤1.0	≤2.0
云母含量(%)	<2	
轻物质含量(%)	<1	
硫化物及硫酸盐折算为 SO_3(%)	<1	
有机质含量(用比色法试验)	颜色不应深于标准色，如深于标准色，应以水泥砂浆进行抗压强度对比试验，加以复核	

11.2.3　粗集料：

11.2.3-1　桥涵混凝土的粗集料，应采用坚硬的卵石或碎石，应按产地、类别、加工方法和规格等不同情况，分批进行检验，机械集中生产时，每批不宜超过 400m^3；人工分散生产时，每批不宜超过 200m^3。粗集料的试验可按现行《公路工程集料试验规程》执行。

11.2.3-2　粗集料的颗粒级配，可采用连续级配或连续级配与单粒级配合使用。在特殊情况下，通过试验证明混凝土无离析现象时，也可采用单粒级。粗集料的级配范围应符合表 11.2.3-1 的要求。

碎石或卵石的颗粒级配规格　　表 11.2.3-1

级配情况	公称粒级(mm)	累计筛余(按质量百分率计)											
		圆孔筛筛孔尺寸(mm)											
		2.5	5	10	16	20	25	31.5	40	50	63	80	100
连续级配	5～10	95～100	80～100	0～15	0	—	—	—	—	—	—	—	—
	5～16	95～100	90～100	30～60	0～10	0	—	—	—	—	—	—	—
	5～20	95～100	90～100	40～70	—	0～10	0	—	—	—	—	—	—
	5～25	95～100	90～100	—	30～70	—	0～5	0	—	—	—	—	—

续上表

级配情况	公称粒级(mm)	累计筛余(按质量百分率计) 圆孔筛筛孔尺寸(mm)											
		2.5	5	10	16	20	25	31.5	40	50	63	80	100
连续级配	5～31.5	95～100	90～100	70～90	—	15～45	—	0～5	0	—	—	—	—
	5～40	—	95～100	75～90	—	30～60	—	—	0～5	0	—	—	—
单粒级	10～20	—	95～100	85～100		0～15	0	—	—	—	—	—	—
	16～31.5	—	95～100	—	85～100	—	—	0～10	0	—	—	—	—
	20～40	—	—	95～100	—	80～100	—	—	0～10	0	—	—	—
	31.5～63	—	—	—	95～100	—	—	75～100	45～75	—	0～10	0	—
	40～0	—	—	—	—	95～100	—	—	70～100	—	30～60	0～10	0

11.2.3-3 粗集料最大粒径应按混凝土结构情况及施工方法选取，但最大粒径不得超过结构最小边尺寸的1/4；在两层或多层密布钢筋结构中，不得超过钢筋最小净距的1/2，同时最大粒径不得超过100mm。

11.2.3-4 粗集料的技术要求及有害物质含量的规定，见表11.2.3-2及表11.2.3-3。

粗集料的技术要求 表11.2.3-2

项目	混凝土强度等级			
	C55～C40	≤C35	≥C30	<C30
石料压碎指标值(%)	≤12	≤16	—	—
针片状颗粒含量(%)	—	—	≤15	≤25
含泥量(按质量计)(%)	—	—	≤1.0	≤2.0
泥块含量(按质量计)(%)	—	—	≤0.5	≤0.7
小于2.5mm的颗粒含量(按质量计)(%)	≤5	≤5	≤5	≤5

碎石或卵石中的有害物质含量 表11.2.3-3

项目	品质指标
硫化物及硫酸盐折算为SO_3(按质量计)不大于(%)	1
卵石中有机质含量(用比色法试验)	颜色不应深于标准色，如深于标准色，则应配制混凝土进行强度试验，抗压强度应不低于95%

11.2.3-5　混凝土结构物处于表11.2.3-4所列条件下时，应对碎石或卵石进行坚固性试验，试验结果应符合表内的规定。

碎石或卵石的坚固性试验　　表11.2.3-4

混凝土所处环境条件	在溶液中循环次数	试验后质量损失不宜大于(%)
寒冷地区，经常处于干湿交替状态	5	5
严寒地区，经常处于干湿交替状态	5	3
混凝土处于干燥条件，但粗集料风化或软弱颗粒过多时	5	12
混凝土处于干燥条件，但有抗疲劳、耐磨、抗冲击要求高或强度大于C40	5	5

11.2.4　拌和用水：

11.2.4-4　供饮用的水，一般能满足上述条件，使用时可不经试验。

11.2.5　外加剂(略)。

11.3.9　通过设计和试配确定配合比后，应填写试配报告单，提交施工监理或有关方面批准。混凝土配合比在使用过程中，应根据混凝土质量的动态信息，及时进行调整、报批。

(五)交通安全设施规范的规定

2.0.3　所有进场材料应具有产品合格证书，并应进行抽样检查。

5.2.1-3、9.2.1　混凝土基础所用的钢筋、水泥、细集料、粗集料、拌和用水、外加剂等材料，应符合现行《公路桥梁施工技术规范》(JTJ 041)的规定。

四、有关上级主管部门的规定(略)

第二节　原材料及标准试验资料的管理

一、原材料进场试验资料的管理

材料是保证工程质量最重要的一个环节，材料质量分三个环节进行质量把关控制：第一是招标及订货关，第二是进场(进货)关，第三是使用及保管关。这里介绍的是在开工前对已经批准进场使用的原材料以“批”为单位进行自检、抽检试验，对原材料进行质量鉴定，以决定是否用于工程。

(一)原材料进场试验资料的管理流程

根据监理规范和施工规范对原材料进场自检、抽检试验的规定，制定原材料进场试验资料管理流程，见图4.2.1。

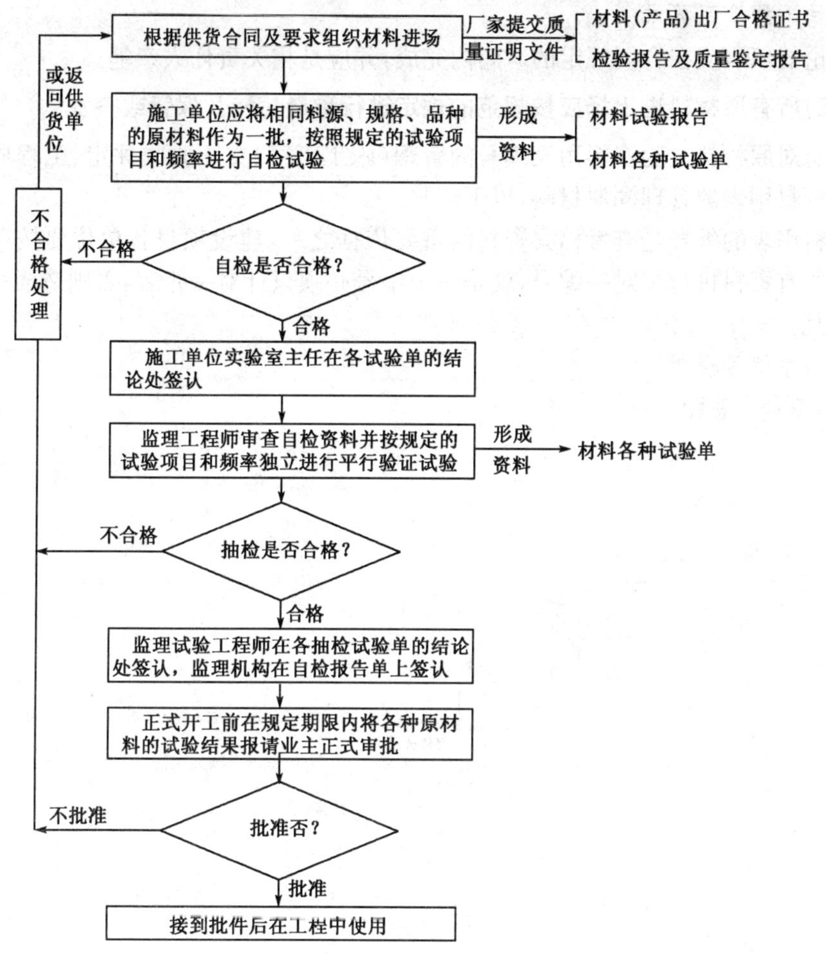

图 4.2.1　原材料进场试验资料管理流程

(二)试验单结论的填写程序

1. 结论的填写者

试验记录单(D-19、D-20、D-37、D-43 等)的结论:施工单位的由施工单位的试验室主任填写,监理单位的由试验监理工程师填写。

试验报告单(D-18、D-36、D-42)的结论:由监理机构审定并签认。

2. 结论的填写内容

试验记录单的填写内容:填写的内容必须能说明该材料是否合格或符合设计及规范的要求,依据是什么。

试验报告单的填写内容:最后由监理机构根据施工与监理的试验结果,对材料进行把关确定,说明该材料是否合格以及是否可以用于什么项目、什么工程部位的施工。

3.结论的填写要求

结论的填写应在合同规定的时间内完成，并应是相关责任人亲笔。

(三)所有原材料进出场应按规范的规定进行称量、登记、保管或签发

(四)对原材料试验资料用表编号的管理(施工工序、交工验收评定、工程质量检验评定资料用表的管理同原材料，以下略)

资料用表的编号是查考档案资料的重要依据之一，建设项目各单位要按照统一要求对所有资料进行一对一编号，就是一个编号必须只针对一张表，否则造成档案资料的混乱。

1.书中编号说明

(1)编号示意图

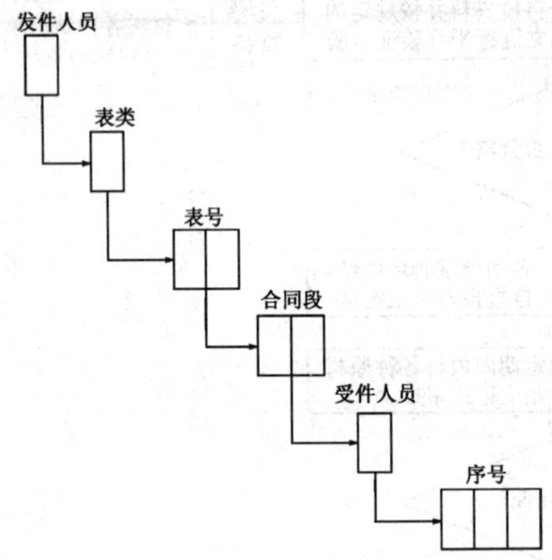

(2)编号说明

①发件人、受件人代号：施工单位按其所在合同段按照试验时间依次按 1.2.3…编制，H 为监理机构；

②合同段代号：指施工单位所在合同段；

③序号：按该种表发件的流水号编列。

2.书中编号举例

(1)表号：6D4106H001

意义：①此表为第六合同段的 D-41 水泥混凝土粗集料技术性能试验(二)；

②"6"为发件人员第六合同段，"D"为表类，"41"为表号，"06"为第六合同段，"H"为受件人员监理机构，"001"为序号。

(2)表号：HD410606001

意义：①此表为监理单位所完成第六合同段 D-41 水泥混凝土粗集料技术性能试

验(二);

②“H”为发件人员监理机构,“D”为表类,“41”为表号,“06”为第六合同段,“06”为受件人员第六合同段,“001”为序号。

二、标准试验资料的管理流程

根据监理规范和施工规范对施工单位进行标准试验和监理单位在施工单位标准试验的基础上进行试验验证的规定,制定标准试验资料的管理流程,见图 4.2.2。

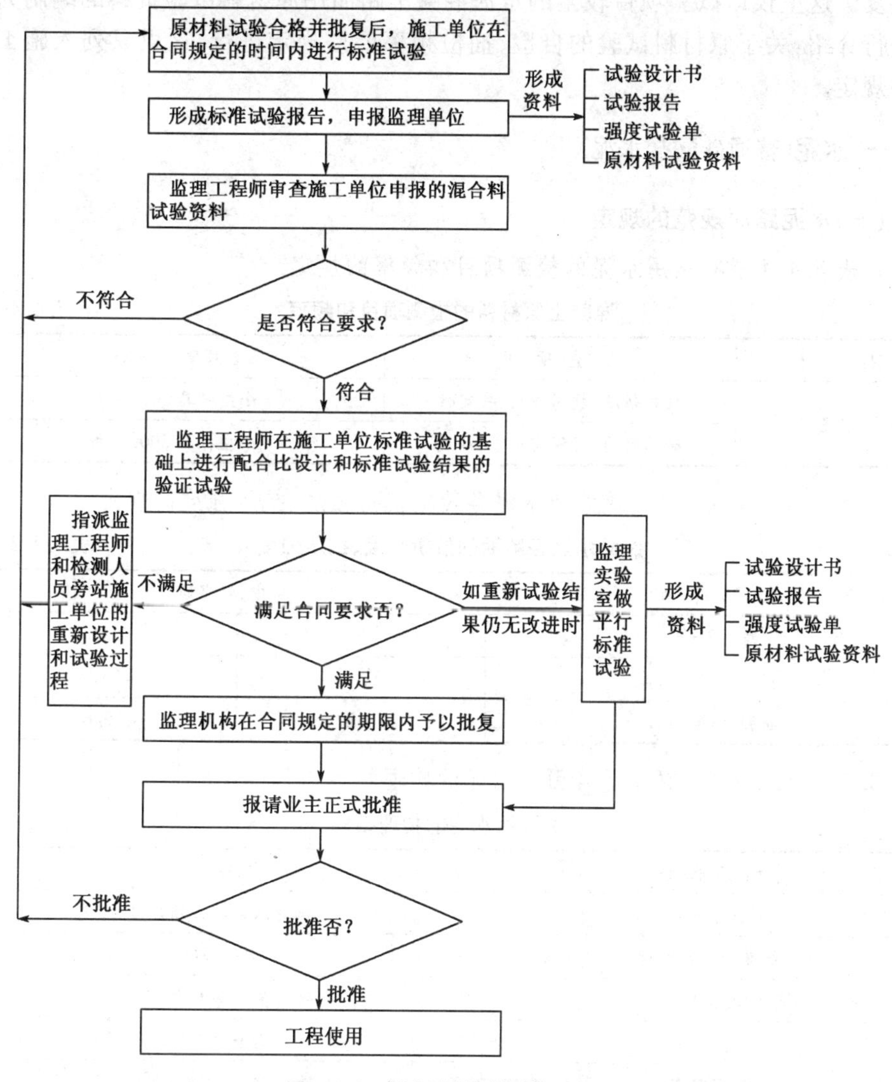

图 4.2.2 标准试验资料的管理流程

第三节　原材料试验资料的编制

原材料应遵照监理规范、施工规范、主管部门规定的自检和抽检频率，按照规程的相关规定进行试验和资料的编制。由于路基填料各项试验在土工试验规程中均有完整具体的举例，交通安全设施产品须经有资质的检测机构检测，路面基层、桥涵工程所用原材料的试验与水泥混凝土路面用原材料的试验基本相同，所以不再重复。这里仅以试验项目较全的水泥混凝土路面用原材料试验资料的编制为代表进行介绍，关于原材料试验的自检、抽检频率要按规定进行，这里只列入施工规范的规定。

一、水泥（普通硅酸盐水泥）

（一）水泥路面规范的规定

1.表 5.4.4 混凝土用水泥的检测项目和频率的规定

混凝土原材料的检测项目和频率　　表 5.4.4

材　料	检 查 项 目	检查频度（其他公路）
水泥	抗折强度、抗压强度、安定性	小型机具 500t 一批
	凝结时间、标稠需水量、细度	小型机具 500t 一批

2.表 3.1.1 对中、轻交通路面水泥各龄期抗折强度、抗压强度的规定

路面水泥各龄期的抗折强度、抗压强度　　表 3.1.1

交 通 等 级	中、轻交通	
龄　期(d)	3	28
抗压强度(MPa)，≥	16.0	42.5
抗折强度(MPa)，≥	3.5	6.5

3.表 3.1.2 对中、轻交通路面用水泥的物理指标

路面用水泥的物理指标　　表 3.1.2

水 泥 性 能	中、轻交通
出磨时安定性	蒸煮法检验必须合格
标准稠度需水量	不宜＞30％
细度(80μm)	筛余量不得大于 10％
初凝时间	不早于 1.5h
终凝时间	不迟于 10h

(二)水泥试验资料的编制程序

D-18 水泥试验报告；

D-19 水泥物理力学性能试验(一)；

D-20 水泥物理力学性能试验(二)。

(三)水泥试验资料的编制

1. D-20 水泥物理力学性能试验(二)(水泥胶砂强度试验记录 ISO 法)的填写

(1)水泥及水泥混凝土规程 T0506 水泥胶砂强度检验方法(ISO 法)的规定

7.2.4 抗折强度按式(T0506-1)计算：

$$R_f = \frac{1.5F_f \cdot L}{b^3} \qquad (T0506\text{-}1)$$

式中：R_f——抗折强度(MPa)；

F_f——破坏荷载(N)；

L——支撑圆柱中心距(mm)；

b——试件断面正方形的边长，为 40mm。

抗折强度计算值精确至 0.1MPa。

7.2.5 抗折强度结果取三个试件平均值。当三个强度值中有超过平均值 ±10%的，应剔除后再平均，以平均值作为抗折强度试验结果。

7.3.3 抗压强度按式(T0506-2)计算：

$$R_c = \frac{F_c}{A} \qquad (T0506\text{-}2)$$

式中：R_c——抗压强度(MPa)；

F_c——破坏荷载(N)；

A——受压面积，40mm×40mm=1600mm^2。

抗压强度计算值精确至 0.1MPa。

7.3.4 抗压强度结果为一组 6 个断块试件抗压强度的算术平均值。如果 6 个强度值中有一个值超过平均值±10%的，应剔除后以剩下的 5 个值的算术平均值作为最后结果。如果 5 个值中再有超过平均值±10%的，则此组试件无效。

(2)计算

①3d、28d 抗折强度计算

把 3d 抗折试验原始记录 F_f=2 180N 代入抗折强度计算公式(T0506-1)进行计算：

$$R_f = \frac{1.5F_f \cdot L}{b^3} = \frac{1.5 \times 2\,180 \times 100}{40^3} = 5.1(\text{MPa})$$

同样计算其他试件的抗折强度为 5.0、4.9，平均值(5.1＋5.0＋4.9)＝5.0(MPa)，任一值均不超过平均值的 10%，抗折强度结果取三个试件的平均值。

同样计算 28d 抗折强度值。

②3d、28d 断块抗压强度计算

把 3d 断块抗压试验原始记录 F_c＝29 000N 代入抗压强度计算公式(T0506-2)进行计算：

$$R_c = \frac{F_c}{A} = \frac{29\,000}{1\,600} = 18.1\ (\text{MPa})$$

同样计算其他断块试件的控制强度为：20.0、21.9、20.0、20.0、18.8MPa。

平均值＝(18.1＋20.0＋21.9＋20.0＋20.0＋18.8)÷6＝19.8(MPa)

(21.9—19.8)÷19.8＝0.106 超过平均值 10.6%，所以剔除 21.9 后剩下 5 个值的算术平均值为 19.4MPa。同样计算 18.1、20.0 不超过平均值的±10%，以 19.4MPa为测定值。

同样计算出水泥断块 28d 抗压强度值。

D-20 水泥物理性能试验(二)的填写，见表 4.3.1-1。

2. D-19 水泥物理性能试验(一)的填写

(1)标准稠度需水量、凝结时间、安定性

按照水泥及水泥混凝土试验规程 T0505—2005 水泥标准稠度用水量、凝结时间、安定性检验方法 5.3 标准稠度用水量测定步骤、6.3 初凝时间测定、6.4 终凝时间测定、8 安定性测定(标准法)记准确原始记录。

(2)细度

①水泥及水泥混凝土试验规程 T0502—2005 水泥细度检验方法(80μm 筛筛析法)的规定

5.1 水泥试样筛余百分数按式(T0502-1)计算：

$$F = \frac{R_s}{m} \times 100 \qquad (\text{T0502-1})$$

式中：F——水泥试样的筛余百分数(%)；

R_s——水泥筛余物的质量(g)；

m——水泥试样的质量(g)。

计算结果精确到 0.1%。

5.2 筛余结果的修正：

为使试验结果可比，应采用试验筛修正系数方法来修正 5.1 款的计算结果。修正系数的测定，按 T0502 附录进行。

合格评定时，每个样品应称取两个试样分别筛析，取筛余平均值为筛析结果。若两次筛余结果绝对误差大于0.5%时(筛余值大于5.0%时可放至1.0%)，应再做一次试验，取两次相近结果的算术平均值作为最终结果。

T0502 附录水泥试验筛的标定方法 A6 水泥试样筛余百分数结果修正按式(T0502-2)计算：

$$F_c = C \cdot F \tag{T0502-2}$$

式中：F_c——水泥试样修正后的筛余百分数(%)；

C——试验筛修正系数；

F——水泥试样修正前的筛余百分数(%)。

②计算

计算水泥试样的筛余百分数(%)：

把其中一个试样试验原始记录 R_s=0.2g、m=25g 代入 T0502-1，$F=\frac{R_s}{m}\times 100=\frac{0.2}{25}\times 100=0.8(\%)$，同样把另一试样试验原始记录 R_s=0.3g 代入计算，另一试样的筛余百分数为1.2%，两试样平均值为(0.8+1.2)÷2=1.0(%)。

计算水泥试样修正后的筛余百分数(%)：

把试验原始记录中的试验筛修正系数1.02和水泥试样修正前的筛余百分数1.0%代入 T0502-2，F_c=1.02×1.0=1.0(%)。

D-19 水泥物理力学试验(一)的填写，见表4.3.1-2。

3. 水泥试验报告的填写

依据表3.1.1和表3.1.2的规定填写标准一栏，把D-19和D-20的试验结果填入试验结果一栏，进行结果评定。监理机构进行结论的填写，其他各栏应填写完整，见表4.3.1-3。

××公路××段建设项目　　表 4.3.1-1

承包单位：＿＿＿＿＿＿　合同号：六

监理单位：＿＿＿＿＿＿　编　号：6D2006H001

水泥物理力学性能试验(二)

D-20

水泥品种及规格	P.O42.5 水泥	试验单位	第六标段工地试验室
工程名称	水泥混凝土面层	试验完成日期	年　月　日
产地及代表数量(t)	××　200	环境温度及湿度	20℃　92%～95%
仪器设备名称、型号及编号	水泥抗折机 KZJ-1 型 压力试验机 NYL-2000 型 双臂抗压夹具 水泥砂浆搅拌机 JJ-5 型	试验执行标准	JTG E30—2005
		试验人签字	×××
		审核人签字	×××

水泥胶砂强度试验记录

龄期(d)	制作日期及时间	试验日期及时间	抗折					抗压				
			编号	试件尺寸(mm)	破坏荷载(N)	强度(MPa) 单值	强度(MPa) 平均	编号	受压面积(mm²)	破坏荷载(N)	强度(MPa) 单值	强度(MPa) 平均
3	2006-03-23	2006-03-26	2	40×40×160	2 180	5.1	5.0	2-1	1600	29000	18.1	19.4 (19.8)
								2-2	1600	32000	20.0	
	2006-03-23	2006-03-26	1	40×40×160	2 130	5.0		1-1	1600	35000	21.9	
								1-2	1600	32000	20.0	
	2006-03-23	2006-03-26	5	40×40×160	2 100	4.9		5-1	1600	32000	20.0	
								5-2	1600	30000	18.8	
28	2006-03-23	2006-03-26	4	40×40×160	3150	7.4	7.5	4-1	1600	75000	46.9	48.0
								4-2	1600	78000	48.8	
	2006-03-23	2006-03-26	3	40×40×160	3230	7.6		3-1	1600	77000	48.1	
								3-2	1600	79000	49.4	
	2006-03-23	2006-03-26	6	40×40×160	3250	7.6		6-1	1600	77000	48.1	
								6-2	1600	75000	46.9	

结论：

水泥 3d、28d 抗折、抗压强度符合国家标准《硅酸盐水泥、普通硅酸盐水泥》(GB 175—1999)中 P.O42.5 及标准，符合水泥路面规范的要求。

签字：　　年　月　日

××公路××段建设项目　　　　表 4.3.1-2

承包单位：＿＿＿＿＿＿　　合同号：六

监理单位：＿＿＿＿＿＿　　编　号：6D1906H001

水泥物理力学性能试验(一)　　　　D-19

水泥品种及规格	P.O42.5 水泥	试验单位	第六标段工地试验室
工程名称	水泥混凝土面层	试验完成日期	年　月　日
产地及代表数量(t)	××　200	环境温度及湿度	19℃　60%
仪器设备名称、型号及编号	标准法维卡仪、雷氏夹、水泥净浆搅拌机 NJ—160A 型沸煮箱 FZ—31A 型	试验执行标准	JTG E30—2005
		试验人签字	×××
		审核人签字	×××

水 泥 试 验 记 录

1.细度(%)(负压筛法)

试验日期及时间：　年　月　日

	编号	水泥筛余物的质量(g)	水泥试样的质量(g)	水泥试样的筛余百分数(%) 单值	平均
试验结果	1	0.2	25	0.8	1.0
	2	0.3	25	1.2	

水泥试样修正后的筛余百分数	试验筛修正系数	水泥试样修正前的筛余百分数(%)	水泥试样修正后的筛余百分数(%)
	1.02	1.0	1.0

注：试验筛修正系数的测定按 T0502 附录进行

2.密度(kg/m³)

试验日期及时间：　年　月　日

编号	装入密度瓶的水泥质量(g)	被水泥所排出的液体体积(cm³)	水泥的密度(kg/m³) 单值	平均

3.标准稠度用水量 P(%)(标准法)

试样编号：

试验日期及时间：　年　月　日

水泥试样质量(g)：500

试杆沉入净浆并距底板 6mm±1mm 时，拌和水(mL)：140 标准稠度用水量 P(%)：28.0

4.凝结时间

试验日期：　年　月　日

水泥全部加入水中时间：8:27

试针沉至距底板 4mm±1mm 时间：11:31

试针沉入试件 0.5mm 时间：13:09

初凝(min)：184，终凝(min)：282

5.安定性(标准法)

试验日期及时间：　年　月　日

水泥试样重(g)：500 拌和水(mL)：140

标准稠度用水量(%)：28.0

编号	A (mm)	C (mm)	(C-A) (mm)	平均 (mm)
1	11.5	12.0	0.5	0.8
2	11.5	12.5	1.0	

评定：

安定性合格

结论：

各项指标均符合国家标准《硅酸盐水泥、普通硅酸盐水泥》(GB 175—1999)中 P.O42.5 及标准，符合水泥路面规范的要求。

签字：　　年　月　日

××公路××段建设项目 表 4.3.1-3

承包单位：________ 合同号：六

监理单位：________ 编 号：6D1806H001

水泥试验报告

D-18

水泥品种及规格	P. O42.5 水泥	试验单位	第六标段工地试验室
代表数量(T)	200	试验完成日期	年 月 日
产地		试验执行标准	JTG E30—2005
进场日期	年 月 日	试验人签字	
工程名称	水泥混凝土面层	审核人签字	
工程部位	K51＋000～K52＋000	试验室主任签字	

水泥试验报告

物理性能			标准	试验结果	结果评定	试验方法
细度：80μm 标准筛筛余(%)(负压筛法)			不得＞10	1.0	合格	T0502
水泥密度(kg/ m³)						T0503
标准稠度用水量 P(%)(标准法)			不宜＞30	28	合格	T0505
凝结时间	初凝时间(min)		不早于 90	184	合格	T0505
	终凝时间(min)		不迟于 600	282	合格	
安定性(标准法)			合格	合格	合格	T0505
强度(ISO 法)	抗折(MPa)	3(d)	3.5	5.0	合格	T0506
		28(d)	6.5	7.5	合格	
	抗压(MPa)	3(d)	16.0	19.4	合格	
		28(d)	42.5	48.0	合格	

结论：

各项指标均符合国家标准《硅酸盐水泥、普通硅酸盐水泥》(GB 175—1999)的 P. O42.5 及标准、符合水泥路面规范的要求，可用于 K51＋000～K52＋000 段施工。

监理机构签字：

年 月 日

二、粗集料（碎石）

（一）水泥路面规范的规定

表 5.4.4 对混凝土用粗集料的检测项目和频率的规定：

混凝土原材料的检测项目和频率（节选） 表 5.4.4

材　　料	检 查 项 目	检查频度（其他公路）
粗集料	针片状、超径颗粒含量、级配、表观密度、堆积密度、空隙率	小型机具 1500m³ 一批
	含泥量、泥块含量	小型机具 1000m³ 一批
	坚固性、压碎指标	每种粗集料每标段不少于 2 次

3.3.1　粗集料应使用质地坚硬、耐久、洁净的碎石、碎卵石和卵石，并应符合表 3.3.1 的规定。高速公路、一级公路、二级公路及有抗（盐）冻要求的三、四级公路混凝土路面使用的粗集料级别应不低于 II 级。

碎石技术指标（节选） 表 3.3.1

项　　目	技术要求（II 级）
碎石压碎指标（%）	15
坚固性（按质量损失计）（%）	＜8
针片状颗粒含量（按质量计）（%）	＜15
含泥量（按质量计）（%）	＜1.0
泥块含量（按质量计）（%）	＜0.2
表观密度	＞2500kg/m³
松散堆积密度	＞1350kg/m³
空隙率	＜47%

3.3.2　用做路面和桥面混凝土的粗集料不得使用不分级的统料，应按最大公称粒径的不同采用 2～4 个粒级的集料进行掺配，并应符合表 3.3.2 合成级配的要求。

粗集料的级配范围（节选） 表 3.3.2

类型	级配 \ 粒径	方筛孔尺寸（mm）							
		2.36	4.75	9.50	16.0	19.0	26.5	31.5	37.5
		累计筛余（以质量计）（%）							
合成级配	4.75～16	95～100	85～100	40～60	0～10				
	4.75～19	95～100	85～95	60～75	30～45	0～5	0		
	4.75～26.5	95～100	90～100	70～90	50～70	25～40	0～5	0	
	4.75～31.5	95～100	90～100	75～90	60～75	40～60	20～35	0～5	0

续上表

类型 \ 级配 \ 粒径		方筛孔尺寸(mm)							
		2.36	4.75	9.50	16.0	19.0	26.5	31.5	37.5
		累计筛余(以质量计)(%)							
粒级	4.75~9.5	95~100	80~100	0~15	0				
	9.5~16		95~100	80~100	0~15	0			
	9.5~19		95~100	85~100	40~60	0~15	0		
	16~26.5			95~100	55~70	25~40	0~10	0	
	16~31.5			95~100	85~100	55~70	25~40	0~10	0

(二)粗集料试验资料编制程序

D-36　水泥混凝土粗集料技术性能试验报告；

D-38　路面用水泥混凝土粗集料技术性能试验(一)；

D-39　路面水泥混凝土粗集料级配试验；

D-40　水泥混凝土粗集料技术性能试验(二)；

D-41　水泥混凝土粗集料技术性能试验(三)。

(三)粗集料试验资料的编制

1. D-40 水泥混凝土粗集料技术性能试(二)的填写

(1)表观密度

①集料试验规程 T0304—2005 粗集料密度及吸水率试验(网篮法)的规定：

4.7　对同一规格的集料应平行试验两次，取平均值作为试验结果。

5.1　表观相对密度按式(T0304-1)计算至小数点后 3 位。

$$\gamma_a = \frac{m_a}{m_a - m_W} \quad \text{(T0304-1)}$$

式中：γ_a——集料的表观相对密度，无量纲；

m_a——集料的烘干质量(g)；

m_W——集料的水中质量(g)。

5.3　粗集料的表观密度(视密度)ρ_a 按式(T0304-5)计算，准确至小数点后 3 位。不同水温条件下测量的粗集料表观密度需进行水温修正，不同试验温度下水的密度 ρ_T 按附录 B 选用，见下表附录 B 表 B-1 不同温度水的密度修正方法。

不同水温时水的密度 ρ_T　　表 B-1

水温	15	16	17	18	19	20
水的密度 ρ_T(g/cm^3)	0.99913	0.99897	0.99880	0.99862	0.99843	0.99822
水温	21	22	23	24	25	—
水的密度 ρ_T(g/cm^3)	0.99802	0.99779	0.99756	0.99733	0.99702	—

$$\rho_\alpha = \gamma_\alpha \times \rho_T \qquad (T0304\text{-}5)$$

式中：ρ_α——粗集料的表观密度(g/cm³)；

ρ_T——试验温度 T 时水的密度(g/cm³)，按附录B表B-01取用。

6 精密度或允许差：重复试验的精密度，对表观相对密度两次结果相差不得超过0.02。

②表观密度计算。

第一份试样的试验：

以试验原始记录 m_α＝1535.1g、m_W＝962.5g 为基础进行表观相对密度 γ_α 的计算，

$$\gamma_\alpha = \frac{m_\alpha}{m_\alpha - m_W} = \frac{1535.1}{1535.1 - 962.5} = 2.681$$

水的温度20℃，查B-1，水的修正系数 α_T＝0.99822，表观密度为 ρ_α＝2.681×0.99822＝2.676g/cm³。

另一试样的平行试验：

同样，计算另一试样平行试验的表观相对密度 γ_α＝2.677，表观密度 ρ_α＝2.672g/cm³。

取平均值作为试验结果：

表观相对密度之差 2.681－2.677＝0.004＜0.02，表观密度的平均值 ρ_α＝(2.676＋2.672)÷2＝2.674g/cm³。

(2)自然堆积密度、振实密度、空隙率

①集料试验规程T0309—2005粗集料堆积密度及空隙率试验的规定：

5.2 堆积密度(包括自然堆积密度、振实状态下的堆积密度)按式(T0309-2)计算至小数点后2位。

$$\rho = \frac{m_2 - m_1}{V} \qquad (T0309\text{-}2)$$

式中：ρ——自然堆积密度或振实密度(t/m³)；

m_1——容量筒的质量(kg)；

m_2——容量筒与试样的总质量(kg)；

V——容量筒的容积(L)。

5.3 水泥混凝土用粗集料振实状态下的空隙率按(T0309-3)计算。

$$v_c = \left(1 - \frac{\rho}{\rho_\alpha}\right) \times 100 \qquad (T0309\text{-}3)$$

式中：v_c——水泥混凝土用粗集料的空隙率(%)；

ρ_α——粗集料的表观密度(t/m³)；

ρ——振实密度(t/m³)。

6　报告:以两次平行试验结果的平均值做为测定值。

②自然堆积密度、振实密度和空隙率的计算。

以试验原始记录,自然堆积密度试验的容量筒的质量 2.40kg、容量筒与试样总质量 23.70kg、容量筒的容积 15L 代入式(T0309-2)中进行计算,$\rho=\frac{m_2-m_1}{V}=\frac{23.70-2.40}{15}=1.42$ (t/m³);同样计算另一试样的 $\rho=1.46$t/m³,自然堆积密度的平均值 $\rho=1.44$t/m³。同样的方法计算出振实密度 $\rho=1.51$t/m³。

把粗集料的表观密度,按振实状态下测定的粗集料的堆积密度试验结果 2.674t/m³和 1.51t/m³ 代入式(T0309-3)计算其空隙率:$v_c=\left(1-\frac{\rho}{\rho_\alpha}\right)\times100=\left(1-\frac{1.51}{2.674}\right)\times100=43.5$(%),按自然状态下空隙率为 46.1%。

(3)压碎值

①集料试验规程 T0316—2005 粗集料压碎值试验的规定:

5　压碎值按式(T0316-1)计算,精确至 0.1%。

$$Q'_\alpha=\frac{m_1}{m_0}\times100 \qquad (T0316\text{-}1)$$

式中:Q'_α——石料压碎值(%);

m_0——试验前试样质量(g);

m_1——试验后通过 2.36mm 筛孔的细料质量(g)。

6　报告:以 3 个试样平行试验结果的算术平均值作为压碎值的测定值。

条文说明:但是,在 2003 年颁发的《水泥混凝土路面施工技术规范》在粗集料的压碎值是以原 T0315 为基础的,在该规范下次修订以前,可采用 T0316 试验后,利用图 T0316-2 的相关关系式 $y=0.816x-5$ 换算得到。

②压碎值的计算。

以压碎值试验原始记录 $m_0=2885$g、$m_1=502$g 为基础进行压碎值计算:$Q'_\alpha=\frac{m_1}{m_0}\times100=\frac{502}{2885}\times100=17.4$(%),同样计算出另外二个试样的压碎值为 15.2(%)和 16.4(%),平均值为(17.4+15.2+16.4)/3=16.3(%),压碎值的换算值为 $Q'_\alpha=0.816x-5=0.816\times16.3-5=8.3$(%)。

(4)针、片状颗粒含量

①集料试验规程 T0311—2005 水泥混凝土用粗集料针、片状颗粒含量试验(规

准仪法)的规定：

5　碎石或砾石中针、片状颗粒含量按式(T0311-1)计算，精确至0.1%。

$$Q_e = \frac{m_1}{m_0} \times 100 \tag{T0311-1}$$

式中：Q_e——试样的针、片状颗粒含量(%)；

m_1——试样中所含针状颗粒与片状颗粒的总质量(g)；

m_0——试样总质量(g)。

②针、片状颗粒含量的计算。

以试样总质量，试样中所含针、片状颗粒的总质量的试验原始记录 $m_0=10000$g、$m_1=720$g 为基础，进行针、片状颗粒含量计算，针、片状颗粒含量 $Q_e = \frac{m_1}{m_0} \times 100 = \frac{720}{10000} \times 100 = 7.2$(%)。

D-40 水泥混凝土粗集料技术性能试验(二)的填写，见表4.3.2-1。

2. D-41 水泥混凝土粗集料技术性能试验(三)的填写

(1)含泥量、泥块含量

①集料试验规程 T0310—2005 粗集料含泥量及泥块含量试验的规定：

5.1　碎石或砾石的含泥量按式(T0310-1)计算，精确至0.1%。

$$Q_n = \frac{m_0 - m_1}{m_0} \times 100 \tag{T0310-1}$$

式中：Q_n——碎石或砾石的含泥量(%)；

m_0——试验前烘干试样质量(g)；

m_1——试验后烘干试样质量(g)。

以两次试验的算术平均值作为测定值，两次结果的差值超过0.2%时，应重新取样进行试验。

5.2　碎石或砾石中黏土泥块含量按式(T0310-2)计算，精确至0.1%。

$$Q_k = \frac{m_2 - m_3}{m_2} \times 100 \tag{T0310-2}$$

式中：Q_k——碎石或砾石中黏土泥块含量(%)；

m_2——4.75mm 筛筛余量(g)；

m_3——试验后烘干试样质量(g)。

以上两个试样两次试验结果的算术平均值为测定值，两次结果的差值超过0.1%时，应重新取样进行试验。

②含泥量和泥块含量的计算。

以含泥量试验的试验前烘干质量 m_0、试验后烘干质量 m_1 的原始记录10000g 和

9930g 为基础进行碎石的含泥量计算：$Q_n=\frac{m_0-m_1}{m_0}\times100=\frac{10000-9930}{10000}\times100=0.7$ (%)，同样计算出另一试样的含泥量 $Q_n=0.8$(%)，两次试验结果不超过0.2%，测定值 $Q_n=(0.7+0.8)/2=0.8$(%)。

以泥块含量试验 4.75mm 筛筛余量 m_2、试验后烘干试样质量 m_3 的原始记录 9945g和 9940g 为基础进行泥块含量试验计算。$Q_k=\frac{m_2-m_3}{m_2}\times100=\frac{9945-9940}{9945}\times100=0.1$(%)，同样计算出另一试样的泥块含量 $Q_n=0.1\%$，平均值 $Q_n=0.1\%$。

(2)坚固性试验

①集料试验规程 T0314—2000 粗集料坚固性试验的规定：

5.1　试样中各粒级颗粒的分计质量损失百分率按式(T0314-1)计算。

$$Q_i=\frac{m_i-m'_i}{m_i}\times100 \qquad \text{(T0314-1)}$$

式中：Q_i ——各粒级颗粒的分计质量损失百分率(%)；

m_i ——各粒级试样试验前的烘干质量(g)；

m'_i ——经硫酸钠溶液法试验后各粒级筛余颗粒的烘干质量(g)。

5.2　试样总质量损失百分率按式(T0314-2)计算，精确至1%。

$$Q=\frac{\sum m_iQ_i}{\sum m_i} \qquad \text{(T0314-2)}$$

式中：Q——试样总质量损失百分率(%)；

m_i ——试样中各粒级的分计质量(g)；

Q_i ——各粒级的分计质量损失百分率(%)。

②试样总质量损失百分率的计算。

计算 2.36～4.75mm 粒级：

以试验前的烘干质量 m_1、试验后筛余颗粒的烘干质量 m'_1 的原始记录 500g 和 471g 为基础进行分计质量损失百分率计算：$Q_1=\frac{m_1-m'_1}{m_1}\times100=\frac{500-471}{500}\times100=5.8$(%)，同理计算 4.75～9.5mm、9.5～19mm 和 19～37.5mm 的分计质量损失百分率为 4.8、4.9 和 5.1。

试样总质量损失百分率 $Q=(5.8+4.8+4.9+5.1)/4=5$(%)

D-41　水泥混凝土粗集料技术性能试验(三)的填写，见表 4.3.2-2。

3.粗集料级配用表的填写

(1)D-38 路面用水泥混凝土粗集料技术性能试验(一)

因为水泥路面规范规定粗集料不得使用不分级的统料，应按最大公称粒径的不同采用 2～4 个粒级的集料进行掺配。这里仅对单粒级 16～31.5mm 的集料进行筛分说明。

①集料试验规程 T0302—2005 粗集料及集料混合料的筛分试验的规定：

6.1　干筛法筛分结果的计算：

6.1.1　计算各筛分计筛余量及筛底存量的总和与筛分前试样的干燥总质量 m_0 之差，作为筛分时的损耗，并计算损耗率，记入表 T0302-2 之第(1)栏，若损耗率大于 0.3%，应重新进行试验。

$$m_5 = m_0 - (\sum m_i + m_{底}) \tag{T0302-2}$$

式中：m_5——由于筛分造成的损耗(g)；

m_0——用于干筛的干燥集料总质量(g)；

m_i——各号筛上的分计筛余(g)；

i——依次为 0.075mm、0.15mm……至集料最大粒径的排序；

m底——筛底(0.075mm 以下部分)集料总质量(g)。

6.1.2　干筛分计筛余百分率：

干筛后各号筛上的分计筛余百分率按式(T0302-2)计算，记入表 T0302-2 之第(2)栏，精确至 0.1%。

$$P'_i = \frac{m_i}{m_0 - m_5} \times 100$$

式中：P'_i——各号筛上的分计筛余百分率(%)；

m_5——由于筛分造成的损耗(g)；

m_0——用于干筛的干燥集料总质量(g)；

m_i——各号筛上的分计筛余(g)；

i——依次为 0.075mm、0.15mm……至集料最大粒径的排序。

6.1.3　干筛累计筛余百分率：

各号筛的累计筛余百分率为该号筛以上各号筛的分计筛余百分率之和，记入表 T0302-2 之第(3)栏，精确至 0.1%。

6.1.4　干筛各号筛的质量通过百分率：

各号筛的质量通过百分率 P_i 等于 100 减去该号筛累计筛余百分率，记入表 T0302-2 之第(4)栏，精确至 0.1%。

6.1.5　由筛底存量除以扣除损耗后的干燥集料总质量计算 0.075mm 筛的通过率。

6.16　试验结果以两次试验的平均值表示，记入表 T0302-2 之第(5)栏，精确至 0.1%。当两次试验结果 $P_{0.075}$ 的差值超过 1%时，试验应重新进行。

②筛分的计算。

筛分的计算与填表，以上规程已经阐述得很清楚，不再重复。这里需要说明的是，由于水泥路面规范的粗集料级配范围以累计筛余的形式规定，所以 D-38 路面用水泥混凝土粗集料技术性能试验(一)省略了通过百分率的内容。D-38 路面用水泥混凝土粗集料技术性能试验(一)的填写，见表 4.3.2-3。

(2)D-39 路面用水泥混凝土粗集料级配试验(粗集料级配计算)的填写

分别把 D-38 表 4.75～19mm 和 16～31.5mm 的平均筛余结果计入 D-39 表的单粒级规格栏中。依据标准级配范围进行单粒级在混合料中的比例试算(或计算机管理系统优化计算)得到 4.75～19.0(mm)：16.0～31.5(mm)为 40%：60%，单粒级分别乘以 40%和 60%得到混合料配合比，二者相加得到合成级配，见表 4.3.2-4。

4. D-36 水泥混凝土粗集料技术性能试验报告的填写

D-36 水泥混凝土粗集料技术性能试验报告的填写方法同水泥试验报告，见表4.3.2-5。

××公路××段建设项目 表 4.3.2-1

承包单位：______ 合同号：六

监理单位：______ 编 号：6D4006H001

水泥混凝土粗集料技术性能试验(二)

D-40

材料名称及规格	碎石 16～31.5mm	试验单位	第六合同段工地试验室
代表数量(m^3)	5000	试验完成日期	年 月 日
产地	××	试验执行标准	JTG E42—2005
工程名称	水泥混凝土面层	试验人签字	
工程部位	K51＋000～K52＋000	审核人签字	

碎(砾)石试验记录

项目						
自然堆积密度	容量筒的容积(L)	容量筒的质量(kg)	容量筒与试样总质量(kg)	自然堆积密度(t/m^3)		
				单值	平均值	
	15	2.4	23.70	1.42	1.44	
	15	2.4	24.30	1.46		
振实密度	容量筒的容积(L)	容量筒的质量(kg)	容量筒与试样总质量(kg)	振实密度(t/m^3)		
				单值	平均值	
	15	2.4	25.05	1.51	1.51	
	15	2.4	25.04	1.51		
表观密度(网篮法)	集料的烘干质量(g)	集料的水中质量(g)	试验温度 20℃时水的密度(g/cm^3)	表观密度(g/cm^3)		
				单值	平均值	
	1535.1	962.5	0.99822	2.676	2.674	
	1510.8	946.4	0.99822	2.672		
空隙率	粗集料的表观密度(t/m^3)	振实(自然)密度(t/m^3)		空隙率(%)		
	2.674	1.51(1.44)		43.5(46.1)		
压碎值	试验前试样质量(g)	试验后通过 2.36mm 筛孔的细料质量(g)		压碎值(%)		
				单值	平均值	换算值
	2885	502		17.4	16.3	8.3
	2885	439		15.2		
	2885	473		16.4		
针、片状颗粒含量(规准仪法)	试样总质量(g)	针状颗粒的质量(g)	片状颗粒的质量(g)	针、片状颗粒的总质量(g)	针、片状颗粒含量(%)	
	10000	205	515	720	7.2	

结论：

各项指标符合《水泥混凝土路面施工技术规范》(JTG F30)的要求。

签字： 年 月 日

注：水泥混凝土粗集料的压碎值，采用 T0316 方法试验后，应用相关关系式 $y=0.816x-5$ 进行换算。

××公路××段建设项目　　　　表 4.3.2-2

承包单位：＿＿＿＿＿　　合同号：＿六＿

监理单位：＿＿＿＿＿　　编　号：6D4106H001

水泥混凝土粗集料技术性能试验(三)　　D-41

材料名称及规格	碎石 16～31.5mm	试验单位	第六合同段工地试验室
代表数量(m^3)	500	试验完成日期	年　月　日
产地	××	试验执行标准	JTG E42—2005
工程名称	水泥混凝土面层	试验人签字	
工程部位	K51＋000～K52＋000	审核人签字	

碎(砾)石试验记录

含泥量	试验前烘干试样质量(g)	试验后烘干试样质量(g)	含泥量(%) 单值	含泥量(%) 平均值
	10000	9930	0.7	0.8
	10000	9925	0.8	

泥块含量	4.75mm 筛筛余量(g)	试验后烘干试样质量(g)	泥块含量(%) 单值	泥块含量(%) 平均值
	9945	9940	0.1	0.1
	9945	9940	0.1	

三氧化硫含量(定性试验)	试剂注入时间	日时分	判定时间	日时分
	结果评定			

三氧化硫含量(定量试验)	做定量试验的试样质量(g)	坩埚和灰化物质量(g)	坩埚质量(g)	三氧化硫含量(%) 单值	三氧化硫含量(%) 平均值

有机物含量(比色法)	试剂注入时间	日时分	判定时间	日时分
	结果评定			

坚固性试验	粒级(mm)	各粒级试样试验前的烘干质量(g)	试验后各粒级筛余颗粒的烘干质量(g)	各粒级的分计质量损失百分率(%)	试样总质量损失百分率(%)
	2.36～4.75	500	471	5.8	5
	4.75～9.5	500	476	4.8	
	9.5～19	1000	951	4.9	
	19～37.5	1500	1423	5.1	
	37.5～63				
	63～75				

结论：

各项指标符合《水泥混凝土路面施工技术规范》(JTG F30)的要求。

签字：　　年　　月　　日

××公路××段建设项目　　　表 4.3.2-3

承包单位：＿＿＿＿＿　　合同号：＿六＿＿

监理单位：＿＿＿＿＿　　编　号：6D3806H001

路面用水泥混凝土粗集料技术性能试验(一)　　　D-38

材料名称及规格	碎石 16～31.5mm	试验单位	第六合同段工地试验室
代表数量(m^3)	500	试验完成日期	年　月　日
产地	××	试验执行标准	JTG E42—2005
工程名称	水泥混凝土面层	试验人签字	
工程部位	K51＋000～K52＋000	审核人签字	

碎石筛分记录(干筛法)

干燥试样总质量(g)	第1组			第2组			平均
	5000			5000			
筛孔尺寸(mm)	筛上重 m_i (g)	分计筛余(%)	累计筛余(%)	筛上重 m_i (g)	分计筛余(%)	累计筛余(%)	累计筛余(%)
	(1)	(2)	(3)	(1)	(2)	(3)	(4)
37.5	0	0	0	0	0	0	0
31.5	400	8.0	8.0	400	8.0	8.0	8.0
26.5	1455	29.2	37.2	1540	30.8	38.8	38.0
19.0	1495	30.0	67.1	1510	30.2	69.1	68.1
16.0	1420	28.5	95.6	1305	26.1	95.2	95.4
9.5	95	1.9	97.5	100	2.0	97.2	97.3
4.75	85	1.7	99.2	90	1.8	99.0	99.1
2.36	30	0.6	99.8	40	0.8	99.8	99.8
筛底	10	0.2	100.0	10	0.2	100.0	100.0
筛分后总量 $\sum m_i$(g)	4990			4995			
损耗(g)	10			5.0			
损耗率(%)	0.20			0.10			
超径颗粒含量(%)			8.0			8.0	8.0

结论：

级配符合《水泥混凝土路面施工技术规范》(JTG F30)单粒级 16～31.5mm 级配的要求。

签字：　　年　　月　　日

××公路××段建设项目　　表 4.3.2-4

承包单位:________　　合同号:　六　

监理单位:________　　编　号:6D3906H001

路面水泥混凝土粗集料级配试验　　D-39

材料名称及规格	碎石,4.75～31.5mm	试验单位	第六合同段工地试验室
代表数量(m^3)	1000	试验完成日期	年　月　日
产地	××	试验执行标准	JTG E42—2005
工程名称	水泥混凝土面层	试验人签字	
现场桩号	K51+000～K52+000	审核人签字	

碎(砾)石粗集料级配计算

材料组成		方筛孔尺寸(mm)							
		2.36	4.75	9.50	16.0	19.0	26.5	31.5	37.5
		累计筛余(以质量计)(%)							
单粒级规格(mm)	4.75～19(100%)	99.9	99.4	75.1	21.6	2.6	0.0		
	16～31.5(100%)	99.8	99.1	97.3	95.4	68.1	38.0	8.0	0.0
混合料配合比(mm)	4.75～19 (40%)	40.0	39.8	30.0	8.6	1.0			
	16～31.5 (60%)	59.9	59.5	58.4	57.2	40.9	22.8	4.8	
	(%)								
	(%)								
合成级配(%)		99.9	99.3	88.4	65.8	41.9	22.8	4.8	
标准级配范围(%)		95～100	90～100	75～90	60～75	40～60	20～35	0～5	0

结论:

合成级配各筛累计筛余均在标准级配范围内,符合《公路混凝土路面施工技术规范》(JTG F30—2003)的 4.75～31.5mm 级配要求。

签字:　　年　月　日

××公路××段建设项目 表 4.3.2-5

承包单位：＿＿＿＿＿＿ 合同号：＿六＿

监理单位：＿＿＿＿＿＿ 编 号：6D3606H001

水泥混凝土粗集料技术性能试验报告

D-36

材料名称	碎石	试验单位	第六合同段工地试验室
材料规格	4.75～31.5mm	试验完成日期	年 月 日
代表数量(m^3)	1000	试验执行标准	JTG E42—2005
产地	××	试验人签字	
工程名称	水泥混凝土面层	审核人签字	
工程部位	K51＋000～K52＋000	试验室主任	

碎(砾)石试验报告

试验指标	标准	试验结果	结果评定	试验方法
级配	符合要求	符合	合格	T0302
超径颗粒含量(%)	≤15,≤10,≤5	2.6,8,4.8	合格	T0302
自然堆积密度(t/m^3)	＞1.35	1.44	合格	T0309
振实密度(t/m^3)		1.51	合格	T0309
表观密度(g/cm^3)	＞2.5	2.674	合格	T0304
空隙率(%)	＜47	43.5(46.1)	合格	T0309
压碎值(%)	＜15	8.3	合格	T0316
针、片状颗粒含量(%)	＜15	7.2	合格	T0311
含泥量(%)	＜1.0	0.8	合格	T0310
泥块含量(%)	＜0.2	0.1	合格	T0310
硫化物及硫酸盐(三氧化硫质量计%)				T0341
有机物含量(%)				T0313
坚固性(%)	＜8	5	合格	T0314

结论：

各项指标符合《水泥混凝土路面施工技术规范》(JTG F30)的要求，可用于 K51＋000～K52＋000 段的施工。

监理机构：

年 月 日

三、细集料(河砂)

(一)水泥路面规范的规定

表 5.4.4 对混凝土用细集料的检测项目和频率:

混凝土原材料的检测项目和频率 表 5.4.4

材　料	检 查 项 目	检查频度(其他公路)
细集料	细度模数、表观密度、堆积密度、空隙率、级配	小型机具 1500m^3 一批
	含泥量、泥块含量	小型机具 500m^3 一批
	坚固性	每种砂每标段不少于 3 次
	云母和轻物质含量	目测,有云母或杂质时测

3.4.1　细集料应采用质地坚硬、耐久、洁净的天然砂、机制砂或混合砂,并应符合表 3.4.1 的规定。高速公路、一级公路、二级公路及有抗(盐)冻要求的三、四级公路混凝土路面使用的砂应不低于 II 级。

细集料技术指标 表 3.4.1

项　目	技术要求(II 级)	项　目	技术要求(II 级)
坚固性(按质量损失计)(%)	<8	轻物质含量(按质量计)(%)	<1.0
云母(按质量损失计)(%)	<2.0	表观密度(kg/m^3)	>2500
含泥量(按质量计)(%)	<2.0	松散堆积密度(kg/m^3)	>1350
泥块含量(按质量计)(%)	<1.0	空隙率(%)	<47

3.4.2　细集料的级配要求应符合表 3.4.2 的规定,路面和桥面用天然砂宜为中砂,也可使用细度模数在 2.0～3.5 之间的砂。同一配合比用砂的细度模数变化范围不应超过 0.3,否则,应分别堆放,并调整配合比中的砂率后使用。

细集料级配范围 表 3.4.2

砂分级	方筛孔尺寸(mm)					
	0.15	0.30	0.60	1.18	2.36	4.75
	累计筛余(以质量计)(%)					
粗砂	90～100	80～95	71～85	35～65	5～35	0～10
中砂	90～100	70～92	41～70	10～50	0～25	0～10
细砂	90～100	55～85	16～40	0～25	0～15	0～10

(二)细集料试验编制程序

D-42　水泥混凝土细集料技术性能试验报告

D-43　水泥混凝土细集料技术性能试验(一);

D-44　水泥混凝土细集料技术性能试验(二);

D-45　水泥混凝土细集料技术性能试验(三)。

(三)细集料试验资料的编制

1. D-44 水泥混凝土细集料技术性能试验(二)的填写

(1)表观密度

①集料试验规程 T0328—2005 细集料表观密度试验(容量瓶法)的规定:

5.1　细集料的表观相对密度按式(T0328-1)计算至小数点后 3 位。

$$\gamma_a = \frac{m_0}{m_0 + m_1 - m_2} \tag{T0328-1}$$

式中:γ_a——细集料的表观相对密度,无量纲;

m_0——试样的烘干质量(g);

m_1——水及容量瓶总质量(g);

m_2——试样、水及容量瓶总质量(g)。

5.2　表观密度 ρ_a 按式(T0328-2)计算,精确至小数点后 3 位。

$$\rho_a = \gamma_a \times \rho_T \tag{T0328-2}$$

式中:ρ_a——细集料的表观密度(g/cm^3);

ρ_T——试验温度 T 时水的密度(g/cm^3),按附录 B 表 B-01 取用。

6　报告:以两次平行试验结果的算术平均值作为测定值,如两次结果之差值大于 0.01g/cm^3 时,应重新取样进行试验。

②表观密度计算。

以试验原始记录,试样的烘干质量 $m_0=300g$,水及容量瓶总质量 $m_1=720g$,试样、水及容量瓶总质量 $m_2=907g$ 为基础,进行表观相对密度的计算:$\gamma_a=\frac{m_0}{m_0+m_1-m_2}=\frac{300}{300+720-907}=2.6549$,试验温度 23℃ 时水的密度为 0.99756(g/cm^3),表观密度:$\rho_a=\gamma_a\times\rho_T=2.6549\times0.99756=2.648(g/cm^3)$。同样计算另一试样的表观密度 $\rho_a=2.644(g/cm^3)$,两次结果之差 0.004 g/cm^3<0.01 g/cm^3,表观密度测定值:

$$\rho_a=(2.648+2.644)/2=2.646(g/cm^3)$$

(2)堆积密度、空隙率

①集料试验规程 T0331—1994 细集料堆积密度及紧装密度试验的规定:

5.1　堆积密度按式(T0331-2)计算至小数点后 3 位。

$$\rho = \frac{m_1 - m_0}{V} \tag{T0331-2}$$

式中：ρ——砂的堆积密度(g/cm^3)；

m_0——容量筒的质量(g)；

m_1——容量筒和堆积砂的总质量(g)；

v——容量筒容积(mL)。

5.2　砂的空隙率按式(T0331-4)计算，精确至0.1%。

$$n=\left(1-\frac{\rho}{\rho_a}\right)\times 100 \quad \text{(T0331-4)}$$

式中：n——砂的空隙率(%)；

ρ——砂的堆积密度(g/cm^3)；

ρ_a——砂的表观密度(g/cm^3)。

6　报告：以两次试验结果的算术平均值作为测定值。

②计算。

堆积密度计算：

以试验原始记录，容量筒的质量 $m_0=450g$、容量筒和堆积砂的总质量 $m_1=1870g$和容量筒容积 $v=15mL$ 为基础进行砂的堆积密度计算：$\rho=\frac{m_1-m_0}{V}=\frac{1870-450}{1000}=1.420\ (g/cm^3)$，同样计算另一试样的堆积密度 $\rho=1.430g/cm^3$，平均堆积密度 $\rho=(1.420+1.430)/2=1.425\ (g/cm^3)$。

空隙率计算：

$$n=\left(1-\frac{\rho}{\rho_a}\right)\times 100=\left(1-\frac{1.425}{2.646}\right)\times 100=46.1(\%)$$

(3)坚固性

①集料试验规程 T0340—2005 细集料坚固性试验：

5.1　试样中各粒级颗粒的分计损失百分率按式(T0340-1)计算。

$$Q_i=\frac{m_i-m_i'}{m_i}\times 100 \quad \text{(T0340-1)}$$

式中：Q_i——试样中各粒级颗粒的分计损失百分率(%)；

m_i——每一粒级试样试验前烘干质量(g)；

m_i'——经硫酸钠溶液试验后，每一粒级筛余颗粒的烘干质量(g)。

5.2　试样的坚固性损失总百分率按式(T0340-2)计算，精确至1%。

$$Q=\frac{\sum m_i Q_i}{\sum m_i} \quad \text{(T0340-2)}$$

式中：Q——试样的坚固性损失(%)；

m_i——不同粒级的颗粒在原试样总量中的分计质量(g)；

Q_i——不同粒级的分计质量损失百分率(%)。

②计算。

0.3～0.6mm的分计损失百分率：

以试验原始记录，试验前烘干质量 $m_1=100g$、试验后筛余颗粒的烘干质量 $m'_1=94.0g$ 为基础进行计算：$Q_1=\frac{m_1-m'_1}{m_1}\times100=\frac{100-94.0}{100}\times100=6.0(\%)$，同样计算0.6～1.18mm、1.18～2.36mm和2.34～4.75mm的分计百分率分别为：6.2%、5.9%和5.7%。

试样坚固性损失总百分率为：(6.0+6.2+5.9+5.7)/4=6(%)

(4)含泥量

①集料试验规程T0333—2000细集料含泥量试验(筛洗法)的规定：

5 计算：

砂的含泥量按式(T0333-1)计算，精确至0.1%。

$$Q_n=\frac{m_0-m_1}{m_0}\times100 \tag{T0333-1}$$

式中：Q_n——砂的含泥量(%)；

m_0——试验前的烘干试样质量(g)；

m_1——试验后的烘干试样质量(g)。

以两个试样试验结果的算术平均值作为测定值。两次结果的差值超过0.5%时，应重新取样进行试验。

②计算。

以试验原始记录：试样试验前的烘干试样质量 $m_0=400g$、试验后的烘干试样质量 $m_1=395.6g$ 为基础进行砂的含泥量计算：$Q_n=\frac{m_0-m_1}{m_0}\times100=\frac{400-395.6}{400}\times100=1.1(\%)$，同样计算另一试样的含泥量 $Q_n=1.2(\%)$，两次试验结果之差0.1%<0.5%，含泥量的测定值为 $Q_n=(1.1+1.2)/2=1.2(\%)$。

D-44水泥混凝土细集料技术性能试验(二)的填写，见表4.3.3-1。

2. D-45水泥混凝土细集料技术性能试验(三)的填写

(1)泥块含量

①集料试验规程T0335—1994细集料泥块含量试验的规定：

5 计算：

砂中泥块含量按式(T0335-1)计算，精确至0.1%。

$$Q_k=\frac{m_1-m_2}{m_1}\times100 \tag{T0335-1}$$

式中：Q_k——砂中大于1.18mm的泥块含量(%)；

m_1——试验前存留于1.18mm筛上的烘干试样质量(g)；

m_2——试验后的烘干试样质量(g)。

6 报告:取两次平行试验结果的算术平均值作为测定值,两次结果的差值如超0.4%,应重新取样进行试验。

②计算。

以试验原始记录,试样的试验前存留于1.18mm筛上的烘干试样质量$m_1=200g$、试验后的烘干试样质量$m_2=200g$为基础进行泥块含量计算:$Q_k=\frac{m_1-m_2}{m_1}\times 100=\frac{200-200}{200}\times 100=0(\%)$,同样计算另一试样的泥块含量$Q_k=0(\%)$,虽然泥块含量为0,但仍要进行试验和表格的填写。

(2)云母含量、轻物质含量

目测砂中没有云母和杂质,所以不检测。

(3)有机质含量

其他工程用该砂场的砂,做试验无有机物,这里也不检测。

D-45水泥混凝土细集料技术性能试验(三)只有泥块含量一项内容,亦应填写完整见表4.3.3-2。

3. D-43水泥混凝土细集料技术性能试验(一)的填写

(1)集料试验规程T0327—2005细集料筛分试验的规定

4.1 准确称取烘干试样约500gm_1),准确至0.5g。

4.1.2 所有各筛的分计筛余量和底盘中剩余量的总量与筛分前的试样总量,相差不得超过后者的1%。

5.1 计算分计筛余百分率:

各号筛的分计筛余百分率为各号筛上的筛余量除以试样总量(m_1)的百分率,精确至0.1%。

5.2 计算累计筛余百分率:

各号筛的累计筛余百分率为该号筛及大于该号筛的各号筛的分计筛余百分率之和,精确至0.1%。

5.5 天然砂的细度模数按式(T0327-1)计算,精确至0.01。

$$M_x=\frac{(A_{0.15}+A_{0.3}+A_{0.6}+A_{1.18}+A_{2.36})-5A_{4.75}}{100-A_{4.75}} \quad \text{(T0327-1)}$$

式中: M_x——砂的细度模数;

$A_{0.15}$、$A_{0.3}$…、$A_{4.75}$——分别为0.15mm、0.3mm、…、4.75mm各筛上的累计筛余百分率(%)。

5.6 应进行两次平行试验,以试验结果的算术平均值作为测定值。如两次试验所得的细度模数之差大于0.2,应重新进行试验。

(2)计算

①第一组试样的计算。

各分计筛余量和盘中剩余量试验原始记录记入第(1)栏,并计算总和为498g。

计算损耗:

$$500-498=2<500\times1\%=5.0(\mathrm{g})$$

计算分计筛余百分率:

19/500=3.8%、75.5/500=15.1%、42.5/500=8.5%依此类推,记入第(2)栏。

计算累计筛余百分率:

3.8+0=3.8、3.8+15.1=18.9、8.5+18.9=27.4依此类推,记入第(3)栏。

计算细度模数:

$$M_x=\frac{(A_{0.15}+A_{0.3}+A_{0.6}+A_{1.18}+A_{2.36})-5A_{4.75}}{100-A_{4.75}}$$

$$=\frac{(97.2+73.6+53.1+27.4+18.9)-5\times3.8}{100-3.8}=2.61$$

②同样完成第2组的所有各筛的分计筛余量及盘中剩余量、损耗、分计筛余百分率、累计筛余百分率、细度模数的计算。

③细度模数测定值的计算。

两次试验所得的细度模数之差2.62-2.61=0.01<0.2,细度模数测定值为(2.61+2.62)/2=2.62。

要按照水泥路面规范3.4.2的规定,同一配合比用砂的细度模数变化范围不应超过0.3,否则,应分别堆放,并调整配合比中的砂率后使用。

D-43水泥混凝土细集料技术性能试验(一)的填写,见表4.3.3-3。

4. D-42水泥混凝土细集料技术性能试验报告的填写同粗集料试验报告(见表4.3.3-4)。

××公路××段建设项目 表 4.3.3-1

承包单位：________ 合同号：六

监理单位：________ 编 号：6D4406H001

水泥混凝土细集料技术性能试验（二） D-44

材料名称及规格	天然砂（中砂）	试验单位	第六合同段工地试验室
代表数量(m^3)	300	试验完成日期	年 月 日
产地	××	试验执行标准	JTG E42—2005
工程名称	水泥混凝土面层	试验人签字	
工程部位	K51＋000～K52＋000	审核人签字	

砂 的 试 验 记 录

堆积密度	容量筒容积（mL）	容量筒质量（g）	容量筒和堆积砂的总质量（g）	堆积密度（g/cm³） 单值	堆积密度（g/cm³） 平均值
	1000	450	1870	1.420	1.425
	1000	450	1880	1.430	

表观密度（容量瓶法）	试样的烘干质量（g）	水及容量瓶总质量（g）	试样、水及容量瓶总质量（g）	试验温度23℃时水的密度（g/cm³）	表观密度（g/cm³） 单值	表观密度（g/cm³） 平均值
	300.0	720.0	907.0	0.99756	2.648	2.646
	300.0	720.0	906.8	0.99756	2.644	
空隙率	（1—堆积密度/表观密度）×100			46.1 %		

坚固性	粒级（mm）	各粒级试样试验前烘干质量（g）	试验后每一粒级筛余颗粒的烘干质量（g）	不同粒级的分计质量损失百分率（%）	试样坚固性损失总百分率（%）
	0.3～0.6	100.0	94.0	6.0	6
	0.6～1.18	100.0	93.8	6.2	
	1.18～2.36	100.0	94.1	5.9	
	2.36～4.75	100.0	94.3	5.7	

含泥量（筛洗法）	试验前烘干的试样质量（g）	试验后烘干的试样质量（g）	含泥量（%） 单值	含泥量（%） 平均值
	400.0	395.6	1.1	1.2
	400.0	395.2	1.2	

结论：

各项指标均符合《水泥混凝土路面施工技术规范》（JTG F30）的要求。

签字： 年 月 日

××公路××段建设项目　　表 4.3.3-2

承包单位：＿＿＿＿＿＿　合同号：　六　

监理单位：＿＿＿＿＿＿　编　号：6D4506H001

水泥混凝土细集料技术性能试验(三)

D-45

材料名称及规格	天然砂(中砂)	试验单位	第六合同段工地试验室
代表数量(m^3)	300	试验完成日期	年　月　日
产地	××	试验执行标准	JTG E42—2005
工程名称	水泥混凝土面层	试验人签字	
工程部位	K51＋000～K52＋000	审核人签字	

砂 的 试 验 记 录

<table>
<tr><td rowspan="4">泥块含量</td><td colspan="2" rowspan="2">试验前存留于 1.18mm 筛上的烘干试样质量(g)</td><td rowspan="2">试验后的烘干试样质量(g)</td><td colspan="2">泥块含量(%)</td></tr>
<tr><td>单值</td><td>平均值</td></tr>
<tr><td colspan="2">200.0</td><td>200.0</td><td>0.00</td><td rowspan="2">0.00</td></tr>
<tr><td colspan="2">200.0</td><td>200.0</td><td>0.00</td></tr>
<tr><td>云母含量</td><td colspan="3">[挑出的云母质量(g)/烘干试样质量(g)]×100</td><td colspan="2">(%)</td></tr>
<tr><td rowspan="4">轻物质含量</td><td rowspan="2">试验前烘干的试样质量(g)</td><td rowspan="2">烘干的轻物质与烧杯总质量 (g)</td><td rowspan="2">烧杯的质量(g)</td><td colspan="2">轻物质含量(%)</td></tr>
<tr><td>单值</td><td>平均值</td></tr>
<tr><td></td><td></td><td></td><td></td><td rowspan="2"></td></tr>
<tr><td></td><td></td><td></td><td></td></tr>
<tr><td rowspan="2">三氧化硫含量(定性试验)</td><td>试剂注入时间</td><td>日　时　分</td><td>判定时间</td><td colspan="2">日　时　分</td></tr>
<tr><td>结果评定</td><td colspan="4"></td></tr>
<tr><td rowspan="4">三氧化硫含量(定量试验)</td><td rowspan="2">作定量试验的试样质量(g)</td><td rowspan="2">坩埚和灰化物总质量(g)</td><td rowspan="2">坩埚质量(g)</td><td colspan="2">三氧化硫含量(%)</td></tr>
<tr><td>单值</td><td>平均值</td></tr>
<tr><td></td><td></td><td></td><td></td><td rowspan="2"></td></tr>
<tr><td></td><td></td><td></td><td></td></tr>
<tr><td rowspan="2">有机质含量(比色法)</td><td>试剂注入时间</td><td>日　时　分</td><td>判定时间</td><td colspan="2">日　时　分</td></tr>
<tr><td>结果评定</td><td colspan="4"></td></tr>
<tr><td colspan="6">结论：
各项指标均符合《水泥混凝土路面施工技术规范》(JTG F30)的要求。

签字：　　年　月　日</td></tr>
</table>

表 4.3.3-3

××公路××段建设项目

承包单位：______ 合同号：六

监理单位：______ 编　号：6D4306H001

水泥混凝土细集料技术性能试验(一)

D-43

材料名称及规格	天然砂(中砂)	试验单位	第六合同段工地试验室
代表数量(m^3)	300	试验日期	年　月　日
产地	××	试验执行标准	JTG E42—2005
工程名称	水泥混凝土面层	试验人签字	
工程部位	K51＋000～K52＋000	审核人签字	

砂的筛分记录(干筛法)

干燥试样总量(g)	第1组				第2组				平均
	500				500				
筛孔尺寸(mm)	筛上重 m_i(g)	分计筛余(%)	累计筛余(%)	通过百分率(%)	筛上重 m_i(g)	分计筛余(%)	累计筛余(%)	通过百分率(%)	累计筛余(%)
	(1)	(2)	(3)	(4)	(1)	(2)	(3)	(4)	(5)
9.5(10.0)	0	0	0	100.0	0	0	0	100.0	0
4.75(5.0)	19.0	3.8	3.8	96.2	17.5	3.5	3.5	96.5	3.6
2.36(2.5)	75.5	15.1	18.9	81.1	78.0	15.6	19.1	80.9	19.0
1.18(1.25)	42.5	8.5	27.4	72.6	43.5	8.7	27.8	72.2	27.6
0.6(0.63)	128.5	25.7	53.1	46.9	125.5	25.1	52.9	47.1	53.0
0.3(0.315)	102.5	20.5	73.6	26.4	104.5	20.9	73.8	26.2	73.7
0.15(0.16)	118.0	23.6	97.2	2.8	116.5	23.3	97.1	2.9	97.2
底盘	12.0	2.4	99.6		13.5	2.7	99.8		99.7
筛分后总量 $\sum m_i$(g)	498.0				499.0				
损耗(g)	2.0				1.0				
损耗率(%)	0.40				0.20				
细度模数	2.61				2.62				2.62

结论：

细度模数(2.62)和级配符合《水泥混凝土路面施工技术规范》(JTG F30)的要求。

签字：　　年　月　日

注：《公路桥涵施工技术规范》(JTJ 041)中砂的级配范围要求以圆孔筛表示，所以在筛孔尺寸的括号中列入圆孔筛尺寸。

××公路××段建设项目　　　　表 4.3.3-4

承包单位：＿＿＿＿＿＿　合同号：六

监理单位：＿＿＿＿＿＿　编　号：6D4206H001

水泥混凝土细集料技术性能试验报告

D-42

材料名称及规格	天然砂(中砂)	试验单位	第六合同段工地试验室
产地	××	试验完成日期	年　月　日
代表数量(m^3)	300	试验执行标准	JTG E42－2005
进场日期		试验人签字	
工程名称	水泥混凝土面层	审核人签字	
工程部位	K51＋000～K52＋000	试验室主任签字	

砂试验报告

试验指标	标　准	试验结果	结果评定	试验方法
级配	符合要求	符合	合格	T0327
细度模数	2.3～3.5	2.62	合格	T0327
堆积密度(g/cm^3)	＞1.35	1.426	合格	T0331
表观密度(g/cm^3)	＞2.5	2.646	合格	T0328
空隙率(%)	＜47	46.1	合格	T0331
坚固性(%)	＜8	6	合格	T0340
含泥量(%)	＜2.0	1.2	合格	T0333
泥块含量(%)	＜1.0	0.00	合格	T0335
云母含量(%)				T0337
轻物质含量(%)				T0338
硫化物及硫酸盐 (按三氧化硫质量计%)				T0341
有机质含量(%)				T0336

结论：

各项指标均符合《水泥混凝土路面施工技术规范》(JTG F30)的要求，可用于K51＋000～K52＋000段的施工。

监理机构：　　年　月　日

第四节　标准试验资料的编制

标准试验使用的原材料要和施工使用的原材料一致，材料有变化时应重新做标准试验。

一、标准击实试验

标准击实试验要按照评定标准 B. 0. 2 的标准密度应做平行试验，求其平均值作为现场检验的标准值的规定进行。

(一)土的击实试验

击实试验按照土工试验规程 T0131—2007 击实试验的操作方法进行。土的击实试验资料的编制程序见第三章表 3. 1. 2-12 的(二)—2—(1)或(3)。资料的填写同原材料试验，真实记录含水率与干密度的关系曲线，规程中有具体的举例。

(二)无机结合料稳定材料击实试验

无机结合料稳定材料击实试验要按照无机结合料稳定材料试验规程 T0804—1994 无机混合料稳定材料击实试验方法进行。无机结合料稳定材料击实试验资料编制程序见第三章表 3. 1. 2-12 的(二)—2—(2)—①或②。资料组成及编制方法同土的击实试验。

二、水泥稳定砂砾混合料组成设计

混合料组成设计要按照路面基层规范 3. 3 混合料组成设计的步骤和要求进行，混合料组成设计资料编制程序见第三章表 3. 1. 2-12 的(二)—3—(1)或(2)。设计书按组成设计的试验步骤和计算编制，无侧限抗压强度试验报告、剂量试验同第五章施工资料，原材料试验同原材料试验资料。

三、水泥混凝土配合比试验

(一)水泥混凝土路面用混凝土配合比试验

配合比试验应按水泥路面规范 4. 1 普通混凝土配合比设计和 4. 5 配合比确定与调整的规定进行，混凝土配合比设计报告资料编制程序见第三章表 3. 1. 2-12 的(二)—3—(3)。设计书按照水泥路面规范、水泥及水泥混凝土试验规程规定的步骤和根据试验数据的计算编制。配合比试验报告较简单，弯拉强度试验报告同第五章，原材料同原材料试验资料。

(二)桥涵(包括交通安全设施)用混凝土配合比试验

配合比试验要按照桥涵规范 11.3 混凝土的配合比的规定和现行《普通混凝土配合比设计规程》进行。混凝土配合比设计报告编制程序见第三章表 3.1.2-12 的(二)—1—(1)—②、③或(二)—1—(2)—①、(二)—1—(3)。设计书按照桥涵规范混凝土配合比和配合比设计规程规定的试验过程进行编制。配合比试验报告的填写较简单,抗压强度试验报告单同第五章,原材料同原材料试验资料。

四、砌筑用砂浆配合比试验

砂浆的配合比要按照桥涵规范 13.2.3-4 要求的砂浆的配合比可通过试验确定,可采用质量比或体积比,并应满足该规范中技术条件的要求。当变更砂浆的组成材料时,其配合比应重新试验确定。13.2.3-5 要求的砂浆必须是有良好的和易性,其稠度以标准圆锥体沉入度表示,用于石砌体时宜为 50～70mm,气温较高时可适当增大。零星工程用砂浆的稠度,也可用直观法进行检查,以用手能将砂浆捏成小团,松手后既不松散、又不由灰铲上流下为度。其编制程序见第三章 3.1.2-12 的(二)—1—(1)—①、④或(二)—1—(2)—②。设计书由以上规定和试验步骤进行,原材料同原材料试验。

第五章

施工工序资料的编制

加强施工过程中的质量控制，是保证工程质量的重要环节。只有抓好工序的施工质量，才能为分项工程的施工质量打好坚实基础。

第一节　有关对施工过程中质量管理的规定和要求

一、施工监理规范对施工阶段质量监理的规定

5.1.2　审批施工测量放线

监理工程师应检查施工单位使用的测量仪器是否按规定进行了校准，审查其提交的施工测量放线数据、图表及放线成果并予以批复。

监理工程师应对从基准点引出的工程控制桩进行复测，对施工放线的重点桩位100％复测，其他桩位不低于30％抽测。

5.1.6　审查施工方案及主要工艺

监理工程师应审查施工单位提交的分项、分部工程的施工方案及主要工艺，对技术复杂或采用新技术、新工艺、新材料、新设备的工程，应根据试验工程结果进行审批。

5.1.9　巡视

监理人员应重点巡视：正在施工的分项、分部工程是否已批准开工；质量检测、安全管理人员是否按规定到岗；特种作业人员是否持证上岗；现场使用的原材料或混合料、外购产品、施工机械设备及采用的施工方法与工艺是否与批准的一致；质量、安全及环保措施是否实施到位；试验检测仪器、设备是否按规定进行了校准；是否按规定进行了施工自检和工序交接。

监理人员每天对每道工序的巡视应不少于1次，并按附录B.1格式详细做好巡视记录。

5.1.10 旁站

监理人员应对试验工程、重要隐蔽工程和完工后无法检测其质量或返工会造成较大损失的工程进行旁站，宜旁站的项目见附录A.1。

旁站监理人员应重点对旁站项目的工艺过程进行监督，并对本规范第5.1.9条规定的内容进行检查，对发现的问题应责令立即改正；当可能危及工程质量、安全或环境时，应予制止并及时向驻地监理工程师或总监理工程师报告。

旁站监理人员应按附录B.2格式如实、准确、详细地做好旁站记录。

旁站项目完工后，监理工程师应组织检查验收，验收合格方可进行下道工序施工。

5.1.11 抽检

监理工程师应按规定重点对施工过程中使用的水泥、钢材、沥青、石灰、粉煤灰、砂砾、碎石等主要原材料及各种混合料进行抽检，抽检频率应不低于施工单位自己频率的20%，其余材料应不低于10%；对已完工程实体质量的抽检频率应不低于施工单位自检频率的20%。

监理工程师对材料或工程的质量有怀疑时应进行进一步的判定。

5.1.12 关键工序签认

完工后无法检验的关键工序，须经监理工程师签认，并留存相应的图像资料，未经签认不得进行下道工序施工。

二、有关施工规范的要求

(一)路面基层规范对施工工序质量管理的要求

9.1.5 各工序完结后，均应进行检查验收。经检验合格后，方可进行下一个工序。凡经检验不合格的段落，必须进行补救，使其达到要求。

(二)水泥路面规范对施工质量的要求

11.1.1 施工质量的控制、管理与检查应贯穿整个施工过程，应对每个施工环节严格控制把关，对出现的问题，立即进行纠正直至停工整顿。

(三)桥涵规范对工序质量的要求

11.11.2-1 各种材料、各工程项目和各个工序，应经常进行检验，保证符合设计和施工技术规范的要求。

第二节　施工工序资料的编制管理

一、施工过程中的原材料试验资料的编制管理

施工过程中的原材料质量管理是对原材料质量的第三次把关，即使用和保管关。由于堆放及材料的场地存在场地、道路、使用、保管各方面的问题，如堆放场地和场内道路没有硬化，各种规格材料之间没有隔离，使用时不同规格材料相互混杂，或者将泥土混入材料中等等，把本来合格的材料变成了不合格的材料。所以要按照规范要求进行施工中的材料试验，把住材料质量的使用关。

(一)施工规范对施工中材料试验的规定

1. 路面基层规范对施工过程中原材料试验的规定

9.2.1　在施工过程中，原材料(包括土)或混合料发生变化时必须对拟采用的材料进行规定的基本性质试验，评定材料质量和性能是否符合要求。

9.2.2　对用做底基层和基层的原材料，应进行表 9.2.2 所列的试验。

底基层和基层原材料的试验项目　　表 9.2.2

试验项目	材料名称	目　的	频　度	仪器和试验方法
颗粒分析	砂砾、碎石等集料	确定级配是否符合要求，确定材料配合比	使用过程中每 2000m³测 2 个样品	筛分法
液限、塑限	土、级配砾石或级配碎石中 0.5mm 以下的细土	求塑性指数，审定是否符合规定	同上	液限塑限联合测定法测液限；滚搓法塑限试验测塑限
相对毛体积密度、吸水率	砂砾、碎石等	评定粒料质量，计算固体体积率	砂砾使用过程中每 2000m³测 2 个样品，碎石种类变化重做 2 个样品	网篮法或容积 1000mL 以上的比重瓶法
压碎值	砂砾、碎石等	评定石料的抗压碎能力是否符合要求	同上	集料压碎值试验
有机质和硫酸盐含量	土	确定土是否适宜于用石灰或水泥稳定	对土有怀疑时做此试验	有机质含量试验，易溶盐试验
强度等级	水泥	确定水泥的质量是否适宜应用	料源或强度等级变化时重测	水泥胶砂强度检验方法，水泥凝结时间检验方法

2. 水泥路面规范对施工中原材料试验的规定

11.3.1-2 施工单位应随时对施工质量进行自检。自检项目和频率:原材料应按表5.4.4规定进行。

混凝土原材料的检测项目和频率 表5.4.4

材　料	检查项目	检查频度(其他公路)
水泥	抗折强度、抗压强度、安定性	小型机具500t一批
	凝结时间、标稠需水量、细度	小型机具500t一批
粗集料	针片状、超径颗粒含量、级配、表观密度、堆积密度、空隙率	小型机具1500m^3一批
	含泥量、泥块含量	小型机具1000m^3一批
	坚固性、压碎指标	每种粗集料每标段不少于2次
细集料	细度模数、表观密度、堆积密度、空隙率、级配	小型机具1500m^3一批
	含泥量、泥块含量	小型机具500m^3一批
	坚固性	每种砂每标段不少于3次
	云母和轻物质含量	目测,有云母或杂质时测

3. 桥涵规范对施工中原材料试验的规定

11.11.2-1 各种材料,应经常进行检验,保证符合设计和施工技术规范的要求。

(二)施工过程中原材料试验资料的编制

第二章介绍过,因为规范对施工过程中原材料试验的规定与原材料进场试验的规定相同,在工序中除材料级配外其余试验项目未列入。这里对施工过程中的原材料试验资料也不进行重复介绍,但在实际工作中,要按照规定进行试验和资料的编制。

二、铺筑试验段总结报告的编制管理

铺筑试验段是路基、路面施工不可缺少的步骤,通过铺筑试验段,可全面检验整个施工工艺中的每个施工环节:检验机械系统配合、适宜的施工参数、工艺流程与质量、技术和操作实地培训、施工组织、掌握所有质量指标检验方法等，为工程的施工做好充分准备，为保证施工质量打好基础。在试验段的铺筑中，施工人员应按照施工规范的规定认真做好记录；试验段铺筑后，施工单位应按照施工规范的规定提出完整的试验段施工、检测总结报告，上报监理和建设单位批复，取得正式开工认可。

(一)路基规范对铺筑试验路段的规定

3.5 试验路段：

3.5.1 下列情况下，应进行试验路段施工：

1 二级及二级以上公路路堤；

3.5.2 试验路段应选择在地质条件、断面形式等工程特点具有代表性的地段，路段长度不宜小于100m。

3.5.3 路堤试验路段施工应包括以下内容：

1 填料试验、检测报告等；

2 压实工艺主要参数：机械组合；压实机械规格、松铺厚度、碾压遍数、碾压速度；最佳含水率及碾压时含水率允许偏差等；

3 过程质量控制方法、指标；

4 质量评价指标、标准；

5 优化后的施工组织方案及工艺；

6 原始记录、过程记录；

7 对施工设计图的修改建议等。

(二)路面基层规范对铺筑试验段的规定

9.3.1 在底基层和基层正式开工之前，应铺筑试验段。

9.3.2 应通过铺筑无结合料的集料基层试验段，确定以下主要项目：

(1) 用于施工的集料配合比例。

(2)材料的松铺系数。

(3)确定标准施工方法：

①集料数量的控制；

②集料摊铺方法和适用机具；

③合适的拌和机械、拌和方法、拌和深度和拌和遍数；

④集料含水率的增加和控制方法；

⑤整平和整形的合适机具和方法；

⑥压实机械的选择和组合，压实的顺序、速度和遍数；

⑦拌和、运输、摊铺和碾压机械的协调和配合；

⑧密实度的检查方法，初定每一作业段的最小检查数量。

(4)确定每一作业段的合适长度。

(5)确定一次铺筑的合适厚度。

9.3.3 通过铺筑水泥稳定土基层试验段，除确定9.3.2条所列者外，还应确定控制结合料数量和拌和均匀性的方法。

对于水泥稳定土基层，还包括通过严密组织拌和、洒水、整形、碾压等工序，缩短延迟时间，规定允许的拌和时间。

(三)水泥路面规范对铺筑试验路段的规定

11.2.1 二级及二级以上公路混凝土路面工程，使用滑模、轨道、三辊轴机组机械施工时，在正式摊铺混凝土路面前，必须铺筑试验路段。试验路段长度不应短于200m。没有经验的施工单位无论摊铺任何等级公路都应做试验路段(条文说明)。路面厚度、摊铺宽度、接缝设置、钢筋设置等均应与实际工程相同。

11.2.2 试验路段分为试拌及试铺两个阶段，通过试验路段应达到下述目的：

1 通过试拌检验搅拌楼性能及确定合理搅拌工艺，检验适宜摊铺的搅拌楼拌和参数：上料速度，拌和容量，搅拌均匀所需时间，新拌混凝土坍落度、含气量、泌水性和生产使用的混凝土配合比等。

2 通过试铺检验主要机械的性能和生产能力，检验辅助施工机械组配合理性，检验路面摊铺工艺和质量：模板架设固定方式或基准线设置方式，摊铺机械(具)的适宜工作参数，包括：松铺高度、摊铺速度、振捣时间与频率、滚压遍数、中间和侧向拉杆置入情况等。检验整套施工工艺流程。

6 检验通信联络和生产调度指挥系统。

11.2.3 试铺中，施工人员应认真做好记录，监理工程师或质检部门应监督检查试验段的施工质量，及时与施工单位商定并解决问题。试验段铺筑后，施工单位应提出试验路段总结报告，上报监理和业主批复，取得正式开工认可。

三、施工工序资料的编制管理

(一)施工放样报验单的编制管理流程

按照监理规范施工阶段监理对审批施工测量放样的规定，制定的施工放样报验单的编制管理流程(图5.2.3-1)。

(二)施工工序资料的编制管理流程

按照监理规范、施工规范的规定，制定施工工序资料的编制管理流程(图5.2.3-2)。

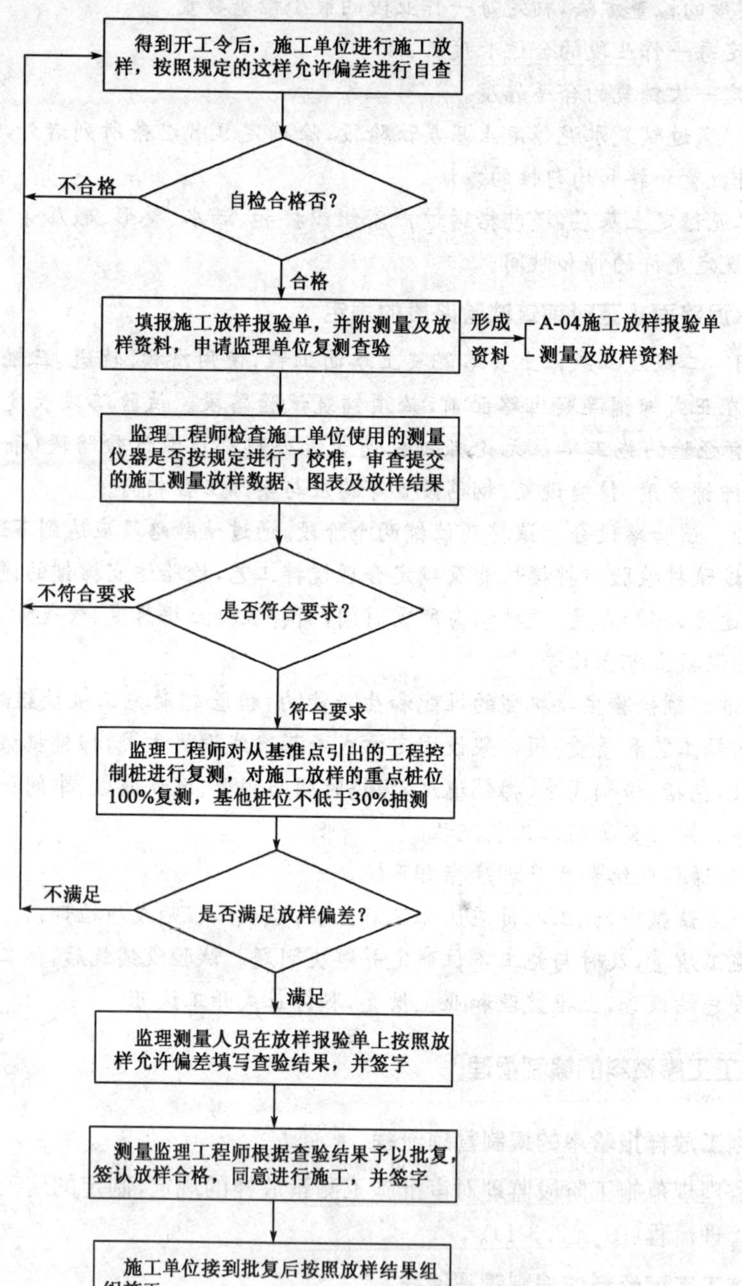

图 5.2.3-1　施工放样报验单的编制管理流程

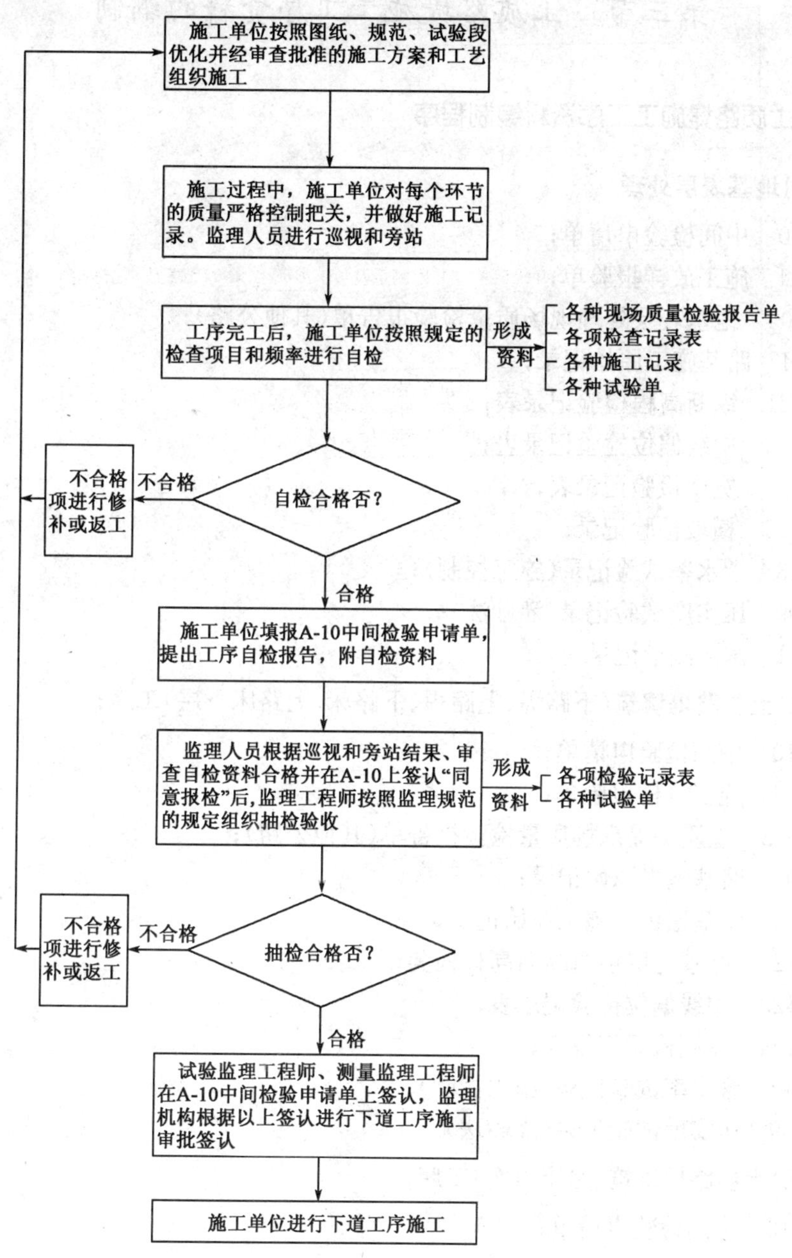

图 5.2.3-2　施工工序资料的编制管理流程

第三节　土质路堤施工工序资料的编制

一、土质路堤施工工序资料编制程序

(一)地基表层处理

A-10　中间检验申请单；
A-04　施工放样报验单；
C-004　地基表层处理现场质量检验报告单(其他公路)；
E-01　路基施工原始记录；
C-121　纵断高程检验记录表；
C-123　中线偏位检验记录表；
C-124　宽度检验记录表；
C-126　横坡检验记录；
D-13　含水率试验记录(施工控制)；
D-09　压实度试验记录(灌砂法)；
E-11　水准测量记录

(二)土质路堤填筑(下路堤、上路堤、下路床、上路床下层)**工序；**

A-10　中间检验申请单；
A-04　施工放样报验单；
C-002　土质路堤现场质量检验报告单(其他公路)；
E-01　路基施工原始记录；
E-02　路基挖台阶施工原始记录；
C-122　路基每层填筑纵断高程检验记录表；
C-123　中线偏位检验记录表；
C-124　宽度检验记录表；
D-13　含水率试验记录(施工控制)；
D-09　压实度试验记录(灌砂法)

(三)土质路堤填筑(路床顶面)**工序；**

A-10　中间检验申请单；
A-04　施工放样报验单；
C-002　土质路堤现场质量检验报告单(其他公路)；
E-01　路基施工原始记录；

C-121　纵断高程检验记录表；
C-123　中线偏位检验记录表；
C-124　宽度检验记录表；
C-125　平整度检验记录表；
C-126　横坡检验记录；
C-127　边坡检验记录表；
E-11　水准测量记录；
D-13　含水率试验记录(施工控制)；
D-09　压实度试验记录(灌砂法)；
C-128　回弹弯沉值测定记录表

二、土质路堤填筑工序资料的填写说明

以上三个工序的资料编制程序虽然有所不同，各项质量指标的要求也不一样，但资料用表的填写基本相同，下面以检验项目最全的土质路堤填筑(路床顶面)为例进行资料用表的填写说明。

(一)路基规范的规定

4.2.2-6　路堤填筑至设计高程并修整完成后，其施工质量应符合表4.2.2-2的规定。

土质路堤施工质量标准　　表4.2.2-2

项次	检查项目	规定值或允许偏差(二级公路)	检查方法和频率
1	压实度	符合规定	施工记录
2	弯沉	不大于设计值	—
3	纵断高程(mm)	+10，−20	每200m测4个断面
4	中线偏位(mm)	100	每200m测4点，弯道加HY、YH两点
5	宽度	不小于设计值	每200m测4处
6	平整度(mm)	20	3m直尺：每200m测2处×10尺
7	横坡(%)	±0.5	每200m测4个断面
8	边坡坡度	不陡于设计坡度	每200m抽查4处

(二)资料的填写说明

1. A-10中间检验申请单的填写

填报A-10中间检验申请单是在施工过程中保证工序质量的一道管理程序，是工序完工后经自检、抽检、签认等一系列保证工程质量的工序质量控制程序。

对于土质路堤工序的检查验收，压实度试验需较长时间才能完成。为了不耽误

下道工序施工，监理人员应根据巡视和旁站结果，可提前与施工单位同时分别进行压实度的试验。

(1)工程项目、检验项目、检验内容和备注的填写

工程项目：填写分项工程名称。

检验项目：填写工序名称。

检验内容：填写工序现场质量报告单中检验内容，如填写的内容较多时，可增加格数或一格多填，中间检验申请单的内容尽量填写在一张表内。

备注：填写路基部位和层数(地基表层处理后，从第一层填筑开始的累计层数。但如地面线起伏，该工序各施工地点的累计层数则有所不同，这时应以施工最长路段的累计层数计)。

(2)试验测量监理工程师意见、监理机构意见的填写

①应在合同规定的时间内完成签认。

②签认意见应简明、具体，并足以说明问题。

③签认应相关责任人手签。

A-10 中间检验申请单的填写，见表 5.3.2-1。

2. A-04 施工放样报验单的填写

施工放样是保证工序施工质量的关键环节之一，应确保施工放样质量，为工序施工打好基础。

(1)桩号或位置、工程或部位名称、放样内容、备注的填写

工程或部位名称：填写工序名称和部位。

放样内容：放样内容应填写完整。

备注：应注明施工层数和距路床顶面距离。

(2)查验结果和测量监理工程师意见的填写

①查验结果是监理人员查验后填写的结果，允许偏差应是放样允许偏差。

②应在合同规定的时间内完成查验结果和测量工程师意见的签认。

③查验结果和测量工程师意见应是相关责任人手签。

A-04 施工放样报验单的填写，见表 5.3.2-2。

3. C-002 土质路堤现场质量检验报告单的填写

现场质量检验报告单是工序完工后，经自检、抽检合格后填写的表格，是监理工程师对工序施工质量的各项指标和外观检查的认可，是监理机构审批进行下道工序施工的依据。

(1)工程部位的填写

“工程部位”应填写下路堤、上路堤或下路床、上路床、路床顶面，并标注第几层。

(2)压实度规定值或允许偏差的填写

压实度的规定值要按照路基规范 4.2.2-4，土质压实度应符合表 4.2.2-1 的规定填写(或按照设计要求)。

土质路基压实度标准 表 4.2.2-1

填挖类型		路床顶面以下深度(m)	压实度(%)(二级公路)
路堤	上路床	0～0.30	≥95
	下路床	0.30～0.80	≥95
	上路堤	0.80～1.50	≥94
	下路堤	＞1.50	≥92
零填及挖方路基		0～0.30	≥95
		0.30～0.80	≥95

(3)弯沉值规定值或允许偏差的填写

要在不大于设计值的后边按照设计要求填写弯沉设计值。

(4)由于 C-002 土质路堤现场质量检验报告单的检查项目是按照路基规范 4.2.2-6路堤填筑至设计高程并整修完成后的施工质量检查项目制定的，而对路床顶面以下每层的施工不进行所有项目的检查，要按实际检查项目填写，未检查项目可空着不填。

(5)检查结果

检查结果是根据检验记录的计算结果填写的，当检验记录合格率 100%时，在检验结果栏填写“合格”二字，不再填写其他数据。

(6)外观检查

外观检查是监理工程师按照评定标准的土方路基外观鉴定的规定进行检查和签认意见，应手签。

(7)质量评定

质量评定是监理工程师在自检、抽检、外观检查均合格的情况下填写的，手签“合格”即可。

C-002 土质路堤现场质量检验报告单的填写，见表 5.3.2-3。

4. D-09 压实度试验记录(灌砂法)的填写

(1)计算检测点数

路基宽 13.74m，长 200m，压实度检验面积为：13.74×200＝2748(m^2)，根据路基规范规定检测频率为每 1000m^2 至少检验 2 点，不足 1000m^2 时检验 2 点，必要时可根据需要增加检验点的规定，该工序至少检验 6 点(举例中是 5 点，少 1 点)，必要时还要增加检验点。

(2)土样类别的填写

①填写细粒土、中粒土或粗粒土，要与击实试验相对应。

②土样类别用以复核现场材料是否与标准击实的材料一致，采用的最大干密度是否准确。

③测定含水率试验的试样质量：

以土样类别为依据，确定测定含水率试验的试样质量，试样质量不允许少于规定值，否则，含水率没有代表性，计算出的干密度不准确，压实度就不准确，也就不能代表工程的真实情况，无法判断工程是否合格。样品的数量按照测试规程 T0921—2008 挖坑灌砂法测定压实度试验方法 3.5-(5)规定：用小型灌砂筒测定时，对于细粒土，不少于 100g；对于各种中粒土，不少于 500g。用大型灌砂筒测定时，对于细粒土，不少于 200g；对于各种中粒土，不少于 1000g；对于粗粒土或水泥、石灰、粉煤灰等无机结合料稳定材料，宜将取出的全部材料烘干，且不少于 2000g。

(3)试坑体积

这是为了方便检查试坑是否符合要求，而增加的一项内容。按照路基规范 4.2.2-5-1)用灌砂法检测压实度时，取土样的底面位置为每一压实层底部的规定确定试坑底部。为了保证试验的精度或合理性，标定罐深度应该与试坑的深度一致，试坑体积要与标定罐的体积相当才合理，计算出的压实度才能符合实际，才能正确反映施工质量。

(4)路基部位(第几层)

按实际施工工序的层次部位填写(下路堤、上路堤、下路床、上路床等)，并与其他表格相对应，与压实度标注相对应。

(5)压实度标准

这一项好填，但容易忽略，一定要认真填写。

(6)结论

要根据全部压实度试验结果填写“合格”或“不合格”。

D-09 压实度试验记录(灌砂法)的填写，见表 5.3.2-4.

5. C-128 回弹弯沉值测定记录表的填写

(1)有关规定

①路基路面测试规程 T 0951—2008 贝克曼梁测定路基路面回弹弯沉试验方法的规定

3.2　测试步骤：

3.2-(2)　将试验车后轮轮隙对准测点后约 3～5cm 处的位置上。

3.2-(3)　将弯沉仪插入汽车后轮之间的缝隙处，与汽车方向一致，梁臂不得碰到轮胎，弯沉仪测头置于测点上(轮隙中心前方 3～5cm 处)，并安装百分表于弯沉仪的测定杆上，百分表调零，用手指轻轻叩打弯沉仪，检查百分表应稳定回零。

弯沉仪可以是单侧测定，也可以是双侧同时测定。

3.2-(4) 测定者吹哨发令指挥汽车缓缓前进，百分表随路面变形的增加而持续向前转动。当表针转动到最大值时，迅速读取初读数 L_1。汽车仍在继续前进，表针反向回转，待汽车驶出弯沉影响半径(约 3m 以上)后，吹口哨或挥动指挥红旗，汽车停止。待表针回转稳定后，再次读取终读数 L_2。汽车前进的速度宜为 5km/h 左右。

②路基规范的规定

4.2.2-6 条文说明，路基压实的最终目的是保证路基的整体强度——回弹模量或弯沉值应达到铺筑路面垫层或底基层的要求。因为测验回弹模量的操作比较复杂，费时较多，故条文规定土质路基顶面完成后应进行弯沉检验。弯沉值与土基回弹模量之间相关关系应按路面设计规范规定的公式换算，当无规定时可参照下列回归方程换算：

$$l_0 = 9308 \times E_0^{-0.938}$$

式中：E_0——土基回弹模量(MPa)；

l_0——路床顶面实测弯沉值，设计标准轴载以双轮组单轴 100kN 车测试值(1/100mm)为准。

若弯沉检验时不是不利季节，应先将此弯沉值换算的土基回弹模量值乘以季节影响系数，换算为不利季节的土基回弹模量值。

(2)C-128 回弹弯沉值测定记录表的填写

①初读数为 0 时的填写

弯沉值很小时：

初读数一般不为 0，若弯沉值很小，有可能为 0(这种情况极少)，这时可填写初读数 0。

试验车后轮轮隙中心正对准测点时：是一种特别情况，初读数也为 0，测得的弯沉值是实际值，可以填写初读数 0。但为了规范检验，还是将试验车后轮轮隙中心对准测点后 3～5cm 的位置为好。

试验车后轮轮隙中心对准测点前方时：这是时常发生的情况，初读数必然为 0，表针不正向转动，直接反向摆动，所测得的弯沉值要比实际值小，这样测到的弯沉值应弃掉，并应立即按规定进行标准车的车位调整，重新对测点进行测定。

②对读数的填写

要认真按照原始记录填写初读数和终读数，不允许把初读数和终读数相加填写一个数，更不允许在记录时就把二数加在一起。

用两台弯沉仪同时进行左右轮弯沉值测定时，应按两个独立测点计，不可采用左右两轮的平均值。

③若弯沉检验时不是不利季节，应将此弯沉值换算的土基回弹模量值乘以季节

影响系数，换算为不利季节的土基回弹模量值后，才能判定是否合格。表 C-128 回弹弯沉值测定记录表中的弯沉值是在不利季节测定的，所以不进行换算计算(见表 5.3.2-5)。

6. C-121 纵断高程检验记录表和 E-11 水准测量记录的填写

按照测试规程 T0911—2008 路基路面几何尺寸测试方法 3.3-(1)测记测定点的高程读数，以 m 表示，准确至 0.001m 的规定进行记录和填写，按照 3.3-(2)连续测定全部测点，并与水准点闭合的规定进行水准点闭合测定，在水准测量记录中进行水准点闭合资料的填写。见表 5.3.2-6 和表 5.3.2-7。

对于土质路堤填筑工序其他检测用表 C-123 中线偏位检验记录表、C-124 宽度检验记录表、C-125 平整度检验记录表、C-126 横坡检验记录表、C-127 边坡检验记录表的填写虽然很简单，但仍要按照测试规程的规定进行检验、记录和表格的填写。分别见表 5.3.2-8～表 5.3.2-12。

××公路××段建设项目 表 5.3.2-1

承包单位：__________ 合同号：六

监理单位：__________ 编 号：6A1006H001

中间检验申请单

A-10

致(监理工程师) ××× ：

下列工作内容已按合同要求完成，请予检验。

附件：自检资料

工程项目：土方路基

检验项目	地点及桩号	检验内容	要求到现场检验时间	备 注
土质路堤填筑	K51＋000～K51＋200	压实度	年 月 日	路床顶面(第九层)
		弯沉值		
		纵断高程		
		中线偏位		
		宽 度		
		平整度		
		横 披		
		边 坡		

承包人： 年 月 日

监理人员意见：

同意报检。

监理人员： 年 月 日

试验监理工程师意见：

压实度均大于设计标准 95%；

弯沉值均小于设计值 180(0.01mm)。

试验监理工程师：

年 月 日

测量(检测)监理工程师意见：

高程、中线偏位等各项指标的偏差均在允许范围内。

测量(检测)监理工程师：

年 月 日

监理机构意见：

合格，同意进行下道工序施工。

监理机构签字：

年 月 日

××公路××段建设项目 表 5.3.2-2

承包单位：______ 合同号：六

监理单位：______ 编 号：6A0406H001

施工放样报验单 A-04

致(驻地监理工程师)：________：

根据合同要求，我们已经完成K51＋000～K51＋200 段土质路堤填筑的施工放样工作，清单如下，请予查验。

附件：测量及放样资料

承包人： 年 月 日

桩号或位置	工程或部位名称	放样内容	备 注
K51＋000～K51＋200	土质路堤(路床顶面)	纵断高程	第九层
		中线位置	
		宽 度	

查验结果：

纵断高程放样偏差均在放样允许范围内；

中线偏位最大偏差 30mm，小于放样允许偏差××mm；

放样宽度均大于 13.74mm。

监理测量人员： 年 月 日

测量监理工程师意见：

放样合格，同意进行施工。

测量监理工程师： 年 月 日

××公路××段建设项目　　　　　　表 5.3.2-3

承包单位：____________　　合同号：六

监理单位：____________　　编　号：6C00206H001

土质路堤现场质量检验报告单(其他公路)　　　　C-002

工程部位	路床顶面(第九层)		桩号	K51+000～K51+200	
施工日期	年　月　日		检验日期	年　月　日	
填筑材料	砂类土	液限(%)		塑性指数	
最大干密度(g/cm^3)	2.08		最佳含水率(%)	8.3	
检验项目	规定值或允许偏差	检验方法与频率	检验结果	检验资料编号	备　注
压实度(%)	≥95	灌砂法：每1000m^{2}至少检验2点，不足1000m^{2}时检验2点	合格	6D0906H001	必要时可根据需要增加检验点
弯沉值(0.01mm)	不大于设计值,180	弯沉仪：每1000m测80点	合格	6C12806H001	
纵断高程(mm)	+10,−20	水准仪：每200m测4个断面	合格	6C12106H001	
中线偏位(mm)	100	经纬仪：每200m测4点	合格	6C12306H001	弯道加HY、YH两点
宽度(mm)	不小于设计值	米尺：每200m测4处	合格	6C12406H001	
平整度(mm)	20	3m直尺：每200m测2处×10尺	合格	6C12506H001	
横坡(%)	±0.5	水准仪：每200m测4个断面	合格	6C12606H001	
边坡	不陡于设计坡度	坡度尺：每200m抽查4处	合格	6C12706H001	
外观检查	表面平整密实、边线直顺、边坡不亏坡、取土坑外形整齐				
质量评定	合　格				

施工负责人：　　　　　质量检查员：　　　　　监理工程师：

××公路××段建设项目

表 5.3.2-4

承包单位：________ 合同号：六

监理单位：________ 编 号：6D0906H001

压实度试验记录（灌砂法）

D-09

	项目										
	工程名称	土质路堤填筑				试验单位				第六合同段工地试验室	
	现场桩号	K51+000～K51+200				试验完成日期				年 月 日	
	土样类别	中粒土				试验执行标准				JTG E60—2008	
	最大干密度（g/ cm³）	2.08				试验人签字					
	最佳含水率（%）	8.3				审核人签字					
	取样桩号	K51+020		K51+055		K51+085		K51+120		K51+160	
	取样位置（m）	左		左		左		右		右	
a	灌砂前：筒+砂质量（g）	7813		7776		7717		7698		7630	
b	灌砂后：筒+砂质量（g）	2393		2449		2302		2353		2210	
c	锥体砂质量（g）	1540		1540		1540		1540		1540	
d	试洞砂质量 $a—b—c$（g）	3880		3787		3875		3805		3880	
e	砂密度（g/cm³）	1.43		1.43		1.43		1.43		1.43	
f	试洞体积 $V=d/e$（cm³）	2713		2648		2710		2661		2713	
g	试洞土质量（g）	5912		5789		5846		5695		5963	
h	湿密度 $=g/f$（g/cm³）	2.18		2.19		2.16		2.14		2.20	
	盒号	11	17	22	15	25	16	8	12	3	18
i	盒+湿土质量（g）	1283	1263	1317	1294	1297	1311	1285	1255	1277	1363
j	盒+干土质量（g）	1196.6	1173.6	1225.6	1208.2	1207.2	1220.0	1199.8	1169.8	1191.6	1267.0
k	水质量（g）	86.4	89.4	91.4	85.8	89.8	91.0	85.2	85.2	85.4	96.0
l	盒质量（g）	142.4	134.3	137.6	136.3	138.4	142.2	135.3	131.2	136.9	138.0
m	干土质量（g）	1054.2	1039.3	1088.0	1071.9	1068.8	1077.8	1064.5	1038.6	1054.7	1129.0
n	含水率（%）	8.2	8.6	8.4	8.0	8.4	8.4	8.0	8.2	8.1	8.5
o	平均含水率（%）	8.4		8.2		8.4		8.1		8.3	
p	干密度（g/ cm³）	2.01		2.02		1.99		1.98		2.03	
	压实度（%）	96.6		97.1		95.7		95.2		97.6	
	路基部位（第几层）	路床顶面（第九层）									
	压实度标准（%）	≥95									
	结论	合格									

××公路××段建设项目　　表 5.3.2-5

承包单位：＿＿＿＿＿＿　　合同号：＿六＿

监理单位：＿＿＿＿＿＿　　编　号：6C12806H001

回弹弯沉值测定记录表

C-128

工程名称：	土质路堤填筑(路床顶面)					桩　号：		K51＋000～K51＋200			
试验车型号：	BZZ—100		后轴重(kN)：			101		当量圆直径(cm)：		21.3	
轮胎气压(MPa)：	0.71		一侧荷载(kN)			50.5		弯沉仪型号		××(3.6m)	
测定日期：	年　月　日		天　气			晴		温度(℃)		28	
桩号	左(0.01mm)		左 中(0.01mm)	右 中(0.01mm)			右(0.01mm)				
	初读数	终读数	弯沉值	初读数	终读数	弯沉值	初读数	终读数	弯沉值	初读数	终读数	弯沉值
K51＋000							8	63	142	10	57	134
K51＋025	11	64	150	13	52	130						
K51＋050							10	65	150	6	60	132
K51＋075	5	50	110	13	40	106						
K51＋100							12	61	146	6	69	150
K51＋125	9	45	108	7	54	122						
K51＋150							11	51	124	9	56	130
K51＋175	4	60	128	15	65	160						
K51＋200							4	68	144	10	51	122
设计弯沉(0.01mm)	180			检测点数				18				
合格点数	18			合格率(%)				100				

施工负责人：　　质量检查员：　　监理工程师：

××公路××段建设项目　　　表 5.3.2-6

承包单位：＿＿＿＿＿＿　　合同号：六

监理单位：＿＿＿＿＿＿　　编　号：6C12106H001

纵断高程检验记录表

C-121

工程名称	土质路堤填筑(路床顶面)				施工日期		年　月　日		
桩号	K51＋000－K51＋200				检验日期		年　月　日		
桩　号	左幅 距路中心 4.750 (m)			路　中			右　幅 距路中心 4.750 (m)		
	设计 (m)	实测 (m)	偏差 (mm)	设计 (m)	实测 (m)	偏差 (mm)	设计 (m)	实测 (m)	偏差 (mm)
K51＋000	91.179	91.179	0	91.250	91.255	5	91.079	91.180	1
K51＋050	90.879	90.881	2	90.950	90.952	2	90.879	90.881	2
K51＋100	90.579	90.569	－10	90.650	90.653	3	90.579	90.582	3
K51＋150	90.279	90.269	－10	90.350	90.339	－11	90.279	90.271	－8
K51＋200	89.979	89.986	7	90.050	90.055	5	89.979	89.976	－3
允许偏差(mm)	＋10，－20				检测点数		15		
合格点数	15				合格率(%)		100		

施工负责人：　　　质量检查员：　　　监理工程师：

××公路××段建设项目　　表 5.3.2-7

承包单位：__________　合同号：__六__

监理单位：__________　编　号：6C12106H001

水 准 测 量 记 录　　E-11

水准点或转点	桩 号	后视读数	视线高	前视读数			高程			水准点或转点高程
				左	中	右	左	中	右	
BM51		1.043	91.590							90.547
	K51+000			0.411	0.335	0.410	91.179	91.255	91.180	
	K51+050			0.709	0.638	0.709	90.881	90.952	90.881	
	K51+100			1.021	0.937	1.008	90.569	90.653	90.582	
	K51+150			1.321	1.251	1.319	90.269	90.339	90.271	
	K51+200			1.604	1.535	1.614	89.986	90.055	89.976	
	BM51－1				2.514			89.076		
BM51－1										89.077

结论：$\pm 40\sqrt{0.2}=\pm 18$mm，89.076－89.077＝－1(mm)符合路基规范 JTG F10—2006 的规定。

施工负责人：　　质量检查员：　　监理工程师：

×× 公路 ×× 段建设项目　　　　表 5.3.2-8

承包单位：________　　合同号：六

监理单位：________　　编　号：6C12306H001

中线偏位检验记录表

C-123

工程名称	土质路堤填筑(路床顶面)	施工日期	年　月　日
桩　　号	K51+000～K51+200	检验日期	年　月　日
桩　　号	偏差(mm)	桩　　号	偏差(mm)
K51+000	10		
K51+050	20		
K51+100	30		
K51+150	20		
K51+200	20		
允许偏差(mm)	100	检 测 点 数	5
合 格 点 数	5	合格率(%)	100

施工负责人：　　　　质量检查员：　　　　监理工程师：

××公路××段建设项目　　　　表 5.3.2-9

承包单位：＿＿＿＿＿＿　　合同号：六

监理单位：＿＿＿＿＿＿　　编　号：6C12406H001

宽度检验记录　　　　C-124

工程名称	土质路堤填筑(路床顶面)			施工日期	年　月　日		
桩号	K51＋000～K51＋200			检验日期	年　月　日		
桩　　号	设计(m)	实测(m)	偏差(mm)	桩　　号	设计(m)	实测(m)	偏差(mm)
K51＋000	13.74	13.80					
K51＋050		13.82					
K51＋100		13.75					
K51＋150		13.74					
K51＋200		13.80					
允许偏差(mm)	不小于设计值			检测点数	5		
合格点数	5			合格率(%)	100		

施工负责人：　　　　质量检查员：　　　　监理工程师：

××公路××段建设项目 表 5.3.2-10

承包单位：______ 合同号：六

监理单位：______ 编 号：6C12506H001

平整度检验记录表 C-125

工程名称	土质路堤填筑(路床顶面)				施工日期			年 月 日			
现场桩号	K51＋000～K51＋200				检验日期			年 月 日			
桩号	检测部位	实测(mm)									
		1	2	3	4	5	6	7	8	9	10
K51＋050	左	15.0	8.8	17.2	13.0	17.4	16.6	11.2	13.8	14.6	14.0
K51＋150	右	15.0	20.0	13.4	17.8	11.0	16.4	8.6	17.0	15.6	16.0
允许偏差(mm)	20				检测点数			20			
合格点数	20				合格率(%)			100			

施工负责人： 质量检查员： 监理工程师：

表 5.3.2-11

××公路××段建设项目

承包单位：______________ 合同号：　六　

监理单位：______________ 编　号：6C12606H001

横 坡 检 验 记 录 表

C-126

工程名称	土质路堤填筑（路床顶面）		桩号		K51＋000～K51＋200		施工日期		年 月 日		检验日期		年 月 日	
桩　号	左　幅							右　幅						
	实测值(m)				横坡度(%)			实测值(m)				横坡度(%)		
	内侧高程	外侧高程	高差	距离	设计	实测	偏差	内侧高程	外侧高程	高差	距离	设计	实测	偏差
K51＋000	91.255	91.179	0.076	4.75	1.5	1.6	0.1	91.255	91.180	−0.075	4.75	−1.5	−1.6	0.1
K51＋050	90.952	90.881	0.071	4.75	1.5	1.5	0.0	90.952	90.881	−0.071	4.75	−1.5	−1.5	0.0
K51＋100	90.653	90.569	0.084	4.75	1.5	1.8	0.3	90.653	90.582	−0.071	4.75	−1.5	−1.5	0.0
K51＋150	90.339	90.269	0.070	4.75	1.5	1.5	0.0	90.339	90.271	−0.068	4.75	−1.5	−1.4	−0.1
K51＋200	90.055	89.986	0.069	4.75	1.5	1.5	0.0	90.055	89.976	−0.079	4.75	−1.5	−1.7	0.2
允许偏差(%)	±0.5		检查点数		10		合格点数		10		合格率(%)		100	

施工负责人：　　　　质量检查员：　　　　监理工程师：

××公路××段建设项目　　表 5.3.2-12

承包单位:＿＿＿＿＿＿　合同号:　六

监理单位:＿＿＿＿＿＿　编　号:6C12706H001

边坡检验记录表

C-127

工程名称	土质路堤填筑(路床顶面)	施工日期	年　月　日
桩号	K51＋000～K51＋200	检验日期	年　月　日

桩　号	左　幅		右　幅	
	设计	实测	设计	实测
K51＋000	1∶1.5	1∶1.5	1∶1.5	1∶1.5
K51＋050		1∶1.6		1∶1.5
K51＋100		1∶1.6		1∶1.6
K51＋150		1∶1.5		1∶1.5
K51＋200		1∶1.6		1∶1.6

允许偏差	不陡于设计坡度	检测点数	10
合格点数	10	合格率(%)	100

施工负责人:　　质量检查员:　　监理工程师:

第四节　水泥砂砾基层施工工序资料的编制

一、路面基层规范的规定

9.4.1　施工过程中的质量管理包括外形尺寸的控制和检查以及质量控制和检查。

9.4.2　外形尺寸检查项目、频度和质量标准应符合表 9.4.2 的要求。

9.4.3　质量控制的项目、频度和质量标准应符合表 9.4.3 的要求。

外形尺寸检查项目、频度和质量标准　　表 9.4.2

工程类别	项目		频度	质量标准(一般公路)
基层	纵断高程(mm)		二级及二级以下公路每 20 延米 1 点	+5,−15
	厚度(mm)	均值	每 1500～2000m²6 个点	−10
		单个值		−20
	宽度(mm)		每 40 延米 1 处	+0 以上
	横坡度(%)		每 100 延米 3 处	±0.5
	平整度(mm)		每 200 延米 2 处,每处连续 10 尺	12

质量控制的项目、频度和质量标准　　表 9.4.3

工程类别	项目	频度	质量标准
水泥稳定土及综合稳定土	级配	每 2000m²1 次	在本规范规定范围内
	集料压碎值	据观察,异常时随时试验	不超过本规范规定值
	水泥剂量	每 2000m²1 次,至少 6 个样品,用滴定法或用直读式测钙仪试验,并与实际水泥或石灰用量校核	不小于设计值−1.0%
	水泥稳定土含水率	据观察,异常时随时试验	在本规范规定范围内
	拌和均匀性	随时观察	无灰条、灰团,色泽均匀,无离析现象
	稳定中粒土和粗粒土压实度	每一作业段或不超过 2000m² 检查 6 次以上	二级及二级以下公路的底基层 95%,基层 97%;高速公路和一级公路的底基层 96%,基层 98%
	抗压强度	稳定细粒土,每一作业段或每 2000m²6 个试件;稳定中粒土和粗粒土,每一作业段或 2000m²6 个或 9 个试件	符合本规范规定要求

二、水泥砂砾基层施工工序资料编制程序

A-10　中间检验申请单；

A-04　施工放样报验单；

C-054　水泥稳定粒料基层现场质量检验报告单(其他公路)；

E-04　水泥稳定土基层(底基层)施工原始记录；

C-125　平整度检验记录表；

C-121　纵断高程检验记录表；

C-124　宽度检验记录表；

C-130　路面结构厚度检验记录表；

C-126　横坡检验记录表；

D-09　压实度试验记录(灌砂法)；

D-30　无侧限抗压强度试验报告单；

D-28　水泥(石灰)标准曲线；

D-29　水泥(石灰)剂量试验表(EDTA 滴定法)；

E-11　水准测量记录；

D-13　含水率试验记录(施工控制)；

D-23-1　路面基层集料技术性能试验(一)

三、水泥砂砾基层施工工序资料用表的填写

(一)A-10 中间检验申请单的填写

路面基层规范 3.4.12-6 规定:经过拌和、整形的水泥稳定土,宜在水泥初凝前并应在试验确定的延迟时间内完成碾压,并达到要求的密实度,同时没有明显的轮迹。通过规定可以看出,由于无侧限抗压强度试验所需时间较长,试验结果不能控制当时的施工质量,也不能判定是否可以进行下道工序的施工,试验结果只是作为事后对工程质量的复核和评定的依据;试验监理工程师在 7d 无侧限抗压强度试验结果出来后,依据试验结果进行签认试验监理工程师意见,日期填写 7d 后的日期。监理机构意见不可能等到 7d 后再同意进行下道工序的施工,可以在其他检验项目合格的基础上,根据水泥砂砾基层施工的材料、施工工艺,根据试验段总结的各项指标(例如碾压遍数等)的自检过程控制,根据巡视、旁站以及目测等综合考虑确定是否进行下道工序的施工,若同意,填写同意下道工序施工。无侧限抗压强度试验结果出来后,若合格,可补填合格;若不合格,应签认处理意见。A-10 中间检验申请单的其他要求和填写同第三节土质路堤填筑。

(二)C-054 水泥稳定粒料(水泥砂砾)基层现场质量检验报告单的填写

水泥砂砾基层现场质量检验报告单的填写比较简单,外观检查按照评定标准7.7.3外观鉴定的规定进行检查和填写,其他检验结果、质量评定等的填写要求同第三节土质路堤现场质量检验报告单的填写。C-054 水泥稳定粒料(水泥砂砾)基层现场质量检验报告单的填写,见表 5.4.3-1。

(三)C-130 路面结构厚度检验记录表的填写

按照路面基层规范的规定,必须在平均厚度合格的条件下,才能进行合格率的计算。见表 5.4.3-2。

(四)C-126 横坡检验记录表的填写

1. 水泥路面规范对(上)基层横坡的要求

5.5.2-1(上)基层纵、横坡一般可与面层一致,但横坡可略大 0.15%～0.2%,并不得小于路面横坡。

2. C-126 横坡检验记录表的填写

在进行水泥砂砾基层施工时就应按照水泥路面规范的要求进行施工和质量控制,为面层的模板安装和保证面板厚度创造条件。C-126 横坡检验记录表的填写,见表 5.4.3-3。

(五)D-30 无侧限抗压强度试验报告单的填写

1. 有关规定

(1)路面基层规范表 9.4.3 质量控制项目、频度和质量标准的规定

抗压强度:稳定细粒土,每作业段或 $2000m^2$ 6 个试件;稳定中粒土,每作业段或 $2000m^2$ 6 个或 9 个试件。

(2)评定标准附录 G 半刚性基层和底基层材料强度评定对无侧限抗压强度评定的规定

G.0.1　半刚性基层和底基层材料强度,以规定温度下保湿养生 6d、浸水 1d 后的 7d 无侧限抗压强度为准。

G.0.2　在现场按规定频率取样,按工地预定达到的压实度制备试件。每 $2000m^2$ 或每工作班制备 1 组试件:不论稳定细粒土、中粒土或粗粒土,当多次偏差系数 $C_v \leqslant 10\%$ 时,可为 6 个试件;$C_v = 10\% \sim 15\%$ 时,可为 9 个试件;$C_v > 15\%$ 时,则需 13 个试件。

G.0.3　试件的平均强度 $\overline{R}$ 应满足下式要求:

$$\overline{R} \geqslant R_d / (1 - Z_\alpha C_v)$$

式中:R_d——设计抗压强度(MPa);

C_v——试验结果的偏差系数(以小数计);

Z_α——标准正态分布表中随保证率而变的系数。

其他公路:保证率 90%,Z_α=1.282。

(3)无机结合料稳定材料试验规程 T0805—1994 无机结合料稳定材料无侧限抗压强度试验方法的规定

5 计算:

试件的无侧限抗压强度按式(T0805-1)计算。

$$R_c = \frac{P}{A} \tag{T0805-1}$$

式中:R_c——试件的无侧限抗压强度(MPa);

P——试件破坏时的最大压力(N);

A——试件的截面积(mm^2);

$$A = \frac{1}{4}\pi D^2$$

D——试件的直径(mm)。

6.1 抗压强度保留 1 位小数。

2. D-30 无侧限抗压强度试验报告单的填写

无侧限抗压强度计算

以试验原始记录 P=54900N,大试件 D=150mm 为基础,进行无侧限抗压强度计算:

$$A = \frac{1}{4}\pi D^2 = \frac{1}{4} \times 3.14 \times 150^2 = 17662.5(mm^2)$$

$$R_c = \frac{P}{A} = \frac{54900}{17662.5} = 3.1(MPa)$$

同样方法计算其他试件的抗压强度为:3.8、3.7、3.6、3.0、3.6、3.0、3.8、3.9(MPa)。

经计算 $\bar{R}$=3.5MPa,S=0.36MPa,偏差系数 C_v=10.3%,满足 9 个试件的条件要求。

二级公路保证率 90%,取 Z_α=1.282,设计抗压强度 R_d=3.0MPa,依据 $R_d/(1-Z_\alpha C_v)$=3.0/(1−1.282×0.103)=3.5(MPa),$\bar{R}$=3.5MPa,满足 $\bar{R} \geq R_d/(1-Z_\alpha C_v)$的要求,无侧限抗压强度合格。

D-30 无侧限抗压强度试验报告单的填写,见表 5.4.3-4。

(六)D-29 水泥剂量试验表(EDTA 滴定法)

D-29 水泥剂量试验表(EDTA 滴定法)的填写,见表 5.4.3-5。

(七)其他检测表的填写

其他 C-125 平整度检验记录表、C-121 纵断高程检验记录表、C-126 横坡检验记录表、E-01 水准测量记录、D-09 压实度记录(灌砂法)的填写同第三节土质路堤填筑;D-23-1 路面基层集料技术性能试验(一)的填写同第四章原材料试验资料。

××公路××段建设项目 表 5.4.3-1

承包单位：________ 合同号：六

监理单位：________ 编 号：6C05406H001

水泥稳定粒料基层现场质量检验报告单(其他公路) C-054

工程名称	水泥、砂砾基层	施工日期	年 月 日
桩号	K51+800～K52+000	检验日期	年 月 日

检验项目		规定值或允许偏差	检验方法与频率	检验结果	检验资料编号	备 注
压实度(%)		≥97	灌砂法：每作业段或不超过 $2000m^2$ 检查 6 次以上	合格	6D0906H001	
平整度(mm)		12	3m 直尺：每 200 延米测 2 处×10 尺	合格	6C12506H001	
纵断高程(mm)		+5，−15	水准仪：每 20 延米 1 点	合格	6C12106H001	
宽 度(mm)		+0 以上	尺量：每 40 延米测 1 处	合格	6C12406H001	
厚度(mm)	均值	−10	尺量：每 1500～$2000m^2$ 测 6 个点	合格	6C13006H001	每作业段小于 $1500m^2$ 时，每车道每 $100m^2$ 点
	单个值	−20				
横坡度(%)		不小于面层横坡，且不大于面层横坡 0.20	水准仪：每 100 延米测 3 处	合格	6C12606H001	水泥混凝土路面要求
强度(MPa)		符合设计要求	每一作业段或 $2000m^2$ 6 个或 9 个试件	合格	6D3006H001	
剂量(%)		不小于设计值−1.0	每作业段或每 $2000m^2$ 1 次，至少 6 个样品	合格	6D2906H001	
集料级配		符合设计要求	每 $2000m^2$ 1 次	合格	3D23106H001	
整体性		完整钻件	每一作业段或 $2000m^2$ 7～10d 时取钻件 1 个	合格		
外观鉴定		表面平整密实、无坑洼、无离析				
质量评定		合格				

施工负责人： 质量检查员： 监理工程师：

××公路××段建设项目　　表 5.4.3-2

承包单位：＿＿＿＿＿＿　　合同号：＿六＿＿

监理单位：＿＿＿＿＿＿　　编　号：6C13006H001

路面结构厚度检验记录表

C-130

工程名称	水泥砂砾基层		施工日期	年　月　日		
桩号	K51＋800～K52＋000		检验日期	年　月　日		
桩号	左幅(mm)			右幅(mm)		
	设计	实测	设计	实测	设计	实测
K51＋800	180	177	－3	180		
K51＋840		173	－7			
K51＋880					178	－2
K51＋920		175	－5			
K51＋9[illegible]0					176	－4
K51＋980					173	－7
允许偏差(mm)	均值－10,单个值－20		平均值(mm)	175		

检测点数	6	合格点数	6	合格率(%)	100

施工负责人：　　质量检查员：　　监理工程师：

表 5.4.3-3

××公路××段建设项目

承包单位：________ 合同号：六

监理单位：________ 编 号：6C12606H001

横坡检验记录表

C-126

工程名称	水泥、砂砾基层		桩号		K51+800～K52+000			施工日期	年 月 日			检验日期		年 月 日		
桩号	左幅							右幅								
	实测值(m)				横坡度(%)			实测值(m)				横坡度(%)				
	内侧高程	外侧高程	高差	距离	设计	实测	偏差	内侧高程	外侧高程	高差	距离	设计	实测	偏差		
K51+800	89.356	89.281	0.075	4.75	1.5	1.6	0.1	89.356	89.283	−0.073	4.75	−1.5	−1.5	0.0		
K51+820	89.330	89.258	0.072	4.75	1.5	1.5	0.0	89.330	89.258	−0.072	4.75	−1.5	−1.5	0.0		
K51+840	89.326	89.247	0.079	4.75	1.5	1.7	0.2	89.326	89.246	−0.080	4.75	−1.5	−1.7	0.2		
K51+860	89.298	89.224	0.074	4.75	1.5	1.6	0.1	89.298	89.223	−0.075	4.75	−1.5	−1.6	0.1		
K51+880	89.247	89.167	0.080	4.75	1.5	1.7	0.2	89.247	89.168	−0.079	4.75	−1.5	−1.7	0.2		
K51+900	89.103	89.031	0.072	4.75	1.5	1.5	0.0	89.103	89.031	−0.072	4.75	−1.5	−1.5	0.0		
K51+920	88.880	88.807	0.073	4.75	1.5	1.5	0.0	88.880	88.805	−0.075	4.75	−1.5	−1.6	0.1		
K51+940	88.584	88.511	0.073	4.75	1.5	1.5	0.0	88.584	88.511	−0.073	4.75	−1.5	−1.5	0.0		
K51+960	88.247	88.175	0.072	4.75	1.5	1.5	0.0	88.247	88.173	−0.074	4.75	−1.5	−1.6	0.1		
K51+980	87.900	87.825	0.075	4.75	1.5	1.6	0.1	87.900	87.828	−0.072	4.75	−1.5	−1.5	0.0		
允许偏差(%)	0,+0.20		检查点数		20		合格点数		20		合格率(%)		100			

施工负责人： 质量检查员： 监理工程师：

××公路××段建设项目 表 5.4.3-4

承包单位：______ 合同号：六

监理单位：______ 编 号：6D3006H001

无侧限抗压强度试验报告单

D-30

工程名称	水泥、砂砾基层	试验单位	第六合同段工地试验室
作业段桩号	K51+800～K52+000	制件及试验日期	年 月 日， 月 日
试件尺寸及养生龄期	150mm×150mm，7d	试验执行标准	JTG E51—2009，JTJ 034—2000
结合料剂量(%)	6	试验人签字	
最大干密度(g/cm^3)	2.170	审核人签字	
试件压实度(%)	97	试验室主任签字	

无侧限抗压强度试验记录

试件编号	1	2	3	4	5	6	7	8	9	10	11	12	13
取样桩号	K51+820	K51+839	K51+865	K51+890	K51+908	K51+940	K51+961	K51+979	K51+993				
养生前试件质量 m_2(g)	6000	6010	6010	5995	6000	6005	6005	6010	6005				
浸水前试件质量 m_3(g)	5998	6007	6005	5987	5995	6000	5999	6007	5996				
浸水后试件质量 m_4(g)	6081	6085	6094	6067	6072	6080	6084	6090	6086				
养生期间质量损失(g) (m_2-m_3)	2	3	5	8	5	5	6	3	9				
吸水量(g) (m_4-m_3)	83	78	89	80	77	80	85	83	90				
养生前试件高度 h (cm)	15.12	15.08	14.96	15.00	15.13	14.90	15.03	14.92	15.08				
浸水后试件高度 h (cm)	15.20	15.15	15.05	15.08	15.20	15.01	15.10	15.01	15.10				
试验最大压力 P(N)	54900	67200	65400	63600	53300	63600	53000	67100	68900				
无侧限抗压强度 R_i(MPa)	3.1	3.8	3.7	3.6	3.0	3.6	3.0	3.8	3.9				
设计抗压强度 R_d(MPa)=3.0 平均抗压强度 $\bar{R}$(MPa)=3.5 标准差 S(MPa)=0.36													
偏差系数 C_v(%)=10.3 $Z_\alpha=1.282$ $R_d/(1-Z_\alpha C_v)$(MPa)=3.5 质量评定：合格													
结论： $C_v=10.3\%$，满足 9 个试件偏差系数的要求，平均值 3.5MPa，满足 $\bar{R} \geqslant R_d/(1-Z_\alpha C_v)=3.5$(MPa)的要求。 签字： 年 月 日													

××公路××段建设项目 表 5.4.3-5

承包单位：______ 合同号：六

监理单位：______ 编　号：6D2906H001

水泥(石灰)剂量试验表(EDTA 滴定法) D-29

工程名称	水泥砂砾基层	试验单位	第六合同段工地试验室
现场桩号	K51+800～K52+000	试验完成日期	年　月　日
设计剂量(%)	6.0	试验人签字	
试验执行标准	JTG E51—2009	审核人签字	

水泥(石灰)剂量测定记录

试验编号	1		2		3		4		5		6	
取样桩号	K51+840		K51+860		K51+880		K51+920		K51+940		K51+960	
试样质量(g)	1000	1000	1000	1000	1000	1000	1000	1000	1000	1000	1000	1000
V_1(mL)	0.2	16.8	0.3	17.2	0.2	16.5	0.5	16.5	0.5	16.3	0.2	16.2
V_2(mL)	16.8	33.4	17.2	33.9	16.4	32.7	16.2	32.4	16.3	31.9	16.2	32.2
EDTA 二钠标准溶液消耗量(mL)	16.6	16.6	16.9	16.7	16.2	16.2	15.7	15.9	15.8	15.6	16.0	16.0
平均 EDTA 二钠标准溶液消耗量(mL)	16.6		16.8		16.2		15.8		15.7		16.0	
结合料剂量(%)	6.5		6.6		6.3		6.1		6.0		6.2	
质量标准(%)	不小于 5.0				质量鉴定				合格			

结论：

各实测水泥剂量均大于质量标准，符合要求。

签字：　　年　月　日

第五节　水泥混凝土面层施工工序资料的编制

一、模板加工矫正及安装工序资料的编制

模板不仅是路面摊铺的几何基准，而且是铺筑设备作业和拌和物所依托的支撑条件。它关系到定模摊铺的几何线形顺直度、高程、宽度、平整度、横坡及其稳定性等关键质量指标。所以对模板加工矫正及安装工序的质量不要以资料不归档，不进行分项工程评定而被忽视，要按照水泥路面规范的规定，认真进行模板的加工矫正、放样和安装，在自检、抽检均合格并经监理工程师审批签认后，方可进行混凝土的浇筑。

(一)水泥路面规范对模板加工矫正及安装的规定

7.2.1-1　模板精确度应符合表7.2.1的规定。

模板(加工矫正)允许偏差　　表7.2.1

工作方式	高度偏差(mm)	局部变形(mm)	垂直边夹角(mm)	顶面平整度(mm)	侧面平整度(mm)	纵向变形(mm)
小型机具	±2	±3	90±3	±2	±3	±3

7.2.2-1　支模前在基层上应进行模板安装及摊铺位置的测量放样，每20m应设中心桩；每100m宜布设临时水准点；核对路面高程、面板分块、胀缝和构筑物位置。测量放样的质量要求和允许偏差应符合相应规范的规定。

7.2.2-4　模板应安装稳固、顺直、平整，无扭曲，相邻模板连接应紧密平顺，不得有底部漏浆、前后错茬、高低错台等现象。模板应能承受摊铺、振实、整平设备的负载行进、冲击和振动时不发生位移。严禁在基层上挖槽，嵌入安装模板。

7.2.3　模板安装完毕，应经过测量人员使用与设计板厚相同的测板作全断面检验，其安装精确度应符合表7.2.3的规定。

模板安装精确度要求　　表7.2.3

检测项目 \ 施工方式		小型机具
平面偏位(mm),≤		15
摊铺宽度偏差(mm),≤		15
面板厚度(mm),≤	代表值	−4
	极值	−9
纵段高程偏差(mm)		±10
横坡偏差(%)		±0.20

续上表

检测项目 \ 施工方式	小型机具
相邻板高差(mm),≤	2
顶面接茬3m尺平整度(mm),≤	2
模板接缝宽度(mm),≤	3
侧向垂直度(mm),≤	4
纵向顺直度(mm),≤	4

本规范此处提出了一项很严格的面板厚度检验规定:要求采用与设计板厚等厚的测板,两端滚动轴依托在模板顶面,全摊铺路段拖过,不被托起,方可开工摊铺。

(二)模板加工矫正及安装工序资料编制程序

A-10　中间检验申请单;
A-04　施工放样报验单;
C-037　水泥混凝土路面模板(加工矫正)现场质量检验报告单(小型机具);
C-137　模板(加工矫正)检验记录表;
C-040　水泥混凝土路面模板安装现场质量检验报告单(小型机具);
C-123　中线偏位检验记录表;
C-124　宽度检验记录表;
C-130　路面结构厚度检验记录表;
C-121　纵断高程检验记录表;
C-126　横坡检验记录表;
C-136　水泥混凝土面层模板安装检验记录表。

(三)模板加工矫正及安装工序资料用表的填写

1. A-04 施工放样报验单的填写

水泥路面规范 7.2.2-1 的要求:支模前在基层上应进行模板安装及摊铺位置的测量放样,每 20m 应设中心桩;每 100m 宜布设临时水准点;核对路面高程、面板分块、胀缝和构造物位置。测量放样的质量要求和允许偏差应符合相应规范的规定。按照规定进行模板的放样和施工放样报验单的填写,A-04 施工放样报验单的填写参见土方路基。

2. 检测表的填写

(1)C-130 路面结构厚度检验记录表的填写

板厚是水泥混凝土路面三大关键质量指标之一,要按照水泥路面规范 7.2.3 的规定进行严格的面板厚度检验:使用与设计板厚相同的测板作全断面检验,测板两端滚动轴依托在模板顶面，全摊铺路段拖过，不被托起，以确保面板的厚度。表格的填写除精确度(由于使用了测板，精度可达到不小于板厚度的要求)要求不同外，其他参见水泥砂砾基层 C-130 路面结构厚度检验记录表的填写。

(2)检测表的填写

C-130 路面结构厚度检测记录表的填写除精确度要求不同外，其他与同类表格的填写相同。

二、拉杆、胀缝板、传力杆及其套帽、滑移端设置施工工序资料的编制

水泥路面规范条文说明 9.15 提出传力杆设置精度不符合要求时，接缝半年内将被传力杆顶坏。并强调拉杆不能设置得过浅亦不得有过大偏斜，会给拉杆端带来更大的横向弯拉应力，拉杆端部的行车道轮迹位置很容易断裂破坏。

(一)水泥路面规范对拉杆、胀缝板、传力杆及其套帽、滑移端设置精确度的要求

9.1.5　拉杆、胀缝板、传力杆及其套帽、滑移端设置精确度应符合表 9.1.5 的要求。

拉杆、膨胀缝、传力杆及其套帽、滑移端设置精确度　　表 9.1.5

项　　目	允许偏差(mm)	测 量 位 置
传力杆端上下左右偏斜偏差	10	在传力杆两端测量
传力杆在板中心上下左右偏差	20	以板面为基准测量
传力杆沿路面纵向前后偏位	30	以缝中心线为准
拉杆深度偏差及上下左右偏斜偏差	10	以板厚和杆端为基准测量
拉杆端及在板中上下左右偏差	20	杆两端和板面测量
拉杆沿路面纵向前后偏位	30	纵向测量
胀缝传力杆套帽长度不小于 100mm	10	以封堵帽端起测
缩缝传力杆滑移端长度大于 1/2 杆长	20	以传力杆长度中间起测
胀缝板倾斜偏差	20	以板底为准
胀缝板的弯曲和位移偏差	10	以缝中心线为准

注：胀缝板不允许混凝土连浆，必须完全隔断。

(二)拉杆、胀缝板、传力杆及其套帽、滑移端设置工序资料编制程序

A-10　中间检验申请单；

C-034　拉杆、胀缝板、传力杆及其套帽、滑移端设置现场质量检验报告单；

C-135　拉杆、胀缝板、传力杆及其套帽、滑移端设置检验记录表。

(三)拉杆、胀缝板、传力杆及其套帽、滑移端设置工序资料用表的填写

该工序的特点是，质量容易被忽视，工序完工一旦出现问题无法更改，除非返工。所以应加强工序施工过程中的质量控制，设专人负责，发现问题，随时纠正，让问题在施工中得到解决，确保合格率达到100%。

对于该工序资料用表的填写虽然数据较多，但很简单。

三、水泥混凝土面层施工工序资料的编制

(一)水泥路面规范对施工质量管理与检查的规定

11.3.1-1　混凝土路面铺筑必须得到正式开工令后方可开工。

11.3.1-2　施工单位应随时对施工质量进行自检。自检项目和频率：混凝土路面应按表11.3.1规定进行。当施工、监理、监督人员发现异常情况，应加大检测频率，找出原因，及时处理。

混凝土路面的检验项目、方法和频率　　表11.3.1

项次	检查项目	检验方法和频率(其他公路)
1	弯拉强度	每班留1～3组试件，日进度<500m取1组；≥500m取2组；≥1000m取3组，测 f_{cs}、f_{min}、C_v
	钻芯劈裂强度	每车道每3km钻取1个芯样，硬路肩为1个车道，测平均 f_{cs}、f_{min}、C_v 板厚 h
2	板厚度	路面摊铺宽度内每100m左右各1处，连接摊铺100m单边1处，参考芯样
3	3m直尺平整度	每半幅车道200m 2处10尺
	动态平整度	所有车道连续检测
4	抗滑构造深度	铺砂法：每幅200m 1处
5	相邻板高差	尺测：每200m纵横缝2条，每条2处
6	连接摊铺纵缝高差	尺测：每200m纵向工作缝，每条2处，每处间隔2m3尺，共6尺
7	接缝顺直度	20m拉线测：每200m 4条
8	中线平面偏位	经纬仪：每200m 4点
9	路面宽度	尺测：每200m 4处
10	纵断高程	水准仪：每200m 4点
11	横坡度	水准仪：每200m 4个断面
12	断板率	数断板面板块占总块数比例
13	脱皮裂纹露石缺边掉角	量实际面积，并计算与总面积比
14	路缘石顺直度和高度	20m拉线测：每200m 2处

续上表

项次	检 查 项 目	检验方法和频率(其他公路)
15	灌缝饱满度	尺测:每200m接缝测4处
16	切缝深度	尺测:每200m4处
17	涨缝表面缺陷	每条观察填缝及啃边断角
18	胀缝板连浆	每条涨缝板安装时测量
	胀缝板倾斜	尺测:每块涨缝板每条两侧
	胀缝板弯曲和位移	尺测:每块涨缝板每条3处
19	传力杆偏斜	钢筋保护层仪:每车道3根

11.3.3 在混凝土路面铺筑过程中,路面各技术指标的质量检验评定标准应符合表11.3.3的规定。

各等级公路混凝土路面铺筑质量要求 表11.3.3

项次	检 验 项 目			允许值(其他公路)
1	弯拉强度(MPa)			100%符合附录A.1的规定
2	板厚度(mm)			代表值≥-5;极值≥-10,C_v值符合设计规定
3	平整度	σ(mm)		≤2.0
		IRI(mm)		≤3.2
		3m直尺最大间隙Δh(mm)		≤5(合格率应≥90%)
4	抗滑构造深度(mm)	一般路段		0.50~0.90
		特殊路段		0.60~1.00
5	相邻板高差(mm)			≤3
6	连接摊铺纵缝高差(mm)			平均值≤5;极值≤7
7	接缝顺直度(mm)			≤10
8	中线平面偏位(mm)			≤20
9	路面宽度(mm)			≤±20
10	纵段高程(mm)			±15
11	横坡度(%)			±0.25
12	断板率(‰)			≤4
13	脱皮印痕裂纹露石缺边掉角(‰)			≤3
14	路缘石顺直度和高度(mm)			≤20
15	灌缝饱满度(mm)			≤3
16	切缝深度(mm)			≥50
17	涨缝表面缺陷			不宜有

续上表

项次	检 验 项 目	允许值(其他公路)
18	胀缝板连浆(mm) 胀缝板倾斜(mm) 胀缝板弯曲和位移(mm)	≤30 ≤25 ≤15
19	传力杆偏斜(mm)	≤13

(二)水泥混凝土面层施工工序资料编制程序

A-10　中间检验申请单；
C-031　水泥混凝土面层现场质量检验报告单(一)(其他公路)；
C-10　混凝土浇筑申请单；
E-07　水泥混凝土施工记录；
E-06　水泥混凝土路面施工原始记录；
C-130　路面结构厚度检验记录表；
C-125　平整度检验记录表；
C-131　抗滑构造深度检验记录表(铺砂法)；
C-132　水泥混凝土面层相邻板高差检验记录表；
C-152　水泥混凝土面层接缝顺直度检验记录表；
C-123　中线偏位检验记录表；
C-124　宽度检验记录表；
C-121　纵断高程检验记录表；
C-126　横坡检验记录表；
E-11　水准测量记录；
D-53　水泥混凝土抗弯拉强度试验报告单；
D-38　路面用水泥混凝土粗集料技术性能试验(一)；
D-39　路面水泥混凝土粗集料级配试验；
D-43　水泥混凝土细集料技术性能试验(一)；
D-47　路面水泥混凝土施工期间微调配合比试验报告单；
C-033　水泥混凝土面层现场质量检验报告单(二)(其他公路)；
C-134　水泥混凝土路面检验记录表；
C-188-1　路面水泥混凝土弯拉强度评定表；
C-185-1　路面结构厚度检验评定表。

(三)水泥混凝土面层施工工序资料用表的填写

1. A-10 中间检验申请单的填写

水泥混凝土面层的工序完工后，各检查项目均不能立即进行检查验收；必须等到混凝土面板强度达到一定要求后方可进行。弯拉强度也要等7d的强度结果出来后，才可暂时判定是否合格。为了不耽误施工，可正常填报中间检验申请单，对于板厚度、平整度（还可以依据4m或5m直尺控制，板式拉毛器复核检查）、中线偏位、宽度、纵断高程、横坡等检验项目可根据模板工序的检验结果；弯拉强度可根据原材料质量、混合料的配合比、拌和物的检查结果；抗滑构造深度根据板式拉毛器的检查情况。监理机构除按以上依据外，还可根据巡视、旁站、施工工艺等综合考虑，确定是否同意下道工序的施工，若同意，在无数据资料的情况下，签认同意下道工序的施工。施工单位和监理单位要及时对该工序各项目进行自检和抽检，补齐资料，测量或试验工程师补签审批意见，日期填写补签的日期，监理机构补签合格。若不合格则要签认补救或返工意见，A-10中间检验申请单的其他要求和填写同土质路基填筑。

2. C-031水泥混凝土面层现场质量检验报告单（一）（其他公路）和C-033水泥混凝土面层现场质量检验报告单（二）（其他公路）的填写

（1）C-031水泥混凝土面层现场质量检验报告单（一）（其他公路）的填写

弯拉强度以7d强度复核混凝土质量，板厚度由于使用测板控制，规定值或允许偏差按不小于设计要求控制，其他填写要求同C-002土质路堤现场质量报告单（其他公路），见表5.5.3-1。

（2）C-033水泥混凝土面层现场质量检验报告单（二）（其他公路）的填写，见表5.5.3-2。

3. C-10混凝土浇筑申请单的填写

C-10混凝土浇筑申请单是在混凝土浇筑前必须履行的一道把关手续。施工单位在材料、设备、人员、模板安装等一切准备无误，报请监理工程师批准，监理工程师经检查符合混凝土浇筑条件，签认审批意见和是否同意浇筑（手签）；若不同意，注明原因，责令施工单位重新准备，直至达到符合浇筑条件。

（1）批准文号

表中原材料的批准文号是在施工过程中对原材料使用把关试验合格的情况下，填写原材料进场试验报告单的编号；模板是与混凝土浇筑相对应的模板加工矫正及安装工序A-10中间检验申请单的编号，若浇筑工序跨两个模板加工矫正及安装工序，就在一张表中填写两个编号。

（2）申请日期、计划浇筑时间

申请日期与计划浇筑时间之间要给监理工程师留有充分的时间，以便对混凝土浇筑的准备情况进行检查，避免这边申请那边开工的现象发生。

（3）混凝土配合比设计试验报告单编号

此编号是经监理或建设方批准确定为施工配合比的混凝土配合比设计试验报告单的编号。这里有两种情况：一种是在正常情况下，监理工程师对施工单位申请使用的配合比设计和标准试验结果进行复核性试验后，证明施工单位所做配合比设计满足合同要求，或在不满足合同要求时，在监理工程师和试验检测人员旁站的情况下，施工单位重新进行配合比设计和试验，满足了合同的要求，这时的编号是施工单位混凝土配合比设计报告的编号，其余水灰比等各项指标是与编号相对应的试验结果；另一种情况是，如重新进行试验结果仍无改进时，由监理试验室做平行的标准试验，这时的编号是监理单位混凝土配合比设计报告的编号，其水灰比等指标是与编号相对应的试验结果。

(4)外加剂

外加剂的掺量应由混凝土试配试验确定，按实际进行填写，所以这里未填。

C-10 混凝土浇筑申请单的填写，见表 5.5.3-3。

4. E-07 水泥混凝土施工记录的填写

(1)试配强度

①水泥路面规范的规定：

保 证 率 系 数 t 表 4.1.2-1

公路技术等级	判别概率 P	样本数 n（组）				
		3	6	9	15	20
二级公路	0.15	0.72	0.46	0.37	0.28	0.24

水泥路面规范 4.1.2-1-(2)应按式(4.1.2)计算配制 28d 弯拉强度的均值。

$$f_c = \frac{f_r}{1-1.04C_v} + tS \tag{4.1.2}$$

式中：f_c——配制 28d 弯拉强度的均值(MPa)；

f_r——设计弯拉强度标准值(MPa)；

S——弯拉强度试验样本的标准差(MPa)；

t——保证率系数，应按表 4.1.2-1 确定；

C_v——弯拉强度变异系数，应按统计数据在表 4.1.2-2 的规定范围内取值；在无统计数据时，弯拉强度变异系数应按设计取值；如果施工配制弯拉强度超出设计给定的弯拉强度变异系数上限，则必须改进机械装备和提高施工控制水平。

公路混凝土路面弯拉强度变异系数 表 4.1.2-2

公路技术等级	二级公路
混凝土弯拉强度变异水平等级	中
弯拉强度变异系数 C_v 允许变化范围	0.10～0.15

②试配强度计算。

设计弯拉强度标准值 f_r=4.50(MPa)、弯拉强度试验样本的标准差 S=0.50、样本数组为9组、二级公路取 t=0.37、弯拉强度变异系数取 C_v=0.15，

$$f_c = \frac{f_r}{1-1.04C_v} + tS = \frac{4.5}{1-1.04\times0.15} + 0.37\times0.50 = 5.52\ (\mathrm{MPa})。$$

(2)施工材料情况

水泥路面规范4.5.3-2规定：降雨后应根据每天不同时间的气温及砂石料实际含水率变化，微调加水量，同时微调砂石料称量，其他配合比参数不得变更，维持施工配合比基本不变。雨天或砂石料变化时应加强控制，保持现场拌和物工作性始终适宜摊铺和稳定。施工材料情况是依照这项规定，按照实际砂、石含水率在水泥和水灰比不变的情况下，对配合比进行微调后的情况。微调含水率应是扣除配合比设计时砂、石的状态含水率，并与D-47水泥混凝土施工期间微调配合比试验报告单的计算结果相对应。

(3)坍落度及性质

水泥及水泥混凝土试验规程T0522—2005水泥混凝土拌和物稠度试验方法(坍落度仪法)的规定：

3.6　坍落度试验的同时，可用目测方法评定混凝土拌和物的下列性质，并予记录。

3.6.1　棍度：按插捣混凝土拌和物时难易程度评定。分“上”、“中”、“下”三级。

“上”：表示插捣容易；

“中”：表示插捣时稍有石子阻滞的感觉；

“下”：表示很难插捣。

3.6.2　含砂情况：按拌和物外观含砂多少而评定，分“多”、“中”、“少”三级。

“多”：表示用镘刀抹拌和物表面时，一两次即可使拌和物表面平整无蜂窝；

“中”：表示抹五、六次才可使表面平整无蜂窝；

“少”：表示抹面困难，不易抹平，有空隙及石子外露等现象。

3.6.3　黏聚性：观测拌和物各组分相互黏聚情况。评定方法是用捣棒在已坍落的混凝土锥体侧面轻打，如锥体在轻打后逐渐下沉，表示黏聚性良好；如锥体突然倒塌、部分崩裂或发生石子离析现象，即表示黏聚性不好。

3.6.4　保水性：指水分从拌和物中析出情况，分“多量”、“少量”、“无”三级评定。

“多量”：表示提起坍落度筒后，有较多水分从底部析出；

“少量”：表示提起坍落度筒后，有少量水分从底部析出；

“无”：表示提起坍落度筒后，没有水分从底部析出。

4　试验结果：混凝土拌和物坍落度值以毫米(mm)为单位，测量精确至1mm，结果修约至最接近的5mm进行记录和填写。

(4)外加剂、水灰比、视密度

由于无实际依据,避免误导未填写。施工中应按照水泥路面规范 4.5.3-1 根据施工季节、气温和运距等的变化,可微调缓凝(高效)减水剂、引气剂或保塑剂的掺量,保持摊铺现场的坍落度始终适宜于铺筑,且波动最小。表 6.2.7 中水灰比每$5000m^3$抽检 1 次,有变化随时测;视密度按每工作班测 1 次的规定进行检测,按实际进行填写。

(5)监理工程师意见

要填写对混凝土的实际情况的描述和评定。

E-07 水泥混凝土施工记录的填写,见表 5.5.3-4。

5. C-131 抗滑构造深度检验记录表(铺砂法)的填写

(1)路基路面现场测试规程 T0961—1995 手工铺砂法测定路面构造深度试验方法的规定

4.1 路面表面构造深度测定结果按式(T0961)计算:

$$TD = \frac{1000V}{\pi D^2/4} = \frac{31831}{D^2} \quad \text{(T0961)}$$

式中:TD——路面表面构造深度(mm);

V——砂的体积($25cm^3$);

D——摊平砂的平均直径(mm)。

4.2 每一处均取 3 次路面构造深度的测定结果的平均值作为试验结果,准确至 0.01mm。

5.1 列表逐点报告路面构造深度的测定值及 3 次测定的平均值。当平均值小于 0.2mm 时,试验结果以<0.2mm 表示。

(2)计算

把摊平砂的平均直径 D 的检测原始记录 220mm、200mm、190mm 代入公式:$TD = \frac{1000V}{\pi D^2/4} = \frac{31831}{D^2}$,分别计算得:0.66mm、0.80mm、0.88mm,平均值为 0.78mm。

C-131 抗滑构造深度检验记录表(铺砂法)的填写,见表 5.5.3-5。

6. D-53 水泥混凝土抗弯拉强度试验报告单的填写

(1)水泥及水泥混凝土试验规程 T0558—2005 水泥混凝土抗弯拉强度试验方法的规定

4.1 在试件中部量出其宽度和高度,精确至 1mm。

5.1 当断面发生在两个加荷点之间时,抗弯拉强度 f_f 按下式计算:

$$f_f = \frac{FL}{bh^2} \quad \text{(T0558-1)}$$

式中：f_f——抗弯拉强度(MPa)；

F——极限荷载(N)；

L——支座间距离(mm)；

b——试件宽度(mm)；

h——试件高度(mm)。

5.2　以3个试件测值的算术平均值为测定值。3个试件中最大值或最小值中如有一个与中间值之差超过中间值的15%，则把最大值和最小值舍去，以中间值作为试件的抗弯拉强度；如最大值和最小值与中间值之差均超过中间值15%，则该组试验结果无效。

3个试件中如有一个断裂面位于加荷点外侧，则混凝土抗弯拉强度按另外两个试件的试验结果计算。如果这两个测值的差值不大于这两个测值中较小值的15%，则以两个测值的平均值为测试结果，否则结果无效。

抗弯拉强度计算精确到0.01MPa。

(2)D-53水泥混凝土抗弯拉强度试验报告单的填写

以试验原始记录 $F=37500\text{N}$、$b=150\text{mm}$、$h=150\text{mm}$ 为基础进行抗弯拉强度计算：

$$f_f=\frac{FL}{bh^2}=\frac{37500\times 450}{150\times 150^2}=5.00\text{MPa}$$

同样计算另二个试件的抗弯拉强度为4.90MPa和5.31MPa。

三个试件中最大值与中间值之差＝5.31－5.00＝0.31MPa，不超过中间值的15%＝5.00×15%＝0.75MPa。

计算最小值与中间值之差亦未超过中间值的15%。

以三个试件的算术平均值5.07MPa作为测定值。见表5.5.3-6。

7. D-47路面水泥混凝土施工期间微调配合比试验报告单的填写

(1)含水率计算

①集料试验规程T0332—2005细集料含水率试验的规定：

4　计算：

按式(T0332-1)计算细集料的含水率，精确至0.1%。

$$w=\frac{m_2-m_3}{m_3-m_1}\times 100 \qquad \text{(T0332-1)}$$

式中：w——细集料的含水率(%)；

m_1——容器质量(g)；

m_2——未烘干的试样与容器总质量(g)；

m_3——烘干后的试样与容器总质量(g)。

5　报告：两次试验结果的算术平均值为测定值。

②计算。

以试验原始记录 $m_1=100.3\text{g}$、$m_2=600.3\text{g}$、$m_3=578.3\text{g}$ 为基础，计算砂的含水率 w：

$$w=\frac{m_2-m_3}{m_3-m_1}\times 100=\frac{600.3-578.3}{578.3-100.3}\times 100=4.6(\%)$$

同样的方法计算出另一试样的含水率为 5.0%，平均值为 4.8%。

因为粗集料含水率的计算方法与细集料相同，同样方法计算得出两种碎石的含水率分别为 0.9% 和 0.8%。

因为进行混凝土配合比设计时砂石状态含水率分别为 0.2% 和 0.1%（两种碎石相同），微调含水率分别为 4.6%、0.8% 和 0.7%。

根据试验记录混凝土材料用量，砂 $=670\text{kg/m}^3$，碎石$_1=1290\times40\%=516\text{kg/m}^3$，碎石$_2=1290\times60\%=774\text{kg/m}^3$，水 $=150\text{kg/m}^3$。

计算微调后实际单位材料用量：

砂：　$670\times1.046=701(\text{kg/m}^3)$

碎石$_1$：　$516\times1.008=520(\text{kg/m}^3)$

碎石$_2$：　$774\times1.007=779(\text{kg/m}^3)$

碎石$_1$＋碎石$_2$ $=520+779=1299(\text{kg/m}^3)$

水：　$150-(1299-1290)-(701-670)=110(\text{kg/m}^3)$

D-47 路面水泥混凝土施工期间微调配合比试验报告单，见表 5.5.3-7。

8. C-188-1 路面水泥混凝土弯拉强度评定表的填写

(1) 水泥路面规范的规定

11.3.2-2　弯拉强度应采用三参数评价：平均弯拉强度合格值、最小值和统计变异系数。各级公路弯拉强度合格标准规定应按附录 A.1 进行，统计变异系数应符合设计规定。

11.3.4　施工单位的质检结果应按表 11.3.3 的规定，以 1km 为单位进行整理。

水泥路面规范附录 A.1 混凝土弯拉强度评定方法：

A.1.2　混凝土弯拉强度的合格标准：

1　试件组数大于 10 组时，平均弯拉强度合格判断式为：

$$f_{cs}=f_r+K\sigma \qquad (A.1.2\text{-}1)$$

式中：f_{cs}——合格判定平均弯拉强度(MPa)；

f_r——设计弯拉强度标准值(MPa)；

K——合格判定系数，按试件组数查附表 A.1.2；

σ——弯拉强度统计均方差，可按式(A.1.2—2)计算：

$$\sigma = C_v f_c \quad (A.1.2\text{-}2)$$

C_v——实测弯拉强度统计变异系数；

f_c——实测弯拉强度统计平均值(MPa)。

合格判定系数 附表 A.1.2

试件组数 n	11～14	15～19	≥20
K	0.75	0.70	0.65

当试件组数为11～19组时，允许有1组最小弯拉强度小于 $0.85f_r$，但不得小于 $0.75f_r$。

当试件组数大于20组时，高速公路和一级公路最小弯拉强度 f_{min} 不得小于 $0.85f_r$，其他公路允许有一组最小弯拉强度 f_{min} 小于 $0.85f_r$，但不得小于 $0.75f_r$。

A.1.3 当标准小梁合格判定平均弯拉强度 f_{cs}、最小弯拉强度 f_{min} 和统计变异系数 C_v 中有一个数据不符合上述要求时，应在不合格路段每公里钻取3个以上 ϕ150mm 的岩芯，实测劈裂强度，通过各自工程的经验统计公式换算弯拉强度，其合格判定平均弯拉强度 f_{cs} 和最小值 f_{min} 必须合格，否则，应返工重铺。对二级及二级以下公路也可按式(11.4.2-1)或式(11.4.2-2)进行换算。

(2)混凝土弯拉强度评定计算

K51＋000～K52＋000段的水泥混凝土弯拉强度试验结果见下表：

弯拉强度试验结果

序号	1	2	3	4	5	6	7
强度(MPa)	5.50	5.60	4.90	5.07	4.97	5.45	4.00

经计算，实测弯拉强度统计平均值 f_c＝5.07MPa，弯拉强度统计均方差 σ＝0.55MPa，实测弯拉强度统计变异系数 C_v＝0.11。

因为A.1混凝土弯拉强度评定方法未规定试件组数小于等于10组时，试件平均弯拉强度、任一组强度的合格标准，这里按照评定标准附录C试件组数等于或少于10组时，试件平均强度不得小于 $1.10f_r$，任一组强度均不得小于 $0.85f_r$ 的规定进行评定。

设计弯拉强度标准值 f_r＝4.50MPa，平均弯拉强度 f_c＝5.07≥1.10×4.50＝4.95MPa，最小一组弯拉强度4.00＞0.85×4.50＝3.83MPa。

弯拉强度变异系数 C_v＝0.55／5.07＝0.11，在弯拉强度变异系数 C_v 允许变化范围0.10～0.15内，满足要求。

C-188-1路面水泥混凝土弯拉强度评定表的填写，见表5.5.3-8。

9.其他检验表的填写

C-130路面结构厚度检验记录表、C-132水泥混凝土面层相邻板高差检验记录表、C-134 水泥混凝土路面检验记录表的填写较简单；C-125 平整度检验记录表、C-123 中线偏位检验记录表、C-124 宽度检验记录表、C-121 纵断高程检验记录表、C-126 横坡检验记录表、E-11 水准测量记录的填写同土方路基；D-38 路面用水泥混凝土粗集料技术性能试验(一)、D-39 路面水泥混凝土粗集料级配试验、D-43 水泥混凝土细集料技术性能试验(一)的填写同第四章原材料试验资料的编制。

××公路××段建设项目 表 5.5.3-1

承包单位：＿＿＿＿＿＿ 合同号：六

监理单位：＿＿＿＿＿＿ 编 号：6C03106H001

水泥混凝土面层现场质量检验报告单(一)(其他公路) C-031

工程名称	水泥混凝土面层		施工日期	年 月 日	
桩号	K51＋800～K52＋000		检验日期	年 月 日	
检验项目	规定值或允许偏差	检验方法与频率	检验结果	检验资料编号	备 注
弯拉强度(MPa)	在合格标准之内	每工作班制取 28d 试件，日进度≥1000m 取 3 组；≥500m 取 2 组；＜500m 取 1 组	合格	6D5306H001	每工作班还应制取 7d 试件 1 组
板厚度(mm)	不小于设计值，220	路面摊铺范围内每 100m 左右各 1 处，连接摊铺 100m 单边 1 处	合格	6C13006H001	用测板连续检验控制
平整度(mm)	5	3m 直尺：每半幅车道 200m 测 2 处 10 尺	合格	6C12506H001	合格率应≥90%
抗滑构造深度(mm)	一般路段 0.5～0.9，特殊路段 0.6～1.0	铺砂法：每幅 200m 1 处	合格	6C13106H001	施工中用拉毛器控制
相邻板高差(mm)	3	尺量：每 200m 纵横缝 2 条，每条 2 处	合格	6C13206H001	
连接摊铺纵缝高差(mm)	平均值≤5；极值≤7	尺测：每 200m 纵向工作缝，每条 2 处，每处间隔 2m 3 尺，共 6 尺			
接缝顺直度(mm)	10	20m 拉线测，每 200m 4 处	合格	6C15206H001	
中线平面偏位(mm)	20	经纬仪：每 200m 4 点	合格	6C12306H001	
路面宽度(mm)	±20	尺量：每 200m 4 处	合格	6C12406H001	
纵断高程(mm)	±15	水准仪：每 200m 4 点	合格	6C12106H001	
横坡(mm)	±0.25	水准仪：每 200m 4 断面	合格	6C12606H001	
材料配合比	符合规范要求	每工作班一次	合格	6D3906H001 6D4306H001	
外观检查		无脱皮、印痕、裂纹和缺边掉角等现象			
质量评定		合格			

施工负责人： 质量检查员： 监理工程师：

××公路××段建设项目　　　　表 5.5.3-2

承包单位：＿＿＿＿＿＿　　合同号：六

监理单位：＿＿＿＿＿＿　　编　号：6C03306H001

水泥混凝土面层现场质量检验报告单(二)(其他公路)　　C-033

工程名称	水泥混凝土面层		施工日期	年　月　日	
桩号	K51＋800～K52＋000		检验日期	年　月　日	
检验项目	规定值或允许偏差	检验方法与频率	检验结果	检验资料编号	备　注
断板率(‰)	≤4	数断板面板块占总块数比例	合格	6C13406H001	
脱皮、印痕、裂纹、露石、缺边、掉角(‰)	≤3	量实际面积，并计算与总面积比	合格	6C13406H001	
路缘石顺直度和高度(mm)	≤20	20m 拉线：每 200m 测 2 处			
灌缝饱满度(mm)	≤3	尺测：每 200m 接缝测 4 处	合格	6C13406H001	
切缝深度(mm)	≥50	尺测：每 200m 4 处	合格	6C13406H001	
胀缝表面缺陷	不宜有	每条观察填缝及啃边断角			
胀缝板　连浆(mm)	≤30	每条胀缝板安装时测量			
胀缝板　倾斜(mm)	≤25	尺测：每块胀缝板每条两侧			以板底为准
胀缝板　弯曲和位移(mm)	≤15	尺测：每块胀缝板每条 3 处			以缝中心线为准
传力杆偏斜(mm)	≤13	钢筋保护层仪：每车道 3 根	合格	6C13406H001	
外观检查	符合要求				
质量评定	合格				

施工负责人：　　　　质量检查员：　　　　监理工程师：

××公路××段建设项目 表 5.5.3-3

承包单位：________ 合同号：<u>六</u>

监理单位：________ 编　号：6C01006H001

混凝土浇筑申请单

C-10

工程名称	水泥混凝土面层	工程部位	右幅	图纸号	
桩号	K51＋800～ K52＋000	混凝土强度等级	4.5MPa	工程量	900m²
申请日期	年　月　日	计划浇筑时间	年　月　日　时		

材料名称	存放地点或料场号	批准文号	备注
砂	料场	6D4206H001	
石料	料场	6D3606H001	
水泥	料场	6D1906H001	
外加剂			
支架、模板	现场	6A 1006H001	
脱模剂			
机具设备及数量	搅拌机 1 台、发电机组 1 台、振捣梁 1 个、振捣棒 2 个、切缝机 1 台		
机具设备备用量	搅拌机 1 台、发电机组 1 台、振捣棒 2 个、切缝机 1 台		
主要技工	模具工 8 人、振捣工 5 人、切缝工 2 人、电工 2 人		

混凝土配合比设计试验报告单编号	水灰比	每立方米混凝土材料用量(kg)					矿料级配(mm)	坍落度(mm)	单位体积重(kg/m³)	抗压(弯拉)强度	
		水泥	砂	碎石	水	外加剂				龄期(d)	强度(MPa)
6D4606H001	0.44	340	670	1290	150		4.75～31.5	20	2450	28	5.53

监理工程师意见：

各种材料、机械设备、模板安装、人员等准备工作满足混凝土施工需要，同意浇筑。

签字：　　　年　　月　　日

施工负责人：　　　　质量检查员：　　　　监理工程师：

××公路××段建设项目　　表 5.5.3-4

承包单位：　　合同号：六

监理单位：　　编　号：6E0706H001

水泥混凝土施工记录

C-07

工程名称			水泥混凝土面层		工程部位	K51＋800～K52＋000(右)
施工日期			年　月　日		最低气温(℃)	23
设计强度等级			4.5MPa		试配强度(MPa)	5.52
水泥品种及厂家			富兴 P.O42.5 水泥		水泥强度等级	42.5
混凝土设计配合比			1∶1.79∶3.79∶0.44		混凝土水灰比	0.44
水泥用量(kg/m³)			340		坍落度(mm)	20
施工材料情况	水泥(kg/m³)		340		砂微调含水率:4.6% 碎石 1 微调含水率:0.8% 碎石 2 微调含水率:0.7%	
	砂(kg/m³)		701			
	碎石(kg/m³)		1299			
	水(kg/m³)		110			
外加剂					微调外加剂	

混凝土拌和物						
混凝土拌和物	坍落度(mm)		20	15	20		
	性质	棍度	中	中	中		
		含砂情况	中	中	中		
		黏聚性	良好	良好	良好		
		保水性	少量	少量	少量		
	水灰比						
	视密度(kg/m³)						

施工拌和方法	强制式搅拌机拌和		振捣方法		振捣棒配合振捣梁	
试件编号	1		2			
试件强度(MPa)	7d	4.31	28d	5.07	28d	
试件养生方法	标养		施工养生方法及天数		草袋覆盖洒水养生 21d	

监理工程师意见：

记录符合实际情况，材料合格，混凝土工作性良好，混凝土强度达到了要求。

签字：　　年　月　日

施工负责人：　　质量检查员：　　监理工程师：

××公路××段建设项目 表 5.5.3-5

承包单位：________ 合同号：__六__

监理单位：________ 编　号：6C13106H001

抗滑构造深度检验记录表(铺砂法) C-131

工程名称	水泥混凝土面层		施工日期	年　月　日	
桩号	K51＋800～K52＋000		检验日期	年　月　日	
桩　号	测点位置	砂的体积 V (cm^3)	摊平砂的平均直径 D(mm)	构造深度 TD(mm)	
				单　值	平均值
K51＋883	左	25	220	0.66	0.78
			200	0.80	
			190	0.88	
允许值(mm)	0.5～0.9		检测点数	1	
合格点数	1		合格率(%)	100	

施工负责人： 质量检查员： 监理工程师：

××公路××段建设项目　　　　表 5.5.3-6

承包单位：______　　合同号：六

监理单位：______　　编　号：6D5306H001

水泥混凝土抗弯拉强度试验报告单

D-53

工程名称		水泥混凝土面层	试验单位	第六合同段工地试验室
现场桩号		K51＋800～K52＋000	环境温度和湿度	21℃　96%～98%
部位		右幅	设备名称、型号及编号	DYE－300 数字抗折、抗压试验机
材料规格及产地	水泥	P. O42.5　××	试验执行标准	JTG E42—2005
	砂	中砂　××	试验人签字	
	碎石	4.75～31.5mm　××	审核人签字	

水泥混凝土抗弯拉强度试验记录

试样编号	试件编号	制作日期及时间	试验日期及时间	龄期(d)	养生条件	试件尺寸(mm)	极限荷载(N)	支座间距(mm)	弯拉强度(MPa)		设计强度等级(MPa)
									单值	平均	
2	2-1	2006.8.11	2006.9.8	28	标养	150×150×550	37500	450	5.00	5.07	4.5
	2-2	2006.8.11	2006.9.8	28	标养	151×151×550	37500	450	4.90		
	2-3	2006.8.11	2006.9.8	28	标养	150×150×550	39800	450	5.31		

结论：

试件编号[2]的抗弯拉强度平均值为 5.07MPa；

28d 抗弯拉强度达到设计的 112.7%，合格。

签字：　　　年　　月　　日

××公路××段建设项目　　表 5.5.3-7

承包单位：　　合同号：六

监理单位：　　编　号：6D4706H001

路面水泥混凝土施工期间微调配合比试验报告单

D-47

工程名称	水泥混凝土面层	试验单位	第六合同段工地试验室
现场桩号	K51+800～K52+000	试验日期	年　月　日
试样描述	洁净、无杂质	试验执行标准	JTG E42—2005
		试验人签字	
		审核人签字	

水泥混凝土施工期间微调配合比试验记录

微调加水量及砂、石用量		集料名称	砂		碎石$_1$		碎石$_2$		碎石$_3$	
	集料含水率	烘干前试样与容器总质量(g)	600.3	606.3	1123.6	1112.5	1602.8	1609.8		
		烘干后试样与容器总质量(g)	578.3	582.6	1114.7	1103.5	1592.2	1596.9		
		容器质量(g)	100.3	106.3	123.2	112.3	102.3	109.2		
		含水率(%)	4.6	5.0	0.9	0.9	0.7	0.9		
		平均含水率(%)	4.8		0.9		0.8			
		配合比状态含水率(%)	0.2		0.1		0.1			
		微调含水率(%)	4.6		0.8		0.7			
	实际单位材料用量	集料用量(kg/m^3)	701		520		779			
		水泥 C 用量不变 340(kg/m^3)	碎石$_1$：碎石$_2$：碎石$_3$＝ 40%：60%：　%							
		砂 S701(kg/m^3)								
		碎石(混合料)G 1299(kg/m^3)	混凝土单位体积重(kg/m^3)：2450							
		水 W110(kg/m^3)								
微调外加剂用量										
设　计配合比		水泥：砂：碎石(混合料)：水＝1：1.97：3.79：0.44								

结论：

经过调整，施工配合比符合要求。

签字：　　年　月　日

××公路××段建设项目

表 5.5.3-8

承包单位：＿＿＿＿＿＿　合同号：六

监理单位：＿＿＿＿＿＿　编　号：6C188106H001

路面水泥混凝土弯拉强度评定表

C-188-1

工程名称	水泥混凝土面层		分项工程桩号	K51＋000～K52＋000	
弯拉强度报告单中试样编号	作业段桩号	工程量(m)	试件组数	弯拉强度(MPa)	
				左幅	右幅
6D5306H004	K51＋000～K51＋280	280	1		5.50
6D5306H003	K51＋280～K51＋600	320	1		5.60
6D5306H002	K51＋600～K51＋800	200	1		4.90
6D5306H001	K51＋800～K52＋000	200	1		5.07
6D5306H007	K51＋000～K51＋360	360	1	4.97	
6D5306H006	K51＋360～K51＋700	340	1	5.45	
6D5306H005	K51＋700～K52＋000	300	1	4.00	
平均弯拉强度 f_{cs}(MPa)＝5.07		设计弯拉强度标准 f_r(MPa)＝4.5		合格判断系数 K＝	
$0.85f_r$(MPa)＝3.83	平均强度合格判断值(f_r+K_σ)(MPa)＝			强度最小值 f_{min}(MPa)＝4.00	
$0.80f_r$(MPa)＝	强度标准差 σ(MPa)＝0.55		变异系数 C_v＝0.11		试件组数 n＝7
$0.75f_r$(MPa)＝	$1.10f_r$(MPa)＝4.95	变异系数合格值 C_v＝0.10～0.15			质量评定：合格

施工负责人：　　　　质量检查员：　　　　监理工程师：

第六节　桥涵工程施工工序资料的编制

桥梁工程、小桥工程、涵洞工程的各部分构件一般都是钢筋混凝土或混凝土结构，其施工工序都是由钢筋加工和安装、模板、混凝土浇筑组成。所以这里仅以K51＋110小桥的1孔2号梁(第一个工序)为例进行介绍。

一、钢筋加工及安装

钢筋加工及安装工序由加工钢筋、钢筋电弧焊接头、焊接骨架、钢筋安装分工序组成。各分工序之间，前道工序的质量不仅直接影响下道工序的质量，还影响所有后续分工序的质量，所以必须保证每道分工序的质量，杜绝不合格产品流入到下道工序，以确保钢筋加工及安装工序的质量。

保证钢筋加工及安装工序的质量，放样工作很重要。应按设计图纸对每号钢筋进行加工放样，经监理工程师查验合格并批准后，方可进行钢筋的加工。在加工钢筋过程中，随时进行自查，不符合要求，随即纠正，保证产品合格率100％。钢筋安装工序应按照桥涵规范10.4.2-1的规定，拼装时应按图纸放大样，放样时应考虑焊接变形和预留拱度的规定进行放样，经监理工程师查验合格并批准后，方可进行钢筋的安装。

(一)钢筋加工及安装工序的资料编制程序

A-10　中间检验申请单；

C-071　加工钢筋现场质量检验报告单；

C-148　______工程检验记录表；

C-072　钢筋电弧焊接头现场质量检验报告单；

C-148　______工程检验记录表；

C-070　钢筋焊接网及焊接骨架现场质量检验报告单；

C-148　______工程检验记录表；

C-069　钢筋安装位置现场质量检验报告单；

C-148　______工程检验记录表；

E-12　钢筋制作与焊接记录。

(二)钢筋加工及安装工序资料用表的填写

钢筋加工及安装工序资料用表的填写，虽然数据较多，但填写方式较简单，这里仅以钢筋安装的C-148 ______工程检验记录表为代表进行填写的说明。

1. 钢筋安装工序实测项目和允许偏差

在制定 C-069 钢筋安装位置现场质量检验报告单时已经介绍过，桥涵规范与评定标准对于钢筋安装实测项目的箍筋、横向水平筋的允许偏差的规定不一致，制定的现场质量检验报告单中暂时采用了两者中精度高的规定，报告单的实测项目如下表。

钢筋安装实测项目

<table>
<tr><th colspan="3">检 查 项 目</th><th>允许偏差(mm)</th><th>检查方法和频率</th></tr>
<tr><td rowspan="4">受力钢筋间距(mm)</td><td colspan="2">两排以上排距</td><td>±5</td><td rowspan="4">尺量：每构件检查 2 个断面</td></tr>
<tr><td rowspan="2">同排</td><td>梁、板、拱肋</td><td>±10</td></tr>
<tr><td>基础、锚碇、墩台、柱</td><td>±20</td></tr>
<tr><td colspan="2">灌注桩</td><td>±20</td></tr>
<tr><td colspan="3">箍筋、横向水平钢筋、螺旋筋间距(mm)</td><td>0，−10</td><td>尺量：每构件检查 5～10 个间距</td></tr>
<tr><td rowspan="2">钢筋骨架尺寸(mm)</td><td colspan="2">长</td><td>±10</td><td rowspan="2">尺量：按骨架总数 30%抽查</td></tr>
<tr><td colspan="2">宽、高或直径</td><td>±5</td></tr>
<tr><td colspan="3">弯起钢筋位置(mm)</td><td>±20</td><td>尺量：每骨架抽查 30%</td></tr>
<tr><td rowspan="3">保护层厚度(mm)</td><td colspan="2">柱、梁、拱肋</td><td>±5</td><td rowspan="3">尺量：每构件沿模板周边检查 8 处</td></tr>
<tr><td colspan="2">基础、锚碇、墩台</td><td>±10</td></tr>
<tr><td colspan="2">板</td><td></td></tr>
</table>

2. 计算检查频率

(1)受力钢筋间距

①两排以上间距：构件设计为两排，间距 385mm。两个断面检查 4 处。

②同排间距：

上排——同排间距分别为 340、350、430mm，两个断面检查 6 处。

下排——同排间距分别为 75、5×68、5×70、5×78、75mm，两个断面检查 34 处。

(2)箍筋、横向水平筋间距

设计间距分别为 100、150mm，每构件检查 8 个间距，每间距检查四面 4 处，共32 处。

(3)弯起钢筋位置

每骨架弯起筋位置 48 处，按每骨架抽查 30%计算，应抽查 15 处，钢筋位置分别设计为 310、620、900、1180、1460、1740、2020、2300mm。

C-148 小桥工程检验记录表(1 孔 2 号梁的钢筋安装)的填写，见表 5.6.1-1。

××公路××段建设项目

表 5.6.1-1

承包单位：______　　合同号：六

监理单位：______　　编　号：6C14806H001

小桥 工程检验记录表

C-148

工程名称	钢筋加工及安装	工程部位	1孔2号梁	桩　号	K51+110	施工日期	年　月　日	检验日期	年　月　日
检验项目			规定值或允许偏差	设计值	实　测　值	偏　差	检验点数	合格点数	合格率（%）
受力钢筋间距（mm）	两排以上排距		±5	385	383 385 383 384	−2 0 −2 −1	44	44	100
	同排	上排	±10	340 350 340	342 350 338 340 352 337	2 0 −2 0 −2 −3			
		下排		75 68 70 68	75 70 68 62 65 70 70 72 72 65 70 62 68 68 73 70 75 76 69 68 63 64 68 72 70 72 67 70 64 68 68 71 70 75	0 2 0 −6 −3 2 0 2 2 −5 0 −6 0 0 5 2 0 1 1 0 −5 −4 0 2 0 2 −3 0 −4 0 0 3 2 0			
箍筋、横向水平钢筋间距（mm）			±10	100 150	100 100 102 102 98 100 100 99 103 103 100 102 100 98 97 97 142 140 142 142 150 150 152 148 146 145 146 146 150 146 147 150	0 0 2 2 −2 0 0 −1 3 3 0 2 0 −2 −3 −3 −8 −10 −8 −8 0 0 2 −2 −4 −5 −4 −4 0 −4 −3 0	32	32	100
钢筋骨架尺寸（mm）	长		±10	9930	9924 9926	−6 −4	5	5	100
	宽		±5	1030 1180	1028 1175	−2 −5			
	高			385	383	−2			
弯起钢筋位置（mm）			±20	310 620 900 1180 1460 1740 2020 2300	312 620 910 1175 1452 1744 2025 2308 310 624 900 1180 1450 1746 2018	2 0 10 −5 −8 4 5 8 0 4 0 0 −10 6 −2	15	15	100
保护层厚度（mm）			±3	净44 净19	47 45 44 47 22 22 20 21	3 1 0 3 3 3 0 2	8	8	100

施工负责人：　　　　质量检查员：　　　　监理工程师：

二、模板

(一)模板工序的资料编制程序

A-10　中间检验申请单；

C-075　模板、支架制作现场质量检验报告单；

C-149　钢模板制作检验记录表；

C-076　模板安装现场质量检验报告单；

C-150　模板安装检验记录表。

(二)模板工序资料用表的填写

虽然模板工序资料用表的填写比较简单，但模板工序的作用非常重要，要认真进行放样，经监理工程师查验合格后，方可进行模板施工。模板工序完工后经自检、抽检均合格后，才能进行混凝土的浇筑。

三、梁(板)预制(混凝土浇筑)工序

(一)梁(板)预制工序的资料编制程序

A-10　中间检验申请单；

C-085　梁(板)预制现场质量检验报告单；

C-010　混凝土浇筑申请单；

E-07　水泥混凝土施工原始记录；

C-148　______工程检验记录表；

D-51　水泥混凝土抗压强度试验报告单。

(二)梁(板)预制工序资料用表的填写

中间检验申请单、梁(板)预制现场质量检验报告单、混凝土浇筑申请单参见水泥路面。此外，下述资料的填写分别要求如下：

1. 水泥混凝土施工原始记录的填写

除试配强度一项的计算方法不一致外，其余各项填写方法与水泥混凝土路面相同。

(1)桥涵规范对混凝土配制强度计算的规定

桥涵规范 11.3.2 混凝土的试配强度，应根据设计强度等级，考虑施工条件的差异和变化以及材料质量可能的波动，可参照附录 F-4 计算确定。

桥涵规范附录 F-4 混凝土配制强度计算如下：

混凝土的施工配制强度 R_P，可根据强度标准差的历史平均水平按下列公式计算确定：

$$R_P = R + 1.645\sigma$$

式中：R——混凝土设计强度等级；

σ——强度标准差，$\sigma = \sqrt{\dfrac{\sum_{i=1}^{n} R_i^2 - nR_n^2}{n-1}}$；

R_i——统计周期内同一品种混凝土第 i 组试件的强度值(MPa)；

R_n——统计周期内同一品种混凝土 n 组强度的平均值(MPa)；

n——统计周期内同一品种混凝土试件的总组数，$n \geqslant 25$。

当施工单位不具有近期的同一品种混凝土强度资料时，其混凝土强度标准差 σ 可按附表 F-4 取用。

σ 值 (MPa) 表 F-4

混凝土强度等级	低于 20	20～35	高于 35
σ	4.0	5.0	6.0

(2)混凝土配制强度的计算

按照桥涵规范附录 F-4 混凝土配制强度计算中，当施工单位不具有近期的同一品种混凝土强度资料时的情况进行混凝土试配强度的计算。

①强度标准差的选用：混凝土设计强度等级为 35.0MPa，选取 σ=5.0MPa。

②混凝土配制强度计算

$$R_P = R + 1.645\sigma = 35 + 1.645 \times 5 = 43.2\ (\text{MPa})$$

2. C-148 小桥工程检验记录表(1 孔 2 号梁预制)的填写

(1)空心板预制实测项目和检查频率

在制定 C-085 梁(板)预制现场质量检验报告单时已经介绍过，有个别的检查项目在桥涵规范与评定标准中的规定不一致。暂按照评定标准的规定制定了现场质量检验报告单，评定标准实测项目见表 8.7.1-1。

梁(板)预制实测项目 表 8.7.1-1

检查项目			规定值或允许偏差	检查方法和频率
混凝土强度(MPa)			在合格标准内	按附录 D 检查
梁(板)长度(mm)			+5，−10	尺量：每梁(板)
宽度(mm)	干接缝(梁翼缘、板)		±10	尺量：检查 3 处
	湿接缝(梁翼缘、板)		±20	
	箱梁	顶宽	±30	
		底宽	±20	
高度(mm)	梁、板		±5	尺量：检查 2 个断面
	箱梁		+0，−5	

续上表

检 查 项 目		规定值或允许偏差	检查方法和频率
断面尺寸(mm)	顶板厚	+5,−0	尺量:检查2个断面
	底板厚		
	腹板或梁肋		
平整度(mm)		5	2m直尺:每侧面每10m梁长测1处
横系梁及预埋件位置(mm)		5	尺量:每件

(2)检查点数计算

①梁(板)长度:设计长度9960mm。

②宽度:设计顶宽1140mm、底宽1240mm,检查顶宽3处、底宽3处共6处。

③高度:设计高度450mm,检查2个断面4点。

④断面尺寸的检查点数:每空心板梁三个芯孔,设计顶板厚100mm,底板厚90mm,检查两个断面共6个顶板厚和6个底板厚检查点。

⑤平整度:每侧面每10m梁检测1处,共2处。

⑥预埋件位置:设计支座预埋件中心位置为180mm和390mm,4个预埋件共检查8点。

C-148小桥工程检验记录表(1孔2号梁预制)的填写,见表5.6.3-1。

3. D-51水泥混凝土抗压强度试验报告单的填写

按照桥涵规范的规定,梁长10m制取28d标准养护试件一组,7d标准养护试件一组是为了复核浇筑空心板的混合料是否符合要求,其余还应制取几组同条件养护的试件作为考核结构混凝土在拆模、吊装阶段强度的依据。这里仅对28d标准养护抗压强度试验单的填写进行说明。

(1)水泥及水泥混凝土试验规程T0553—2005水泥混凝土立方体抗压强度试验方法的规定

4.2 取出试件,检查其尺寸及形状,相对两面应平行。量出棱边长度,精确至1mm。试件受力截面积按其与压力机上下接触面的平均值计算。

5.1 混凝土立方体试件抗压强度按下式计算:

$$f_{cu}=\frac{F}{A}$$

式中:f_{cu}——混凝土立方体抗压强度(MPa);

F——极限荷载(N);

A——受压面积(mm^2)。

5.2 以3个试件测值的算术平均值为测定值，计算精确至0.1MPa。三个测值中的最大值或最小值中如有一个与中间之差超过中间值的15%，则取中间值为测定值；如最大值和最小值与中间值之差均超过中间值的15%，则该组试验结果无效。

(2)试验结果计算

以试验原始数据，极限荷载 F=823000N、相对两平行面的断面尺寸均为150×150mm² 为基础进行计算：

$$f_{cu}=\frac{F}{A}=\frac{823000}{22500}=36.6\,(\mathrm{MPa})$$

同样计算出另两个试件的抗压强度为35.7MPa、34.4MPa。

最大值与中间值之差：36.6－35.7＝0.9＜35.7×15%＝5.3(MPa)

最小值与中间值之差：35.7－34.4＝1.3＜35.7×15%＝5.3(MPa)

该组试件的平均值为：(36.6＋35.7＋34.4)/ 3＝35.6MPa

最大值、最小值与中间值之差均未超过中间值的15%，所以取3个试件测值的算术平均值35.6MPa为测定值。

D-51 水泥混凝土抗压强度试验报告单的填写，见表5.6.3-2。

表 5.6.3-1

××公路××段建设项目

承包单位：______ 合同号：六

监理单位：______ 编　号：6C14806H001

小桥　工程检验记录表

C-148

工程名称		空心板预制	工程部位	1孔2号梁	桩号	K51+110	施工日期	年　月　日	检验日期	年　月　日
检验项目		规定值或允许偏差	设计值	实　测　值		偏　　差		检验点数	合格点数	合格率(%)
梁(板)长度(mm)		+5,−10	9960	9960　9961		0　1		2	2	100
宽度(mm)		±20	1140 1240	1140　1240　1137 1242　1138　1240		0　0　−3 2　−2　0		6	6	100
高度(mm)		±5	450	450　448　446　446		0　−2　−4　−4		4	4	100
断面尺寸(mm)	顶板厚	+5,−0	100	100 102 101 103 102 101		0 2 1 3 2 1		12	12	100
	底板厚		90	90 94 91 90 91 90		0 4 1 0 1 0				
平整度(mm)		5				2　5		2	2	100
横系梁及预埋件位置(mm)		5	180 390	181　390　182　392 180　390　185　394		1　0　2　2 0　0　5　4		8	8	100

施工负责人：　　　　质量检查员：　　　　监理工程师：

××公路××段建设项目　　表 5.6.3-2

承包单位：＿＿＿＿＿＿　　合同号：六

监理单位：＿＿＿＿＿＿　　编　号：6D5106H001

水泥混凝土抗压强度试验报告单

D-51

工程名称		空心板预制	试验单位	第六合同段工地试验室
工程部位		1孔2号梁(K51＋110)	试验设备名称、型号及编号	YE—2000型压力机
材料规格及产地	水泥	P.O42.5　××		
	砂	中砂　××	试验执行标准	JTG E30—2005
	碎石	5～25mm　××	试验人签字	
环境温度和湿度		21℃　95%～97%	审核人签字	

水泥混凝土抗压强度试验记录

试样编号	试件编号	制作日期	试验日期	龄期(d)	养生条件	试件尺寸(mm)	极限荷载(N)	抗压强度(MPa)		设计强度等级(MPa)
								单值	平均	
2	2-1	2006-04-30	2006-05-28	28	标养	150×150、150×150	823000	36.6	35.6	35.0
	2-2	2006-04-30	2006-05-28	28	标养	149×150、149×150	798000	35.7		
	2-3	2006-04-30	2006-05-28	28	标养	150×150、150×150	774000	34.4		

结论：

编号[2]的试件抗压强度测定值为35.6MPa，28d抗压强度达到设计强度的101.7%，抗压强度合格。

签字：　　年　月　日

第六章

交工验收评定资料的编制

对已完工的分项工程进行质量检查验收是施工单位对分项工程质量的自查、自控，是监理单位对分项工程质量进行抽检认定的质量管理过程；最终判定已完分项工程是否满足设计文件与施工规范的要求，目的为了保证分项工程质量。

第一节　有关对交工验收评定的规定

一、评定标准对交工验收评定的规定

3.1.2　工程质量检验评分以分项工程为单元，采用100分制进行。

3.1.4　施工单位应对各分项工程按本标准所列基本要求、实测项目和外观鉴定进行自检，按附录J中“分项工程质量检验评定表”及相关施工技术规范提交真实、完整的自检资料，对工程质量进行自我评定。

工程监理单位应按规定要求对工程质量进行独立抽检，对施工单位检评资料进行签认，对工程质量进行评定。

建设单位根据对工程质量的检查及平时掌握的情况，对工程监理单位所做的工程质量评分及等级进行审定。

3.2.1　分项工程质量评分：

分项工程质量检验内容包括基本要求、实测项目、外观鉴定和质量保证资料四个部分。只有在其使用的原材料、半成品、成品及施工工艺符合基本要求的规定，且无严重外观缺陷和质量保证资料真实并基本齐全时，才能对分项工程质量进行检验评定。

涉及结构安全和使用功能的重要实测项目为关键项目(在分项工程的实测项目

中以"△"标识),其合格率不得低于90%(属于工厂加工制造的桥梁金属构件不低于95%),且检测值不得超过规定极值,否则必须进行返工处理。

实测项目的规定极值是指任一单个检测值都不能突破的极限值,不符合要求时该实测项目为不合格。

采用附录B至附录I所列方法进行评定的关键项目,不符合要求时则该分项工程评为不合格。

分项工程的评分值满分为100分,按实测项目采用加权平均法计算。存在外观缺陷或资料不全时,应予减分。

$$分项工程得分=\frac{\sum[检查项目得分\times 权值]}{\sum 检查项目权值}$$

$$分项工程评分值=分项工程得分-外观缺陷减分-资料不全减分$$

(1)基本要求检查

分项工程所列基本要求,对施工质量优劣具有关键作用,应按基本要求对工程进行认真检查。经检查不符合基本要求规定时,不得进行工程质量的检验和评定。

(2)实测项目计分

对规定检查项目采用现场抽样方法,按照规定频率和下列计分方法对分项工程的施工质量直接进行检测计分。

检查项目除按数理统计方法评定的项目以外,均应按单点(组)测定值是否符合标准要求进行评定,并按合格率计分。

$$检查项目合格率=\frac{检查合格的点(组)数}{该检查项目的全部检查点(组)数}\times 100\%$$

$$检查项目得分=检查项目合格率\times 100$$

(3)外观缺陷减分

对工程外表状况应逐项进行全面检查,如发现外观缺陷,应进行减分。对于较严重的外观缺陷,施工单位须采取措施进行整修处理。

(4)资料不全减分

分项工程的施工资料和图表残缺,缺乏最基本的数据,或有伪造涂改者,不予检查和评定。资料不全者应予减分,减分幅度可按质量保证资料所列各款逐款检查,视资料不全情况,每款减1～3分。

3.2.4　质量保证资料:

施工单位应有完整的施工原始记录、试验数据、分项工程自查数据等质量保证资料,并进行整理分析,负责提交齐全、真实和系统的施工资料和图表。工程监理单位负责提交齐全、真实和系统的监理资料。质量保证资料应包括以下六个方面:

(1)所用原材料、半成品和成品质量检验结果;

(2)材料配比、拌和加工控制检验和试验数据；

(3)地基处理、隐蔽工程施工记录和大桥、隧道施工监控资料；

(4)各项质量控制指标的试验记录和质量检验汇总图表；

(5)施工过程中遇到的非正常情况记录及其对工程质量影响分析；

(6)施工过程中如发生质量事故，经处理补救后，达到设计要求的认可证明文件。

3.3.1　分项工程质量等级评定：

分项工程评分值不小于75分者为合格，小于75分者为不合格。

评定为不合格的分项工程，经加固、补强或返工、调测，满足设计要求后，可以重新评定其质量等级，但计算分部工程评分值时按其复评分值的90%计算。

二、监理规范对监理单位进行中间交工验收的规定

5.1.14　中间交工验收：

监理工程师收到分项工程中间交工申请后，应检查各道工序的施工自检记录、交接单及监理工程师签认的关键工序的交验单；检查分项工程的质量自检和质量等级评定资料；检查质量保证资料的完整性。

驻地办应按合同规定对交工的分项工程进行质量等级评定并签发《中间交工证书》。

三、路基路面测试规程对随机选取检查位置的规定

T0911—2008路基路面几何尺寸测试方法，3.1-(2)根据有关施工规范或《公路工程质量检验评定标准(土建工程)》(JTG F80/1)的要求，按附录A的方法(随机选点方法)，在一个检测路段内选取测定的断面位置及里程桩号，在测定断面作上标记。通常将路面宽度、横坡、高程及中线平面偏位选取在同一断面位置，且宜在整数桩号上测定。

四、路面基层规范对抽样检查的规定

9.5.4　进行抽样检查。抽样必须是随机的，不能带有任何倾向性。

第二节　交工验收评定资料的编制管理

一、交工验收评定资料的编制管理流程

根据评定标准、监理规范对交工验收评定的规定，制定交工验收评定资料的编制管理流程(图6.2.1)。

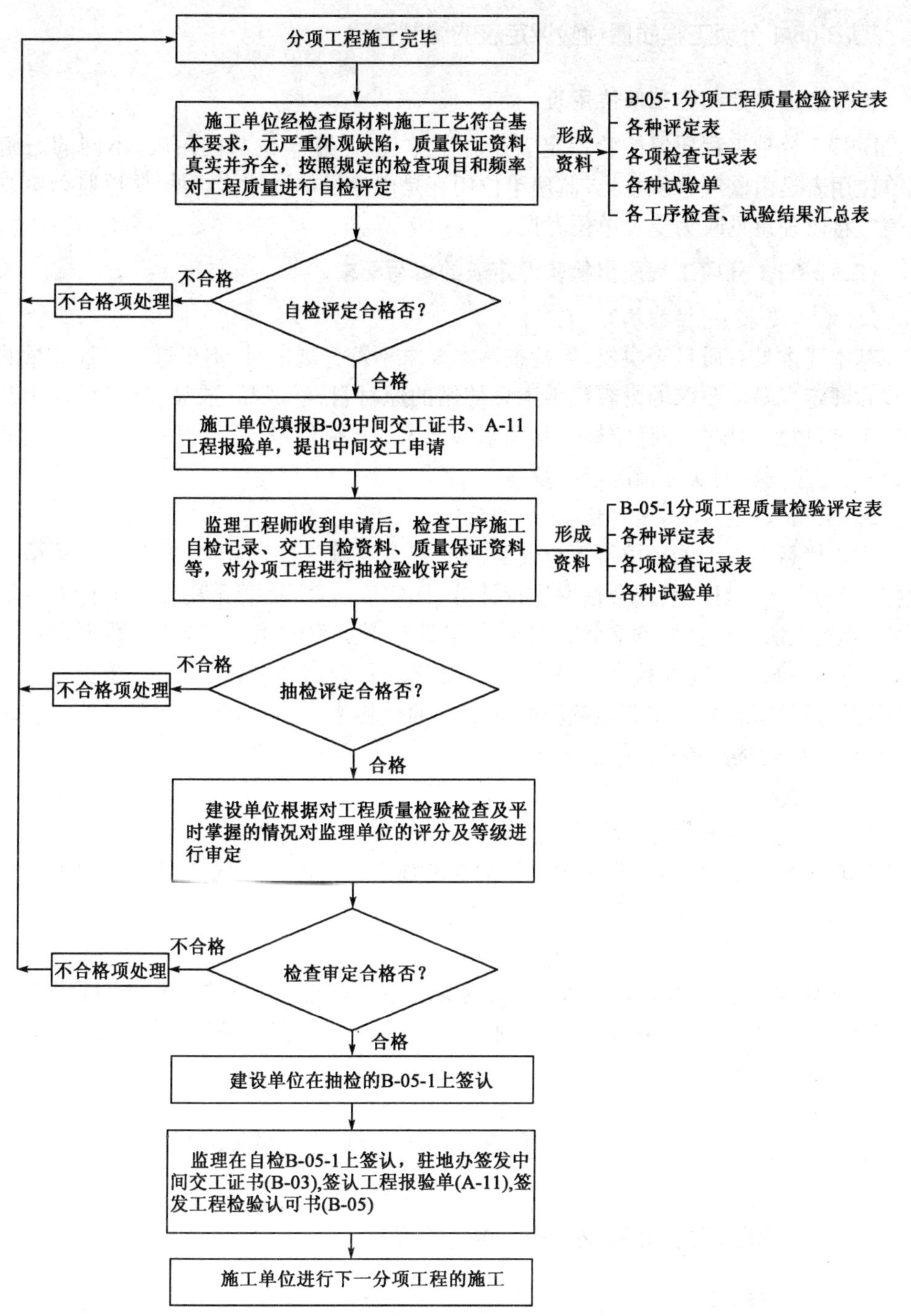

图 6.2.1　交工验收评定资料的编制管理流程

二、B-05-1 分项工程质量检验评定表的编制管理

(一)监理单位和施工单位用表

B-05-1 分项工程质量检验评定表是施工单位、监理单位共同用表,不同的是施工单位用表是由监理签认意见,监理单位用表是由建设单位签认意见,所以监理单位用表应将监理意见改为建设单位意见。

(二)B-05-1 分项工程质量检验评定表的填写要求

1."基本要求"一栏的填写

基本要求具有质量否决权,经检查基本要求不符合规定时,不得进行工程质量的检验和评定。基本要求的内容包括工程使用的原材料、半成品、成品、材料配合比及施工工艺,填写时要依照评定标准相关基本要求的具体规定,按照相关原材料试验资料、施工工序资料的实际情况进行填写。

2."实测值"或"实测偏差值"一栏的填写

在该栏目中不管能否填得下全部实测值或实测偏差值,都不宜在此栏填写检查数据,因为实测项目一般按合格率进行计分,压实度、弯沉值等采用数理统计的方法评定,此栏无法进行合格率和评定计算。况且分项工程的工程量较大,数据也填不下,应将检查数据填写在检查记录表上,并准确进行合格率和评定计算,再把合格率和评定结果抄写在分项工程质量检验评定表的合格率一栏中,进行评分。此栏应填写相对应检查表格的编号。

3."外观鉴定"一栏的填写

外观鉴定要按照评定标准条文说明 3.2.1-(3)评定时外观扣分检查应对全线、全部逐项进行全面的检查,而不仅仅是抽查的规定进行,按照评定标准相关外观鉴定的具体规定进行扣分和填写。

4."质量保证资料"一栏的填写

按照评定标准 3.2.4 质量保证资料的要求逐项对施工资料进行检查,按照 3.2.1-(4)资料不全减分标准进行减分。若按照本书所介绍的方法编制,质量保证资料就能达到真实、齐全的要求。

第三节　土方路基交工验收评定资料的编制

一、评定标准对土方路基交工验收评定的规定

4.1　一般规定:

4.1.2　规定的实测项目的检查频率,如果检查路段以延米计时,则为双车道公

路每一检查段内的最低检查频率；多车道公路必须按车道数与双车道之比，相应增加检查数量。

4.1.3　路基压实度须分层检测，并符合附录B的规定。路基其他检查项目均在路基顶面进行检查测定。

4.2.1　基本要求：

1)在路基用地和取土坑范围内，应清除地表植被、杂物、积水、淤泥和表土，处理坑塘，并按规范和设计要求对基底进行压实。

2)路基填料应符合规范和设计的规定，经认真调查、试验后合理选用。

3)填方路基须分层填筑压实，每层表面平整，路拱合适，排水良好。

4)施工临时排水系统应与设计排水系统结合，避免冲刷边坡，勿使路基附近积水。

5)在设定取土区内合理取土，不得滥开滥挖。完工后应按要求对取土抗和弃土场进行修整，保持合理的几何外形。

4.2.2　土方路基实测项目，见表4.2.2。

土方路基实测项目　　表4.2.2

项次	检查项目	规定值或允许偏差（二级公路）	检查方法和频率	权值
1△	压实度(%)	≥95	按附录B检查 密度法：每200m每压实层测4处	3
2△	弯沉0.01(mm)	不大于设计要求值	按附录I检查	3
3	纵断高程(mm)	+10，-20	水准仪：每200m测4断面	2
4	中线偏位(mm)	100	经纬仪：每200m测4点，弯道加HY、YH两点	2
5	宽度(mm)	符合设计要求	米尺：每200m测4处	2
6	平整度(mm)	20	3m直尺：每200m测2处×10尺	2
7	横坡(%)	±0.5	水准仪：每200m测4个断面	1
8	边坡	符合设计要求	尺量：每200m测4处	1

4.2.3　外观鉴定

1)路基表面平整，边线平顺，曲线圆滑。不符合要求时，单向累计长度每50m减1～2分。

2)路基边坡坡面平顺、稳定，不得亏坡，曲线圆滑。不符合要求时，单向累计长度每50m减1～2分。

3)取土抗、弃土抗、护坡道、碎落台的位置适当，外形整齐、美观，防止水土流失。不符合要求时，每处减1～2分。

二、土方路基交工验收评定资料的编制程序

B-03　中间交工证书；

B-05　工程检验认可书；

A-11　工程报验单；

B-05-1　分项工程质量检验评定表(二级公路)(002 土方路基)；

C-181　压实度检验评定表；

C-184　弯沉值检验评定表；

C-121　纵断高程检验记录表；

C-123　中线偏位检验记录表；

C-124　宽度检验记录表；

C-125　平整度检验记录表；

C-126　横坡检验记录表；

C-127　边坡检验记录表；

D-09　压实度试验记录(灌砂法)；

C-128　回弹弯沉值测定记录表；

C-161　压实度检验汇总表；

C-162　弯沉值检验汇总表。

三、土方路基交工验收评定资料用表的填写说明

(一)中间交工证书(B-03)的填写

中间交工证书是监理规范中的附表 D,分项工程中间交工验收是一项重要的质量管理程序,是控制分项工程质量的关键,并且有较强的时限要求。B-03 中间交工证书应按交工验收评定资料的编制流程填报和签发,并及时将签发的中间交工证书返回施工单位,不影响正常施工。施工单位只有收到中间交工证书的批件后,才能进行下一分项工程的施工。

B-03 中间交工证书的填写,见表 6.3.3-1。

(二)工程检验认可书(B-05)的填写

工程检验认可书是工程监理单位在建设单位对监理单位的工程质量评定等级和评分进行审定后再填报的,是对合格工程的认可,是工程计量的依据。

B-05 工程检验认可书的填写,见表 6.3.3-2。

第一栏中的________号工程报验单,在号前应填写该工程报验单(A-11)的编号。

第二栏的各项均应填写合格后填写认可。

第三栏，若监理机构同意以上各项的认可，可填写同意认可，同意计量×××工程量×××。

（由于桥涵工程分项工程的工程量比较小，也可以根据实际情况，将几个分项工程合并起来填报一个工程检验认可书，进行计量）

（三）工程报验单（A-11）的填写

工程报验单是土方路基分项工程完成后，施工单位经自检验收后填报，是监理人员对分项工程进行质量把关的一道程序。工程报验单共分三栏内容，施工单位只填写第一栏内容，并附自检资料（与交工证书中的附件是同一份资料）。报请监理查验。

第二栏应填写监理的查验结果，是驻地办按照评定标准的要求对施工单位所完成的分项工程独立进行的抽检验收评定结果。若查验合格并经过设计单位审定签认后，把查验结果填写在工程报验单的查验情况一栏中，检查员应是监理人员，把监理的查验资料（和中间交工证书的附件是同一份，复印件即可）附在施工单位的自检资料的后边。

第三栏应填写监理机构意见，监理机构应根据监理人员的查验评定结果进行填写。若查验评定为合格，可签认：同意评为合格工程，可以进行下项工程的施工。若查验不合格，应签认不合格原因，资料返回施工单位，施工单位要按要求对不合格项进行处理或返工，合格后重新报验。

当检查项目较多填不下时，可增加格数，尽量填写在一张表内。

A-11　工程报验单的填写，见表6.3.3-3。

（四）压实度检验评定表（C-181）的填写

1.评定标准附录B路基、路面压实度评定的规定

检验评定段的压实度代表值K（算术平均值的下置信界限）为：

$$K=\bar{k}-\frac{t_\alpha}{\sqrt{n}}S\geqslant K_0$$

式中：$\bar{k}$——检验评定段内各测点压实度的平均值；

t_α——t分布表中随测点数和保证率（或置信度α）而变的系数；t_α见附表B。

采用的保证率：

其他公路：基层、底基层为95%；路基、路面面层为90%；

S——检测值的标准差；

n——检测点数；

K_0——压实度标准值。

路基、基层和底基层：$K\geqslant K_0$，且单点压实度K_i全部大于等于规定值减2%时，

评定路段的压实度合格率为100%；当 $K \geqslant K_0$，且单点压实度全部大于等于规定极值时，按测定值不低于规定值减2%的测点数计算合格率。

$K < K_0$ 或某一单点压实度 K_i 小于规定极值时，该评定路段压实度为不合格，相应分项工程评为不合格。

路堤施工段较短时，分层压实度应点点符合要求，且样本数不少于6个。

$K < K_0$ 时，评定路段的压实度为不合格，相应分项工程评为不合格。

附表B $t_\alpha/\sqrt{n}$值(节选)

保证率 \ n	99%	95%	90%	保证率 \ n	99%	95%	90%
2	22.501	4.465	2.176	21	0.552	0.376	0.289
3	4.021	1.686	1.089	22	0.537	0.367	0.282
4	2.270	1.177	0.819	23	0.523	0.358	0.275
5	1.676	0.953	0.686	24	0.510	0.350	0.269
6	1.374	0.823	0.603	25	0.498	0.342	0.264
7	1.188	0.734	0.544	26	0.487	0.335	0.258
8	1.060	0.670	0.500	27	0.477	0.328	0.253
9	0.966	0.620	0.466	28	0.467	0.322	0.248
10	0.892	0.580	0.437	29	0.458	0.316	0.244
11	0.833	0.546	0.414	30	0.449	0.310	0.239
12	0.785	0.518	0.393	40	0.383	0.266	0.206
13	0.744	0.494	0.376	50	0.340	0.237	0.184
14	0.708	0.473	0.361	60	0.308	0.216	0.167
15	0.678	0.455	0.347	70	0.285	0.199	0.155
16	0.651	0.438	0.335	80	0.266	0.186	0.145
17	0.626	0.423	0.324	90	0.249	0.175	0.136
18	0.605	0.410	0.314	100	0.236	0.166	0.129
19	0.586	0.398	0.305	>100	$\frac{2.3265}{\sqrt{n}}$	$\frac{1.6449}{\sqrt{n}}$	$\frac{1.2815}{\sqrt{n}}$
20	0.568	0.387	0.297				

2. 路基压实度评定

(1)压实度指标按上路床的检查数据计分

评定标准条文说明4.1.3规定压实度指标可只按上路床的检查数据计分，以下层位的压实质量则由监理工程师按分区压实度要求检查控制。因此，由于路基每层工序压实度均已通过自检，且抽检验收达到了点点合格，所以采取只按路床检查数据计分的方式。

(2)随机取样选点计算

在进行路基的压实度检验前，首先要依据评定标准表4.2.2土方路基实测项目对压实度检查频率(每 200m 每压实层测 4 处)的规定计算检测点数,再按照路基路面现场测试规程附录 A 公路路基路面现场测试随机选点方法确定测点断面(距起点距离)和测点位置(距中线距离)。K51＋000～K52＋000 路基压实度检测位置取样选点计算见下表。

压实度试坑位置随机取样选点计算表

检测桩号K51＋000～K52＋000　　检测点数(n)20　　选定栏号10　　路基宽度13.74m

序号	*A*值	*B*值	距起点距离(m)	桩号	*C*值	距路边缘距离=*C*值×路宽(m)	距中线位置(m)
1	09	0.095	95	K51＋095	0.568	7.804	右 0.934
2	05	0.180	180	K51＋180	0.741	10.181	右 3.311
3	12	0.200	200	K51＋200	0.851	11.693	右 4.823
4	13	0.259	259	K51＋259	0.327	4.493	左 2.377
5	17	0.283	283	K51＋283	0.645	8.862	右 1.992
6	20	0.364	364	K51＋364	0.366	5.029	左 1.841
7	16	0.395	395	K51＋395	0.363	4.988	左 1.882
8	02	0.423	423	K51＋423	0.540	7.420	右 0.550
9	08	0.432	432	K51＋432	0.736	10.113	右 3.243
10	10	0.475	475	K51＋475	0.468	6.430	左 0.440
11	03	0.508	508	K51＋508	0.774	10.635	右 3.765
12	01	0.601	601	K51＋601	0.417	5.730	左 1.140
13	11	0.701	701	K51＋701	0.605	8.313	右 1.443
14	07	0.728	728	K51＋728	0.498	6.843	左 0.027
15	14	0.745	745	K51＋745	0.679	9.329	右 2.459
16	15	0.840	840	K51＋840	0.823	11.308	右 4.438
17	06	0.878	878	K51＋878	0.215	2.954	左 3.916
18	18	0.930	930	K51＋930	0.601	8.258	右 1.388
19	04	0.954	954	K51＋954	0.827	11.363	右 4.493
20	19	0.988	988	K51＋988	0.020	0.275	左 6.595

(3)路基压实度评定计算

①按照表 4.2.2 土方路基实测项目对压实度检查方法的规定,采用灌砂法进行压实度的检测,压实度检测结果见下表。

压实度检测结果

序号	1	2	3	4	5	6	7	8	9	10
压实度(%)	96.2	95.7	92.8	97.2	95.6	96.7	95.3	96.3	97.6	95.4
序号	11	12	13	14	15	16	17	18	19	20
压实度(%)	96.4	95.8	97.0	95.5	95.3	96.4	96.4	97.0	95.8	95.6

②下面按照附录B路基路面压实度评定的要求进行压实度评定计算：

经计算得：$\bar{k}=96.0\%$；$S=1.01\%$。

根据检查点数 $n=20$，二级公路路基保证率为90%，查表8.2-1得 $t_\alpha/\sqrt{n}=0.297$

压实度标准值 $K_0=95.0\%$，该检验评定段的压实度代表值 $K(\%)$为：

$$K=\bar{k}-(t_\alpha/\sqrt{n})S=96.0-0.297\times1.01=95.7>95.0(\%)$$

极值(%)：95－5＝90

单点压实度全部大于极值90%；有一点压实度92.8%低于93%(95%－2%)。

该路段的压实度合格率为：(20－1)/20＝95.0%

C-181压实度检验评定表的填写，见表6.3.3-4

(五)弯沉值检验评定表(C-184)的填写

1.评定标准附录Ⅰ路基弯沉值评定的规定

Ⅰ.0.2 弯沉代表值为弯沉测量值的上波动界限，用下式计算：

$$l_r=\bar{l}+Z_\alpha S$$

式中：l_r——弯沉代表值(0.01mm)；

$\bar{l}$——实测弯沉的平均值(0.01mm)；

S——标准差；

Z_α——与要求保证率有关的系数，见附表Ⅰ。

附表Ⅰ　Z_α　值

层　　位	Z_α(二级公路)	层　　位	Z_α(二级公路)
沥青面层	1.5	路基	1.645

Ⅰ.0.3　当路基和柔性基层、底基层的弯沉代表值不符合要求时，可将超出 $\bar{l}\pm(2\sim3)S$ 的弯沉特异值舍弃，重新计算平均值和标准差。对舍弃的弯沉值大于 $\bar{l}+(2\sim3)S$ 的点，应找出其周围界限，进行局部处理。

用两台弯沉仪同时进行左右轮弯沉值测定时，应按两个独立测点计，不能采用左右两点的平均值。

Ⅰ.0.4　弯沉代表值大于设计要求的弯沉值时相应分项工程为不合格。

2.路基弯沉值评定

(1)确定弯沉仪和检查点数

按照评定标准Ⅰ.0.1弯沉仪用贝克曼梁或自动弯沉仪测量。每一双车道评定路段(不超过1km)检查80～100个点的规定，采用贝克曼梁每50m测2处，每处左右两轮隙下各一点，共测82点。

采用长度3.6m的贝克曼梁弯沉仪，测试车采用标准轴载BZZ—100的汽车。

(2)路基弯沉值评定计算

弯沉值检测结果如下表。

弯沉值检测结果(0.01mm)

序号	1	2	3	4	5	6	7	8	9	10	11	12	13	14
弯沉值	132	144	134	114	136	130	116	120	140	152	138	130	150	148
序号	15	16	17	18	19	20	21	22	23	24	25	26	27	28
弯沉值	140	136	138	128	130	110	140	146	130	144	114	134	146	126
序号	29	30	31	32	33	34	35	36	37	38	39	40	41	42
弯沉值	142	166	114	138	130	130	140	114	122	136	112	94	120	142
序号	43	44	45	46	47	48	49	50	51	52	53	54	55	56
弯沉值	128	148	122	132	150	128	132	122	136	116	146	136	140	126
序号	57	58	59	60	61	62	63	64	65	66	67	68	69	70
弯沉值	174	136	136	122	146	140	152	130	124	124	138	152	130	162
序号	71	72	73	74	75	76	77	78	79	80	81	82		
弯沉值	138	138	116	168	140	136	120	128	140	124	118	138		

注:设计弯沉标准值为 180(BZZ—100、0.01mm)。

依据评定标准的规定,下面按照附录I的规定进行弯沉值的评定。

在春融期测定,季节影响系数为 1.0;车型系数 1.0。

根据弯沉值检测结果计算:平均值 $\bar{l}$(0.01mm)=133.9,标准差 S(0.01mm)=13.7,查 Z_α 值,二级公路路基保证率为 $Z_\alpha=1.645$,弯沉代表值为弯沉值的上波动界限:

$$l_r=\bar{l}+Z_\alpha S=133.9+1.645\times13.7=156.4(0.01\mathrm{mm})$$

弯沉代表值 l_r=156.4(0.01mm)小于设计标准值 180(0.01mm),该路段的弯沉值评定为合格。

C-184 弯沉值检验评定表的填写,见表 6.3.3-5。

(六)纵断高程检验记录表(C-121)、中线偏位检验记录表(C-123)、宽度检验记录表(C-124)、平整度检验记录表(C-125)、横坡检验记录表(C-126)、边坡检验记录表(C-127)的填写

随机计算说明:

依据表 4.2.2 对纵断高程、中线偏位、宽度、横坡、边坡检查频率的规定都是每 200m 4 个断面(应注意在需要时增加检测断面和中线偏位在弯道上的情况)。

根据路基路面现场测试规程 T0911—2008 路基路面几何尺寸测试方法 3.1 条的规定,将路基纵断高程、中线偏位、宽度、横坡及边坡选取在同一断面位置(整桩号)上进行测定,平整度可以隔桩号进行检测(因为平整度检测频率为 200m 测 2 处)。

随机选点计算表见下表。

路基高程、中线偏位、宽度、横坡检测断面随机选点计算表

桩号K51＋000～K52＋000　　检测点数20　　栏号16　　T＝40

断面编号	A列	B列	B×T	断　面　号	桩　　号
1	19	0.062	2.48	2	K51＋050
2	09	0.131	5.24	5	K51＋125
3	18	0.136	5.44	5	K51＋150
4	05	0.147	5.88	6	K51＋175
5	12	0.158	6.32	6	K51＋200
6	14	0.215	8.6	9	K51＋225
7	13	0.224	8.96	9	K51＋250
8	15	0.227	9.08	9	K51＋275
9	11	0.280	11.2	11	K51＋300
10	01	0.331	13.24	13	K51＋325
11	10	0.399	15.96	16	K51＋400
12	08	0.439	17.56	18	K51＋450
13	20	0.472	18.88	19	K51＋475
14	04	0.516	20.64	21	K51＋525
15	03	0.548	21.92	22	K51＋550
16	02	0.739	29.56	30	K51＋750
17	17	0.834	33.36	33	K51＋825
18	16	0.909	36.36	36	K51＋900
19	06	0.914	36.56	37	K51＋925
20	07	0.938	37.52	38	K51＋950

C-121纵断高程检验记录表、C-123中线偏位检验记录表、C-124宽度检验记录表、C-125平整度检验记录表、C-126横坡检验记录表、C-127边坡检验记录表的填写，分别见表6.3.3-6～表6.3.3-11。

（七）D-09压实度试验记录（灌砂法）**、C-128回弹弯沉值测定记录表的填写**

D-09压实度试验记录（灌砂法）除结论不填写外，其余与施工工序中D-09压实度试验记录（灌砂法）的填写要求相同。见表6.3.3-12。

C-128回弹弯沉值测定记录表除不进行合格率计算外，其余与施工工序中C-128回弹弯沉值测定记录表的填写要求相同。见表6.3.3-13-(1)、表6.3.3-13-(2)和表6.3.3-13-(3)。

（八）B-05-1分项工程质量检验评定表（二级公路）（002土方路基）**的填写**

1.基本要求

按照评定标准4.2.1基本要求1)～5)款的具体规定进行检查，根据检查结果进行基本要求的填写。检查 K51+000～K52+000 段路基填料的抽检试验报告及资料，土方路基地基表层处理、路基填筑(下路堤、上路堤、下路床、上路床下层)、路基填筑(路床顶面)施工工序的施工、检测验收资料。

2. 外观鉴定

外观鉴定应按照评定标准 4. 2. 3-(2)的规定，有 50m 边坡不平顺减 1 分。

3. 质量保证资料

应按照评定标准 3. 2. 4 质量保证资料的(1)～(6)款进行检查，检查 K51+000～K52+000 段路基填料进场抽检试验资料和 K51+000～K52+000 段土方路基施工工序的施工和检测资料。经检查所用路基填料质量检验结果、土方路基各项质量控制指标的试验记录和质量检验资料真实、齐全、系统，不减分。

4. 分项工程质量评分和等级评定

(1)检查项目得分＝检查项目合格率×100

(2)分项工程得分计算

$$\text{分项工程得分} = \frac{\sum[\text{检查项目得分}\times\text{权值}]}{\sum\text{检查项目权值}}$$

$$= \frac{95.0\times3+100.0\times3+95.0\times2+100.0\times2+100.0\times2+96.0\times2+90.0+100.0}{3+3+2+2+2+2+1+1}$$

＝97. 3(分)

(3)分项工程质量评分

分项工程质量评分＝分项工程得分－外观鉴定减分－资料不全减分＝97. 3－1＝96. 3(分)

(4)分项工程质量等级评定

因为分项工程质量评分值 96. 3＞75 分，评为合格。

B-05-1 分项工程质量检验评定表(二级公路)(002 土方路基)的填写，见表 6. 3. 3-14。

(九)汇总表的填写

1. 汇总表汇总各工序的检验结果

2. 各工序检验情况汇总

(1)压实度检验汇总表(C-161)的填写，见表 6. 3. 3-15。

压实度的汇总要求在一个桩号下，从地基表层处理压实开始，各填土层从下到上直至最后一层(路床顶面)全部汇总。因为压实度在工序检查中要求检查薄弱的地方，所以不一定是整桩号，应把汇总的试坑桩号填写为靠近按频率确定的整桩号。

(2)弯沉值检验汇总表(C-162)的填写，见表 6. 3. 3-16。

××公路××段建设项目　　表 6.3.3-1

承包单位：＿＿＿＿＿＿　合同号：六

监理单位：＿＿＿＿＿＿　编　号：6B0306H001

中 间 交 工 证 书

B-03

工程项目	土方路基	监理机构	
中间交工内容（桩号、项目划分、工程项目、工程数量）	按照施工规范及设计要求，已完成 K51＋000～K52＋000 段土方路基工程（土方量 18060m^3），并经自检验收评定为合格工程，申请交工。 附件：K51＋000～K52＋000 段土方路基分项工程自检验收评定资料		
施工单位签字		申请日期	年　月　日
监理接收人		接收日期	年　月　日
监理机构对施工单位中间交工申请的评述意见及其结论	经检查各道工序的施工自检记录、交接单、交验单、分项工程质量自检和质量等级评定资料及质量保证资料齐全完整，符合要求。 监理对该分项工程质量等级评定为合格。 同意 K51＋000～K52＋000 段土方路基评定为合格工程。 附件：监理抽检验收评定资料附在施工单位资料后面（这里监理资料略）		
监理机构签字		日期	年　月　日
施工单位签字		日期	年　月　日

××公路××段建设项目 表 6.3.3-2

承包单位：______________ 合同号：六

监理单位：______________ 编　号：6B0506H001

工程检验认可书 B-05

<table>
<tr><td colspan="3">致(承包人)__________：
你的第 6A1106H001 号工程报验单所报的 K51＋000～K52＋000 段土方路基工程，经检验评定为合格。</td></tr>
<tr><td>测量放样认可</td><td>材料试验认可</td><td>施工质量认可</td></tr>
<tr><td>合格，认可

测量监理工程师：
年　月　日</td><td>合格，认可

试验监理工程师：
年　月　日</td><td>合格，认可

监理工程师：
年　月　日</td></tr>
<tr><td colspan="3">监理机构意见：
同意认可，同意计量土方 18060m^3 工程量。

监理机构签字：
年　月　日</td></tr>
</table>

××公路××段建设项目　　　　表 6.3.3-3

承包单位：__________　　合同号：＿＿六＿＿

监理单位：__________　　编　号：6A1106H001

工 程 报 验 单

A-11

致监理工程师______：

按合同规定要求，已完成K51＋000～K52＋000 段土方路基工程，并经自检合格，报请查验。附件：自检资料。

承包人：　　　　年　　月　　日

查验情况：

查验项目	查验点数	合格点数	合格率	查验结果	备注
压实度	20	19	95.0		经评定
弯沉值	82			合格	经评定
纵断高程	60	54	90.0		
中线偏位	20	20	100		
宽度	20	20	100		
平整度	100	95	95.0		
横坡	40	35	87.5		
边坡	40	40	100		

附：查验资料

检查员：　　　　年　　月　　日

监理机构意见：

同意评为合格工程，可以进行下项工程的施工。

监理机构签字：

年　　月　　日

注：合格工程将由监理另发工程检验认可书。

××公路××段建设项目 表 6.3.3-4

承包单位：______ 合同号：六

监理单位：______ 编　号：6C18106H001

压实度检验评定表 C-181

工程名称	土方路基		分项工程桩号	K51+000～K52+000	
桩号	取样位置(m)	压实度(%)	桩号	取样位置(m)	压实度(%)
K51+095	右 0.934	96.2			
K51+180	右 3.311	95.7			
K51+200	右 4.823	**92.8**			
K51+259	左 2.377	97.2			
K51+283	右 1.992	95.6			
K51+364	左 1.841	96.7			
K51+395	左 1.882	95.3			
K51+423	右 0.550	96.3			
K51+432	右 3.243	97.6			
K51+475	左 0.440	95.4			
K51+508	右 3.765	96.4			
K51+601	左 1.140	95.8			
K51+701	右 1.443	97.0			
K51+728	左 0.027	95.5			
K51+745	右 2.459	95.3			
K51+840	右 4.438	96.4			
K51+878	左 3.916	96.4			
K51+930	右 1.388	97.0			
K51+954	右 4.493	95.8			
K51+988	左 6.595	95.6			
压实度平均值$\bar{k}$(%)=96.0			压实度标准值 K_0(%)=95.0	标准差 S(%)=1.01	
代表值 K(%)= 95.7　(K_0-2)(%)=93.0			扣分点($K_0-2>K_i>K_{jz}$)=1点		
n=20　$t_\alpha/\sqrt{n}$=0.297			极值 K_{jz}(%)=90.0　合格率(%)=95.0		

施工负责人： 计算：

××公路××段建设项目　　表 6.3.3-5

承包单位:________　　合同号:　六

监理单位:________　　编　号:6C18406H001

弯沉值检验评定表　　C-184

工程名称	土方路基				分项工程桩号	K51+000～K52+000			
桩号	弯沉值(0.01mm)				桩号	弯沉值(0.01mm)			
	左幅		右幅			左幅		右幅	
	左侧	右侧	左侧	右侧		左侧	右侧	左侧	右侧
K51+000	132	144			K51+525			128	148
K51+025			134	114	K51+550	122	132		
K51+050	136	130			K51+575			150	128
K51+075			116	120	K51+600	132	122		
K51+100	140	152			K51+625			136	116
K51+125			138	130	K51+650	146	136		
K51+150	150	148			K51+675			140	126
K51+175			140	136	K51+700	174	136		
K51+200	138	128			K51+725			136	122
K51+225			130	110	K51+750	146	140		
K51+250	140	146			K51+775			152	130
K51+275			130	144	K51+800	124	124		
K51+300	114	134			K51+825			138	152
K51+325			146	126	K51+850	130	162		
K51+350	142	166			K51+875			138	138
K51+375			114	138	K51+900	116	168		
K51+400	130	130			K51+925			140	136
K51+425			140	114	K51+950	120	128		
K51+450	122	136			K51+975			140	124
K51+475			112	94	K52+000	118	138		
K51+500	120	142							

季节影响系数:1.0	温度修正系数:	车型系数:1.0	
弯沉设计值 l(0.01mm)=180	弯沉平均值$\bar{l}$(0.01mm) =133.9	弯沉值标准差 S(0.01mm) =13.7	
检测点数 n=82	弯沉代表值 l_r(0.01mm) =156.4	系数 Z_α=1.645	质量评定:合格

施工负责人:　　计算:

××公路××段建设项目 表 6.3.3-6-(1)

承包单位:________ 合同号:六

监理单位:________ 编 号:6C12106H001

纵断高程检验记录表

C-121

工程名称	土方路基			施工日期	年 月 日				
桩号	K51+000～K52+000			检验日期	年 月 日				
桩 号	左 幅 距路中心 4.75(m)			路 中			右 幅 距路中心 4.75(m)		
	设计(m)	实测(m)	偏差(mm)	设计(m)	实测(m)	偏差(mm)	设计(m)	实测(m)	偏差(mm)
K51+050	90.879	90.881	2	90.950	90.953	3	90.879	90.880	1
K51+125	90.429	90.427	−2	90.500	90.508	8	90.429	90.438	9
K51+150	90.279	90.270	−9	90.350	90.338	−12	90.279	90.271	−8
K51+175	90.129	90.133	4	90.200	90.208	8	90.129	90.129	0
K51+200	89.979	89.986	7	90.050	90.055	5	89.979	89.974	−5
K51+225	89.829	89.841	12	89.900	89.882	−18	89.829	89.824	−5
K51+250	89.679	89.683	4	89.750	89.758	8	89.679	89.684	5
K51+275	89.536	89.539	3	89.604	89.604	0	89.536	89.535	1
K51+300	89.418	89.413	−5	89.489	89.489	0	89.418	89.427	9
K51+325	89.353	89.349	−4	89.424	89.428	4	89.353	89.357	4
K51+400	89.278	89.292	14	89.349	89.357	8	89.278	89.283	5
K51+450	89.244	89.242	−2	89.315	89.312	−3	89.244	89.243	−1
K51+475	89.221	89.201	−20	89.292	89.302	10	89.221	89.231	10
允许偏差(mm)				检测点数					
合格点数				合格率(%)					

施工负责人: 质量检查员: 监理工程师:

××公路××段建设项目 表6.3.3-6-(2)

承包单位：＿＿＿＿＿＿ 合同号：＿六＿

监理单位：＿＿＿＿＿＿ 编　号：6C12106H001

纵断高程检验记录表

C-121

工程名称	土方路基			施工日期		年　月　日		
桩号	K51+000～K52+000			检验日期		年　月　日		

桩　号	左　幅			路　中			右　幅		
	距路中心4.75(m)						距路中心4.75(m)		
	设计(m)	实测(m)	偏差(mm)	设计(m)	实测(m)	偏差(mm)	设计(m)	实测(m)	偏差(mm)
K51+525	89.176	89.174	−2	89.247	89.255	8	89.176	89.180	4
K51+550	89.153	89.161	8	89.224	89.212	−12	89.153	89.157	4
K51+750	88.973	88.979	6	89.044	89.040	−4	88.973	88.973	0
K51+825	88.879	88.860	−19	88.950	88.961	11	88.879	88.867	−12
K51+900	88.693	88.702	9	88.746	88.747	1	88.693	88.686	−7
K51+925	88.357	88.346	−11	88.428	88.436	8	88.357	88.365	8
K51+950	87.984	87.977	−7	88.055	88.058	3	87.984	87.986	2

允许偏差(mm)	+10,−20	检测点数	60
合格点数	57	合格率(%)	95.0

施工负责人：　　　质量检查员：　　　监理工程师：

××公路××段建设项目　　表 6.3.3-7

承包单位：＿＿＿＿＿＿　合同号：六

监理单位：＿＿＿＿＿＿　编　号：6C12306H001

中线偏位检验记录表

C-123

工程名称	土方路基	施工日期	年　月　日
桩号	K51＋000～K52＋000	检验日期	年　月　日
桩　号	偏差(mm)	桩　号	偏差(mm)
K51＋050	20	K51＋750	20
K51＋125	10	K51＋825	10
K51＋150	20	K51＋900	10
K51＋175	30	K51＋925	20
K51＋200	20	K51＋950	20
K51＋225	20		
K51＋250	10		
K51＋275	10		
K51＋300	10		
K51＋325	20		
K51＋400	10		
K51＋450	20		
K51＋475	30		
K51＋525	10		
K51＋550	10		
允许偏差(mm)	100	检测点数	20
合格点数	20	合格率(%)	100

施工负责人：　　质量检查员：　　监理工程师：

××公路××段建设项目　　表 6.3.3-8

承包单位:＿＿＿＿＿＿　合同号:　六　

监理单位:＿＿＿＿＿＿　编　号:6C12406H001

宽度检验记录表

C-124

工程名称	土方路基			施工日期	年　月　日		
桩号	K51＋000～K52＋000			检验日期	年　月　日		
桩　　号	设计(m)	实测(m)	偏差(mm)	桩　　号	设计(m)	实测(m)	偏差(mm)
K51＋050	13.74	13.83		K51＋550	13.74	13.74	
K51＋125		13.80		K51＋750		13.90	
K51＋150		13.76		K51＋825		13.84	
K51＋175		13.78		K51＋900		13.78	
K51＋200		13.82		K51＋925		13.78	
K51＋225		13.75		K51＋950		13.76	
K51＋250		13.80					
K51＋275		13.86					
K51＋300		13.88					
K51＋325		13.75					
K51＋400		13.90					
K51＋450		13.85					
K51＋475		13.80					
K51＋525		13.80					
允许偏差(mm)	符合设计要求			检测点数	20		
合格点数	20			合格率(%)	100		

施工负责人:　　质量检查员:　　监理工程师:

×× 公路 ×× 段建设项目　　　　　　表 6.3.3-9

承包单位：＿＿＿＿＿＿　　合同号：六

监理单位：＿＿＿＿＿＿　　编　号：6C12506H001

平整度检验记录表

C-125

工程名称		土方路基				施工日期		年　月　日		
桩号		K51＋000～K52＋000				检验日期		年　月　日		
桩　号	检测部位	实测(mm)								
		1	2	3	4	5	6	7	8	9	10
K51＋125	左	8.4	10.6	13.6	18.2	23.4	11.0	6.0	6.4	14.8	15.0
K51＋175	右	18.0	16.0	12.6	7.2	7.6	4.8	8.0	9.2	16.0	17.4
K51＋225	左	17.8	16.8	10.4	10.2	8.8	7.2	8.2	15.0	13.0	10.0
K51＋275	右	3.8	8.6	6.6	9.4	18.6	19.0	22.0	10.8	9.8	12.8
K51＋325	左	8.4	8.2	9.0	6.4	17.0	19.8	7.4	13.4	6.2	5.6
K51＋450	右	10.0	10.0	20.8	14.4	8.6	5.6	9.6	3.4	19.8	16.6
K51＋525	左	3.0	4.8	5.8	8.8	9.8	7.4	4.6	6.6	18.2	14.4
K51＋750	右	13.4	12.2	6.6	11.6	18.8	16.2	17.2	7.6	5.2	4.2
K51＋900	左	4.8	4.4	9.8	3.6	5.8	18.2	21.2	18.6	14.6	15.4
K51＋950	右	17.0	15.0	18.0	16.0	10.4	10.2	3.8	9.2	6.4	4.6
允许偏差(mm)		20				检测点数		100			
合格点数		96				合格率(%)		96.0			

施工负责人：　　　　质量检查员：　　　　监理工程师：

表 6.3.3-10-(1)

××公路××段建设项目

承包单位：________ 合同号：六

监理单位：________ 编 号：6C12606H001

C-126

横坡检验记录表

工程名称	土方路基		桩号		K51+000～K52+000		施工日期	年 月 日		检验日期	年 月 日		
桩号	左幅							右幅					
	实测值(m)				横坡度(%)			实测值(m)				横坡度(%)		
	内侧高程	外侧高程	高差	距离	设计	实测	偏差	内侧高程	外侧高程	高差	距离	设计	实测	偏差
K51+050	90.953	90.881	0.072	4.75	1.5	1.5	0.0	90.953	90.880	−0.073	4.75	−1.5	−1.5	0.0
K51+125	90.508	90.427	0.081	4.75	1.5	1.7	0.2	90.508	90.438	−0.070	4.75	−1.5	−1.5	0.0
K51+150	90.338	90.270	0.068	4.75	1.5	1.4	−0.1	90.338	90.271	−0.067	4.75	−1.5	−1.4	−0.1
K51+175	90.208	90.133	0.075	4.75	1.5	1.6	0.1	90.208	90.129	−0.079	4.75	−1.5	−1.7	0.2
K51+200	90.055	89.986	0.069	4.75	1.5	1.5	0.0	90.055	89.974	−0.081	4.75	−1.5	−1.7	0.2
K51+225	89.882	89.841	0.041	4.75	1.5	0.9	−0.6	89.882	89.824	−0.058	4.75	−1.5	−1.2	−0.3
K51+250	89.758	89.683	0.075	4.75	1.5	1.6	0.1	89.758	89.684	−0.074	4.75	−1.5	−1.6	0.1
K51+275	89.604	89.539	0.065	4.75	1.5	1.4	−0.1	89.604	89.535	−0.069	4.75	−1.5	−1.5	0.0
K51+300	89.489	89.413	0.076	4.75	1.5	1.6	0.1	89.489	89.427	−0.062	4.75	−1.5	−1.3	−0.2
K51+325	89.428	89.349	0.079	4.75	1.5	1.7	0.2	89.428	89.357	−0.071	4.75	−1.5	−1.5	0.0
允许偏差(%)		检查点数		合格点数		合格率(%)								

施工负责人： 质量检查员： 监理工程师：

表 6.3.3-10-(2)

××公路××段建设项目

承包单位：________ 合同号：六

监理单位：________ 编　号：6C12606H001

横坡检验记录表

C-126

工程名称	土方路基		桩号		K51+000～K52+000		施工日期		年　月　日		检验日期		年　月　日	
桩　号	左　幅							右　幅						
	实测值(m)				横坡度(%)			实测值(m)				横坡度(%)		
	内侧高程	外侧高程	高差	距离	设计	实测	偏差	内侧高程	外侧高程	高差	距离	设计	实测	偏差
K51+400	89.357	89.292	0.065	4.75	1.5	1.4	−0.1	89.357	89.283	−0.074	4.75	−1.5	−1.6	0.1
K51+450	89.312	89.242	0.070	4.75	1.5	1.5	0.0	89.312	89.243	−0.069	4.75	−1.5	−1.5	0.0
K51+475	89.302	89.201	0.101	4.75	1.5	2.1	0.6	89.302	89.231	−0.071	4.75	−1.5	−1.5	0.0
K51+525	89.255	89.174	0.081	4.75	1.5	1.7	0.2	89.255	89.180	−0.075	4.75	−1.5	−1.6	0.1
K51+550	89.212	89.161	0.051	4.75	1.5	1.1	−0.4	89.212	89.157	−0.055	4.75	−1.5	−1.2	−0.3
K51+750	89.040	88.979	0.061	4.75	1.5	1.3	−0.2	89.040	88.973	−0.067	4.75	−1.5	−1.4	−0.1
K51+825	88.961	88.860	0.101	4.75	1.5	2.1	0.6	88.961	88.867	−0.094	4.75	−1.5	−2.0	0.5
K51+900	88.747	88.702	0.045	4.75	1.5	0.9	−0.6	88.747	88.686	−0.061	4.75	−1.5	−1.3	−0.2
K51+925	88.436	88.346	0.090	4.75	1.5	1.9	0.4	88.436	88.365	−0.071	4.75	−1.5	−1.5	0.0
K51+950	88.058	87.977	0.081	4.75	1.5	1.7	0.2	88.058	87.986	−0.072	4.75	−1.5	−1.5	0.0
允许偏差(%)	±0.5		检查点数		40		合格点数		36		合格率(%)		90.0	

施工负责人：　　　　质量检查员：　　　　监理工程师：

××公路××段建设项目　　　表 6.3.3-11-(1)

承包单位：＿＿＿＿＿＿　合同号：＿六＿

监理单位：＿＿＿＿＿＿　编　号：6C12706H001

边坡检验记录表

C-127

工程名称	土方路基	施工日期	年　月　日
桩号	K51＋000～K52＋000	检验日期	年　月　日

桩　号	左　幅		右　幅	
	设计	实测	设计	实测
K51＋050	1∶1.5	1∶1.6	1∶1.5	1∶1.5
K51＋125		1∶1.5		1∶1.5
K51＋150		1∶1.5		1∶1.6
K51＋175		1∶1.5		1∶1.5
K51＋200		1∶1.6		1∶1.6
K51＋225		1∶1.5		1∶1.6
K51＋250		1∶1.6		1∶1.6
K51＋275		1∶1.6		1∶1.5
K51＋300		1∶1.5		1∶1.5
K51＋325		1∶1.5		1∶1.5
K51＋400		1∶1.5		1∶1.6
K51＋450		1∶1.5		1∶1.5
K51＋475		1∶1.6		1∶1.5
K51＋525		1∶1.5		1∶1.5
K51＋550		1∶1.5		1∶1.5
K51＋750		1∶1.5		1∶1.6

允许偏差		检测点数	
合格点数		合格率(%)	

施工负责人：　　　质量检查员：　　　监理工程师：

××公路××段建设项目　　表 6.3.3-11-(2)

承包单位:______　合同号: 六

监理单位:______　编　号: 6C12706H001

边坡检验记录表

C-127

工程名称	土方路基	施工日期	年　月　日
桩号	K51+000~K52+000	检验日期	年　月　日

桩　号	左　幅		右　幅	
	设计	实测	设计	实测
K51+825	1∶1.5	1∶1.6	1∶1.5	1∶1.5
K51+900		1∶1.5		1∶1.5
K51+925		1∶1.5		1∶1.5
K51+950		1∶1.5		1∶1.6

允许偏差	符合设计要求	检测点数	40
合格点数	40	合格率(%)	100

施工负责人:　　质量检查员:　　监理工程师:

××公路××段建设项目　　　　表 6.3.3-12

承包单位：＿＿＿＿＿＿　合同号：　六　

监理单位：＿＿＿＿＿＿　编　号：6D0906H001

压实度试验记录(灌砂法)　　D-09

工程名称	土方路基	试验单位	第六标段工地试验室
桩号	K51＋000～K52＋000	试验完成日期	年　月　日
土样类别	砂类土	试验执行标准	JTG E60—2008
最大干密度(g/cm³)	2.08	试验人签字	
最佳含水率(%)	8.3	审核人签字	

	取样桩号	K51＋095		K51＋180		K51＋200		K51＋259		K51＋283	
	取样位置(m)	右 0.934		右 3.311		右 4.823		左 2.377		右 1.992	
a	灌砂前：筒＋砂质量(g)	7600		7600		7600		7600		7600	
b	灌砂后：筒＋砂质量(g)	2298		2348		2345		2328		2316	
c	锥体砂质量(g)	1480		1480		1480		1480		1480	
d	试洞砂质量 $a-b-c$(g)	3822		3772		3775		3792		3804	
e	砂密度(g/cm³)	1.43		1.43		1.43		1.43		1.43	
f	试洞体积 $V=d/e$(cm³)	2672.7		2637.8		2639.9		2651.7		2660.1	
g	试洞土质量(g)	5806		5643		5544		5803		5700	
h	湿密度＝g/f(g/cm³)	2.17		2.14		2.10		2.19		2.14	
	盒号	1	2	5	9	14	22	31	24	17	19
i	盒＋湿土质量(g)	1143.0	1130.0	1141.0	1154.0	1142.0	1136.0	1188.0	1140.0	1141.0	1136.0
j	盒＋干土质量(g)	1062.8	1051.0	1068.1	1085.7	1062.0	1052.6	1107.7	1062.4	1067.0	1065.8
k	水质量(g)	80.2	79.0	72.9	68.3	80.0	83.4	80.3	77.6	74.0	70.2
l	盒质量(g)	132.4	130.5	132.6	139.3	132.4	130.5	132.6	133.1	131.0	131.9
m	干土质量(g)	930.4	920.5	935.5	946.4	929.6	922.1	975.1	929.3	936.0	933.9
n	含水率(%)	8.6	8.6	7.8	7.2	8.6	9.0	8.2	8.4	7.9	7.5
o	平均含水率(%)	8.6		7.5		8.8		8.3		7.7	
p	干密度(g/cm³)	2.00		1.99		1.93		2.02		1.99	
	压实度(%)	96.2		95.7		92.8		97.2		95.6	
	路基部位(第几层)	路床顶面									
	压实度标准(%)	≥95									
	结论										

××公路××段建设项目　　　　表 6.3.3-13-(1)

承包单位：＿＿＿＿＿＿　　合同号：＿六＿

监理单位：＿＿＿＿＿＿　　编　号：6C12806H001

回弹弯沉值测定记录表

C-128

工程名称	土方路基					桩号		K51＋000～K52＋000				
试验车型号	BZZ—100			后轴重(kN)		100		当量圆直径(cm)			21.4	
轮胎气压(MPa)	0.72			一侧荷载(kN)		50.2		弯沉仪型号			××型(3.6m)	
测定日期	年　月　日			天气		晴		温度(℃)			28	
桩　　号	左(0.01mm)			左中(0.01mm)			右中(0.01mm)			右(0.01mm)		
	初读数	终读数	弯沉值	初读数	终读数	弯沉值	初读数	终读数	弯沉值	初读数	终读数	弯沉值
K51＋000	7	59	132	11	61	144						
K51＋025							9	58	134	13	44	114
K51＋050	4	64	136	6	59	130						
K51＋075							5	53	116	4	56	120
K51＋100	10	60	140	8	68	152						
K51＋125							5	64	138	8	57	130
K51＋150	3	72	150	5	69	148						
K51＋175							7	63	140	13	55	136
K51＋200	9	60	138	7	57	128						
K51＋225							11	54	130	12	43	110
K51＋250	11	59	140	13	60	146						
K51＋275							6	59	130	3	69	144
K51＋300	8	49	114	10	57	134						
K51＋325							4	69	146	3	60	126
K51＋350	14	57	142	19	64	166						
K51＋375							8	49	114	11	58	138
K51＋400	7	58	130	9	56	130						
设计弯沉(0.01mm)						检测点数						
合格点数						合格率(%)						

施工负责人：　　　　质量检查员：　　　　　　监理工程师：

××公路××段建设项目 表 6.3.3-13-(2)

承包单位：__________ 合同号：__六__

监理单位：__________ 编　号：6C12806H001

回弹弯沉值测定记录表

C-128

工程名称	土方路基		桩号	K51＋000～K52＋000	
试验车型号	BZZ—100	后轴重(kN)	100	当量圆直径(cm)	21.4
轮胎气压(MPa)	0.72	一侧荷载(kN)	50.2	弯沉仪型号	××型 (3.6m)
测定日期	年　月　日	天气	晴	温度(℃)	28

桩　号	左(0.01mm)			左中(0.01mm)			右中(0.01mm)			右(0.01mm)		
	初读数	终读数	弯沉值	初读数	终读数	弯沉值	初读数	终读数	弯沉值	初读数	终读数	弯沉值
K51＋425							3	67	140	5	52	114
K51＋450	6	55	122	11	57	136						
K51＋475							11	45	112	9	38	94
K51＋500	2	58	120	10	61	142						
K51＋525							8	56	128	10	64	148
K51＋550	8	53	122	13	53	132						
K51＋575							13	62	150	10	54	128
K51＋600	11	55	132	10	51	122						
K51＋625							15	53	136	9	49	116
K51＋650	7	66	146	12	56	136						
K51＋675							9	61	140	11	52	126
K51＋700	18	69	174	4	64	136						
K51＋725							8	60	136	6	55	122
K51＋750	11	62	146	8	62	140						
K51＋775							12	64	152	5	60	130
K51＋800	14	48	124	10	52	124						
K51＋825							7	62	138	12	64	152

设计弯沉(0.01mm)		检测点数	
合格点数		合格率(%)	

施工负责人：　　质量检查员：　　监理工程师：

××公路××段建设项目　　表 6.3.3-13-(3)

承包单位：＿＿＿＿＿＿　合同号：＿六＿

监理单位：＿＿＿＿＿＿　编　号：6C12806H001

回弹弯沉值测定记录表

C-128

工程名称	土方路基					桩号	K51＋000～K52＋000				
试验车型号	BZZ—100		后轴重(kN)			100	当量圆直径(cm)			21.4	
轮胎气压(MPa)	0.72		一侧荷载(kN)			50.2	弯沉仪型号			××型 (3.6m)	
测定日期	年　月　日		天气			晴	温度(℃)			28	
桩　号	左(0.01mm)			左中(0.01mm)			右中(0.01mm)			右(0.01mm)		
	初读数	终读数	弯沉值	初读数	终读数	弯沉值	初读数	终读数	弯沉值	初读数	终读数	弯沉值
K51＋850	4	61	130	8	73	162						
K51＋875							5	64	138	8	61	138
K51＋900	6	52	116	7	77	168						
K51＋925							6	64	140	5	63	136
K51＋950	5	55	120	8	56	128						
K51＋975							6	64	140	6	56	124
K52＋000	2	57	118	3	66	138						
设计弯沉(0.01mm)						检测点数						
合格点数						合格率(%)						

施工负责人：　　质量检查员：　　监理工程师：

表 6.3.3-14

××公路××段建设项目

分项工程质量检验评定表（二级公路）

分项工程名称：土方路基　　所属分部工程名称：路基土石方工程　　所属建设项目：

工 程 部 位：K51＋000～K52＋000　　施 工 单 位：　　监 理 单 位：

（桩号、墩台号、孔号）　　合 同 号：六　　编 号：6B05106H001

B-05-1(002)

<table>
<tr><td>基本要求</td><td colspan="9">（按实际情况填写）</td></tr>
<tr><td rowspan="11">实测项目</td><td rowspan="2">项次</td><td rowspan="2">检查项目</td><td rowspan="2">规定值或允许偏差</td><td rowspan="2" colspan="2">实测值或实测偏差值</td><td colspan="4">质量评定</td></tr>
<tr><td>平均值、代表值</td><td>合格率（%）</td><td>权值</td><td>得分</td></tr>
<tr><td>1△</td><td>压实度（%）</td><td>≥95</td><td colspan="2">见附表 6C18106H001</td><td>96.0　95.7</td><td>95.0</td><td>3</td><td>95.0</td></tr>
<tr><td>2△</td><td>弯沉（0.01 mm）</td><td>不大于设计要求值</td><td colspan="2">见附表 6C18406H001</td><td>133.9　156.4</td><td>合格</td><td>3</td><td>100.0</td></tr>
<tr><td>3</td><td>纵断高程（mm）</td><td>＋10，－20</td><td colspan="2">见附表 6C12106H001</td><td></td><td>95.0</td><td>2</td><td>95.0</td></tr>
<tr><td>4</td><td>中线偏位（mm）</td><td>100</td><td colspan="2">见附表 6C12306H001</td><td></td><td>100.0</td><td>2</td><td>100.0</td></tr>
<tr><td>5</td><td>宽度（mm）</td><td>符合设计要求</td><td colspan="2">见附表 6C12406H001</td><td></td><td>100.0</td><td>2</td><td>100.0</td></tr>
<tr><td>6</td><td>平整度（mm）</td><td>20</td><td colspan="2">见附表 6C12506H001</td><td></td><td>96.0</td><td>2</td><td>96.0</td></tr>
<tr><td>7</td><td>横坡（%）</td><td>±0.5</td><td colspan="2">见附表 6C12606H001</td><td></td><td>90.0</td><td>1</td><td>90.0</td></tr>
<tr><td>8</td><td>边坡</td><td>符合设计要求</td><td colspan="2">见附表 6C12706H001</td><td></td><td>100.0</td><td>1</td><td>100.0</td></tr>
<tr><td colspan="2">合计</td><td colspan="5"></td><td>16</td><td>97.3</td></tr>
<tr><td>外观鉴定</td><td colspan="2">有 50m 边坡，坡面不平顺</td><td>减分</td><td>1</td><td rowspan="2">监理意见</td><td colspan="4" rowspan="2">同意施工单位的评定。
签字：　　年　月　日</td></tr>
<tr><td>质量保证资料</td><td colspan="2">真实、齐全、系统</td><td>减分</td><td>0</td></tr>
<tr><td>工程质量等级评定</td><td colspan="9">评分：96.3　　质量等级：合格</td></tr>
</table>

检验负责人：　　检测：　　记录：　　复核：　　年　月　日

××公路××段建设项目

表 6.3.3-15

承包单位：________ 合同号：六

监理单位：________ 编　号：6C16106H001

压实度检验汇总表

C-161

工程名称	土方路基			分项工程桩号		K51＋000～K52＋000		
桩　号	压实度(%)		桩　号	压实度(%)		桩　号	压实度(%)	
	左幅	右幅		左幅	右幅		左幅	右幅
K51＋000			K51＋100				97.6	96.2
填前压实	90.6		填前压实	91.5	91.8	K51＋200		
1.50mm 以下		92.6	1.50mm 以下	93.1	92.8	填前压实	91.3	90.8
0.80～1.50mm	94.8		0.80～1.50mm	94.3	94.6	1.50mm 以下	93.0	92.6
	94.2			94.5	94.6	0.80～1.50mm	94.5	95.1
		94.3		95.4		以下汇总略		
0～0.80mm	95.4		0～0.80mm	95.5	95.0			
		95.8		95.8	96.0			
	95.8			95.2	96.4			
	96.6				95.1			
K51＋050				95.7	95.2			
填前压实	90.2	91.0	K51＋150					
1.50mm 以下	93.7	92.0	填前压实	91.6	90.7			
0.80～1.50mm	94.1	95.0	1.50mm 以下	92.5	93.6			
	94.7	94.1	0.80～1.50mm	94.2				
	95.6	94.8		94.2	94.8			
0～0.80mm		96.7		95.0	95.2			
	95.8	96.2	0～0.80mm	96.0	95.8			
	96.0				96.0			
	95.4	95.3		95.5	95.0			
	97.1			96.0				

填表：　　　　　　　　　复核：

××公路××段建设项目 表 6.3.3-16

承包单位：________ 合同号：六

监理单位：________ 编　号：6C16206H001

弯沉值检验汇总表 C-162

工程名称	土方路基				分项工程桩号	K51＋000～K52＋000			
桩　号	弯沉值(0.01mm)				桩　号	弯沉值(0.01mm)			
	左幅		右幅			左幅		右幅	
	左侧	右侧	左侧	右侧		左侧	右侧	左侧	右侧
K51＋000			142	134					
K51＋025	150	130							
K51＋050			150	132					
K51＋075	110	106							
K51＋100			146	150					
K51＋125	108	122							
K51＋150			124	130					
K51＋175	128	160							
K51＋200			144	122					
K51＋200～K52＋000 汇总略									

填表：　　　　　　　　复核：

第四节　水泥砂砾基层交工验收评定资料的编制

一、评定标准对水泥稳定粒料基层交工验收评定的规定

7.1　一般规定：

7.1.2　路面工程实测项目规定的检查频率为双车道公路每一检查段内的检查频率。

7.1.5　采用3m直尺测定路面各结构层平整度时，以最大间隙作为指标，按尺数计算合格率。

7.7.1　基本要求：

1)粒料应符合设计和施工规范要求，并应根据当地料源选择质坚干净的粒料。

2)水泥用量和矿料级配应按设计控制准确。

3)路拌深度应达到层底。

4)摊铺时应注意消除离析现象。

5)混合料应处于最佳含水率状况下，用重型压路机碾压至要求的压实度。从加水拌和到碾压终了的时间不应超过3～4h，并应短于水泥的终凝时间。

6)碾压检查合格后应立即覆盖或洒水养生，养生期应符合规范要求。

7.7.2　实测项目，见表7.7.2。

水泥稳定粒料基层和底基层实测项目(节选)　　表7.7.2

项次	检查项目		规定值或允许偏差		检查方法和频率	权值
			其他公路			
			基层	底基层		
1△	压实度(%)	代表值	97	95	按附录B检查，每200m每车道2处	3
		极值	93	91		
2	平整度(mm)		12	15	3m直尺：每200m测2处×10尺	2
3	纵断高程(mm)		+5，-15	+5，-20	水准仪：每200m测4个断面	1
4	宽度(mm)		符合设计要求	符合设计要求	尺量：每200m测4处	1
5△	厚度(mm)	代表值	-10	-12	按附录H检查，每200m每车道1点	3
		合格值	-20	-30		
6	横坡(%)		±0.5	±0.5	水准仪：每200m测4个断面	1
7△	强度(MPa)		符合设计要求	符合设计要求	按附录G检查	3

7.7.3　外观鉴定：

1)表面平整密实、无坑洼、无明显离析。不符合要求时，每处减1～2分。

2)施工接茬平整、稳定。不符合要求时，每处减1～2分。

二、水泥砂砾基层交工验收评定资料编制程序

B-03　中间交工证书；

B-05　工程检验认可书；

A-11　工程报验单；

B-05-1　分项工程质量检验评定表(其他公路)(034水泥砂砾基层)；

C-181　压实度检验评定表；

C-125　平整度检验记录表；

C-121　纵断高程检验记录表；

C-124　宽度检验记录表；

C-185　路面结构厚度检验评定表；

C-126　横坡检验记录表；

C-189　无侧限抗压强度评定表；

D-09　压实度试验记录(灌砂法)；

C-161　压实度汇总表；

C-171　________无侧限抗压强度试验结果汇总表。

三、水泥砂砾基层交工验收评定资料用表的填写

(一)B-03中间交工证书、B-05工程检验认可书、A-11工程报验单的填写

其填写形式与方法同土方路基，这里略，下同。

(二)C-181压实度检验评定表的填写

1.计算检测点数

根据评定标准表7.7.2水泥稳定粒料基层和底基层实测项目的规定，每200m每车道2处，计算检测点数为20点。

2.选取$t_\alpha/\sqrt{n}$值

按照附录B其他公路基层保证率为95%的规定，查附表B $t_\alpha/\sqrt{n}$值，20点为0.387。

C-181压实度检验评定表的计算与填写方法同土方路基，见表6.4.3-1。

(三)C-125平整度检验记录表、C-121纵断高程检验记录表、C-124宽度检验记录表、C-126横坡检验记录表、C-181压实度检验记录表的填写

平整度、纵断高程、宽度、横坡、压实度检验记录表的填写同土方路基，这里略，

下同。

(四)C-185 路面结构厚度检验评定表的填写

1. 评定标准附录 H 路面结构厚度评定的规定

厚度代表值为厚度的算术平均值的下置信界限值，即：

$$X_L = \overline{X} - \frac{t_\alpha}{\sqrt{n}} S$$

式中：X_L——厚度代表值(算术平均值的下置信界限)；

$\overline{X}$——厚度平均值；

S——标准差；

n——检测点数；

t_α——t 分布表中随测点数和保证率(或置信度 α)而变的系数，可查附表 B。

采用的保证率：

其他公路：基层、底基层为 95%；面层为 90%。

当厚度代表值大于等于设计厚度减去代表值允许偏差时，则按单个检查值的偏差不超过单点合格值来计算合格率；当厚度代表值小于设计厚度减去代表值允许偏差时，相应分项工程评为不合格。

2. 路面结构厚度评定

随机取样选点计算：

依据表 7.7.2 对厚度检测频率每 200m 每车道 1 点的规定，计算检测点数为 10 点。

随机取样选点方法同压实度，路面结构厚度检测位置随机取样选点计算见下表。

厚度检测位置随机取样选点计算表

编号	A 列	B 列	距起点距离(m)	桩号	C 列	距离边缘距离(m)	距中线位置(m)
1	09	0.095	95	K51+095	0.568	5.396	右 0.646
2	05	0.180	180	K51+180	0.741	7.040	右 2.290
3	02	0.423	423	K51+423	0.540	5.130	右 0.380
4	08	0.432	432	K51+432	0.736	6.992	右 2.242
5	10	0.475	475	K51+475	0.468	4.446	左 0.304
6	03	0.508	508	K51+508	0.774	7.353	右 2.603
7	01	0.601	601	K51+601	0.417	3.962	左 0.788
8	07	0.728	728	K51+728	0.498	4.731	左 0.019
9	06	0.878	878	K51+878	0.215	2.043	左 2.707
10	04	0.954	954	K51+954	0.827	7.857	右 3.107

厚度检测结果如下表。

厚度检查结果

序号	1	2	3	4	5	6	7	8	9	10
厚度(mm)	180	180	176	176	178	174	170	176	175	175

依据评定标准表7.7.2厚度按附录H检查的规定，下面按照评定标准附录H路面结构层厚度评定的要求进行厚度评定计算。

经计算得：$\overline{X}=176\text{mm}, S=2.9\text{mm}$

由于$n=10$、二级公路基层保证率为95%，查表8.2-1得$t_{\alpha}/\sqrt{n}=0.580$

厚度代表值为：

$$X_L=\overline{X}-\frac{t_{\alpha}}{\sqrt{n}}S=176-0.58\times2.9=174(\text{mm})$$

由于设计厚度180mm、代表值允许偏差为－10mm，所以174＞180－10＝170(mm)，又由于单点合格值的允许偏差为－20mm，检查最小值170＞180－20＝160(mm)，所以合格率100%。

C-185路面结构厚度检验评定表的填写，见表6.4.3-2。

(五)C-189无侧限抗压强度评定表的填写

1.评定标准附录G半刚性基层和底基层材料强度评定的规定

G.0.1 半刚性基层和底基层材料强度，以规定温度下保湿养生6d、浸水1d后的7d无侧限抗压强度为准。

G.0.2 在现场按规定频率取样，按工地预定达到的压实度制备试件。每2000m²或每工作班制备1组试件：不论稳定细粒土、中粒土或粗粒土，当多次偏差系数$C_v\leqslant10\%$时，可为6个试件；$C_v=10\%\sim15\%$时，可为9个试件；$C_v>15\%$时，则需13个试件。

G.0.3 试件的平均强度$\overline{R}$应满足下式要求：

$$\overline{R}\geqslant R_d/(1-Z_{\alpha}C_v)$$

式中：R_d——设计抗压强度(MPa)；

C_v——试验结果的偏差系数(以小数计)；

Z_{α}——标准正态分布表中随保证率而变的系数。

其他公路：保证率90%，$Z_{\alpha}=1.282$。

G.0.4 评定路段内半刚性材料强度评为不合格时相应分项工程为不合格。

2. C-189 无侧限抗压强度评定表的填写要求

从评定标准的要求可以看出，交工验收进行无侧限抗压强度评定的试验结果与工序质量控制的无侧限抗压强度试验结果是同一组试件的试验结果。在进行工序质量控制时，每 2000m^2 或每工作班制备的试件，已经按施工规范和评定标准的要求进行了制备、养生和计算，满足了公式 $\overline{R} \geqslant R_d/(1-Z_\alpha C_v)$ 的要求（不合格时，该段工程进行处理和返工，直至合格），所以每 2000m^2 或以每工作班的水泥砂砾的无侧限抗压强度已全部达到了合格。分项工程的无侧限抗压强度就不需要再用公式 $\overline{R} \geqslant R_d/(1-Z_\alpha C_v)$ 计算，只要把每工作班的计算结果抄写到无侧限抗压强度评定表中计算其平均值即可。

C-189 无侧限抗压强度检验评定表的填写，见表 6. 4. 3-3。

（六）B-05-1 分项工程质量检验评定表（其他公路）（034 水泥砂砾基层）的填写

1. 基本要求

按照评定标准 7. 7. 1 基本要求 1)～6)款的具体要求进行检查，根据检查结果进行基本要求的填写。

1)款，检查 K51＋000～K52＋000 段水泥、集料的进场抽检试验报告和资料，水泥的出场合格证书、检验报告和质量鉴定报告，检查 K51＋000～K52＋000 段施工过程中的原材料试验资料。

2)款～6)款检查 K51＋000～K52＋000 段水泥砂砾基础工序的施工检测资料。

2. 外观鉴定

外观鉴定应按照评定标准 7. 8. 3-2)的规定，有一处接茬不平整，减 1 分。

3. 质量保证资料

按照评定标准 3. 2. 4 质量保证资料(1)～(6)款的规定，检查 K51＋000～K52＋000 段水泥砂砾基层的水泥集料进场试验资料，水泥砂砾基层施工过程中的原材料试验，水泥砂砾基层工序的施工、检测资料。经检查所用水泥、集料质量检验结果、材料配合比、拌和加工控制检验和试验数据，水泥砂砾基层各项质量控制指标的试验记录和质量检验资料真实、齐全、系统。

4. 工程质量等级评定

分项工程质量评分及等级评定的方法同土方路基。

B-05-1 分项工程质量检验评定表（其他公路）（034 水泥砂砾基层）的填写，见表 6. 4. 3-4。

（七）C-171 无侧限抗压强度试验结果汇总表的填写

C-171 水泥砂砾基层无侧限抗压强度试验结果汇总表的填写，见表 6. 4. 3-5。

××公路××段建设项目　　表 6.4.3-1

承包单位：________　　合同号：六

监理单位：________　　编　号：6C18106H001

压实度检验评定表

C-181

工程名称	水泥砂砾基层		分项工程桩号	K51＋000～K52＋000	
桩　号	取样位置(m)	压实度(%)	桩　号	取样位置(m)	压实度(%)
K51＋095	右 0.646	98.2			
K51＋180	右 2.290	98.7			
K51＋200	右 3.335	98.5			
K51＋259	左 1.643	98.2			
K51＋283	右 1.378	98.6			
K51＋364	左 1.273	97.0			
K51＋395	左 1.302	98.0			
K51＋423	右 0.380	97.5			
K51＋432	右 2.242	97.5			
K51＋475	左 0.304	98.0			
K51＋508	右 2.603	97.8			
K51＋601	左 0.788	98.9			
K51＋701	右 0.998	97.4			
K51＋728	左 0.019	98.2			
K51＋745	右 1.701	97.3			
K51＋840	右 3.069	97.8			
K51＋878	左 2.707	98.0			
K51＋930	右 0.960	98.4			
K51＋954	左 3.107	98.4			
K51＋988	左 4.560	97.6			
压实度平均值$\bar{k}$(%)＝98.0			压实度标准值 K_0(%)＝97.0		标准差 S(%)＝0.51
代表值 K(%)＝97.8　(K_0-2)(%)＝95.0			扣分点($K_0-2>K_i>K_{jz}$)＝0 点		
n＝20　$t_\alpha/\sqrt{n}$＝0.387			极值 K_{jz}(%)＝93.0　合格率(%)＝100		

施工负责人：　　计算：　　监理工程师：

××公路××段建设项目　　表 6.4.3-2

承包单位：＿＿＿＿＿＿＿　合同号：　六　

监理单位：＿＿＿＿＿＿＿　编　号：6C18506H001

路面结构厚度检验评定表

C-185

工程名称	水泥砂砾基层			分项工程桩号	K51＋000～K52＋000		
桩　号	距中线位置(m)	实测厚度(cm)		桩　号	距中线位置(m)	实测厚度(cm)	
		左幅	右幅			左幅	右幅
K51＋095	0.646		180				
K51＋180	2.290		180				
K51＋423	0.380		176				
K51＋432	2.242		176				
K51＋475	0.304	178					
K51＋508	2.603		174				
K51＋601	0.788	170					
K51＋728	0.019	176					
K51＋878	2.707	175					
K51＋954	3.107		175				
设计厚度(mm)＝180	代表值偏差(mm)＝－10			平均厚度 X(mm)＝176			
标准差 S(mm)＝ 2.9				厚度代表值 X_L(mm) ＝174			
n=10　$t_\alpha/\sqrt{n}$=0.580		合格值偏差(mm)＝－20			合格率(%)＝100		

施工负责人：　　　　计算：　　　　监理工程师：

××公路××段建设项目　　表 6.4.3-3

承包单位：　　　　合同号：六

监理单位：　　　　编　号：6C18906H001

无侧限抗压强度评定表

C-189

工程名称	水泥砂砾基层	分项工程桩号	K51＋000～K52＋000	
抗压强度报告单编号	作业段桩号	工程量(m^2)	试件组数	抗压强度(MPa)
6D3006H003	K51＋000～K51＋390	3705	2	3.6
				3.8
6D3006H004	K51＋390～K51＋610	2090	1	3.5
6D3006H002	K51＋610～K51＋800	1805	1	3.6
6D3006H001	K51＋800～K52＋000	1900	1	3.5
设计强度(MPa)＝3.0	平均强度(MPa)＝3.6	质量评定：合格		

施工负责人：　　　　计算：

表 6.4.3-4

××公路××段建设项目

分项工程质量检验评定表(其他公路)

分项工程名称:水泥砂砾基层　　所属分部工程名称:路面工程　　所属建设项目:

工 程 部 位:K51+000～K52+000　　施 工 单 位:　　监 理 单 位:

(桩号、墩台号、孔号)　　合 同 号:六　　编 号:06B05106H001

B-05-1(034)

<table>
<tr><td>基本要求</td><td colspan="10">(按实际情况填写)</td></tr>
<tr><td rowspan="12">实测项目</td><td rowspan="2">项次</td><td rowspan="2" colspan="2">检查项目</td><td rowspan="2">规定值或允许偏差</td><td rowspan="2" colspan="2">实测值或实测偏差值</td><td colspan="4">质量评定</td></tr>
<tr><td>平均值、代表值</td><td>合格率(%)</td><td>权值</td><td>得分</td></tr>
<tr><td rowspan="2">1△</td><td rowspan="2">压实度(%)</td><td>代表值</td><td>97</td><td rowspan="2" colspan="2">见附表 06C18106H001</td><td rowspan="2">98.0　97.8</td><td rowspan="2">100.0</td><td rowspan="2">3</td><td rowspan="2">100.0</td></tr>
<tr><td>极值</td><td>93</td></tr>
<tr><td>2</td><td colspan="2">平整度(mm)</td><td>12</td><td colspan="2">见附表 06C12506H001</td><td></td><td>95.0</td><td>2</td><td>95.0</td></tr>
<tr><td>3</td><td colspan="2">纵断高程(mm)</td><td>+5,−15</td><td colspan="2">见附表 06C12106H001</td><td></td><td>95.0</td><td>1</td><td>95.0</td></tr>
<tr><td>4</td><td colspan="2">宽度(mm)</td><td>符合设计要求</td><td colspan="2">见附表 06C12406H001</td><td></td><td>100.0</td><td>1</td><td>100.0</td></tr>
<tr><td rowspan="2">5△</td><td rowspan="2">厚度(mm)</td><td>代表值</td><td>−10</td><td rowspan="2" colspan="2">见附表 06C18506H001</td><td rowspan="2">176　174</td><td rowspan="2">100.0</td><td rowspan="2">3</td><td rowspan="2">100.0</td></tr>
<tr><td>合格值</td><td>−20</td></tr>
<tr><td>6</td><td colspan="2">横坡(%)</td><td>±0.5</td><td colspan="2">见附表 06C12606H001</td><td></td><td>100.0</td><td>1</td><td>100.0</td></tr>
<tr><td>7△</td><td colspan="2">强度(MPa)</td><td>符合设计要求</td><td colspan="2">见附表 06C18906H001</td><td>3.6</td><td>合格</td><td>3</td><td>100.0</td></tr>
<tr><td colspan="3">合计</td><td colspan="5"></td><td>14</td><td>98.9</td></tr>
<tr><td colspan="2">外观鉴定</td><td colspan="2">有一处接茬不平整</td><td>减分</td><td>1</td><td rowspan="2">监理意见</td><td colspan="4" rowspan="2">同意施工单位的评定。
签字:　　年　月　日</td></tr>
<tr><td colspan="2">质量保证资料</td><td colspan="2">真实、齐全、系统</td><td>减分</td><td>0</td></tr>
<tr><td colspan="2">工程质量等级评定</td><td colspan="9">评分:97.9　　质量等级:合格</td></tr>
</table>

检验负责人:　　检测:　　记录:　　复核:　　年　月　日

××公路××段建设项目　　　　表 6.4.3-5

承包单位：＿＿＿＿＿＿　　合同号：　六　

监理单位：＿＿＿＿＿＿　　编　号：6C17106H001

水泥砂砾基层 无侧限抗压强度试验结果汇总表　　　　C-171

抗压强度评定表中编号	分项工程桩号	作业段桩号	工程量(m^2)	抗压强度标准(MPa)	试件组数	实际抗压强度(MPa)	备注
6C18906H001	K51＋000～K52＋000	K51＋000～K51＋390	3705	3.0	2	3.6	
						3.8	
		K51＋390～K51＋610	2090		1	3.5	
		K51＋610～K51＋800	1805		1	3.6	
		K51＋800～K52＋000	1900		1	3.5	

填表：　　　　　　复核：

第五节　水泥混凝土面层交工验收评定资料的编制

一、评定标准对水泥混凝土面层交工验收评定的规定

7.1　一般规定(同第四节)

7.2.1　基本要求:

1)基层质量必须符合规定要求,并应进行弯沉测定,验算的基层整体模量应满足设计要求。

2)水泥强度、物理性能和化学成分应符合国家标准及有关规范的规定。

3)粗(细)集料、水、外渗剂及接缝填缝料应符合设计和施工规范要求。

4)施工配合比应根据现场测定水泥的实际强度进行计算,并经试验,选择采用最佳配合比。

5)接缝的位置、规格、尺寸及传力杆、拉力杆的设置应符合设计要求。

6)路面拉毛或机具压槽等抗滑措施,其构造深度应符合施工规范要求。

7)面层与其他构造物相接应平顺,检查井井盖顶面高程应高于周边路面1～3mm。雨水口高程按设计比路面低5～8mm,路面边缘无积水现象。

8)混凝土路面铺筑后按施工规范要求养生。

7.2.2　实测项目,见表7.2.2。

水泥混凝土面层实测项目(节选)　　表7.2.2

项次	检查项目		规定值或允许偏差(其他公路)	检查方法和频率	权值
1△	弯拉强度(MPa)		在合格标准之内	按附录C检查	3
2△	板厚度(mm)	代表值	−5	按附录H检查,每200m每车道2处	3
		合格值	−10		
3	平整度	σ(mm)	2.0	平整度仪:全线每车道连续检测,每100m计算σ、IRI	2
		IRI(m/km)	3.2		
		最大间隙h(mm)	5	3m直尺:半幅车道板带每200m测2处×10尺	
4	抗滑构造深度(mm)		一般路段不小于0.5且不大于1.0;特殊路段不小于0.6且不大于1.1	铺砂法:每200m测1处	2
5	相邻板高差(mm)		3	抽量:每条胀缝2点;每200m抽纵、横缝各2条,每条2点	2

续上表

项次	检查项目	规定值或允许偏差（其他公路）	检查方法和频率	权值
6	纵、横缝顺直度(mm)	10	纵缝20m拉线，每200m4处；横缝沿板宽拉线，每200m4条	1
7	中线平面偏位(mm)	20	经纬仪：每200m测4点	1
8	路面宽度(mm)	±20	抽量：每200m测4处	1
9	纵断高程(mm)	±15	水准仪：每200m测4断面	1
10	横坡(%)	±0.25	水准仪：每200m测4断面	1

7.2.3　外观鉴定

1)混凝土板的断裂块数，高速公路和一级公路不得超过评定路段混凝土板总块数的0.2%，其他公路不得超过0.4%。不符合要求时每超过0.1%减2分。对于断裂板应采取适当措施予以处理。

2)混凝土板表面的脱皮、印痕、裂纹和缺边掉角等病害现象，对于高速公路和一级公路，有上述缺陷的面积不得超过受检面积的0.2%，其他公路不得超过0.3%。不符合要求时每超过0.1%减2分。

3)路面侧石直顺、曲线圆滑，越位20mm以上者，每处减1～2分。

4)接缝填筑饱满密实，不污染路面。不符合要求时，累计长度每100m减2分。

5)胀缝有明显缺陷时，每条减1～2分。

二、水泥混凝土路面交工验收评定资料编制程序

B-03　中间交工证书；

B-05　工程检验认可书；

A-11　工程报验单；

B-05-1　分项工程质量检验评定表(其他公路)(023水泥混凝土面层)；

C-188　路面水泥混凝土弯拉强度评定表；

C-185　路面结构厚度检验评定表；

C-125　平整度检验记录表；

C-131　抗滑构造深度检验记录表(铺砂法)；

C-132　水泥混凝土面层相邻板高差检验记录表；

C-133　水泥混凝土面层纵、横缝顺直度检验记录表；

C-123　中线偏位检验记录表；

C-124　宽度检验记录表；

C-121　纵断高程检验记录表；

C-126　横坡检验记录表；

D-55　水泥混凝土圆柱体劈裂抗拉强度试验报告单；

C-163　纵断高程检验汇总表；

C-170　路面水泥混凝土弯拉强度汇总表。

三、水泥混凝土路面交工验收评定资料用表的填写

(一)C-188 路面水泥混凝土弯拉强度评定表的填写

1. 评定标准附录 C 水泥混凝土弯拉强度评定的规定

C. 0. 1　混凝土弯拉强度试验方法应使用标准小梁法或钻芯劈裂法，试件使用标准方法制作，标准养生时间 28d。其他公路每工作班制作 1～3 组：日进度大于等于 1000m 取 3 组，大于等于 500m 取 2 组，小于 500m 取 1 组。每组 3 个试件的平均值作为一个统计数据。

C. 0. 2　混凝土弯拉强度的合格标准：

试件组数等于或少于 10 组时，试件平均强度不得小于 $1.10f_r$，任一组强度均不得小于 $0.85f_r$。

C. 0. 4　实测项目中，水泥混凝土弯拉强度评为不合格时相应分项工程评为不合格。

2. 水泥混凝土弯拉强度评定计算

交工验收水泥混凝土弯拉强度试验结果与施工过程中各工序的试验结果是同一组试验结果，交工验收检查频率与施工过程中的检查频率的规定也是相同的。水泥混凝土弯拉强度试验结果见下表。

弯拉强度试验结果

序号	1	2	3	4	5	6	7
强度(MPa)	5.50	5.60	4.90	5.07	4.97	5.45	4.00

按照试件组数等于或少于 10 组时的规定进行评定计算：

经计算，平均弯拉强度 $f_{cs}=5.07\text{MPa}>1.10f_r=4.5\times1.10=4.95(\text{MPa})$，且任一组试件均大于

$$0.85f_r=0.85\times4.50=3.83(\text{MPa})$$

所以该评定段的水泥混凝土弯拉强度评定为合格。

C-188 路面水泥混凝土弯拉强度评定表的填写，见表 6. 5. 3-1。

(二)C-185 路面结构厚度检验评定表的填写

C-185 路面结构厚度检验评定表的填写方法，同水泥砂砾基层的路面结构厚度检验评定表，见表 6. 5. 3-2。

(三)C-132表、C-133表、C-125表、C-131表、C-123表、C-124表、C-121表、C-126表的填写

水泥混凝土面层相邻板高差检验记录表(C-132),水泥混凝土面层纵、横缝顺直度检验记录表(C-133)的填写较简单(略)。平整度(C-125)、抗滑构造深度(C-131)检验记录表的填写较简单,中线偏位(C-123)、宽度(C-124)、纵断高程(C-121)、横坡(C-126)等检验记录表的填写同土方路基。

(四)D-55水泥混凝土圆柱体劈裂抗拉强度试验报告单的填写

(1)有关规定

①C.0.3标准小梁合格判定平均弯拉强度f_{cs}和最小弯拉强度f_{min}中有一个不符合上述要求时,应在不合格路段每公里每车道钻取3个以上ϕ150mm的芯样,实测劈裂强度,通过各自工程的经验统计公式换算弯拉强度,其合格判定平均弯拉强度f_{cs}和最小值f_{min}必须合格,否则,应返工重铺。

②水泥及水泥混凝土试验规程T0551—2005水泥混凝土试件制作与硬化水泥混凝土现场取样方法的规定:

6.3.1　外观检查:

每个芯样应详细描述有关裂缝、接缝、分层、麻面或离析等不均匀性,必要时应记录以下事项:

(1)集料情况:估计集料的最大粒径、形状及种类,粗(细)集料的比例与级配。

(2)密实性:检查并记录存在的气孔、气孔的位置、尺寸与分布情况,必要时应拍下照片。

6.3.2　测量:

(1)平均直径d_m:在芯样高度的中间及两个1/4处按两个垂直方向测量三对数值确定芯样的平均直径d_m,精确至1.0mm。

(2)平均长度L_m:取芯样直径两端侧面测定钻取后芯样的长度及加工后的长度,其尺寸差应在0.25mm之内,取平均值作为试件平均长度L_m,精确至1.0mm。

(3)平均长、高、宽:对于切割棱柱体,分别测量所有边长,精确至1.0mm。

③水泥及水泥混凝土试验规程T0561—2005水泥混凝土圆柱体劈裂抗拉强度试验方法的规定:

5.1　圆柱体劈裂抗拉强度f_{ct}按下式计算:

$$f_{ct}=\frac{2F}{\pi d_m\times l_m}\tag{T0561-1}$$

式中:f_{ct}——圆柱体劈裂抗拉强度(MPa);

F——极限荷载(N);

d_m——圆柱体截面的平均直径(mm);

l_m——圆柱体平均长度(mm)。

结果计算精确至0.01MPa。

④水泥路面规范的规定：

11.4.2-1 二级及二级以下路面混凝土弯拉强度可按公式(11.4.2-1)或式(11.4.2-2)计算，满足则可通过。

玄武岩碎石混凝土： $f_c=3.035f_{sp}^{0.423}$ (11.4.2-2)

(2)表的填写

以试验原始记录极限荷载 $F=163000$N、圆柱体截面的平均直径 $d_m=152$mm、圆柱体平均长度 $l_m=228$mm 为基础进行抗拉强度计算：

$$f_{ct}=\frac{2F}{\pi d_m \times l_m}=\frac{2\times 163000}{3.14\times 152\times 228}=3.00(\text{MPa})$$

$$f_c=3.035f_{sp}^{0.423}=3.035\times 3.00^{0.423}=4.83(\text{MPa})$$

D-55 水泥混凝土圆柱体劈裂抗拉强度试验报告单的填写，见表6.5.3-3。

(五)B-05-1 分项工程质量检验评定表(023 水泥混凝土面层)**的填写**

1.基本要求

按照评定标准7.2.1基本要求1)～8)款的规定进行检查，根据检查结果进行基本要求的填写。

1)款，在进行交工验收前应按基本要求的规定进行弯沉测定，验算基层整体模量是否满足设计要求，其弯沉测定记录和整体模量计算过程应与其他交工验收检测原始记录共同保存。

2)款，检查 K51+000～K52+000 段水泥混凝土面层水泥的进场抽检试验报告和资料，水泥的出场合格证书、检验报告及质量鉴定报告，施工过程中水泥的试验资料。

3)款，粗(细)集料检查 K51+000～K52+000 段水泥混凝土面层粗集料、细集料的进场抽检报告及资料，施工过程中粗集料、细集料的试验资料。其他外掺剂等书中未介绍，但要按规定检查(以下同)。

4)款，检查 K51+000～K52+000 段水泥混凝土面层施工工序的施工、检测资料。

5)款，检查 K51+000～K52+000 段水泥混凝土面层拉杆、胀缝板、传力杆及其套帽、滑移端设置施工工序检测资料。

6)～8)款，检查 K51+000～K52+000 段水泥混凝土面层施工工序施工检测资料。

2.外观鉴定

按照评定标准7.2.3-5的规定，有一条胀缝有明显缺陷，减2分。

3.质量保证资料

按照评定标准 3.2.4 质量保证资料(1)～(6)的规定，检查 K51＋000～K52＋000 段水泥混凝土面层原材料试验资料、施工过程中原材料试验资料、水泥混凝土面层工序的施工检测资料。经检查所用原材料质量检验结果，材料配合比、拌和控制检验和试验数据，水泥混凝土面层各项质量控制指标的试验记录和质量检验资料真实、齐全、系统，不减分。

4.工程质量等级评定

分项工程质量评分及等级评定的方法同土方路基。

B-05-1 分项工程质量检验评定表(其他公路)(023 水泥混凝土面层)的填写，见表 6.5.3-4。

(六)C-170 路面水泥混凝土弯拉强度汇总表的填写

C-170 路面水泥混凝土弯拉强度汇总表的填写，见表 6.5.3-5。

××公路××段建设项目 表 6.5.3-1

承包单位：________ 合同号：六

监理单位：________ 编　号：6C18806H001

路面水泥混凝土弯拉强度评定表 C-188

工程名称	水泥混凝土面层		分项工程桩号	K51+000～K52+000	
弯拉强度报告编号	作业段桩号	工程量(m)	试件组数	弯拉强度(MPa)	
				左幅	右幅
6D5306H004	K51+000～K51+280	280	1		5.50
6D5306H003	K51+280～K51+600	320	1		5.60
6D5306H002	K51+600～K51+800	200	1		4.90
6D5306H001	K51+800～K52+000	200	1		5.07
6D5306H007	K51+000～K51+360	360	1	4.97	
6D5306H006	K51+360～K51+700	340	1	5.45	
6D5306H005	K51+700～K52+000	300	1	4.00	

平均弯拉强度 f_{cs}(MPa)=5.07		设计弯拉强度标准 f_r(MPa)=4.5		合格判断系数 K=
0.85f_r(MPa)=3.83	平均强度合格判断值($f_r+K\sigma$)(MPa)=			
0.80f_r(MPa)=	强度标准差 σ(MPa)=			试件组数 n=7
0.75f_r(MPa)=	1.10f_r(MPa)=4.95	强度最小值 f_{min}(MPa)=4.00		质量评定：合格

施工负责人：　　　　　　　　计算：

××公路××段建设项目　　表 6.5.3-2

承包单位：________　合同号：六

监理单位：________　编　号：6C18506H001

路面结构厚度检验评定表

C-185

工程名称	水泥混凝土面层			分项工程桩号	K51＋000～K52＋000		
桩　号	距中线位置(m)	实测厚度(cm)		桩　号	距中线位置(m)	实测厚度(cm)	
		左幅	右幅			左幅	右幅
K51＋089	4.5	223		K51＋886	4.5		222
K51＋149	4.5		226	K51＋929	4.5		222
K51＋244	4.5		228	K51＋932	4.5	222	
K51＋264	4.5		225	K51＋970	4.5		225
K51＋285	4.5	227					
K51＋340	4.5	222					
K51＋359	4.5	221					
K51＋392	4.5		227				
K51＋408	4.5	224					
K51＋527	4.5	226					
K51＋531	4.5	222					
K51＋787	4.5		223				
K51＋801	4.5		223				
K51＋836	4.5	228					
K51＋854	4.5		223				
K51＋884	4.5		221				
设计厚度(mm)＝220	代表值偏差(mm)＝－5			平均厚度 X(mm)＝224			
标准差 S(mm)＝2.5				厚度代表值 X_L(mm)＝223			
n＝20　$t_a/\sqrt{n}$＝0.297		合格值偏差(mm)＝－10			合格率(%)＝100		

施工负责人：　　　　计算：

××公路××段建设项目　　表 6.5.3-3

承包单位：＿＿＿＿＿＿　合同号：六

监理单位：＿＿＿＿＿＿　编　号：6D5506H001

水泥混凝土圆柱体劈裂抗拉强度试验报告单

D-55

工程名称		水泥混凝土面层	试验单位	第六合同段工地试验室
材料规格及产地	水泥	P.O42.5 水泥××	试验完成日期	年　月　日
	砂	中砂××	试验执行标准	JTG E42—2005
	碎石	4.75～31.5mm××		
仪器设备名称、型号和编号		TYE-2000 型压力试验机	试验人签字	
			审核人签字	

水泥混凝土圆柱体劈裂抗拉强度试验记录

编号	取样桩号与位置	平均直径 (mm)	平均长度 (mm)	极限荷载 (N)	抗拉强度 (MPa)	外观检查
1	K51+737	152	228	163000	3.00	无裂缝、无麻面、无离析

换算弯拉强度：4.83MPa

结论：

钻芯劈裂抗拉强度换算弯拉强度 4.83MPa，达到设计弯拉强度的 107%，合格。

签字：　　　年　月　日

表 6.5.3-4

××公路××段建设项目
分项工程质量检验评定表(其他公路)

分项工程名称:水泥混凝土面层　　所属分部工程名称:路面工程　　所属建设项目:

工 程 部 位:K51+000～K52+000　　施 工 单 位:　　监 理 单 位:

(桩号、墩台号、孔号)　　合 同 号:六　　编 号:6B05106H001

B-05-1(023)

基本要求	(按实际情况填写)							
实测项目	项次	检查项目		规定值或允许偏差	实测值或实测偏差值	质量评定		
						平均值、代表值	合格率(%)	权值	得分
	1△	弯拉强度(MPa)		在合格标准内	见附表 6C18806H001	5.07、4.95	合格	3	100.0
	2△	板厚度(mm)	代表值	−5	见附表 6C18506H001	224、223	100.0	3	100.0
			合格值	−10					
	3	平整度	σ(mm)	2.0	见附表 6C13806H001		95.0	2	95.0
			IRI(m/km)	3.2					
			最大间隙 h(mm)	5					
	4	抗滑构造深度		一般路段不小于0.5且不大于1.0;特殊路段不小于0.6且不大于1.1	见附表 6C13106H001		100.0	2	100.0
	5	相邻板高差(mm)		3	见附表 6C13206H001		90.0	2	90.0
	6	纵、横缝顺直度(mm)		10	见附表 6C13306H001		92.5	1	92.5
	7	中线平面偏位(mm)		20	见附表 6C12306H001		100.0	1	100.0
	8	路面宽度(mm)		±20	见附表 6C12406H001		100.0	1	100.0
	9	纵断高程(mm)		±15	见附表 6C12106H001		100.0	1	100.0
	10	横坡(%)		±0.25	见附表 6C12606H001		100.0	1	100.0
	合计							17	97.8
外观鉴定	无明显缺陷			减分	0	监理意见	同意施工单位的评定。		
质量保证资料	真实、齐全、系统			减分	0		签字:　　年　月　日		
工程质量等级评定	评分:97.8				质量等级:合格				

检验负责人:　　检测:　　记录:　　复核:　　年　月　日

表 6.5.3-5

××公路××段建设项目

承包单位：______ 合同号：六

监理单位：______ 编　号：6C17006H001

路面水泥混凝土弯拉强度汇总表

C-170

弯拉强度评定表中编号	分项工程桩号	作业段桩号	设计弯拉强度标准值 f_r(MPa)	混凝土弯拉强度						
				组数(n)	弯拉强度 R_i(MPa)		平均弯拉强度 f_{ce}(MPa)	弯拉强度最小值 f_{min}(MPa)	强度标准差 σ(MPa)	平均强度合格判断值（$f_r+k\sigma$）或 $1.10f_r$(MPa)
					左幅	右幅				
6C18806H001	K51+000～K52+000	K51+000～K51+280	4.5	1		5.50				
		K51+280～K51+600		1		5.60				
		K51+600～K51+800		1		4.90				
		K51+800～K52+000		1		5.07				
		K51+000～K51+360		1	4.97					
		K51+360～K51+700		1	5.45					
		K51+700～K52+000		1	4.00					
				7			5.07	4.00		4.95

填表：　　　　复核：

第六节　桥涵工程交工验收评定资料的编制

与施工工序资料一样，这里仅以K51+110小桥10m空心板预制的交工验收评定资料的编制为例进行说明。钢筋安装和空心板预制分项工程按每孔（8片梁）划分。

一、钢筋安装交工验收评定资料的编制

（一）评定标准对钢筋安装交工验收评定的规定

8.3.1　基本要求：

1　钢筋加工及安装：

1)钢筋、机械连接器、焊条等的品种、规格和技术性能，应符合国家现行标准规定和设计要求。

2)冷拉钢筋的机械性能必须符合规范要求，钢筋平直，表面不应有裂皮和油污。

3)受力钢筋同一截面的接头数量、搭接长度、焊接和机械接头质量，应符合施工技术规范要求。

4)钢筋安装时，必须保证设计要求的钢筋根数。

5)受力钢筋应平直，表面不得有裂纹及其他损伤。

8.3.1-2　实测项目，见表8.3.1-1。

钢筋安装实测项目　　　　表8.3.1-1

项次	检查项目			规定值或允许偏差	检查方法和频率	权值
1△	受力钢筋间距(mm)	两排以上排距		±5	尺量：每构件检查2个断面	3
		同排	梁、板、拱肋	±10		
			基础、锚碇、墩台、柱	±20		
		灌注桩		±20		
2	箍筋、横向水平钢筋、螺旋筋间距(mm)			±10	尺量：每构件检查5～10个间距	2
3	钢筋骨架尺寸(mm)	长		±10	尺量：按骨架总数30%抽查	1
		宽、高或直径		±5		
4	弯起钢筋位置(mm)			±20	尺量：每骨架抽查30%	2
5△	保护层厚度(mm)	柱、梁、拱肋		±5	尺量：每构件沿模板周边检查8处	1
		基础、锚碇、墩台		±10		
		板		±3		

8.3.1-3　外观鉴定：

1)钢筋表面无铁锈及焊渣。不符合要求时减1～3分。

2)多层钢筋网要有足够的钢筋支撑，保证骨架的施工刚度。不符合要求时减1～3分。

(二)钢筋安装交工验收评定资料的编制程序

B-03　中间交工证书；

B-05　工程检验认可书；

A-11　工程报验单；

B-05-1　分项工程质量检验评定表(050钢筋安装)；

C-148　________工程检验记录表。

(三)钢筋安装交工验收评定资料用表的填写

1.C-148钢筋安装工程检验记录表的填写

每构件检查点数的计算同施工工序的钢筋安装，每孔计算8个构件检查总点数除钢筋骨架尺寸一项按骨架总数30%抽查外，其余各项均为各构件检查点数的总和。C-148钢筋按装工程检验记录表的填写同施工工序。

2.B-05-1分项工程质量检验评定表(050钢筋安装)的填写

(1)基本要求

按照评定标准8.3.1-1钢筋加工及安装基本要求1)～5)款的规定进行检查，根据检查结果进行基本要求的填写。

1)和2)款的钢筋性能要求，检查K51+110小桥钢筋的抽检试验报告及资料和出厂合格证书、检验报告及质量鉴定报告。1)和2)款的其他要求，检查K51+110小桥第一孔梁(板)预制钢筋加工及安装工序的施工、检测资料。

3)～5)款的检查同1)和2)款的其他要求进行检查。

(2)外观鉴定

外观鉴定应按照评定标准8.3.1-3-1)的规定，钢筋表面有少量铁锈，减1分。

(3)质量保证资料

按照评定标准3.2.4质量保证资料的规定，检查K51+110小桥钢筋的进场抽检资料和出厂合格证书及质量鉴定报告，K51+110小桥第一孔梁(板)预制的钢筋加工及安装工序的施工、检测资料。经检查所用钢筋质量检验结果、钢筋加工及按照各项质量控制指标的质量检验资料真实、齐全、系统，不减分。

(4)工程质量等级评定

分项工程质量评分及等级评定的方法同土方路基。

B-05-1分项工程质量检验评定表(050钢筋安装)，见表6.6.1。

表 6.6.1

××公路××段建设项目
分项工程质量检验评定表

分项工程名称：钢筋安装　　所属分部工程名称：小桥工程　　所属建设项目：

工 程 部 位：1 号孔（K51＋110）　　施 工 单 位：　　监 理 单 位：

（桩号、墩台号、孔号）　　合 同 号：六　　编 号：6B05106H001

B-05-1(050)

基本要求	（按实际情况填写）									
实测项目	项次	检查项目			规定值或允许偏差	实测值或实测偏差值	质量评定			
							平均值、代表值	合格率(%)	权值	得分
	1△	受力钢筋间距(mm)	两排以上排距		±5	6C14806H001		98.0	3	98.0
			同排	梁、板、拱肋	±10					
				基础、锚碇、墩台、柱	±20					
			灌注桩		±20					
	2	箍筋、横向水平钢筋、螺旋筋间距(mm)			±10	6C14806H001		93.8	2	93.8
	3	钢筋骨架尺寸(mm)	长		±10	6C14806H001		97.5	1	97.5
			宽、高或直径		±5					
	4	弯起钢筋位置(mm)			±20	6C14806H001		96.7	2	96.7
	5△	保护层厚度(mm)	柱、梁、拱肋		±5			98.4	3	98.4
			基础、锚碇、墩台		±10					
			板		±3	6C14806H001				
	合计								11	97.1
外观鉴定	钢筋有少量铁锈		减分	1	监理意见	同意施工单位的评定。签字： 年 月 日				
质量保证资料	真实、齐全、系统		减分	0						
工程质量等级评定	评分：96.1				质量等级：合格					

检验负责人：　　检测：　　记录：　　复核：　　年 月 日

二、空心板预制交工验收评定资料的编制

(一)评定标准对预制梁(板)的规定

8.7.1-1　基本要求:

1)所用的水泥、砂、石、水、外掺剂及混合材料的质量和规格必须符合有关规范的要求,按规定的配合比施工。

2)梁(板)不得出现露筋和空洞现象。

3)空心板采用胶囊施工时,应采取有效措施防止胶囊上浮。

8.7.1-2　实测项目,见表 8.7.1-1。

梁(板)预制实测项目　　表 8.7.1-1

<table>
<tr><th>项次</th><th colspan="3">检 查 项 目</th><th>规定值或允许偏差</th><th>检查方法和频率</th><th>权值</th></tr>
<tr><td>1△</td><td colspan="3">混凝土强度(MPa)</td><td>在合格标准内</td><td>按附录 D 检查</td><td>3</td></tr>
<tr><td>2</td><td colspan="3">梁(板)长度(mm)</td><td>+5,−10</td><td>尺量:每梁(板)</td><td>1</td></tr>
<tr><td rowspan="4">3</td><td rowspan="4">宽度
(mm)</td><td colspan="2">干接缝(梁翼缘、板)</td><td>±10</td><td rowspan="4">尺量:检查 3 处</td><td rowspan="4">1</td></tr>
<tr><td colspan="2">湿接缝(梁翼缘、板)</td><td>±20</td></tr>
<tr><td rowspan="2">箱梁</td><td>顶宽</td><td>±30</td></tr>
<tr><td>底宽</td><td>±20</td></tr>
<tr><td rowspan="2">4△</td><td rowspan="2">高度
(mm)</td><td colspan="2">梁、板</td><td>±5</td><td rowspan="2">尺量:检查 2 个断面</td><td rowspan="2">1</td></tr>
<tr><td colspan="2">箱梁</td><td>+0,−5</td></tr>
<tr><td rowspan="3">5△</td><td rowspan="3">断面
尺寸
(mm)</td><td colspan="2">顶板厚</td><td rowspan="3">+5,−0</td><td rowspan="3">尺量:检查 2 个断面</td><td rowspan="3">2</td></tr>
<tr><td colspan="2">底板厚</td></tr>
<tr><td colspan="2">腹板或梁肋</td></tr>
<tr><td>6</td><td colspan="3">平整度(mm)</td><td>5</td><td>2m 直尺:每侧面每 10m 梁长测 1 处</td><td>1</td></tr>
<tr><td>7</td><td colspan="3">横系梁及预埋件位置(mm)</td><td>5</td><td>尺量:每件</td><td>1</td></tr>
</table>

8.7.1-3　外观鉴定:

1)混凝土表面平整,颜色一致,无明显施工接缝。不符合要求时减 1~3 分。

2)混凝土表面不得出现蜂窝、麻面,如出现必须修整,并减 1~2 分。

3)混凝土表面出现非受力裂缝,减 1~3 分。裂缝宽度超过设计规定或设计未规定时超过 0.15mm 必须处理。

(二)梁(板)预制交工验收评定资料编制程序

B-03　中间交工证书;

B-05　工程检验认可书；

A-11　工程报验单；

B-05-1　分项工程质量检验评定表(062 梁(板)预制)；

C-186　水泥混凝土抗压强度评定表；

C-148　空心板预制工程检验记录表；

C-168　水泥混凝土抗压强度试验结果汇总表。

(三)梁(板)预制交工验收评定资料用表的填写说明

1. C-186 水泥混凝土抗压强度评定表的填写

(1)评定标准附录 D 水泥混凝土抗压强度评定的规定

D. 0. 1　评定水泥混凝土的抗压强度，应以标准养生 28d 龄期的试件为准。试件为边长 150mm 的立方体。试件 3 个为 1 组，制取组数应符合下列规定：

1)不同强度等级及不同配合比的混凝土应在浇筑地点或拌和地点分别随机制取试件。

2)浇筑一般体积的结构物(如基础、墩台等)时，每一单元结构物应制取 2 组。

3)连续浇筑大体积结构时，每 80～200m^3 或每一工作班应制取 2 组。

4)上部结构，主要构件长 16m 以下应制取 1 组，16～30m 制取 2 组，31～50m 制取 3 组，50m 以上者不少于 5 组。小型构件每批或每工作班至少应制取 2 组。

5)每根钻孔桩至少应制取 2 组；桩长 20m 以上者不少于 3 组；桩径大、浇筑时间很长时，不少于 4 组。如换工作班时，每工作班应制取 2 组。

6)构筑物(小桥、挡土墙)每座、每处或每工作班制取不少于 2 组。当原材料和配合比相同、并由同一拌和站拌制时，可几座或几处合并制取 2 组。

7)应根据施工需要，另制取几组与结构物同条件养生的试件，作为拆模、吊装、张拉预应力、承受荷载等施工阶段的强度依据。

D. 0. 2　水泥混凝土抗压强度的合格标准：

1)试件大于等于 10 组时，应以数理统计方法按下述条件评定：

$$R_n - K_1 S_n \geqslant 0.9R$$

$$R_{\min} \geqslant K_2 R$$

$$S_n = \sqrt{\frac{\sum R_i^2 - nR_n^2}{n-1}}$$

式中：n——同批混凝土试件组数；

R_n——同批 n 组试件强度的平均值(MPa)；

S_n——同批 n 组试件强度的标准差(MPa)，当 $S_n < 0.06R$ 时，取 $S_n = 0.06R$；

R——混凝土设计强度等级(MPa);

R_i——第 i 组混凝土的抗压强度(MPa);

R_{min}——n 组试件中强度最低一组的值(MPa);

$K_1 K_2$——合格判定系数,见下表。

K_1、K_2 的 值

n	10~14	15~24	≥25
K_1	1.70	1.65	1.60
K_2	0.9	0.85	

2)试件小于 10 组时,可用非统计方法按下述条件进行评定:

$$R_n \geqslant 1.15R$$

$$R_{min} \geqslant 0.95R$$

(2)水泥混凝土抗压强度评定计算

从规定可以看出,评定标准制取试件的数量要求与桥涵施工规范的规定相同,并且是同一组试件。按照梁长 16m 以下制取试件 1 组的要求,每孔制取 8 组,二孔制取了 16 组试件作为同批进行评定。抗压强度试验结果如下表。

抗压强度试验结果(MPa)

序号	1	2	3	4	5	6	7	8
强度	35.6	38.0	42.7	43.5	39.5	34.5	37.2	38.1
序号	13	14	15	16	17	18	19	20
强度	36.0	36.8	37.0	41.8	40.5	35.0	42.4	39.0

由于试件组数大于 10 组,采用数理统计方法进行评定。

经计算:平均值 R_n=38.6MPa,标准差 S_n=2.87MPa。

因为混凝土设计强度等级 R=35.0MPa,S_n>0.06R=2.1(MPa),所以取 S_n=2.87MPa。

根据试件组数 n=16,查表,得 K_1=1.65、K_2=0.85。

又根据 $R_n - K_1 S_n \geqslant 0.9R$ 得 $R_n \geqslant 0.9R + K_1 S_n$。

$0.9R + K_1 S_n = 0.9 \times 35 + 1.65 \times 2.87 = 36.2$(MPa)。

平均值 R_n=38.6MPa>$0.9R + K_1 S_n$=36.2(MPa),满足要求。

再根据 $R_{min} \geqslant K_2 R$,16 组试件中强度最小的一组为 34.5MPa,

$R_{min} = 34.5 > K_2 R = 0.85 \times 35 = 29.75$(MPa),满足要求。

16 组同批混凝土试件的抗压强度评为合格。

C-186 水泥混凝土抗压强度评定表(两孔的评定均应附该表)的填写,见表 6.6.2-1。

2. C-148 空心板预制工程检验记录表的填写

每梁检查点数的计算同施工工序梁(板)预制,其总检查点数为施工工序各梁检查点数的总和。C-148 空心板预制工程检验记录表的填写同施工工序。

3. B-05-1 分项工程质量检验评定表(062 梁(板)预制)的填写

(1)基本要求

按照评定标准 8.7.1 基本要求 1)～3)款的规定检查,根据检查结果进行基本要求的填写。

1)款对所用的水泥、砂、石,检查 K51＋110 小桥水泥、粗集料、细集料进场抽检试验报告和资料,水泥的出厂合格证书、检验报告及质量鉴定报告,检查梁(板)预制施工过程中的原材料试验资料。

1)款的按规定的配合比施工及 2)款、3)款的要求检查 K51＋110 小桥第一孔梁(板)预制混凝土浇筑工序的施工检测资料。

(2)外观鉴定

按照评定标准 8.7.1-3-1)的规定有一条施工接缝较明显,减 1 分。

(3)质量保证资料

按照评定标准 3.2.4 质量保证资料(1)～(4)款的规定,检查 K51＋110 小桥水泥、粗集料、细集料进场试验资料,K51＋110 小桥第一孔梁(板)预制施工过程中的原材料试验、混凝土浇筑工序的施工和检测资料。经检查所用水泥、粗集料、细集料质量检验结果,材料配比、拌和加工控制检验和试验数据,梁(板)预制各项质量控制指标的试验记录和质量检验资料真实、齐全、系统,不减分。

(4)工程质量等级评定

分项工程质量评分及等级评定的方法同土方路基。

B-05-1 分项工程质量检验评定表(062 梁(板)预制)的填写,见表 6.6.2-2。

4. C-168 水泥混凝土抗压强度试验结果汇总表的填写

C-168 水泥混凝土抗压强度试验结果汇总表的填写,见表 6.6.2-3。

××公路××段建设项目

表 6.6.2-1

承包单位：______ 合同号：六

监理单位：______ 编 号：6C18606H001

水泥混凝土抗压强度评定表

C-186

工程名称		梁(板)预制		桩号		K51+110	
强度报告单中试样编号	工程部位	试件组数	实测值(MPa)	强度报告单中的编号	工程部位	试件组数	实测值(MPa)
6D5106H001	空心板	1	35.6				
6D5106H002	空心板	1	38.0				
6D5106H003	空心板	1	42.7				
6D5106H004	空心板	1	43.5				
6D5106H005	空心板	1	39.5				
6D5106H006	空心板	1	34.5				
6D5106H007	空心板	1	37.2				
6D5106H008	空心板	1	38.1				
6D5106H009	空心板	1	36.0				
6D5106H010	空心板	1	36.8				
6D5106H011	空心板	1	37.0				
6D5106H012	空心板	1	41.8				
6D5106H013	空心板	1	40.5				
6D5106H014	空心板	1	35.0				
6D5106H015	空心板	1	42.4				
6D5106H016	空心板	1	39.0				
试件组数 n=16			设计强度等级 R(MPa)=35.0			平均值 R_n(MPa)=38.6	
标准差 S_n(MPa)=2.87			合格判断值$(0.9R+K_1S_n)$(MPa)=36.2			K_2R(MPa)=29.8	
R_{min}(MPa)=34.5 1.15R(MPa)= 0.95R(MPa)=						质量评定：合格	

施工负责人： 计算：

表 6.6.2-2

××公路××段建设项目
分项工程质量检验评定表

分项工程名称：梁(板)预制　　所属分部工程名称：小桥工程　　所属建设项目：

工 程 部 位：1号孔(K51+110)　　施 工 单 位：　　监 理 单 位：

(桩号、墩台号、孔号)　　合 同 号：六　　编 号：6B05106H001

B-05-1(062)

基本要求	(按实际情况填写)							
实测项目	项次	检查项目	规定值或允许偏差	实测值或实测偏差值	质量评定：平均值、代表值	合格率(%)	权值	得分
	1△	混凝土强度(MPa)	在合格标准内	见附表 6C18606H001	38.6、36.2	合格	3	100
	2	梁(板)长度(mm)	+5,−10	见附表 6C14806H001		100	1	100
	3	宽度(mm) 干接缝(梁翼缘、板)	±10			95.8	1	95.8
		宽度(mm) 湿接缝(梁翼缘、板)	±20	见附表 6C14806H001				
		宽度(mm) 箱梁 顶宽	±30					
		宽度(mm) 箱梁 底宽	±20					
	4△	高度(mm) 梁、板	±5	见附表 6C14806H001		93.8	1	93.8
		高度(mm) 箱梁	+0,−5					
	5△	断面尺寸(mm) 顶板厚	+5,−0	见附表 6C14806H001		95.8	2	95.8
		断面尺寸(mm) 底板厚						
		断面尺寸(mm) 腹板或梁肋						
	6	平整度(mm)	5	见附表 6C14806H001		100	1	100
	7	横系梁及预埋件位置(mm)	5	见附表 6C14806H001		100	1	100
		合计					10	98.1

外观鉴定	混凝土表面有一处施工缝较明显	减分	1	监理意见	同意施工单位的评定。签字：　年　月　日
质量保证资料	真实、齐全、系统	减分	0		
工程质量等级评定	评分：97.1			质量等级：合格	

检验负责人：　　检测：　　记录：　　复核：　　年　月　日

××公路××段建设项目　　表 6.6.2-3

承包单位：＿＿＿＿＿＿　合同号：＿＿＿＿＿＿

监理单位：＿＿＿＿＿＿　编　号：＿＿＿＿＿＿

水泥混凝土抗压强度试验结果汇总表　　C-168

工程名称		梁(板)预制			桩号		K51＋110
抗压强度评定表中的编号	工程部位	混凝土设计强度等级 R(MPa)	混凝土试件抗压强度				
			组数(n)	抗压强度 R_i(MPa)	强度平均值 R_n(MPa)	强度最低值 R_{min}(MPa)	标准差 S_n(MPa)	强度代表值($0.9R+K_iS_n$)或 $1.15R$(MPa)
6C18606H001	上部	35.0	1	35.6				
			1	38.0				
			1	42.7				
			1	43.5				
			1	39.5				
			1	34.5				
			1	37.2				
			1	38.1				
			1	36.0				
			1	36.8				
			1	37.0				
			1	41.8				
			1	40.5				
			1	35.0				
			1	42.4				
			1	39.0				
			16		38.6	34.5	2.87	36.2

填表：　　　　　　　　复核：

第七章

工程质量检验评定资料的编制

第一节　有关对分部工程、单位工程、合同段评分的规定

一、评定标准的规定

3.1.2　在分项工程评分的基础上，逐级计算各相应分部工程、单位工程、合同段工程评分值。

3.2.2　分部工程和单位工程质量评分：

附录A所列分项工程和分部工程区分为一般工程和主要(主体)工程，分别给以1和2的权值。进行分部工程和单位工程评分时，采用加权平均值计算法确定相应的评分值。

$$\text{分部(单位)工程评分值}=\frac{\sum[\text{分项(分部)工程评分值}\times\text{相应权值}]}{\sum\text{分项(分部)工程权值}}$$

3.2.3　合同段和建设项目工程质量评分：

合同段和建设项目工程质量评分值，按《公路工程竣(交)工验收办法》计算。

3.3.2　分部工程质量等级评定：

所属各分项工程全部合格，则该分部工程评为合格；所属任一分项工程不合格，则该分部工程为不合格。

3.3.3　单位工程质量等级评定：

所属各分部工程全部合格，则该单位工程评为合格；所属任一分部工程不合格，则该单位工程为不合格。

3.3.4　合同段和建设项目质量等级评定：

合同段和建设项目所含单位工程全部合格，其工程质量等级评为合格；所属任一

单位工程不合格，则合同段和建设项目为不合格。

二、公路工程竣（交）工验收办法对合同段工程质量评分的规定

第十三条　各合同段工程质量评分采用所含单位工程质量评分的加权平均值，即：

$$合同段工程评分值=\frac{\sum[单位工程质量评分值\times该单位工程投资额]}{合同段总投资额}$$

三、交通部质检总站对工程质量检验评分程序的规定

2004年11月交通部基本建设质量监督总站在印发的全国交通系统公路建设质量监督人员培训班讲义中规定：

（一）评分程序

应按分项工程、分部工程、单位工程顺序逐级计算得分。要获得最合理的得分，计算得分时应尽量使同一类的单位工程、分部工程投资额或工程量接近。这时运用子单位工程、子分部工程或子分项工程的概念，以子分项（分部、单位）工程按算术平均计算上一级的得分，就是有效的措施之一。

（二）评分程序图

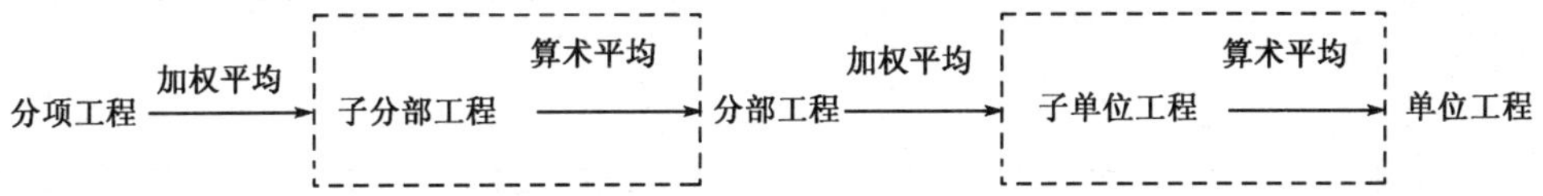

四、小桥、涵洞分项工程的质量评分程序

在第三章已经介绍过，按照评定标准的规定增加了基础及下部构造和上部构造预制、安装的J-1-1分项工程质量检验评定表，涵台、盖板制作等分项工程应以子分项工程的形式出现，并以算术平均（权值均为1）计算基础及下部构造和上部构造预制和安装的分项工程的评分。

第二节　工程质量检验评定资料的评分程序

依据以上对工程质量检验评分的规定，制定监理资料、施工资料共同使用的实际施工项目工程质量检验评定资料的评分程序，见表7.2。

实际施工项目工程质量检验评定资料的评分程序

表 7.2

单位工程（J-3 表）		子单位工程（J-3-1 表）		分部工程（J-2 表）		子分部工程（J-2-1 表）		分项工程（B-05-1、J-1-1 表）		子分项工程（B-05-1 表）			分项或子分项工程评分值
名称	工程部位	名称	工程部位	名称	工程部位	名称	工程部位	名称	工程部位	名称		工程部位	
路基工程	K51+000～K53+000	路基工程	K51+000～K52+000	路基土石方	K51+000～K52+000			土方路基	K51+000～K52+000				96.3
								砂垫层（软土地基）					97.0
				排水工程	K51+000～K52+000			土沟	K51+000～K52+000				94.0
								浆砌排水沟					96.0
				小桥	K51+110	基础及下部构造	K51+110	基础及下部构造	1 号台	扩大基础	钢筋安装	1 号台	97.6
											扩大基础		98.5
										台身	钢筋安装	1 号台	97.0
											墩、台身		96.8
										台帽	钢筋安装	1 号台	97.0
											墩台帽或盖梁		96.0
										台背填土		1 号台	100
								基础及下部构造	2 号墩	扩大基础	钢筋安装	2 号墩	96.0
											扩大基础		98.0
										墩身	钢筋安装	2 号墩	95.0
											墩、台身		97.3
										墩帽	钢筋安装	2 号墩	96.4
											墩台帽或盖梁		98.0
								基础及下部构造	3 号台	扩大基础	钢筋安装	3 号台	98.0
											扩大基础		98.0
										台身	钢筋安装	3 号台	96.0
											墩、台身		96.0
										台帽	钢筋安装	3 号台	97.0
											墩台帽或盖梁		98.0
										台背填土		3 号台	100

续上表

单位工程(J-3表) 名称	单位工程(J-3表) 工程部位	子单位工程(J-3-1表) 名称	子单位工程(J-3-1表) 工程部位	分部工程(J-2表) 名称	分部工程(J-2表) 工程部位	子分部工程(J-2-1表) 名称	子分部工程(J-2-1表) 工程部位	分项工程(B-05-1、J-1-1表) 名称	分项工程(B-05-1、J-1-1表) 工程部位	子分项工程(B-05-1表) 名称	子分项工程(B-05-1表) 工程部位	分项或子分项工程评分值
路基工程	K51+000～K53+000	路基工程	K51+000～K52+000	小桥	K51+110	上部构造预制和安装	K51+110	上部构造预制和安装	1号孔	梁(板)预制 钢筋安装	1号孔	96.1
										梁(板)预制 梁(板)预制		97.1
										梁(板)安装	1号孔	95.5
								上部构造预制和安装	2号孔	梁(板)预制 钢筋安装	2号孔	94.0
										梁(板)预制 梁(板)预制		95.0
										梁(板)安装	2号孔	97.6
						总体、桥面系及附属工程	K51+110	桥梁总体	K51+110			97.4
								桥面铺装 钢筋网	51+110			96.0
								桥面铺装 桥面铺装				96.6
								支座安装	K51+110			98.7
								桥头搭板 钢筋安装	K51+110			94.8
								桥头搭板 桥头搭板				96.2
								伸缩缝安装	K51+110			97.0
								混凝土防撞护栏 钢筋安装	K51+110			93.0
								混凝土防撞护栏 混凝土防撞护栏				98.5
				涵洞工程	K51+000～K52+000	圆管涵	K51+800	基础及下部构造	K51+800	涵台	K51+800	97.9
								主要构件预制、安装	K51+800	管节预制 钢筋安装	K51+800	96.8
										管节预制 管节预制		97.0
										管座及涵管安装		95.0
								填土、总体	K51+800	涵洞回填土	K51+800	100
										涵洞总体		97.0
				砌筑防护工程	K51+000～K52+000			浆砌片石锥坡	K51+110			96.8

续上表

单位工程（J-3 表）		子单位工程（J-3-1 表）		分部工程（J-2 表）		子分部工程（J-2-1 表）		分项工程（B-05-1、J-1-1 表）		子分项工程（B-05-1 表）			分项或子分项工程评分值
名称	工程部位	名称	工程部位	名称	工程部位	名称	工程部位	名称	工程部位	名称		工程部位	
路基工程	K51+000～K53+000	路基工程	K52+000～K53+000	路基土石方	K52+000～K53+000			土方路基	K52+000～K53+000				96.0
								砂垫层(软土地基)					96.6
				排水工程	K52+000～K53+000			土沟	K52+000～K53+000				94.6
								浆砌排水沟					95.0
								盲沟					98.0
				涵洞工程	K52+000～K53+000	圆管涵	K52+100	基础及下部构造	K52+100	涵台		K52+100	98.3
								主要构件预制、安装	K52+100	管节预制	钢筋安装	K52+100	96.0
											管节预制		97.8
										管座及涵管安装			98.6
								填土、总体	K52+100	涵洞回填土		K52+100	100
										涵洞总体			96.0
						盖板涵	K52+310	基础及下部构造	K52+310	一字墙和八字墙		K52+310	95.5
								上部构造预制、安装	K52+310	盖板制作	钢筋安装	K52+310	94.3
											盖板制作		95.5
										盖板安装			97.5
								填土、总体、附属工程	K52+310	桥面铺装		K52+310	97.8
										涵洞回填土			100
										涵洞总体			98.0
										搭板	钢筋安装		96.0
											桥头搭板		96.5
				砌体防护工程	K52+000～K53+000			护坡	K52+120～K52+600				96.4

续上表

单位工程（J-3 表）		子单位工程（J-3-1 表）		分部工程（J-2 表）		子分部工程（J-2-1 表）		分项工程（B-05-1 表）			子分项工程（B-05-1 表）		分项或子分项工程评分值
名称	工程部位	名称	工程部位	名称	工程部位	名称	工程部位	名称		工程部位	名称	工程部位	评分值
路面工程	K51+000～K53+000			路面工程	K51+000～K52+000			水泥混凝土面层		K51+000～K52+000			97.8
								水泥砂砾基层					97.9
								水泥砂砾底基层					96.5
								路肩					95.0
				路面工程	K52+000～K53+000			沥青混凝土面层		K52+000～K53+000			97.6
								水泥砂砾基层					96.3
								水泥砂砾底基层					95.4
								路肩					95.0
桥梁工程	K52+930			基础及下部构造	K52+930	基础及下部构造	1 号台	桩基础	钢筋安装	1 号台			94.0
									钻孔灌注桩				95.8
								承台	钢筋安装	1 号台			96.0
									承台				97.5
								台身	钢筋安装	1 号台			98.0
									墩、台身				99.2
								台盖梁	钢筋安装	1 号台			98.6
									墩、台帽或盖梁				98.0
								支座垫石		1 号台			98.6
								台背填土		1 号台			100
								挡块(二分之一桥)		1 号台			98.0
						基础及下部构造	2 号墩	桩基础	钢筋安装	2 号墩			98.5
									钻孔灌注桩				97.7
								承台	钢筋安装	2 号墩			95.8
									承台				96.8
								柱式墩身	钢筋安装	2 号墩			93.2
									柱或双壁墩身				98.0

续上表

单位工程（J-3 表）		子单位工程（J-3-1 表）		分部工程（J-2 表）		子分部工程（J-2-1 表）		分项工程（B-05-1 表）			子分项工程（B-05-1 表）		分项或子分项工程
名称	工程部位	名称	工程部位	名称	工程部位	名称	工程部位	名称		工程部位	名称	工程部位	评分值
桥梁工程	K52＋930			基础及下部构造	K52＋930		2 号墩	墩盖梁	钢筋安装	2 号墩			95.8
									墩、台帽或盖梁				98.0
								支座垫石		2 号墩			98.6
						基础及下部构造	3 号墩	桩基础	钢筋安装	3 号墩			95.0
									钻孔灌注桩				97.8
								承台	钢筋安装	3 号墩			96.0
									承台				95.8
								柱式墩身	钢筋安装	3 号墩			97.5
									柱或双壁墩身				98.5
								墩盖梁	钢筋安装	3 号墩			97.0
									墩、台帽或盖梁				98.0
								支座垫石		3 号墩			99.5
						基础及下部构造	4 号台	桩基础	钢筋安装	4 号台			96.3
									钻孔灌注桩				98.0
								承台	钢筋安装	4 号台			94.0
									承台				96.8
								台身	钢筋安装	4 号台			95.0
									墩、台身				96.5
								台盖梁	钢筋安装	4 号台			98.0
									墩、台帽或盖梁				98.7
								支座垫石		4 号台			99.0
								台背填土		4 号台			100
								挡块（二分之一桥）		4 号台			96.0
							1 号孔	梁（板）预制	钢筋安装	1 号孔			96.0
									梁（板）预制				98.8

续上表

<table>
<tr><th colspan="2">单位工程
(J-3 表)</th><th colspan="2">子单位工程
(J-3-1 表)</th><th colspan="2">分部工程
(J-2 表)</th><th colspan="2">子分部工程
(J-2-1 表)</th><th colspan="3">分项工程(B-05-1 表)</th><th colspan="2">子分项工程(B-05-1 表)</th><th>分项或子分项工程</th></tr>
<tr><th>名称</th><th>工程部位</th><th>名称</th><th>工程部位</th><th>名称</th><th>工程部位</th><th>名称</th><th>工程部位</th><th colspan="2">名称</th><th>工程部位</th><th>名称</th><th>工程部位</th><th>评分值</th></tr>
<tr><td rowspan="21">桥梁工程</td><td rowspan="21">K52＋930</td><td rowspan="21"></td><td rowspan="21"></td><td rowspan="7">上部构造预制和安装</td><td rowspan="7">K52＋930</td><td rowspan="7">上部构造预制和安装</td><td>1 号孔</td><td colspan="2">梁(板)安装</td><td>1 号孔</td><td></td><td></td><td>98.0</td></tr>
<tr><td rowspan="3">2 号孔</td><td rowspan="2">梁(板)预制</td><td>钢筋安装</td><td rowspan="3">2 号孔</td><td rowspan="3"></td><td rowspan="3"></td><td>96.6</td></tr>
<tr><td>梁(板)预制</td><td>97.6</td></tr>
<tr><td colspan="2">梁(板)安装</td><td>97.0</td></tr>
<tr><td rowspan="3">3 号孔</td><td rowspan="2">梁(板)预制</td><td>钢筋安装</td><td rowspan="3">3 号孔</td><td rowspan="3"></td><td rowspan="3"></td><td>97.6</td></tr>
<tr><td>梁(板)预制</td><td>97.8</td></tr>
<tr><td colspan="2">梁(板)安装</td><td>98.0</td></tr>
<tr><td rowspan="12">总体、桥面系及附属工程</td><td rowspan="12">K52＋930</td><td rowspan="12"></td><td rowspan="12"></td><td colspan="2">桥梁总体</td><td rowspan="14">K52＋930</td><td rowspan="14"></td><td rowspan="14"></td><td>97.0</td></tr>
<tr><td rowspan="2">桥面铺装</td><td>钢筋安装</td><td>95.4</td></tr>
<tr><td>水泥混凝土桥面铺装</td><td>96.7</td></tr>
<tr><td colspan="2">支座安装</td><td>97.7</td></tr>
<tr><td rowspan="2">桥头搭板</td><td>钢筋安装</td><td>94.2</td></tr>
<tr><td>桥头搭板</td><td>97.4</td></tr>
<tr><td colspan="2">伸缩缝安装</td><td>98.2</td></tr>
<tr><td rowspan="2">混凝土防撞护栏</td><td>钢筋安装</td><td>94.8</td></tr>
<tr><td>混凝土防撞护栏</td><td>95.6</td></tr>
<tr><td colspan="2"></td><td></td></tr>
<tr><td colspan="2"></td><td></td></tr>
<tr><td colspan="2"></td><td></td></tr>
<tr><td rowspan="2">防护工程</td><td rowspan="2">K52＋930</td><td rowspan="2"></td><td rowspan="2"></td><td colspan="2">锥、护坡</td><td>96.0</td></tr>
<tr><td colspan="2">导流工程</td><td>96.6</td></tr>
<tr><td rowspan="4">交通安全设施</td><td rowspan="4">K51＋000～K53＋000</td><td rowspan="4"></td><td rowspan="4"></td><td>标志</td><td rowspan="4">K51＋000～K53＋000</td><td rowspan="4"></td><td rowspan="4"></td><td colspan="2">标志</td><td rowspan="4">K51＋000～K53＋000</td><td rowspan="4"></td><td rowspan="4"></td><td>95.0</td></tr>
<tr><td>标线</td><td colspan="2">标线</td><td>95.6</td></tr>
<tr><td>护栏</td><td colspan="2">波形护栏</td><td>96.3</td></tr>
<tr><td>轮廓标</td><td colspan="2">轮廓标</td><td>98.0</td></tr>
</table>

注:小桥的支座垫石、挡块等项目,在施工过程中已进行了质量控制,由于工程量较小未进行分项工程的评定。

第三节　工程质量检验评定资料的编制

按照以上对工程质量检验评分的相关规定，运用实际施工项目工程质量检验评定资料的评分程序，进行工程质量检验评定资料的评定计算与填写介绍。

一、工程质量检验评定资料的评定计算

工程质量检验评定资料中所有项目的评定计算方法是相同的，即在其所属项目完成评定的前提下，按照权值进行评分，下面举例说明。

(一)小桥 2 号墩基础及下部构造 J-1-1 分项工程质量检验评定表的评定计算

在 2 号墩所属子分项工程的扩大基础、墩身、墩帽、台背填土均完成评定的前提下，以子分项工程的算术平均值计算 2 号墩基础及下部构造分项工程质量的评分值。扩大基础等子分项工程的质量评分值见表 7.2.1(实际施工项目工程质量检验评定资料的评分程序)。

$$分项工程评分值=\frac{96.0+98.0+95.0+97.3+96.4+98.0}{6}=\frac{580.7}{6}=96.8(分)$$

(二)K51+000～K52+000 段路基工程 J-3-1 子单位工程质量检验评定表的评定计算

在 K51+000～K52+000 段路基子单位工程所属路基土石方工程(96.7 分)、排水工程(95.3 分)、小桥工程(96.6 分)、涵洞工程(97.4 分)、砌筑防护工程(96.8 分)等分部工程均已完成评定的前提下，按照规定进行 K51+000～K52+000 段的子单位工程质量检验评定表的评定计算。

查评定标准附表 A-1 一般建设项目的工程划分得：路基土石方、小桥工程权值为 2，排水、涵洞、砌筑防护工程权值为 1。

$$\begin{aligned}子单位工程评分值&=\frac{\Sigma[分部工程评分值\times相应权值]}{\Sigma分部工程权值}\\&=\frac{96.7\times2+95.3\times1+96.6\times2+97.4\times1+96.8\times1}{2+1+2+1+1}\\&=\frac{676.1}{7}\\&=96.6(分)\end{aligned}$$

(三)J-4 建设项目(合同段)质量检验评定表的评定计算

在所属路基工程(96.5 分)、路面工程(96.8 分)、桥梁工程(97.1 分)、交通安全设施(95.9 分)等单位工程均已完成评定的情况下，按照规定进行合同段质量检验评定表的评定计算。投资额分别为：路基 400 万元、路面工程 1000 万元、桥梁工程 210

万元、交通安全设施 23 万元。

$$合同段工程评分值=\frac{\sum[单位工程质量评分值\times该单位工程投资额]}{合同段总投资额}$$

$$=\frac{96.5\times400+96.8\times1000+97.1\times210+95.9\times23}{400+1000+210+23}$$

$$=96.8(分)$$

二、工程质量检验评定资料的填写

工程质量检验评定资料的填写，见表 7.3.2-1～表 7.3.2-51。

××公路××段建设项目 表 7.3.2-1

承包单位：________ 合同号：六

监理单位：________ 编 号：6J406H001

建设项目(合同段)质量检验评定表

建设项目名称： 路线名称：

起讫桩号：K51＋000～K53＋000 完工日期： J-4

施工单位	单位工程			备注
	工程名称	实得分	投资额(万元)	
	路基工程	96.5	400	
	路面工程	96.8	1000	
	桥梁工程	97.1	210	
	交通安全设施	95.9	23	
质量等级	合格	加权平均分		96.8
评定意见	合同段所含各单位工程全部合格，该合同段工程质量等级评为合格			

检验负责人： 计算： 复核： 年 月 日

××公路××段建设项目 表 7.3.2-2

承包单位：______ 合同号：六

监理单位：______ 编 号：6J306H001

单位工程质量检验评定表

单位工程名称：路基工程 所属建设项目：

路线名称： 工程地点、桩号：K51＋000～K53＋000 J-3

施工单位	子单位、分部工程					备 注
	工程名称	质量评定				
		实得分	权值	加权得分	等级	
	K51＋000～K52＋000	96.6	1	96.6	合格	
	K52＋000～K53＋000	96.3	1	96.3	合格	
	合计		2	192.9		
质量等级	合格		加权平均分		96.5	
评定意见	所属各子单位工程全部合格，该单位工程评为合格					

检验负责人： 计算： 复核： 年 月 日

××公路××段建设项目　　　　表 7.3.2-3

承包单位:＿＿＿＿＿＿　　合同号:＿六＿

监理单位:＿＿＿＿＿＿　　编　号:6J3106H001

子单位工程质量检验评定表

子单位工程名称:路基工程　　　　所属建设项目:

路线名称:　　　　工程地点、桩号:K51＋000～K52＋000　J-3-1

施工单位	分部工程					备　注
	工程名称	质量评定				
		实得分	权值	加权得分	等级	
	路基土石方工程	96.7	2	193.4	合格	
	排水工程	95.3	1	95.3	合格	
	小桥	96.6	2	193.2	合格	
	涵洞	97.4	1	97.4	合格	
	砌筑防护工程	96.8	1	96.8	合格	
	合计		7	676.1		
质量等级	合格		加权平均分		96.6	
评定意见	所属各分部工程全部合格,该子单位工程评为合格					

检验负责人:　　　计算:　　　复核:　　　　年　　月　　日

×× 公路 ×× 段建设项目

表 7.3.2-4

承包单位：________ 合同号：六

监理单位：________ 编 号：6J206H001

分部工程质量检验评定表

分部工程名称：路基土石方工程　　所属单位工程：路基工程

所属建设项目：　　工程地点：K51＋000～K52＋000　J-2

施工单位	子分部、分项工程					备注
	工程名称	质量评定				
		实得分	权值	加权得分	等级	
	土方路基	96.3	2	192.6	合格	
	砂垫层(软土地基)	97.0	2	194.0	合格	
	合计		4	386.6		
质量等级	合格		加权平均分		96.7	
评定意见	所属各分部工程全部合格，该分部工程评为合格					

检验负责人：　　计算：　　复核：　　年　月　日

××公路××段建设项目　　表 7.3.2-5

承包单位：______　　合同号：六

监理单位：______　　编　号：6J206H001

分部工程质量检验评定表

分部工程名称：排水工程　　所属单位工程：路基工程

所属建设项目：　　工程地点：K51+000～K52+000　J-2

施工单位	子分部、分项工程					备注
	工程名称	质量评定				
		实得分	权值	加权得分	等级	
	土沟	94.0	1	94.0	合格	
	浆砌排水沟	96.0	2	192.0	合格	
	合计		3	286.6		
质量等级	合格		加权平均分		95.3	
评定意见	所属各分项工程全部合格，该分部工程评为合格					

检验负责人：　　计算：　　复核：　　年　月　日

×× 公路 ×× 段建设项目 表 7.3.2-6

承包单位：________ 合同号：六

监理单位：________ 编 号：6J206H001

分部工程质量检验评定表

分部工程名称：小桥 所属单位工程：路基工程

所属建设项目： 工程地点：K51＋110 J-2

施工单位	子分部、分项工程					备注
	工程名称	质量评定				
		实得分	权值	加权得分	等级	
	基础及下部构造	97.3	2	194.6	合格	
	上部构造预制和安装	95.9	2	191.8	合格	
	总体、桥面系及附属工程	96.6	1	96.6	合格	
	合计		5	483.0		
质量等级	合格		加权平均分		96.6	
评定意见	所属各子分部工程全部合格，该分部工程评为合格					

检验负责人： 计算： 复核： 年 月 日

××公路××段建设项目 表 7.3.2-7

承包单位：________ 合同号：六

监理单位：________ 编　号：6J2106H001

子分部工程质量检验评定表

子分部工程名称：基础及下部构造　所属分部工程：小桥

所属建设项目：　工程地点：K51＋110　J-2-1

施工单位	分项工程					备　注
	工程名称	质量评定				
		实得分	权值	加权得分	等级	
	1号台	97.6	1	97.6	合格	
	2号墩	96.8	1	96.8	合格	
	3号台	97.6	1	97.6	合格	
	合计		3	292.0		
质量等级	合格		加权平均分		97.3	
评定意见	所属各分项工程全部合格，该子分部工程评为合格					

检验负责人：　计算：　复核：　年　月　日

××公路××段建设项目 表 7.3.2-8

承包单位：________ 合同号：六

监理单位：________ 编　号：6J1106H001

分项工程质量检验评定表

分项工程名称：基础及下部构造 所属分部工程：小桥

所属建设项目： 工程地点：1 号台 J-1-1

施工单位	子分项工程					备　注
	工程名称	质量评定				
		实得分	权值	加权得分	等级	
	钢筋安装	97.6	1	97.6	合格	
	扩大基础	98.5	1	98.5	合格	
	钢筋安装	97.0	1	97.0	合格	
	墩、台身	96.8	1	96.8	合格	
	钢筋安装	97.0	1	97.0	合格	
	墩、台帽或盖梁	96.0	1	96.0	合格	
	台背填土	100.0	1	100.0	合格	
	锥坡	97.9	1	97.9	合格	
	合计		8	780.8		
质量等级	合格		加权平均分		97.6	
评定意见	所属各子分项工程全部合格，该分项工程评为合格					

检验负责人： 计算： 复核： 年 月 日

××公路××段建设项目　　表 7.3.2-9

承包单位：＿＿＿＿＿＿　合同号：六

监理单位：＿＿＿＿＿＿　编　号：6J1106H002

分项工程质量检验评定表

分项工程名称：基础及下部构造　　所属分部工程：小桥

所属建设项目：　　工程地点：2 号墩　　J-1-1

施工单位	子分项工程					备　注
	工程名称	质量评定				
		实得分	权值	加权得分	等级	
	钢筋安装	96.0	1	96.0	合格	
	扩大基础	98.0	1	98.0	合格	
	钢筋安装	95.0	1	95.0	合格	
	墩、台身	97.3	1	97.3	合格	
	钢筋安装	96.4	1	96.4	合格	
	墩、台帽或盖梁	98.0	1	98.0	合格	
	合计		6	580.7		
质量等级	合格		加权平均分		96.8	
评定意见	所属各子分项工程全部合格，该分项工程评为合格					

检验负责人：　　计算：　　复核：　　年　月　日

××公路××段建设项目 表7.3.2-10

承包单位：________ 合同号：六

监理单位：________ 编　号：6J1106H003

分项工程质量检验评定表

分项工程名称：基础及下部构造 所属分部工程：小桥

所属建设项目： 工程地点：3号台 J-1-1

施工单位	子分项工程					备　注
	工程名称	质量评定				
		实得分	权值	加权得分	等级	
	钢筋安装	98.0	1	98.0	合格	
	扩大基础	98.0	1	98.0	合格	
	钢筋安装	96.0	1	96.0	合格	
	墩、台身	96.0	1	96.0	合格	
	钢筋安装	97.0	1	97.0	合格	
	墩、台帽或盖梁	98.0	1	98.0	合格	
	台背填土	100.0	1	100.0	合格	
	锥坡	97.7	1	97.7	合格	
	合计		8	780.7		
质量等级	合格		加权平均分		97.6	
评定意见	所属各子分项工程全部合格，该分项工程评为合格					

检验负责人： 计算： 复核： 年　月　日

××公路××段建设项目　　表7.3.2-11

承包单位：________　合同号：六

监理单位：________　编　号：6J2106H001

子分部工程质量检验评定表

子分部工程名称：上部构造预制和安装　　所属分部工程：小桥

所属建设项目：　　工程地点：K51＋110　　J-2-1

施工单位	分项工程					备注
	工程名称	质量评定				
		实得分	权值	加权得分	等级	
	1号孔	96.2	1	96.2	合格	
	2号孔	95.5	1	95.5	合格	
	合计		2	191.7		
质量等级	合格		加权平均分	95.9		
评定意见	所属各分项工程全部合格，该子分部工程评为合格					

检验负责人：　　计算：　　复核：　　年　月　日

××公路××段建设项目　　表 7.3.2-12

承包单位:________　　合同号:　六　

监理单位:________　　编　号:6J1106H001

分项工程质量检验评定表

分项工程名称:上部构造预制和安装　　所属分部工程:小桥

所属建设项目:　　工程地点:1 号孔　　J-1-1

施工单位	子分项工程					备　注
	工程名称	质量评定				
		实得分	权值	加权得分	等级	
	钢筋安装	96.8	1	96.8	合格	
	梁(板)预制	93.4	1	93.4	合格	
	梁(板)安装	98.5	1	98.5	合格	
	合计		3	288.7		
质量等级	合格		加权平均分		96.2	
评定意见	所属各子分项工程全部合格,该分项工程评为合格					

检验负责人:　　计算:　　复核:　　年　月　日

××公路××段建设项目　　表 7.3.2-13

承包单位：____________　　合同号：六

监理单位：____________　　编　号：6J1106H002

分项工程质量检验评定表

分项工程名称：上部构造预制和安装　　所属分部工程：小桥

所属建设项目：　　工程地点：2 号孔　　J-1-1

施工单位	子分项工程					备　注
	工程名称	质量评定				
		实得分	权值	加权得分	等级	
	钢筋安装	94.0	1	94.0	合格	
	梁(板)预制	95.0	1	95.0	合格	
	梁(板)安装	97.6	1	97.6	合格	
	合计		3	286.6		
质量等级	合格		加权平均分	95.5		
评定意见	所属各子分项工程全部合格，该分项工程评为合格					

检验负责人：　　计算：　　复核：　　年　月　日

×× 公路 ×× 段建设项目

表 7.3.2-14

承包单位：________ 合同号：<u>六</u>

监理单位：________ 编 号：<u>6J2106H001</u>

子分部工程质量检验评定表

子分部工程名称：总体桥面系及附属工程　　所属分部工程：小桥

所属建设项目：　　工程地点：K51＋110　J-2-1

施工单位	分项工程					备注
	工程名称	质量评定				
		实得分	权值	加权得分	等级	
	桥梁总体	97.4	2	194.8	合格	
	钢筋网	96.0	1	96.0	合格	
	水泥混凝土铺装	96.6	2	193.2	合格	
	支座安装	98.7	1	98.7	合格	
	钢筋安装	94.8	1	94.8	合格	
	桥头搭板	96.2	1	96.2	合格	
	伸缩缝安装	97.0	1	97.0	合格	
	钢筋安装	93.0	1	93.0	合格	
	混凝土防撞护栏浇筑	98.5	1	98.5	合格	
	合计		11	1 062.2		
质量等级	合格		加权平均分		96.6	
评定意见	所属各分项工程全部合格，该子分部工程评为合格					

检验负责人：　　计算：　　复核：　　年　月　日

×× 公路 ×× 段建设项目

表 7.3.2-15

承包单位：____________ 合同号：六

监理单位：____________ 编　号：6J206H001

分部工程质量检验评定表

分部工程名称：涵洞　　所属单位工程：路基工程

所属建设项目：　　工程地点：K51＋000～K52＋000　　J-2

施工单位	子分部、分项工程					备　注
	工程名称	质量评定				
		实得分	权值	加权得分	等级	
	基础及下部构造	97.9	2	195.8	合格	
	主要构件预制安装或浇筑	96.3	2	192.6	合格	
	填土、总体、附属工程	98.5	1	98.5	合格	
	合计		5	486.9		
质量等级	合格		加权平均分	97.4		
评定意见	所属各分项工程全部合格，该分部工程评为合格					

检验负责人：　　计算：　　复核：　　年　月　日

×× 公路 ×× 段建设项目 表 7.3.2-16

承包单位：________ 合同号：六

监理单位：________ 编 号：6J1106H001

分项工程质量检验评定表

分项工程名称：基础及下部构造 所属分部工程：涵洞

所属建设项目： 工程地点：K51＋800（圆管涵） J-1-1

施工单位	子分项工程					备注
	工程名称	质量评定				
		实得分	权值	加权得分	等级	
	涵台	97.9	1	97.9	合格	
	合计		1	97.9		
质量等级	合格	加权平均分			97.9	
评定意见	所属各子分项工程全部合格，该分项工程评为合格					

检验负责人： 计算： 复核： 年 月 日

××公路××段建设项目 表 7.3.2-17

承包单位：________ 合同号：六

监理单位：________ 编　号：6J1106H001

分项工程质量检验评定表

分项工程名称：主要构件预制安装和浇筑 所属分部工程：涵洞

所属建设项目： 工程地点：K51+800（圆管涵）J-1-1

施工单位	子分项工程					备　注
	工程名称	质量评定				
		实得分	权值	加权得分	等级	
	钢筋安装	96.8	1	96.8	合格	
	管节预制	97.0	1	97.0	合格	
	管座及涵管安装	95.0	1	95.0	合格	
	合计		3	288.8		
质量等级	合格		加权平均分		96.3	
评定意见	所属各子分项工程全部合格，该分项工程评为合格					

检验负责人： 计算： 复核： 年 月 日

××公路××段建设项目　　表 7.3.2-18

承包单位：　　合同号：六

监理单位：　　编　号：6J1106H001

分项工程质量检验评定表

分项工程名称：填土、总体、附属工程　　所属分部工程：涵洞

所属建设项目：　　工程地点：K51＋800（圆管涵）　J-1-1

施工单位	子分项工程					备　注
	工程名称	质量评定				
		实得分	权值	加权得分	等级	
	台背填土	100.0	1	100.0	合格	
	涵洞总体	97.0	1	97.0	合格	
	合计		2	197.0		
质量等级	合格		加权平均分		98.5	
评定意见	所属各子分项工程全部合格，该分项工程评为合格					

检验负责人：　　计算：　　复核：　　年　月　日

×× 公路 ×× 段建设项目 表 7.3.2-19

承包单位：______ 合同号：六

监理单位：______ 编 号：6J206H001

分部工程质量检验评定表

分部工程名称：砌筑防护工程 所属单位工程：路基工程

所属建设项目： 工程地点：K51＋110 J-2

施工单位	子分 部、分项工程					备 注
	工程名称	质量评定				
		实得分	权值	加权得分	等级	
	浆砌片石锥坡	96.8	1	96.8	合格	
	合计		1	96.8		
质量等级	合格		加权平均分		96.8	
评定意见	所属分项工程合格，该分部工程评为合格					

检验负责人： 计算： 复核： 年 月 日

××公路××段建设项目　　表 7.3.2-20

承包单位：　　　　合同号：六

监理单位：　　　　编　号：6J3106H002

子单位工程质量检验评定表

子单位工程名称：路基工程　　所属建设项目：

路线名称：　　工程地点：桩号：K52＋000～K53＋000　　J-3-1

施工单位	分部工程					备　注
	工程名称	质量评定				
		实得分	权值	加权得分	等级	
	路基土石方工程	96.3	2	192.6	合格	
	排水工程	95.7	1	95.7	合格	
	涵洞	97.0	1	97.0	合格	
	砌筑防护工程	96.4	1	96.4	合格	
	合计		5	481.7		
质量等级	合格		加权平均分		96.3	
评定意见	所属各分部工程全部合格，该子单位工程评为合格					

检验负责人：　　计算：　　复核：　　年　月　日

××公路××段建设项目　　表7.3.2-21

承包单位：　　合同号：六

监理单位：　　编　号：6J206H001

分部工程质量检验评定表

分部工程名称：路基土石方工程　　所属单位工程：路基工程

所属建设项目：　　工程地点：K52＋000～K53＋000　J-2

施工单位	子分部、分项工程					备　注
	工程名称	质量评定				
		实得分	权值	加权得分	等级	
	土方路基	96.0	2	192.0	合格	
	砂垫层（软土地基）	96.6	2	193.2	合格	
	合计		4	385.2		
质量等级	合格		加权平均分		96.3	
评定意见	所属各分项工程全部合格，该分部工程评为合格					

检验负责人：　　计算：　　复核：　　年　月　日

××公路××段建设项目　　表 7.3.2-22

承包单位:＿＿＿＿＿＿　合同号:　六　

监理单位:＿＿＿＿＿＿　编　号:6J206H001

分部工程质量检验评定表

分部工程名称:排水工程　　所属单位工程:路基工程

所属建设项目:　　工程地点:K52+000～K53+000　　J-2

施工单位	子分部、分项工程					备　注
	工程名称	质量评定				
		实得分	权值	加权得分	等级	
	土沟	94.6	1	94.6	合格	
	浆砌排水沟	95.0	2	190.0	合格	
	盲沟	98.0	1	98.0	合格	
	合计		4	382.6		
质量等级	合格		加权平均分		95.7	
评定意见	所属各分项工程全部合格,该分部工程评为合格					

检验负责人:　　计算:　　复核:　　年　月　日

××公路××段建设项目 表 7.3.2-23

承包单位：________ 合同号：六

监理单位：________ 编 号：6J206H001

分部工程质量检验评定表

分部工程名称：涵洞 所属单位工程：路基工程

所属建设项目： 工程地点：K52＋000～K53＋000 J-2

施工单位	子分部、分项工程					备 注
	工程名称	质量评定				
		实得分	权值	加权得分	等级	
	K52＋100(圆管涵)	97.9	1	97.9	合格	
	K52＋310(盖板涵)	96.1	1	96.1	合格	
	合计		2	194.0		
质量等级	合格		加权平均分	97.0		
评定意见	所属各子分部工程全部合格，该分部工程评为合格					

检验负责人： 计算： 复核： 年 月 日

××公路××段建设项目　　表 7.3.2-24

承包单位：＿＿＿＿＿＿　合同号：＿六＿＿

监理单位：＿＿＿＿＿＿　编　号：6J2106H001

子分部工程质量检验评定表

子分部工程名称：涵洞　　所属单位工程：路基工程

所属建设项目：　　工程地点：K52＋100（圆管涵）J-2-1

施工单位	分项工程					备　注
	工程名称	质量评定				
		实得分	权值	加权得分	等级	
	基础及下部构造	98.3	2	196.6	合格	
	主要构件预制安装或浇筑	97.5	2	195.0	合格	
	填土、总体、附属工程	98.0	1	98.0	合格	
	合计		5	489.6		
质量等级	合格		加权平均分		97.9	
评定意见	所属各分项工程全部合格，该子分部工程评为合格					

检验负责人：　　计算：　　复核：　　年　　月　　日

××公路××段建设项目　　表 7.3.2-25

承包单位：＿＿＿＿＿＿　合同号：＿六＿

监理单位：＿＿＿＿＿＿　编　号：6J1106H001

分项工程质量检验评定表

分项工程名称：基础及下部构造　　所属分部工程：涵洞

所属建设项目：　　工程地点：K52＋100（圆管涵）　J-1-1

施工单位	子分项工程					备　注
	工程名称	质量评定				
		实得分	权值	加权得分	等级	
	涵台	98.3	1	98.3	合格	
	合计		1	98.3		
质量等级	合格		加权平均分	98.3		
评定意见	所属各子分项工程全部合格，该分项工程评为合格					

检验负责人：　　计算：　　复核：　　年　月　日

××公路××段建设项目　　表 7.3.2-26

承包单位：＿＿＿＿　合同号：＿六＿

监理单位：＿＿＿＿　编　号：6J1106H001

分项工程质量检验评定表

分项工程名称：主要构件预制安装和浇筑　　所属分部工程：涵洞

所属建设项目：　　工程地点：K52＋100（圆管涵）J-1-1

施工单位	子分项工程					备　注
	工程名称	质量评定				
		实得分	权值	加权得分	等级	
	钢筋安装	96.0	1	96.0	合格	
	管节预制	97.8	1	97.8	合格	
	管座及涵管安装	98.6	1	98.6	合格	
	合计		3	292.4		
质量等级	合格		加权平均分		97.5	
评定意见	所属各子分项工程全部合格，该分项工程评为合格					

检验负责人：　　计算：　　复核：　　年　月　日

×× 公路 ×× 段建设项目 表 7.3.2-27

承包单位：______ 合同号：六

监理单位：______ 编　号：6J1106H001

分项工程质量检验评定表

分项工程名称：填土、总体、附属工程　　所属分部工程：涵洞

所属建设项目：　　工程地点：K52+100（圆管涵）　J-1-1

施工单位	子分项工程					备　注
	工程名称	质量评定				
		实得分	权值	加权得分	等级	
	台背填土	100.0	1	100.0	合格	
	涵洞总体	96.0	1	96.0	合格	
	合计		2	196.0		
质量等级	合格		加权平均分	98.0		
评定意见	所属各子分项工程全部合格，该分项工程评为合格					

检验负责人：　　计算：　　复核：　　年　　月　　日

×× 公路 ×× 段建设项目

表 7.3.2-28

承包单位：＿＿＿＿＿＿ 合同号：＿六＿

监理单位：＿＿＿＿＿＿ 编　号：6J2106H002

子分部工程质量检验评定表

子分部工程名称：涵洞　　　　所属单位工程：路基工程

所属建设项目：　　　　　　工程地点：K52＋310（盖板涵）　　J-2-1

施工单位	分项工程					备　注
	工程名称	质量评定				
		实得分	权值	加权得分	等级	
	基础及下部构造	95.5	2	191.0	合格	
	主要构件预制安装或浇筑	95.8	2	191.6	合格	
	填土、总体、附属工程	97.7	1	97.7	合格	
	合计		5	480.3		
质量等级	合格		加权平均分		96.1	
评定意见	所属各分项工程全部合格，该子分部工程评为合格					

检验负责人：　　　　计算：　　　　复核：　　　　　　年　　月　　日

××公路××段建设项目　　表 7.3.2-29

承包单位：＿＿＿＿　合同号：六

监理单位：＿＿＿＿　编　号：6J1106H001

分项工程质量检验评定表

分项工程名称：基础及下部构造　　所属分部工程：涵洞

所属建设项目：　　工程地点：K52＋310(盖板涵)　J-1-1

施工单位	子分项工程					备　注
	工程名称	质量评定				
		实得分	权值	加权得分	等级	
	一字墙和八字墙	95.5	1	95.5	合格	
	合计		1	95.5		
质量等级	合格		加权平均分		95.5	
评定意见	所属各子分项工程全部合格，该分项工程评为合格					

检验负责人：　　计算：　　复核：　　年　月　日

××公路××段建设项目　　　　表 7.3.2-30

承包单位：＿＿＿＿＿　　合同号：六

监理单位：＿＿＿＿＿　　编　号：6J1106H001

分项工程质量检验评定表

分项工程名称：主要构件预制安装和浇筑　　　　所属分部工程：涵洞

所属建设项目：　　　　　　　　　　　　　　工程地点：K52＋310(盖板涵) J-1-1

施工单位	子分项工程					备　注
	工程名称	质量评定				
		实得分	权值	加权得分	等级	
	钢筋安装	94.3	1	94.3	合格	
	盖板制作	95.5	1	95.5	合格	
	盖板安装	97.5	1	97.5	合格	
	合计		3	287.3		
质量等级	合格		加权平均分		95.8	
评定意见	所属各子分项工程全部合格，该分项工程评为合格					

检验负责人：　　　计算：　　　复核：　　　　　年　　月　　日

××公路××段建设项目　　　　表 7.3.2-31

承包单位：＿＿＿＿＿＿　　合同号：＿六＿＿

监理单位：＿＿＿＿＿＿　　编　号：6J1106H001

分项工程质量检验评定表

分项工程名称：填土、总体、附属工程　　　　所属分部工程：涵洞

所属建设项目：　　　　　　　　　　　　　工程地点：K52+310(盖板涵)　　J-1-1

施工单位	子分项工程					备　注
	工程名称	质量评定				
		实得分	权值	加权得分	等级	
	桥面铺装	97.8	1	97.8	合格	
	台背填土	100.0	1	100.0	合格	
	涵洞总体	98.0	1	98.0	合格	
	钢筋安装	96.0	1	96.0	合格	
	桥头搭板	96.5	1	96.5	合格	
	合计		5	488.3		
质量等级	合格		加权平均分	97.7		
评定意见	所属各子分项工程全部合格，该分项工程评为合格					

检验负责人：　　　计算：　　　复核：　　　　　年　　月　　日

××公路××段建设项目　　表 7.3.2-32

承包单位：＿＿＿＿＿＿　合同号：　六　

监理单位：＿＿＿＿＿＿　编　号：6J206H001

分部工程质量检验评定表

分部工程名称：砌筑防护工程　　所属单位工程：路基工程

所属建设项目：　　工程地点：K52＋000～K53＋000　　J-2

施工单位	子分部、分项工程					备　注
	工程名称	质量评定				
		实得分	权值	加权得分	等级	
	浆砌片石护坡	96.4	1	96.4	合格	
	合计		1	96.4		
质量等级	合格		加权平均分		96.4	
评定意见	所属分项工程合格，该分部工程评为合格					

检验负责人：　　计算：　　复核：　　年　月　日

××公路××段建设项目　　表7.3.2-33

承包单位：　　合同号：六

监理单位：　　编　号：6J306H001

单位工程质量检验评定表

单位工程名称：路面工程　　所属建设项目：

路线名称：　　工程地点、桩号：K51＋000～K53＋000　J-3

施工单位	子单位、分部工程					备　注
	工程名称	质量评定				
		实得分	权值	加权得分	等级	
	K51＋000～K52＋000	97.2	1	97.2	合格	
	K52＋000～K53＋000	96.4	1	96.4	合格	
	合计		2	193.6		
质量等级	合格		加权平均分		96.8	
评定意见	所属各子单位工程全部合格，该单位工程评为合格					

检验负责人：　　计算：　　复核：　　年　月　日

××公路××段建设项目　　　　表 7.3.2-34

承包单位：＿＿＿＿＿＿　　合同号：六

监理单位：＿＿＿＿＿＿　　编　号：6J206H001

分部工程质量检验评定表

分部工程名称：路面工程　　所属单位工程：路面工程

所属建设项目：　　工程地点：K51＋000～K52＋000　　J-2

施工单位	子分部、分项工程					备　注
	工程名称	质量评定				
		实得分	权值	加权得分	等级	
	水泥混凝土面层	97.8	2	195.6	合格	
	水泥砂砾基层	97.9	2	195.8	合格	
	水泥砂砾底基层	96.5	1	96.5	合格	
	路肩	95.0	1	95.0	合格	
	合计		6	582.9		
质量等级	合格		加权平均分		97.2	
评定意见	所属各分项工程全部合格，该分部工程评为合格					

检验负责人：　　计算：　　复核：　　年　　月　　日

×× 公路 ×× 段建设项目 表 7.3.2-35

承包单位：______ 合同号： 六

监理单位：______ 编 号：6J206H002

分部工程质量检验评定表

分部工程名称：路面工程 所属单位工程：路面工程

所属建设项目： 工程地点：K52＋000～K53＋000 J-2

施工单位	子分部、分项工程					备 注
	工程名称	质量评定				
		实得分	权值	加权得分	等级	
	水泥混凝土面层	97.6	2	195.2	合格	
	水泥砂砾基层	96.3	2	192.6	合格	
	水泥砂砾底基层	95.4	1	95.4	合格	
	路肩	95.0	1	95.0	合格	
	合计		6	578.2		
质量等级	合格		加权平均分		96.4	
评定意见	所属各分项工程全部合格，该分部工程评为合格					

检验负责人： 计算： 复核： 年 月 日

××公路××段建设项目　　表 7.3.2-36

承包单位：　　　　合同号：六

监理单位：　　　　编　号：6J306H001

单位工程质量检验评定表

单位工程名称：桥梁工程　　所属建设项目：

路线名称：　　工程地点、桩号：K52+930　　J-3

施工单位	子单位、分部工程					备　注
	工程名称	质量评定				
		实得分	权值	加权得分	等级	
	基础及下部构造	97.4	2	194.8	合格	
	上部构造预制和安装	97.6	2	195.2	合格	
	总体、桥面系及附属工程	96.4	1	96.4	合格	
	防护工程	96.4	1	96.4	合格	
	合计		6	582.8		
质量等级	合格		加权平均分		97.1	
评定意见	所属各分部工程全部合格，该单位工程评为合格					

检验负责人：　　计算：　　复核：　　年　　月　　日

××公路××段建设项目 表7.3.2-37

承包单位:________ 合同号: 六

监理单位:________ 编　号:6J206H001

分部工程质量检验评定表

分部工程名称:基础及下部构造 所属单位工程:桥梁工程

所属建设项目: 工程地点:K52+930 J-2

施工单位	子分部、分项工程					备　注
	工程名称	质量评定				
		实得分	权值	加权得分	等级	
	1号台	97.6	1	97.6	合格	
	2号墩	97.2	1	97.2	合格	
	3号墩	97.5	1	97.5	合格	
	4号台	97.3	1	97.3	合格	
	合计		4	389.6		
质量等级	合格		加权平均分	97.4		
评定意见	所属各子分部工程全部合格,该分部工程评为合格					

检验负责人: 计算: 复核: 年 月 日

××公路××段建设项目　　表 7.3.2-38

承包单位：　　　　合同号：六

监理单位：　　　　编　号：6J206H001

子分部工程质量检验评定表

子分部工程名称：基础及下部构造　　所属单位工程：桥梁工程

所属建设项目：　　工程地点：1号台　　J-2-1

施工单位	分项工程					备注
	工程名称	质量评定				
		实得分	权值	加权得分	等级	
	钢筋安装	94.0	1	94.0	合格	
	钻孔灌注桩	95.8	2	191.6	合格	
	钢筋安装	96.0	1	96.0	合格	
	承台	97.5	1	97.5	合格	
	钢筋安装	98.0	1	98.0	合格	
	墩、台身	99.2	2	198.4	合格	
	钢筋安装	98.6	1	98.6	合格	
	墩、台帽或盖梁	98.0	2	196.0	合格	
	支座垫石	98.6	1	98.6	合格	
	台背填土	100.0	1	100.0	合格	
	挡块	98.0	1	98.0	合格	
	合计		14	1366.7		
质量等级	合格		加权平均分		97.6	
评定意见	所属各分项工程全部合格，该子分部工程评为合格					

检验负责人：　　计算：　　复核：　　年　月　日

××公路××段建设项目　　　　表7.3.2-39

承包单位：______　　合同号：六

监理单位：______　　编　号：6J2106H002

子分部工程质量检验评定表

子分部工程名称：基础及下部构造　　所属单位工程：桥梁工程

所属建设项目：　　工程地点：2号墩　　J-2-1

施工单位	分项工程					备注
	工程名称	质量评定				
		实得分	权值	加权得分	等级	
	钢筋安装	98.5	1	98.5	合格	
	钻孔灌注桩	97.7	2	195.4	合格	
	钢筋安装	95.8	1	95.8	合格	
	承台	96.8	1	96.8	合格	
	钢筋安装	93.2	1	93.2	合格	
	柱或双臂墩身	98.0	2	196.0	合格	
	钢筋安装	95.8	1	95.8	合格	
	墩、台帽或盖梁	98.0	2	196.0	合格	
	支座垫石	98.6	1	98.6	合格	
	合计		12	1166.1		
质量等级	合格		加权平均分	97.2		
评定意见	所属各分项工程全部合格，该子分部工程评为合格					

检验负责人：　　计算：　　复核：　　年　月　日

××公路××段建设项目　　表 7.3.2-40

承包单位：__________　　合同号：六

监理单位：__________　　编　号：6J2106H003

子分部工程质量检验评定表

子分部工程名称：基础及下部构造　　所属单位工程：桥梁工程

所属建设项目：　　工程地点：3 号墩　　J-2-1

施工单位	分项工程					备　注
	工程名称	质量评定				
		实得分	权值	加权得分	等级	
	钢筋安装	95.0	1	95.0	合格	
	钻孔灌注桩	97.8	2	195.6	合格	
	钢筋安装	96.0	1	96.0	合格	
	承台	95.8	1	95.8	合格	
	钢筋安装	97.5	1	97.5	合格	
	柱或双臂墩身	98.5	2	197.0	合格	
	钢筋安装	97.0	1	97.0	合格	
	墩、台帽或盖梁	98.0	2	196.0	合格	
	支座垫石	99.5	1	99.5	合格	
	合计		12	1169.4		
质量等级	合格		加权平均分			97.5
评定意见	所属各分项工程全部合格，该子分部工程评为合格					

检验负责人：　　计算：　　复核：　　年　月　日

××公路××段建设项目　　　　表7.3.2-41

承包单位:______　　合同号:　六　

监理单位:______　　编　号:6J2106H004

子分部工程质量检验评定表

子分部工程名称:基础及下部构造　　　　所属单位工程:桥梁工程

所属建设项目:　　　　工程地点:4号台　　　　J-2-1

施工单位	分项工程					备注
	工程名称	质量评定				
		实得分	权值	加权得分	等级	
	钢筋安装	96.3	1	96.3	合格	
	钻孔灌注桩	98.0	2	196.0	合格	
	钢筋安装	94.0	1	94.0	合格	
	承台	96.8	1	96.8	合格	
	钢筋安装	95.0	1	95.0	合格	
	墩、台身	96.5	2	193.0	合格	
	钢筋安装	98.0	1	98.0	合格	
	墩、台帽或盖梁	98.7	2	197.4	合格	
	支座垫石	99.0	1	99.0	合格	
	台背填土	100.0	1	100.0	合格	
	挡块	96.0	1	96.0	合格	
	合计		14	1361.5		
质量等级	合格		加权平均分		97.3	
评定意见	所属各分项工程全部合格,该子分部工程评为合格					

检验负责人:　　　　计算:　　　　复核:　　　　年　月　日

××公路××段建设项目 表7.3.2-42

承包单位：________ 合同号：六

监理单位：________ 编 号：6J206H001

分部工程质量检验评定表

分部工程名称：上部构造预制和安装 所属单位工程：桥梁工程

所属建设项目： 工程地点：K52+930 J-2

施工单位	子分部、分项工程					备注
	工程名称	质量评定				
		实得分	权值	加权得分	等级	
	1号孔	97.9	1	97.9	合格	
	2号孔	97.2	1	97.2	合格	
	3号孔	97.8	1	97.8	合格	
	合计		3	292.9		
质量等级	合格		加权平均分		97.6	
评定意见	所属各子分部工程全部合格，该分部工程评为合格					

检验负责人： 计算： 复核： 年 月 日

××公路××段建设项目 表7.3.2-43

承包单位：________ 合同号：六

监理单位：________ 编 号：6J2106H001

子分部工程质量检验评定表

子分部工程名称：上部构造预制和安装 所属单位工程：桥梁工程

所属建设项目： 工程地点：1号孔 J-2-1

施工单位	分项工程					备 注
	工程名称	质量评定				
		实得分	权值	加权得分	等级	
	钢筋安装	96.0	1	96.0	合格	
	梁(板)预制	98.8	2	197.6	合格	
	梁(板)安装	98.0	1	98.0	合格	
	合计		4	391.6		
质量等级	合格		加权平均分	97.9		
评定意见	所属各分项工程全部合格，该子分部工程评为合格					

检验负责人： 计算： 复核： 年 月 日

××公路××段建设项目　　　　表7.3.2-44

承包单位：＿＿＿＿＿＿　　合同号：＿六＿

监理单位：＿＿＿＿＿＿　　编　号：6J2106H002

子分部工程质量检验评定表

子分部工程名称：上部构造预制和安装　　　　所属单位工程：桥梁工程

所属建设项目：　　　　　　　　　　　　　　工程地点：2号孔　　J-2-1

施工单位	分项工程					备注
	工程名称	质量评定				
		实得分	权值	加权得分	等级	
	钢筋安装	96.6	1	96.6	合格	
	梁(板)预制	97.6	2	195.2	合格	
	梁(板)安装	97.0	1	97.0	合格	
	合计		4	388.8		
质量等级	合格		加权平均分		97.2	
评定意见	所属各分项工程全部合格，该子分部工程评为合格					

检验负责人：　　　计算：　　　复核：　　　　年　月　日

××公路××段建设项目　　表 7.3.2-45

承包单位：＿＿＿＿＿＿　合同号：六

监理单位：＿＿＿＿＿＿　编　号：6J2106H003

子分部工程质量检验评定表

子分部工程名称：上部构造预制和安装　　所属单位工程：桥梁工程

所属建设项目：　　工程地点：3 号孔　　J-2-1

施工单位	分项工程					备注
	工程名称	质量评定				
		实得分	权值	加权得分	等级	
	钢筋安装	97.6	1	97.6	合格	
	梁(板)预制	97.8	2	195.6	合格	
	梁(板)安装	98.0	1	98.0	合格	
	合计		4	391.2		
质量等级	合格		加权平均分	97.8		
评定意见	所属各分项工程全部合格，该子分部工程评为合格					

检验负责人：　　计算：　　复核：　　年　月　日

×× 公路 ×× 段建设项目 表 7.3.2-46

承包单位：________ 合同号：六

监理单位：________ 编 号：6J206H001

分部工程质量检验评定表

分部工程名称：总体、桥面系及附属工程 所属单位工程：桥梁工程

所属建设项目： 工程地点：K52＋930 J-2

施工单位	子分部、分项工程					备 注
	工程名称	质量评定				
		实得分	权值	加权得分	等级	
	桥梁总体	97.0	2	194.0	合格	
	钢筋网	95.4	1	95.4	合格	
	桥面铺装	96.7	2	193.4	合格	
	支座安装	97.7	1	97.7	合格	
	钢筋安装	94.2	1	94.2	合格	
	桥头搭板	97.4	1	97.4	合格	
	伸缩缝安装	98.2	1	98.2	合格	
	钢筋安装	94.8	1	94.8	合格	
	混凝土防撞护栏浇筑	95.6	1	95.6	合格	
	合计		11	1060.7		
质量等级	合格		加权平均分		96.4	
评定意见	所属各分项工程全部合格，该分部工程评为合格					

检验负责人： 计算： 复核： 年 月 日

××公路××段建设项目 表 7.3.2-47

承包单位：________ 合同号：六

监理单位：________ 编 号：6J206H001

分部工程质量检验评定表

分部工程名称：防护工程 所属单位工程：桥梁工程

所属建设项目： 工程地点：K52+930 J-2

施工单位	子分部、分项工程					备注
	工程名称	质量评定				
		实得分	权值	加权得分	等级	
	锥、护坡	96.0	1	96.0	合格	
	导流工程	96.6	2	193.2	合格	
	合计		3	289.2		
质量等级	合格		加权平均分	96.4		
评定意见	所属各分项工程全部合格，该分部工程评为合格					

检验负责人： 计算： 复核： 年 月 日

××公路××段建设项目　　表7.3.2-48

承包单位：＿＿＿＿＿＿　　合同号：六

监理单位：＿＿＿＿＿＿　　编　号：6J3106H001

单位工程质量检验评定表

单位工程名称：交通安全设施　　所属建设项目：

路线名称：　　工程地点、桩号：K51＋000～K53＋000 J-3

施工单位	子单位、分部工程					备　注
	工程名称	质量评定				
		实得分	权值	加权得分	等级	
	标志	95.0	2	190.0	合格	
	标线	95.6	1	95.6	合格	
	护栏、轮廓标	96.9	2	193.8	合格	
	合计		5	479.4		
质量等级	合格		加权平均分		95.9	
评定意见	所属各分部工程全部合格，该单位工程评为合格					

检验负责人：　　计算：　　复核：　　年　月　日

××公路××段建设项目 表 7.3.2-49

承包单位：______ 合同号：六

监理单位：______ 编　号：6J206H001

分部工程质量检验评定表

分部工程名称：标志　　所属单位工程：交通安全设施

所属建设项目：　　工程地点：K51＋000～K53＋000　　J-2

施工单位	子分部、分项工程					备　注
	工程名称	质量评定				
		实得分	权值	加权得分	等级	
	交通标志	95.0	2	190.0	合格	
	合计		2	190.0		
质量等级	合格		加权平均分	95.0		
评定意见	所属分项工程合格，该分部工程评为合格					

检验负责人：　　计算：　　复核：　　年　月　日

××公路××段建设项目　　　　表7.3.2-50

承包单位：＿＿＿＿＿＿　　合同号：＿六＿＿

监理单位：＿＿＿＿＿＿　　编　号：6J206H001

分部工程质量检验评定表

分部工程名称：标线　　　　所属单位工程：交通安全设施

所属建设项目：　　　　工程地点：K51＋000～K53＋000　　　　J-2

施工单位	子分部、分项工程					备　注
	工程名称	质量评定				
		实得分	权值	加权得分	等级	
	路面标线	95.6	2	191.2	合格	
	合计		2	191.2		
质量等级	合格		加权平均分		95.6	
评定意见	所属分项工程合格，该分部工程评为合格					

检验负责人：　　　　计算：　　　　复核：　　　　年　　月　　日

××公路××段建设项目　　表 7.3.2-51

承包单位：______　　合同号：六

监理单位：______　　编　号：6J206H001

分部工程质量检验评定表

分部工程名称：护栏、轮廓标　　所属单位工程：交通安全设施

所属建设项目：　　工程地点：K51＋000～K53＋000　　J-2

施工单位	子分部、分项工程					备　注
	工程名称	质量评定				
		实得分	权值	加权得分	等级	
	护栏	96.3	2	192.6	合格	
	轮廓标	98.0	1	98.0	合格	
	合计		3	290.6		
质量等级	合格		加权平均分	96.9		
评定意见	所属各分项工程全部合格，该分部工程评为合格					

检验负责人：　　计算：　　复核：　　年　月　日

第八章

运用“公路工程资料管理系统”进行资料的编制

因为“资料管理系统”中的资料用表、编制程序、编制方法与书中介绍的完全相同；运用“资料管理系统”进行资料的编制，不仅仅是提高工作效率，更重要的是可使资料的编制规范、系统地进行。所以有必要介绍一下运用“公路工程资料管理系统”进行资料的编制。

第一节 “公路工程资料管理系统”的研发

一、“公路工程资料管理系统”的研发依据

交通运输部交办发[2010]382 号文件中“公路建设项目文件材料立卷归档管理办法”、交公路发[2010]65 号文件中“公路工程质量鉴定办法”和“公路工程项目文件归档范围”，书中第一章介绍的规范、规程、评定标准，以及“公路沥青路面施工技术规范”(JTG F40)、“公路隧道施工技术规范”(JTG F60)、“公路工程沥青及沥青混合料试验规程”(JTJ 052)、“公路工程土工合成材料试验规程”(JTG E50)等，都是“公路工程资料管理系统”研发的依据。由于这些依据对资料编制的规定和要求内容具体、条理清晰，所以应用计算机程序化、规范、系统地对公路工程施工资料进行全面管理成为可能。

各依据对资料编制的规定和要求详细、具体、系统，是研发规范、系统的资料管理系统的根本保证；各规定和要求的相关内容之间，相互吻合、一一对应，是运用资料管理系统编制的资料即符合鉴定办法和评定标准中质量保证资料的要求，同时又满足归档范围和文件材料立卷归档管理办法规定的根本保证；各项规定和要求的严谨、唯一，是各单位之间、各建设项目之间运用资料管理系统编制的资料可以达到统一的根本保证。上级主管部门可以统一要求，随时通过网络对任一建设项目、任一施工单位的资料编制工作进行检查指导，了解施工进度和施工质量情况。

二、“公路工程资料管理系统”的研发

“公路工程资料管理系统”是依据评定标准附录 A 附表 A-1 一般建设项目的工程划分(见第三章表 2.3.2-2)及排序,对路基工程、路面工程、桥梁工程、互通立交工程、隧道工程、交通安全设施的单位工程、分部工程的质量检验评定及分项工程的交工验收评定,对各施工规范规定的材料及标准试验、施工工序,按照相关文件的要求及评定标准、规程、施工规范的具体规定研发的资料编制软件。书中第二章对公路工程施工资料的编制内容确定依据的介绍,也是对“公路工程资料管理系统”的内容研发依据的说明;第三章对公路工程施工资料用表和编制程序的制定依据和制定方法的介绍,也是对“公路工程资料管理系统”的资料用表和编制程序的研发依据和研发方法的说明;第四章对材料及标准试验资料的编制、第五章对施工工序资料的编制、第六章对交工验收评定资料的编制、第七章对工程质量检验评定资料的编制依据和编制方法的介绍,也是对“公路工程资料管理系统”的研发依据和运用该系统进行资料编制的说明。可以看出,“公路工程资料管理系统”内容全面、规范、系统。

第二节　运用“公路工程资料管理系统”进行资料的编制

“公路工程资料管理系统”的操作界面采用树形结构列表方式(即软件目录树),不但形式直观、便于操作,而且可根据工程实际情况任意增加节点,以满足需要;数据输入界面即为打印界面,操作非常简便;系统中所有表格的计算,均自动、准确、快捷地完成。但这只是运用“公路工程资料管理系统”进行资料编制的基本特点,其主要优势应是按照规范、规程、评定标准的规定,对资料管理系统进行程序化系统设计,使之成为具有内在有机联系的整体,实现了可以程序化进行公路工程施工资料的编制。系统具有关联表格之间大量的相同数据、计算结果、信息,均可通过一键操作,由各个关联表格同时导向目标表格;资料中图形的绘制,系统可按照数据自动生成;试验计算结果的判断,系统自动按规程的规定进行,判断试验是否符合要求,若不符合,系统自动在结论处提示等功能,使公路工程施工资料的编制工作可以自动、规范、程序化进行。尽管您可能业务还不熟练,但只要输入的试验、检测原始记录真实、可靠、齐全,管理系统就一定能帮您编制出齐全、真实、系统的资料。另外,资料管理系统还可以根据实际需要,对某张表或某个数据随时由导入的形式改为输入的形成,可任意对某些或某个数据像手工操作一样进行修改,修改后立即自动完成修改后的结果计算,既灵活又方便。

一、材料及标准试验资料的编制

(一)原材料试验资料的编制

运用“公路工程资料管理系统”进行原材料试验资料的编制,只需输入试验原始

数据，系统就像第四章介绍的按照规程规定自动完成试验单的编制，各试验单均编制完成后，所有试验结果可同时导入试验报告单，即刻完成该原材料试验资料的编制。由于原材料试验资料编制简单，下面仅以水泥混凝土路面用原材料试验资料的编制为例进行介绍。

1. 水泥

(1)D-20 水泥物理力学性能试验(二)的计算与填写

在 D-20 水泥物理力学性能试验(二)的节点，如图 8.2.1-1 所示。双击进入，输入破坏荷载试验原始数据后，自动按规定计算试验结果，并判断试验结果是否符合要求。试件 1-1 3d 的抗压强度 21.9MPa，超过平均值 19.8MPa 的 10%，所以剔除 21.9MPa。剩下的 5 个值的算术平均值为 19.4MPa，再进行判断，其余试件均合格，19.4MPa 作为测定值，在结论处显示试验结果。见图8.2.1-2所示。

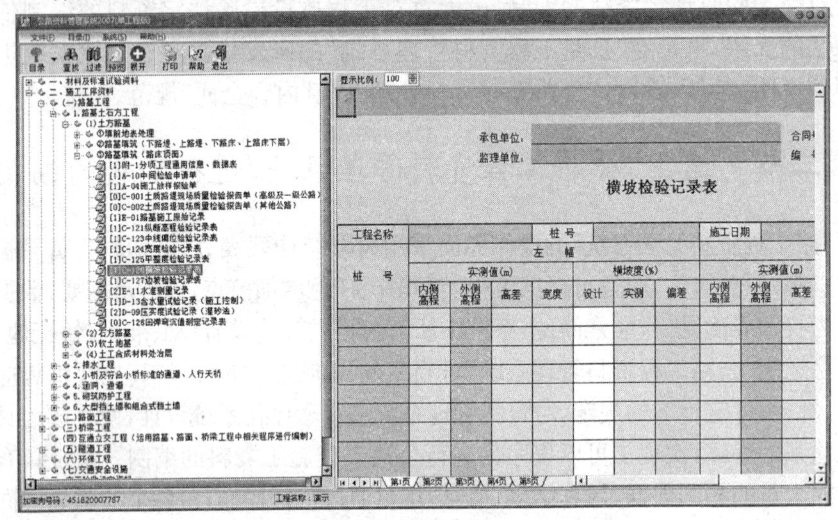

图 8.2.1-1

(2)D-19 水泥物理力学性能试验(一)的计算与填写

D-19 水泥物理力学性能试验(一)的计算与填写较简单，只输入试验原始数据即可完成。

(3)D-18 水泥试验报告的填写

在 D-19 水泥物理力学性能试验(一)和 D－20 水泥物理力学性能试验(二)均编制完成的情况下，在 D-18 水泥试验报告节点，双击进入，点击“导数据”两表的试验结果同时导入 D-18 水泥试验报告，见图 8.2.1-3。

2. 粗集料、细集料

虽然粗集料、细集料的试验项目较多、计算烦琐，但运用资料管理系统进行资料的编制却很简单，方法同水泥资料的编制一样，只输入试验原始数据即可快速编制出与第四章介绍完全相同的资料。D-44 水泥混凝土粗集料技术性能试验(二)如图

8.2.1-4。表中表观密度一项，规程对表观相对密度计算有两次结果相差不得超过0.02的要求，示例中超过，系统自动提示试验不满足要求，如图8.2.1-5。D-43水泥混凝土细集料技术性能试验(一)如图8.2.1-6。若所有各筛的分计筛余量和底盘中的剩余总量与筛分前的试样总量，相差超过后者的1%或若两次平行试验所得的细度模数之差大于0.2时，系统均自动提示应重新试验。示例中第一组损耗6g超过500g的1%(5g)，所以提示应重新试验，如图8.2.1-7所示。

××公路建设项目

承包单位：××建设工程公司　　合同号：六

监理单位：××监理单位　　编　号：6D2006H001

水泥物理力学性能试验(二)

D-20

水泥品种及规格	P.O 42.5	试验单位	第六合同段工地试验室
工程名称	水泥混凝土面层	试验完成日期	年　月　日
产地及代表数量(t)	××　200	环境温度及湿度	20°C　92%~95%
仪器设备名称 型号及编号	水泥抗折机KZJ-1型 压力试验机NY-2000型 双臂抗压夹具 水泥砂浆搅拌机JJ-5型	试验执行标准	JTG E30—2005
		试验人签字	
		审核人签字	

水泥胶砂强度试验记录(ISO法)

龄期(d)	制作日期及时间	试验日期及时间	抗折					抗压				
			编号	试件尺寸(mm)	破坏荷载(N)	强度(MPa) 单值	平均	编号	受压面积(mm^2)	破坏荷载(N)	强度(MPa) 单值	平均
3	×××	×××	2	40×40×160	2180	5.1	5.0	2-1	1600	29000	18.1	19.8
								2-2	1600	32000	20.0	
	×××	×××	1	40×40×160	2130	5.0		1-1	1600	35000	21.9	
								1-2	1600	32000	20.0	
	×××	×××	5	40×40×160	2100	4.9		5-1	1600	32000	20.0	
								5-2	1600	30000	18.8	
28	×××	×××	4	40×40×160	2150	7.4	7.5	4-1	1600	75000	46.9	48.0
								4-2	1600	78000	48.8	
	×××	×××	3	40×40×160	3230	7.6		3-1	1600	77000	48.1	
								3-2	1600	79000	49.4	
	×××	×××	6	40×40×160	2250	7.6		6-1	1600	77000	48.1	
								6-2	1600	75000	46.9	

结论：

抗折(3d)：　5.0　MPa

抗折(28d)：　7.5　MPa

抗压(3d)：　19.4　MPa

抗压(28d)：　48.0　MPa

签字：

图　8.2.1-2

××工程建设项目

承包单位：××建设工程公司　合同号：六

监理单位：××监理单位　编　号：6D1806H001

水泥试验报告

D-18

水泥品种及规格	P.O 42.5	试验单位	第六合同段工地试验室
代表数量(t)	200	试验完成日期	年　月　日
产地	×××	试验执行标准	JTG E30—2005
进场日期	×××	试验人签字	×××
工程名称	水泥混凝土面层	审核人签字	×××
工程部位	K51+000~K52+000	试验室主任签字	×××

水泥试验报告

物理性能			标准	试验结果	结果评定	试验方法
细度：80μm标准筛筛余(%)（负压　筛法）			不得>10	1.0	合格	T0502
水泥密度(kg/m³)						T0503
标准稠度用水量P(%)(标准法)			不宜>30	28	合格	T0505
凝结时间	初凝时间(min)		不早于90	184	合格	T0505
	终凝时间(min)		不迟于600	282	合格	
安定性(标准法)			合格	安定	合格	T0505
强度(ISO法)	抗折(MPa)	3(d)	3.5	5.0	合格	T0506
		28(d)	6.5	7.5	合格	
	抗压(MPa)	3(d)	16.0	19.4	合格	
		28(d)	42.5	48.0	合格	
结论：						
监理机构签字：　××× ×××						

图　8.2.1-3

××公路建设项目

承包单位：××建设工程公司　合同号：六

监理单位：××监理单位　编　号：6D4006H001

水泥混凝土粗集料技术性能试验（二）

D-40

材料名称及规格	碎石16~31.5mm	试验单位	第六合同段工地试验室
代表数量(m^3)	1000	试验完成日期	年　月　日
产地及岩石名称		试验执行标准	JTG E42—2005
工程名称	水泥混凝土面层	试验人签字	
现场桩号	K51+000~K52+000	审核人签字	

碎（砾）石试验记录

<table>
<tr><td rowspan="4">自然堆积密度</td><td rowspan="2" colspan="2">容量筒的容积(L)</td><td rowspan="2">容量筒的质量(kg)</td><td rowspan="2" colspan="2">容量筒与试样总质量(kg)</td><td colspan="3">自然堆积密度(t/m³)</td></tr>
<tr><td>单值</td><td colspan="2">平均值</td></tr>
<tr><td colspan="2">15</td><td>2.4</td><td colspan="2">23.70</td><td>1.42</td><td rowspan="2" colspan="2">1.42</td></tr>
<tr><td colspan="2">15</td><td>2.4</td><td colspan="2">23.55</td><td>1.41</td></tr>
<tr><td rowspan="4">振实密度</td><td rowspan="2" colspan="2">容量筒的容积(L)</td><td rowspan="2">容量筒的质量(kg)</td><td rowspan="2" colspan="2">容量筒与试样质量(kg)</td><td colspan="3">振实密度(t/m³)</td></tr>
<tr><td>单值</td><td colspan="2">平均值</td></tr>
<tr><td colspan="2">15</td><td>2.4</td><td colspan="2">25.05</td><td>1.51</td><td rowspan="2" colspan="2">1.51</td></tr>
<tr><td colspan="2">15</td><td>2.4</td><td colspan="2">25.04</td><td>1.51</td></tr>
<tr><td rowspan="4">表观密度（网篮法）</td><td rowspan="2" colspan="2">集料的烘干质量(g)</td><td rowspan="2">集料的水中质量(g)</td><td colspan="2">试验温度T时水的密度(g/cm³)</td><td colspan="3" rowspan="1">表观密度(g/cm³)</td></tr>
<tr><td colspan="2">温度T：20°C</td><td>单值</td><td colspan="2">平均值</td></tr>
<tr><td colspan="2">1535.1</td><td>962.5</td><td colspan="2">0.998 22</td><td>2.676</td><td rowspan="2" colspan="2">2.674</td></tr>
<tr><td colspan="2">1510.8</td><td>946.4</td><td colspan="2">0.998 22</td><td>2.672</td></tr>
<tr><td rowspan="2">空隙率</td><td colspan="2">粗集料的表观密度(t/m³)</td><td colspan="3">振实密度(t/m³)</td><td colspan="3">空隙率(%)</td></tr>
<tr><td colspan="2">2.674</td><td colspan="3">1.51</td><td colspan="3">43.5</td></tr>
<tr><td rowspan="5">压碎值</td><td rowspan="2" colspan="2">试验前试样质量(g)</td><td rowspan="2" colspan="3">试验后通过2.36mm筛孔的细料质量(g)</td><td colspan="3">压碎值(%)</td></tr>
<tr><td>单值</td><td>平均值</td><td>换算值</td></tr>
<tr><td colspan="2">2885</td><td colspan="3">502</td><td>17.4</td><td rowspan="3">16.3</td><td rowspan="3">8.3</td></tr>
<tr><td colspan="2">2885</td><td colspan="3">439</td><td>15.2</td></tr>
<tr><td colspan="2">2885</td><td colspan="3">473</td><td>16.4</td></tr>
<tr><td rowspan="2">针片状颗粒含量（标准仪法）</td><td colspan="2">试样总质量(g)</td><td>针状颗粒的质量(g)</td><td>片状颗粒的质量(g)</td><td>针、片状颗粒的总质量(g)</td><td colspan="3">针、片状颗粒含量(%)</td></tr>
<tr><td colspan="2">10000</td><td>205</td><td>515</td><td>720</td><td colspan="3">7.2</td></tr>
<tr><td colspan="9">结论：

签字：　　年　月　日</td></tr>
</table>

注：水泥混凝土粗集料的压碎值，采用T0316方法试验后，应用相关关系式y=0.816x−5进行换算。

图　8.2.1-4

××公路建设项目

承包单位：××建设工程公司　　合同号：六

监理单位：××监理单位　　编　号：6D4006H001

水泥混凝土粗集料技术性能试验(二)

D-40

材料名称及规格	碎石16~31.5mm	试验单位	第六合同段工地试验室
代表数量(m^3)	1000	试验完成日期	年　月　日
产地及岩石名称		试验执行标准	JTG E42—2005
工程名称	水泥混凝土面层	试验人签字	
现场桩号	K51+000~K52+000	审核人签字	

碎(砾)石试验记录

自然堆积密度	容量筒的容积(L)	容量筒的质量(kg)	容量筒与试样总质量(kg)	自然堆积密度(t/m^3)	
				单值	平均值
	15	2.4	23.70	1.42	1.42
	15	2.4	23.55	1.41	

振实密度	容量筒的容积(L)	容量筒的质量(kg)	容量筒与试样质量(kg)	振实密度(t/m^3)	
				单值	平均值
	15	2.4	25.05	1.51	1.51
	15	2.4	25.04	1.51	

表观密度(网篮法)	集料的烘干质量(g)	集料的水中质量(g)	试验温度T时水的密度(g/cm^3)	表观密度(g/cm^3)	
			温度T：20°C	单值	平均值
	1535.1	962.5	0.99822	2.676	2.661
	1510.8	941.0	0.99822	2.647	

空隙率	粗集料的表观密度(t/m^3)	振实密度(t/m^3)	空隙率(%)
	2.661	1.51	43.3

压碎值	试验前试样质量(g)	试验后通过2.36mm筛孔的细料质量(g)	压碎值(%)		
			单值	平均值	换算值
	2885	502	17.4	16.3	8.3
	2885	439	15.2		
	2885	473	16.4		

针片状颗粒含量(标准仪法)	试样总质量(g)	针状颗粒的质量(g)	片状颗粒的质量(g)	针、片状颗粒的总质量(g)	针、片状颗粒含量(%)
	10 000	205	515	720	7.2

结论：

表观相对密度两次试验差值大于0.02，不满足试验要求。

签字：　　年　月　日

注：水泥混凝土粗集料的压碎值，采用T0316方法试验后，应用相关关系式y=0.816x−5进行换算。

图　8.2.1-5

××工程建设项目

承包单位：××建设工程公司　　合同号：六

监理单位：××监理单位　　编　号：6D4306H001

水泥混凝土细集料技术性能试验(一)

D-43

材料名称及规格	天然砂(中砂)	试验单位	第六合同段工地试验室
代表数量(m^3)	300	试验日期	年　月　日
产地		试验执行标准	JTG E42—2005
工程名称	水泥混凝土面层	试验人签字	
工程部位	K51+000~K52+000	审核人签字	

砂的筛分记录(干筛法)

干燥试样总量(g)	第1组				第2组				平均
	500				500				
筛孔尺寸(mm)	筛上重 m_i(g)	分计筛余(%)	累计筛余(%)	通过百分率(%)	筛上重 m_i(g)	分计筛余(%)	累计筛余(%)	通过百分率(%)	累计筛余(%)
	(1)	(2)	(3)	(4)	(1)	(2)	(3)	(4)	(5)
9.5(10.0)	0.0	0.0	0.0	100.0	0.0	0.0	0.0	100.0	0.0
4.75(5.0)	19.0	3.8	3.8	96.2	17.5	3.5	3.5	96.5	3.6
2.36(2.5)	75.5	15.1	18.9	81.1	78.0	15.6	19.1	80.9	19.0
1.18(1.25)	42.5	8.5	27.4	72.6	43.5	8.7	27.8	72.2	27.6
0.6(0.63)	128.5	25.7	53.1	46.9	125.5	25.1	52.9	47.1	53.0
0.3(0.315)	102.5	20.5	70.6	26.4	104.5	20.9	73.8	26.2	73.7
0.15(0.16)	118.0	23.6	97.2	2.8	116.5	23.3	97.1	2.9	97.2
盘底	12.0	2.4	99.6		13.5	2.7	99.8		99.7
筛分后总量Σmi(g)	498.0				499.0				
损耗(g)	2.0				1.0				
损耗率(%)	0.40				0.20				
细度模数	2.61				2.62				2.62

结论：

签字：　　年　　月　　日

注：《公路桥涵施工技术规范》(JTJ 041—2000)中砂的级配范围要求以圆孔筛表示，所以在筛孔尺寸的括号中列入圆孔筛尺寸。

图　8.2.1-6

××工程建设项目

承包单位：××建设工程公司　　合同号：六

监理单位：××监理单位　　编　号：6D4306H001

水泥混凝土细集料技术性能试验(一)

D-43

材料名称及规格	天然砂(中砂)	试验单位	第六合同段工地试验室
代表数量(m^3)	300	试验日期	年　月　日
产地		试验执行标准	JTG E42—2005
工程名称	水泥混凝土面层	试验人签字	
工程部位	K51+000~K52+000	审核人签字	

砂的筛分记录(干筛法)

干燥试样总量(g)	第1组				第2组				平均
	500				500				
筛孔尺寸(mm)	筛上重m_i(g)	分计筛余(%)	累计筛余(%)	通过百分率(%)	筛上重m_i(g)	分计筛余(%)	累计筛余(%)	通过百分率(%)	累计筛余(%)
	(1)	(2)	(3)	(4)	(1)	(2)	(3)	(4)	(5)
9.5(10.0)	0.0	0.0	0.0	100.0	0.0	0.0	0.0	100.0	0.0
4.75(5.0)	19.0	3.8	3.8	96.2	17.5	3.5	3.5	96.5	3.6
2.36(2.5)	75.5	15.1	18.9	81.1	78.0	15.6	19.1	80.9	19.0
1.18(1.25)	42.5	8.5	27.4	72.6	43.5	8.7	27.8	72.2	27.6
0.6(0.63)	124.5	24.9	52.3	47.7	125.5	25.1	52.9	47.1	52.6
0.3(0.315)	102.5	20.5	72.8	27.2	104.5	20.9	73.8	26.2	73.3
0.15(0.16)	118.0	23.6	96.4	3.6	116.5	23.3	97.1	2.9	96.8
盘底	12.0	2.4	99.8		13.5	2.7	99.8		99.3
筛分后总量Σm_i(g)	494.0				499.0				
损耗(g)	6.0				1.0				
损耗率(%)	1.21				0.20				
细度模数	2.59				2.62				2.61

结论：

干燥试样总量与筛分后总量之差有超过干燥试样总量1%的结果，不符合试验要求，应重新试验！

签字：　　年　　月　　日

注：《公路桥涵施工技术规范》(JTJ 041—2000)中砂的级配范围要求以圆孔筛表示，所以在筛孔尺寸的括号中列入圆孔筛尺寸。

图　8.2.1-7

(二)标准试验资料的编制

标准试验资料中原材料试验资料的编制同原材料试验资料,桥涵水泥混凝土配合比设计报告中的抗压强度试验报告单、路面水泥混凝土配合比设计报告中的弯拉强度试验报告单、路面基层混合料组成设计报告中的无侧限抗压强度试验报告单均在本章施工工序资料的编制中介绍。下面采用公路土工试验规程(JTG E40)T0131—2007土的击实试验的数据,对土方路基标准击实的资料进行编制介绍。标准击实资料的编制很简单,只要输入试验原始数据,就可按照规定的方法生成土的击实试验表和标准击实曲线图(路面基层无机结合料稳定材料的标准击实试验方法应按照无机结合料稳定材料试验规程的规定进行,资料编制方法同土方路基;液限塑限联合测定试验的锥入深度与含水率关系图、沥青混合料的级配曲线图的绘制方法同击实曲线图)。

在D-10土的击实试验节点,如图8.2.1-8所示。双击进入,输入试验原始数据,自动按照土工试验规程的规定完成该表的计算。点击鼠标右键,在右键菜单中点击"画击实曲线图",即可完成标准击实试验资料的编制,如图8.2.1-9和图8.2.1-10所示。

图 8.2.1-8

××工程建设项目

承包单位：××建设工程公司　　合同号：六

监理单位：××监理单位　　编　号：

土的击实试验

D-10

工程名称		试验单位	
现场桩号		试验完成日期	
代表数量(m^3)		试验执行标准	JTG E40—2007
土场名称		试验人签字	
土样类别		审核人签字	

击实试验记录

土样编号		筒容积	997cm^3	层数	5
试验日期		击锤质量	4.5kg	每层击数	27
试验方法	Ⅱ-1型	最大粒径	mm	超粒径含量	%

干密度(g/cm^3)	试验次数	1		2		3		4		5		6
	筒+土质量(g)	2981.8		3057.1		3130.9		3215.8		3191.1		
	筒质量(g)	1103.0		1103.0		1103.0		1103.0		1103.0		
	湿土质量(g)	1878.8		1954.1		2027.9		2112.8		2088.1		
	湿密度(g/cm^3)	1.88		1.96		2.03		2.12		2.09		
	干密度(g/cm^3)	1.71		1.75		1.80		1.83		1.76		
含水率(%)	盒号	12	5	6	11	26	27	1	17	9	19	
	盒质量(g)	20.00	20.00	20.00	20.00	20.00	20.00	20.00	20.00	20.00	20.00	
	盒+湿土质量(g)	35.60	35.44	33.93	33.69	32.88	33.16	33.13	34.09	36.96	38.31	
	盒+干土质量(g)	34.16	34.02	32.45	32.26	31.40	31.64	31.36	32.15	34.28	35.36	
	水质量(g)	1.44	1.42	1.48	1.43	1.48	1.52	1.77	1.94	2.68	2.95	
	干土质量(g)	14.16	14.02	12.45	12.26	11.40	11.64	11.36	12.15	14.28	15.36	
	含水率(%)	10.2	10.1	11.9	11.7	13.0	13.1	15.6	16.0	18.8	19.2	
	平均含水率(%)	10.1		11.8		13.0		15.8		19.0		
最佳含水率(%)		15.3				最大干密度(g/cm^3)				1.83		

注：以干密度为纵坐标，以含水率为横坐标，绘制击实曲线图附此表后。

图　8.2.1-9

××工程建设项目

承包单位：××建设工程公司　　合同号：六

监理单位：××监理单位　　编　号：

标准击实曲线图

D-12

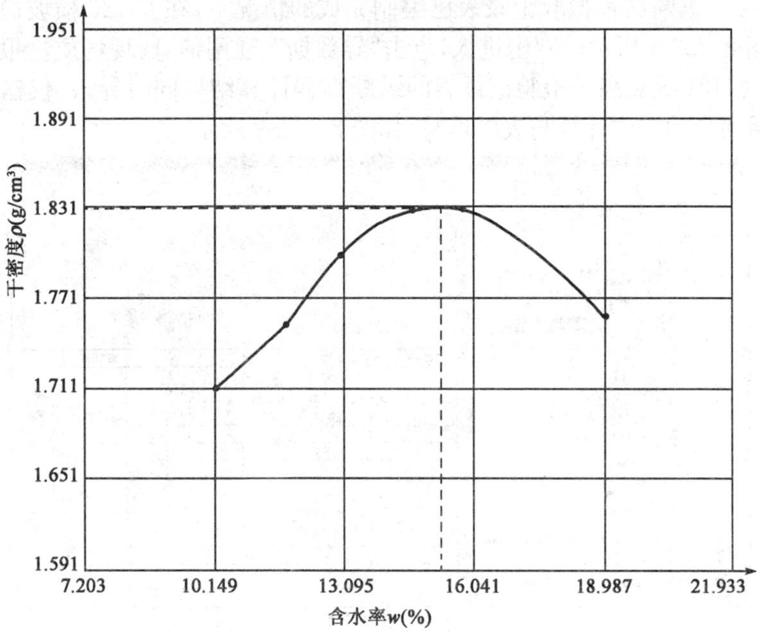

干密度ρ(g/cm³)

1.951
1.891
1.831
1.771
1.711
1.651
1.591

7.203　10.149　13.095　16.041　18.987　21.933

含水率w(%)

最大干密度(g/cm³)：1.83

最佳含水率(%)：15.3

超尺寸颗粒最大干密度、最佳含水率的校正：

超尺寸颗粒的毛体积相对密度：　　超尺寸颗粒的吸水量(%)：

校正后的最大干密度(g/cm³)：

校正后的最佳含水率(%)：

结论：

签字：　　年　月　日

图　8.2.1-10

二、施工工序资料的编制

运用“公路工程资料管理系统”进行施工工序资料的编制，系统中设计了通用信息数据表，各表之间的相同信息具有互导功能，在每个工序的资料编制中相同信息和数据只需输入一次。其编制方法仅输入试验原始数据后，系统就自动按照规定编制出同第五章介绍的手工操作施工工序资料。

(一)土质路堤填筑(路床顶面)施工工序资料的编制

1. C-126 横坡检验记录表的计算与填写

在 C-121 纵断高程检验记录表已编制完成的情况下，在 C-126 横坡检验记录表节点，如图 8.2.2-1 所示。双击进入，点击“导数据”，通用信息、现场质量报告单的允许偏差和 C-121 纵断高程检验记录表的纵断高程计算结果同时导入，仅输入设计横坡度后，瞬间自动完成计算与表的填写，如图 8.2.2-2 所示。

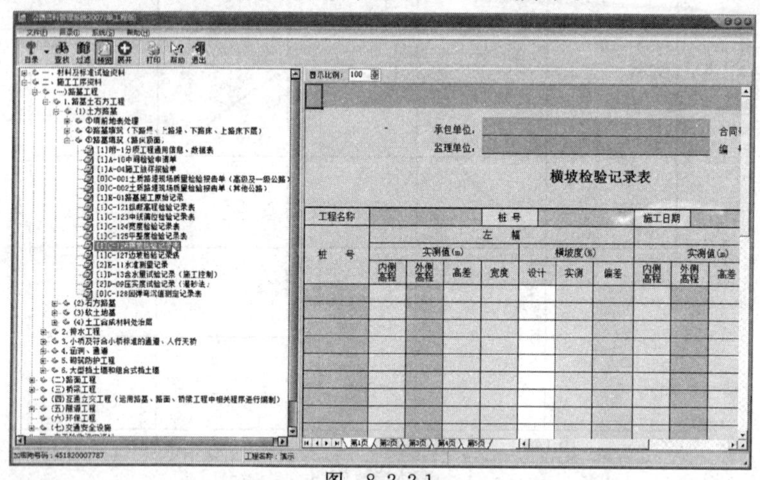

图 8.2.2-1

××公路建设项目

承包单位：××建设工程公司　　合同号：六

监理单位：××监理单位　　编　号：6C12606H001

横坡检验记录表

C-126

工程名称	土质路堤填筑(路床顶面)			桩号		K51+000~K52+000		施工日期		年 月 日		检验日期		年 月 日
桩　号	左　幅							右　幅						
	实测值(m)				横坡度(%)			实测值(m)				横坡度(%)		
	内侧高程	外侧高程	高差	宽度	设计	实测	偏差	内侧高程	外侧高程	高差	宽度	设计	实测	偏差
K51+000	91.255	91.179	0.076	4.75	1.5	1.6	0.1	91.255	91.180	-0.075	4.75	-1.5	-1.6	0.1
K51+050	90.952	90.881	0.071	4.75	1.5 1.5	1.5	0.0	90.952	90.881	-0.071	4.75	-1.5	-1.5	0.0
K51+100	90.653	90.569	0.084	4.75	1.5 1.5	1.8	0.3	90.653	90.582	-0.071	4.75	-1.5	-1.5	0.0
K51+150	90.339	90.569	0.070	4.75		1.5	0.0	90.339	90.271	-0.068	4.75	-1.5	-1.4	-0.1
K51+200	90.055	89.986	0.069	4.75		1.5	0.0	90.055	89.976	-0.079	4.75	-1.5	-1.7	0.2
允许偏差(%)	±0.5		检查点数		10		合格点数		10		合格率(%)		100.0	

图 8.2.2-2

2. D-09 压实度试验记录(灌砂法)的填写

在D-09压实度试验记录(灌砂法)节点，双击进入，点击“导数据”，通用信息导入，输入试验原始数据后，该表便自动完成，见图8.2.2-3。

××公路建设项目

承包单位： ××建设工程公司 合同号： 六

监理单位： ××监理单位 编 号： 6D0906H001

压实度试验记录(灌砂法)

D-09

工程名称	土方路基	试验单位	第六合同段工地试验室
现场桩号	K51+000~K51+200	试验完成日期	年 月 日
土样类别	中粒土	试验执行标准	JTG E60—2008
最大干密度(g/cm³)	2.08	试验人签字	
最佳含水率(%)	8.3	审核人签字	

	取样桩号	K51+010		K51+020		K51+045		K51+060		K51+075	
	取样位置(m)	右幅		左幅		左幅		右幅		右幅	
a	灌砂前：筒+砂质量(g)	7813		7776		7717		7698		7630	
b	灌砂后：筒+砂质量(g)	2393		2449		2302		2353		2210	
c	锥体砂质量(g)	1540		1540		1540		1540		1540	
d	试坑砂质量=*a*-*b*-*c*(g)	3880		3787		3875		3805		3880	
g	试坑土质量(g)	5912		5789		5846		5695		5963	
h	湿密度=g/f(g/cm³)	2.18		2.19		2.16		2.14		2.20	
	盒号	11	17	22	15	25	16	8	12	3	18
i	盒+湿土质量(g)	1283.0	1263.0	1317.0	1294.0	1297.0	1311.0	1285.0	1255.0	1277.0	1363.0
j	盒+干土质量(g)	1196.6	1173.6	1225.6	1208.2	1207.2	1220.0	1199.8	1169.8	1191.6	1267.0
k	水质量(g)	86.4	89.4	91.4	85.8	89.8	91.0	85.2	85.2	85.4	96.0
l	盒质量(g)	142.4	134.3	137.6	136.3	138.4	142.2	135.3	131.2	136.9	138.0
m	干土质量(g)	1054.2	1039.3	1088.0	1071.9	1068.8	1077.8	1064.5	1038.6	1054.7	1129.0
n	含水率(%)	8.2	8.6	8.4	8.0	8.4	8.4	8.0	8.2	8.1	8.5
o	平均含水率(%)	8.4		8.2		8.4		8.1		8.3	
p	干密度(g/cm³)	2.01		2.02		1.99		1.98		2.03	
	压实度(%)	96.6		97.1		95.7		95.2		97.6	
	部位(第几层)	路床顶面(第九层)									
	压实度标准(%)	≥95									
	结论	合格									

图 8.2.2-3

3. 其他表的计算与填写

其他表的计算与填写很简单，导入通用信息、输入检测原始数据后，即刻便自动完成。

4. E-01 路基施工验收记录的填写

在 E-01 路基施工原始记录节点，双击进入，点击“导数据”，通用信息、含水率、各检测计算结果同时导入，填写天气情况等即自动完成。

5. C-002 土质路堤填筑现场质量检验报告单的填写

C-002 土质路堤填筑现场质量检验报告单的填写同 E-01 表一样，点击“导数据”，各表的信息同时导入，完成该表的填写。

(二)其他施工工序资料用表的编制

其他施工工序中的检测用表、试验用表、现场质量报告单等的编制方法同土质路堤一样，都很简便，不再赘述，下面仅对特殊表格进行介绍。

1. D-30 无侧限抗压强度试验报告单的计算与填写

在无侧限抗压强度试验报告单节点，如图 8.2.2-4 所示。双击进入，输入试验原始数据后，即可完成平均值、标准差、偏差系数等所有试验结果的计算，如图 8.2.2-5 所示。

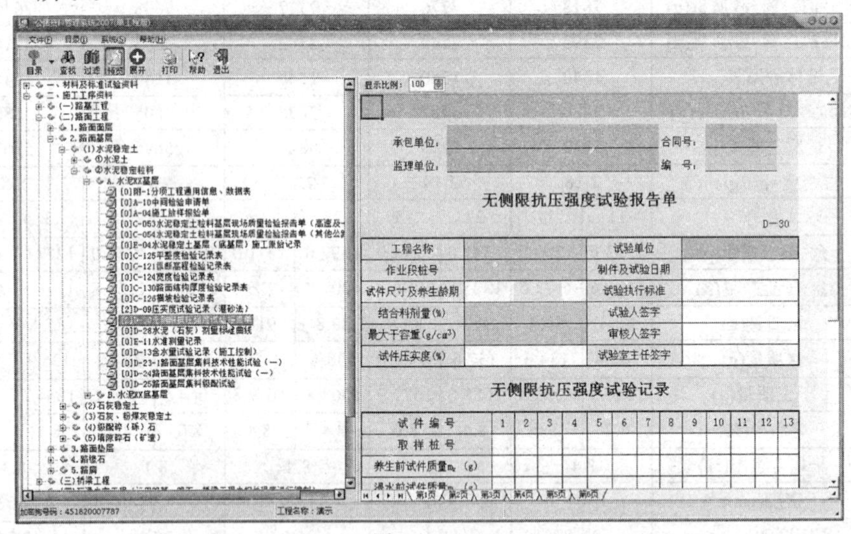

图　8.2.2-4

2. D-53 水泥混凝土弯拉强度试验报告单的计算与填写

在 D-53 水泥混凝土弯拉强度试验报告单的节点下，如图 8.2.2-6 所示。双击进入，输入试件尺寸和极限荷载试验原始数据后，按照规程的规定自动计算结果，可瞬间完成该表的编制，如图 8.2.2-7 所示。

××工程建设项目

承包单位：××建设工程公司　　　　合同号：六

监理单位：××监理单位　　　　编　号：6D3006H001

无侧限抗压强度试验报告单

D-30

工程名称	水泥砂砾基层	试验单位	第六合同段工地试验室
作业段桩号	K51+800~K52+000	制件及试验日期	×××　×××
试件尺寸及养生龄期	150mm×150mm 7d	试验执行标准	JTG E51—2009 JTG F80/1—2004
结合料剂量(%)	6	试验人签字	×××
最大干密度(g/cm³)	2.17	审核人签字	×××
试件压实度(%)	97	试验室主任签字	×××

无侧限抗压强度试验记录

试件编号	1	2	3	4	5	6	7	8	9	10	11	12	13
取样桩号	K51+820	K51+839	K51+865	K51+890	K51+908	K51+940	K51+961	K51+979	K51+993				
养生前试件质量m_2(g)	6000	6010	6010	5995	6000	6005	6005	6010	6005				
浸水前试件质量m_3(g)	5998	6007	6005	5987	5995	6000	5999	6007	5996				
浸水后试件质量m_4(g)	6081	6085	6094	6067	6072	6080	6084	6090	6086				
养生期间质量损失(g)(m_2-m_3)	2	3	5	8	5	5	6	3	9				
吸水量(g)(m_4-m_3)	83	78	89	80	77	80	85	83	90				
养生前试件高度h(cm)	15.12	15.08	14.96	15.00	15.13	14.90	15.03	14.92	15.08				
浸水后试件高度h(cm)	15.20	15.15	15.05	15.08	15.20	15.01	15.10	15.01	15.10				
试验最大压力P(N)	54900	67200	65400	63600	53300	63600	53000	67100	68900				
无侧限抗压强度R_i(MPa)	3.1	3.8	3.7	3.6	3.0	3.6	3.0	3.8	3.9				

设计抗压强度R_d(MPa)=3.0　　平均抗压强度$\overline{R}$(MPa)=3.5　　标准差S(MPa)=0.36

偏差系数C_v(%)=10.3　　Z_α=1.282　　$R_d/(1-Z_\alpha C_v)$(MPa)=3.5　　质量评定　合格

结论：

签字：　　　　年　月　日

图　8.2.2-5

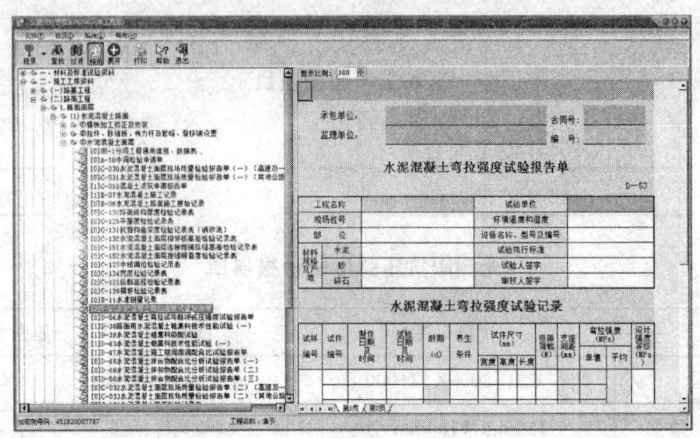

图 8.2.2-6

××公路建设项目

承包单位：××建设工程公司　　合同号：六

监理单位：××监理单位　　编　号：6D5306H001

水泥混凝土弯拉强度试验报告单

D-53

工程名称		水泥混凝土面层	试验单位	第六合同段工地试验室
现场桩号		K51+800~K52+000	环境温度和湿度	21°C 96%~98%
部位		右幅	设备名称、型号及编号	DYE-300 数字抗折、抗压试验机
材料规格及产地	水泥	P.O42.5 ×××	试验执行标准	JTG E42—2005
	砂	中砂 ×××	试验人签字	
	碎石	4.75~31.5mm ×××	审核人签字	

水泥混凝土弯拉强度试验记录

试样编号	试件编号	制作日期及时间	试验日期及时间	龄期(d)	养生条件	试件尺寸(mm)			极限荷载(N)	支座间距(mm)	弯拉强度(MPa)		设计强度等级(MPa)
						宽度	高度	长度			单值	平均	
2	2-1	×××	×××	7	标养	150	150	550	37500	450	5.00	5.07	4.5
	2-2	×××	×××	7	标养	151	151	550	37500	450	4.90		
	2-3	×××	×××	7	标养	150	150	550	39800	450	5.31		

结论：

编号[2]的该组试件测定值为5.07MPa

签字：　　年　月　日

图 8.2.2-7

3. D-39 路面水泥混凝土粗集料级配试验的计算与填写

按照以上介绍的方法输入单粒级试验原始数据和标准级配范围后，自动按照规定进行优选计算，计算出混合料的最佳级配，如图 8.2.2-8 所示。

××公路建设项目

承包单位：××建设工程公司　　合同号：六

监理单位：××监理单位　　编　号：6D3906H001

水泥混凝土粗集料级配试验

D-39

材料名称	16~31.5mm	试验单位	第六合同段工地试验室
代表数量(m^3)	208	试验完成日期	年　月　日
产地		试验执行标准	JTG E42—2005
工程名称	水泥混凝土面层	试验人签字	
现场桩号	K51+800~K52+000	审核人签字	

碎(砾)石粗集料级配计算

材料组成		累计筛余(mm)　质量百分率(%)							
		2.36	4.75	9.5	16	19	26.5	31.5	37.5
单粒级规格(mm)	4.75~19(100%)	99.9	99.4	75.1	21.6	2.6			
	16~31.5(100%)	99.8	99.1	97.3	95.4	68.1	38.0	8.0	
混合料配合比(mm)	4.75~19　(40%)	40.0	39.8	30.0	8.6	1.0			
	16~31.5　(60%)	59.9	59.5	58.4	57.2	40.9	22.8	4.8	
	(　%)								
	(　%)								
合成级配(%)		99.8	99.2	88.4	65.9	41.9	22.8	4.8	
标准级配范围(%)		95~100	90~100	75~90	60~75	40~60	20~35	0~5	

结论：

签字：　　年　月　日

图　8.2.2-8

4. D-51 水泥混凝土抗压强度试验报告单的计算与填写

在涵洞、小桥、桥梁工程资料编制程序中均有该表,要在相对应的节点下进行编制。下面以小桥梁(板)预制的混凝土抗压强度试验为例,进行编制说明。在 D-51 水泥混凝土抗压强度试验报告单节点,如图 8.2.2-9 所示。双击进入,输入试件尺寸和极限荷载试验原始数据后,按照规定自动完成该表的编制,如图 8.2.2-10 所示。

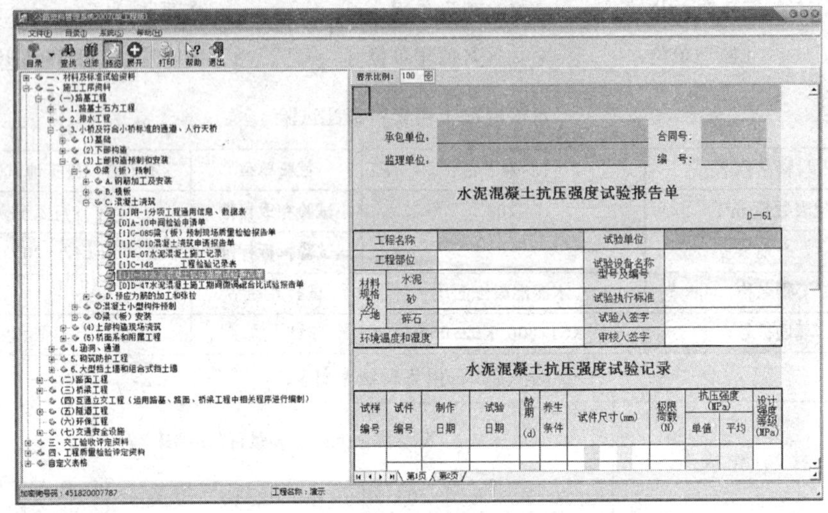

图 8.2.2-9

三、交工验收评定资料的编制

交工验收评定资料的编制由于数据量大、评定计算多而烦琐,工作起来并不是一件容易的事。但运用“公路工程资料管理系统”进行交工验收评定资料的编制,就可变得既容易又快捷。

(一)压实度随机选点表的编制

在压实度随机选点表节点,见图 8.2.3-1。双击进入,输入随机参数后,瞬间生成压实度随机选点表,如图 8.2.3-2(与压实度评定表的随机桩号和取样位置不一致,因为不是同一次随机计算)所示。

(二)各指标评定表的评定计算及填写

1. C-181 压实度检验评定表的评定与填写

在 C-181 压实度检验评定表节点,双击进入,点击“导数据”,则通用信息的工程名称、分项工程桩号从通用信息表,随机检测桩号、取样位置、压实度试验结果从 D-09 压实度检验记录表同时瞬间导入,再输入标准值和点击输入保证率后,自动按照规定进行计算,即刻完成平均值、标准差等结果计算,并完成表的填写,如图 8.2.3-3 所示。

××公路建设项目

承包单位：××建设工程公司　　合同号：六

监理单位：××监理单位　　编　号：6D5106H001

水泥混凝土抗压强度试验报告单

D-51

工程名称		空心板预制	试验单位	第六合同段工地试验室
工程部位		1孔2号梁(K51+110)	试验设备名称型号及编号	YE-2000压力机
材料规格及产地	水泥	P.O42.5　×××		
	砂	中砂　×××	试验执行标准	JTG E30—2005
	碎石	5~25mm　×××	试验人签字	
环境温度和湿度		21°C　95%~97%	审核人签字	

水泥混凝土抗压强度试验记录

试样编号	试件编号	制作日期	试验日期	龄期(d)	养生条件	试件尺寸(mm)	极限荷载(N)	抗压强度(MPa)		设计强度等级(MPa)
								单值	平均	
2	2-1	年 月 日	年 月 日	28	标养	150×150×150	823000	36.6	35.6	35.0
	2-2	年 月 日	年 月 日	28	标养	149×150×149	798000	35.7		
	2-3	年 月 日	年 月 日	28	标养	150×150×150	774000	34.4		

结论：

编号[2]的该组试件测定值为35.6MPa。

签字：　　年　月　日

图　8.2.2-10

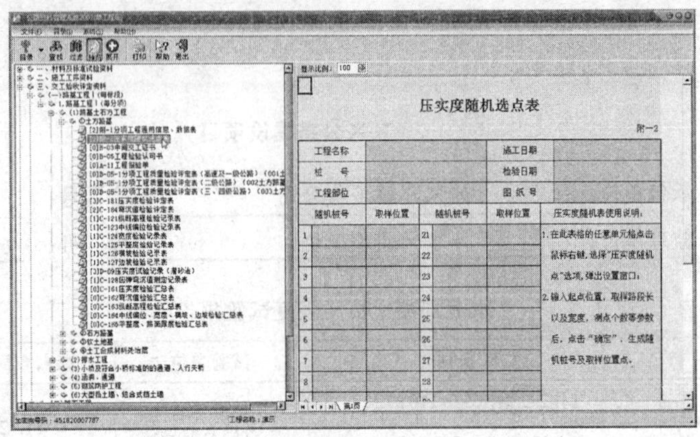

图 8.2.3-1

压实度随机选点表

附-2

工程名称			施工日期			
桩 号			检验日期			
工程部位			图 纸 号			
随机桩号		取样位置	随机桩号		取样位置	压实度随机表使用说明：
1	K51+45	左 6.82	21			1.在此表格的任意单元格点击鼠标右键，选择“压实度随机点”选项，弹出设置窗口； 2.输入起点设置，取样路段长以及宽度，测点个数等参数后，点击“确定”，生成随机桩号及取样位置点。
2	k51+86	右 5.19	22			
3	K51+128	右 2.21	23			
4	K51+169	左 0.41	24			
5	K51+290	右 5.84	25			
6	K51+323	左 0.14	26			
7	K51+361	左 4.74	27			
8	K51+432	左 4.96	28			
9	K51+467	左 3.22	29			
10	K51+661	右 4.62	30			
11	K51+675	右 1.77				
12	K51+680	右 5.36				
13	K51+719	左 0.81				
14	K51+735	左 6.32				
15	K51+741	右 5.58				
16	K51+747	左 4.05				
17	K51+850	左 6.22				
18	K51+859	左 1.98				
19	K51+870	右 1.54				
20	K51+916	左 0.51				

随机选点

输入参数

起点位置：K 51 + 0 m

取样路段长：1 000 m

宽度：13.74 m

测点个数：20

确定

图 8.2.3-2

××公路建设项目

承包单位：××建设工程公司　　合同号：六

监理单位：××监理单位　　编　号：6C18106H001

压实度检验评定表

C-181

工程名称	土方路基		分项工程桩号	K51+000~K52+000	
桩号	取样位置(m)	压实度(%)	桩号	取样位置(m)	压实度(%)
K51+095	右0.934	96.2			
K51+180	右3.311	95.7			
K51+200	右4.823	92.8			
K51+259	左2.377	97.2			
K51+283	右1.992	95.6			
K51+364	左1.841	96.7			
K51+395	左1.882	95.3			
K51+423	右0.550	96.3			
K51+432	右3.243	97.6			
K51+475	左0.440	95.4			
K51+508	右3.765	96.4			
K51+601	左1.140	95.8			
K51+701	右1.443	97.0			
K51+728	左0.027	95.5			
K51+745	右2.459	95.3			
K51+840	右4.438	96.4			
K51+878	左3.916	96.4			
K51+930	右1.388	97.0			
K51+954	右4.493	95.8			
K51+988	左6.595	95.6			
压实度平均值k（%）=96.0			压实度标准值K_0(%)=95.0		标准差S(%)=1.01
代表值K(%)= 95.7	(K_0−2)(%) =93		扣分点(K_0−2>K_i>K_{jz})=1点		
n=20	$t_\alpha/\sqrt{n}$=0.297		级值K_{jz}(%)=90		合格率(%)=95.0

施工负责人：　　　　计算：

图　8.2.3-3

2. C-184 弯沉值检验评定表的评定与填写

在 C-184 弯沉值检验评定表节点，双击进入，点击导数据，通用信息、弯沉值检测结果同时瞬间导入，只需输入季节影响等系数和设计值，即刻按规定完成弯沉值的平均值、标准差、代表值的评定，如图 8.2.3-4 所示。

3. C-185 路面结构厚度检验评定表(水泥砂砾基层)的评定与填写

在 C-185 路面结构厚度检验评定表节点，如图 8.2.3.5 所示。双击进入，点击“导数据”，其工程名称、桩号从通用信息表导入，输入厚度原始检测数据后，自动按照规定完成评定结果的计算，如图 8.2.3-6 所示。

××公路建设项目

承包单位：××建设工程公司　　合同号：六

监理单位：××监理单位　　编　号：6C18406H001

弯沉值检验评定表

C-184

工程名称	土方路基				分项工程桩号	K51+000~K52+000			
桩号	弯沉值(0.01mm)				桩号	弯沉值(0.01mm)			
	左幅		右幅			左幅		右幅	
	左侧	右侧	左侧	右侧		左侧	右侧	左侧	右侧
K51+000	132	144			K51+525			128	148
K51+025			134	114	K51+550	122	132		
K51+050	136	130			K51+575			150	128
K51+075			116	122	K51+600	132	122		
K51+100	140	152			K51+625			136	116
K51+125			138	136	K51+650	146	136		
K51+150	150	148			K51+675			140	126
K51+175			140	136	K51+700	174	136		
K51+200	138	128			K51+725			136	122
K51+225			130	110	K51+750	146	140		
K51+250	140	146			K51+775			152	130
K51+275			130	144	K51+800	124	124		
K51+300	114	134			K51+825			138	152
K51+325			146	126	K51+850	130	162		
K51+350	142	166			K51+875			138	138
K51+375			114	138	K51+900	116	168		
K51+400	130	130			K51+925			140	136
K51+425			140	114	K51+950	120	128		
K51+450	122	136			K51+975			140	124
K51+475			112	94	K52+000	118	138		
K51+500	120	142							
季节影响系数=1.0		温度修正系数=			车型系数=1.0				
弯沉设计值l(0.01mm)=180		弯沉平均值l(0.01mm)=133.9			弯沉值标准差S(0.01mm)=13.7				
检测点数n=82		弯沉代表值l(0.01mm)=156.4			系数Z_m=1.645		质量评定：合格		

施工负责人：　　计算：

图　8.2.3-4

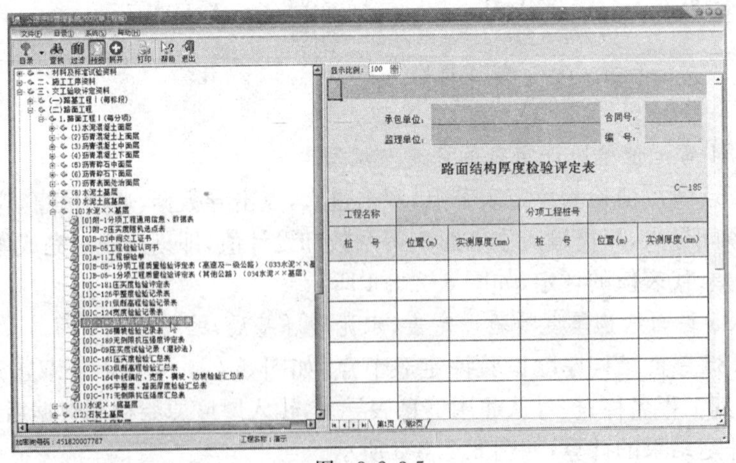

图　8.2.3-5

××工程建设项目

承包单位：××建设工程公司　　　合同号：六

监理单位：××监理单位　　　编　号：6C18506H001

路面结构厚度检验评定表

C-185

工程名称	水泥砂砾基层		分项工程桩号	K51＋000～K52＋000	
桩号	位置(m)	实测厚度(mm)	桩号	位置(m)	实测厚度(mm)
K51＋095	右 0.646	180			
K51＋180	右 2.290	180			
K51＋423	右 0.380	176			
K51＋432	右 2.242	176			
K51＋475	左 0.304	178			
K51＋508	右 2.603	174			
K51＋728	左 0.019	176			
K51＋878	左 2.707	175			
K51＋954	右 3.107	175			
设计厚度(mm)＝180			平均厚度 X(mm)＝176		
标准差 S(mm)＝2.9			厚度代表值 X_l(mm)＝174		
n＝10　　$t_\alpha/\sqrt{n}$＝0.580			合格率(%)＝100.0		

施工负责人：　　　　　　　　　　　　计算：

图　8.2.3-6

4. C-188 路面水泥混凝土弯拉强度评定表的评定与填写

在 C-188 路面水泥混凝土弯拉强度评定表节点，如图 8.2.3-7 所示。双击进入，点击"导数据"，通用信息导入，输入弯拉强度（7 组）后，自动按照评定标准 10 组或少于 10 组的规定进行评定计算，即刻完成，如图 8.2.3-8 所示。

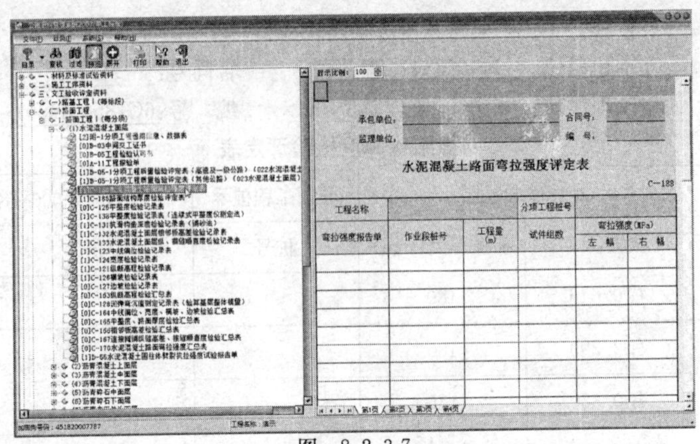

图 8.2.3-7

××公路建设项目

承包单位：××建设工程公司　　合同号：六

监理单位：××监理单位　　编　号：6C18806H001

路面水泥混凝土弯拉强度评定表

C-188

工程名称	水泥混凝土面层		分项工程桩号	K51＋000～K52＋000	
弯拉强度报告单	作业段桩号	工程量(m)	试件组数	弯拉强度(MPa)	
				左幅	右幅
6D5306H004	K51＋000～K51＋280	280	1		5.50
6D5306H003	K51＋280～K51＋600	320	1		5.60
6D5306H002	K51＋600～K51＋800	200	1		4.90
6D5306H001	K51＋800～K52＋000	200	1		5.07
6D5306H007	K51＋000～K51＋360	360	1	4.97	
6D5306H006	K51＋360～K51＋700	340	1	5.45	
6D5306H005	K51＋700～K52＋000	300	1	4.00	

平均弯拉强度 f_{cs}(MPa)＝5.07	设计弯拉强度标准 f_r(MPa)＝4.5	合格判断系数 K＝
0.85f_r(MPa)＝3.82	平均强度合格判断值(f_r+K_6)	变异系数 C_v＝
0.85f_r(MPa)＝	强度标准差 σ(MPa)＝	试件组数 n＝7
0.75f_r(MPa)＝	1.10f_r(MPa)＝4.95　最小值(MPa)　4.00	质量评定：　合格

施工负责人：　　　　计算：

图 8.2.3-8

5. C-186 水泥混凝土抗压强度评定表的评定与填写

在桥梁、小桥、涵洞混凝土构件资料编制程序中，都有这张表，操作时应在相对应的节点下进行，例如桥梁工程的扩大基础，在 C-186 水泥混凝土抗压强度评定表节点，如图 8.2.3-9 所示。下面对小桥梁（板）预制的混凝土抗压强度评定表的评定与填写进行介绍，在 C-186 水泥混凝土抗压强度评定表节点，如图 8.2.3-10 所示。双击进入，点击“导数据”，通用信息导入，输入抗压强度（16 组）后，自动按评定标准试件大于等于 10 组时应以数理统计方法评定的规定进行计算，并判定标准差 S_n 是否小于 0.06R（R 为混凝土设计强度等级），完成该表的评定计算和填写，如图8.2.3-11所示。

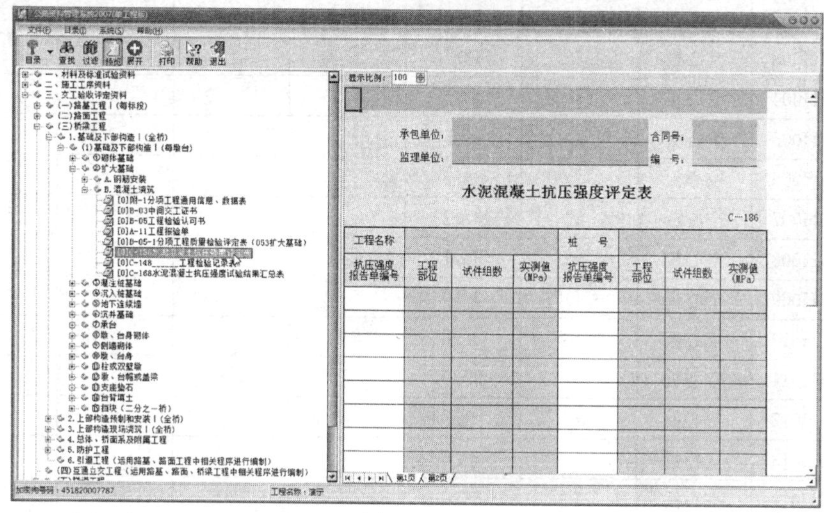

图　8.2.3-9

图　8.2.3-10

××工程建设项目

承包单位：××建设工程公司　　合同号：六

监理单位：××监理单位　　编　号：6C18606H001

水泥混凝土抗压强度评定表　　C-186

工程名称	梁(板)预制			桩号	K51+110		
抗压强度报告单编号	工程部位	试件组数	实测值(MPa)	抗压强度报告单编号	工程部位	试件组数	实测值(MPa)
6D5106H001	空心板	1	35.6				
6D5106H002	空心板	1	38.0				
6D5106H003	空心板	1	42.7				
6D5106H004	空心板	1	43.5				
6D5106H005	空心板	1	39.5				
6D5106H006	空心板	1	34.5				
6D5106H007	空心板	1	37.2				
6D5106H008	空心板	1	38.1				
6D5106H009	空心板	1	36.0				
6D5106H010	空心板	1	36.8				
6D5106H011	空心板	1	37.0				
6D5106H012	空心板	1	41.8				
6D5106H013	空心板	1	40.5				
6D5106H014	空心板	1	35.0				
6D5106H015	空心板	1	42.4				
6D5106H016	空心板	1	39.0				
试件组数 n=16	设计强度等级 R(MPa)=35.0				平均值 R_a(MPa)=38.6		
标准差 S_a(MPa)=2.87	合格判断值(0.9R+K_1S_a)(MPa)=36.2				K_2R(MPa)=29.8		
R_{min}(MPa)=34.5	1.15R(MPa)=		0.92R(MPa)=			质量评定：合格	

施工负责人：　　计算：

图　8.2.3-11

6. B-05-1 分项工程质量检验评定表的评定与填写

所有分项工程质量检验评定表的评定与填写方法相同，下面以土方路基为例进行介绍。在土方路基所属各检测表、评定表均已完成编制的情况下，在 B-05-1 分项工程质量检验评定表节点，见图 8.2.3-12。双击进入，点击“导数据”，压实度评定表、弯沉值评定表、纵断高程、中线偏位、宽度、平整度、横坡和边坡检测表的编号和计算结果同时瞬间导入，按照权值自动计算得分，输入减分后，自动计算评分，即完成该表的评定与填写，如图 8.2.3-13 所示。

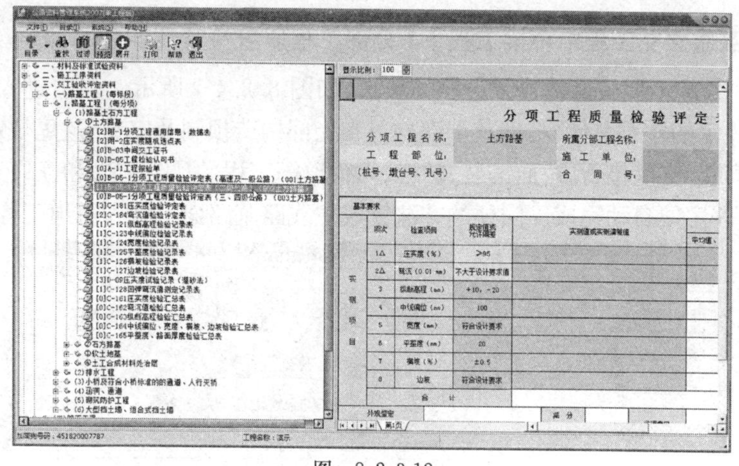

图 8.2.3-12

××公路建设项目

分 项 工 程 质 量 检 验 评 定（二级公路）

分项工程名称：土石路基　　所属分部工程名称：路基土石方工程　　所属建设项目：××公路建设项目

工程部位：K51+000～K52+000　　施工单位：××建设工程公司　　监 理 单 位：××监理单位

（桩号、墩台号、孔号）　　合 同 号：六　　编 号：6B05106H001

B-05-1 (002)

基本要求	（按实际情况填写）							
	项次	检查项目	规定值或允许偏差	实测值或实测偏差值	质量评定			
					平均值、代表值	合格率(%)	权值	得分
实测项目	1Δ	压实度(%)	≥95	见附表6C18106H001	96.0　95.7	95.0	3	95.0
	2Δ	弯沉(0.01mm)	不大于设计要求值	见附表6C10406H001	133.9　156.4	合格	3	100.0
	3	纵断高程(mm)	+10,-20	见附表6C12105H001		95.0	2	95.0
	4	中线偏高(mm)	100	见附表6C12306H001		100.0	2	100.0
	5	宽度(mm)	符合设计要求	见附表6C12405H001		100.0	2	100.0
	6	平整度(mm)	20	见附表6C12506H001		96.0	2	96.0
	7	横坡(%)	±0.5	见附表6C12606H001		90.0	1	90.0
	8	边坡	符合设计要求	见附表6C12706H001		100.0	1	100.0
	合计						16	97.3
外观鉴定	有50m边坡，坡面不平顺	减分	1.0	监理意见				
质量保证资料	资料齐全、完全、真实	减分						
工程质量等级评定		评分：	96.3	质量等级：合格				

检验负责人：　　检测：　　记录：　　复核：　　年 月 日

图 8.2.3-13

四、工程检验评定资料的编制

运用“公路工程资料管理系统”进行工程质量检验评定资料的编制，操作非常简便。因为管理系统已按照评定标准的规定，在分项工程评分的基础上，设计了逐级计算各相应分部工程、单位工程、合同段工程（根据需要增列子分项、子分部和子单位工程）的评分程序。除互通立交工程的分部工程和桥梁的引道工程所属分项工程的质量评定结果需输入外，其余所有评定表的编制方法都是一样的，即在该评定表的所属项目均已完成评定的情况下，仅通过一键操作，各所属项目的评分结果及工程地点等信息同时瞬间导入，只需输入权值，即刻编制出如第七章介绍的手工操作完成的评定表。

(一)互通立交工程中桥梁工程 J-2 分部工程质量检验评定表的评定

在 J-2 分部工程质量检验评定表的节点，如图 8.2.4-1 所示。双击进入，输入按照桥梁工程评定的桥梁总体、基础及下部构造和上部构造预制及安装(这里规定为分项工程)、支座安装、支座垫石、桥面铺装、护栏、人行道等工程的评分结果和互通立交工程规定的权值，评定便自动完成。同样的方法完成主线路基路面工程和匝道工程的评定。

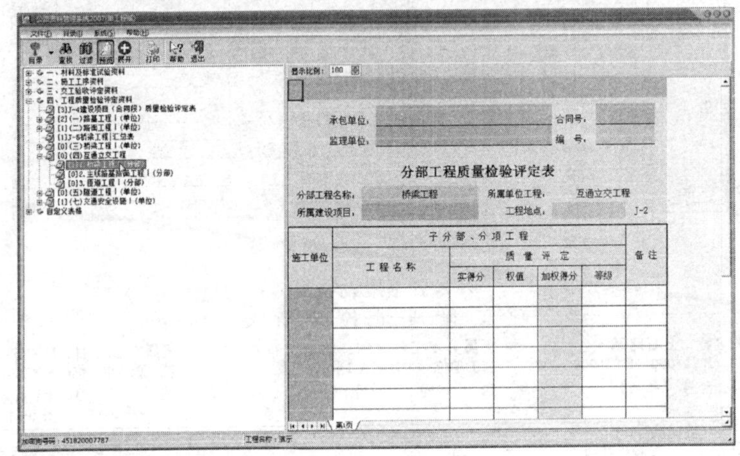

图 8.2.4-1

(二)J-4 建设项目(合同段)质量检验评定表的评定与填写

在所属单位工程路基、路面、桥梁、交通安全设施均已评定完成的情况下，在 J-4 建设项目(合同段)质量检验评定表节点，如图 8.2.4-2 所示。双击进入，点击“导数据”，路基、路面、桥梁、交通安全设施等单位工程的评定结果和桩号等信息同时瞬间导入，输入投资额后，即刻完成评定，如图 8.2.4-3 所示。

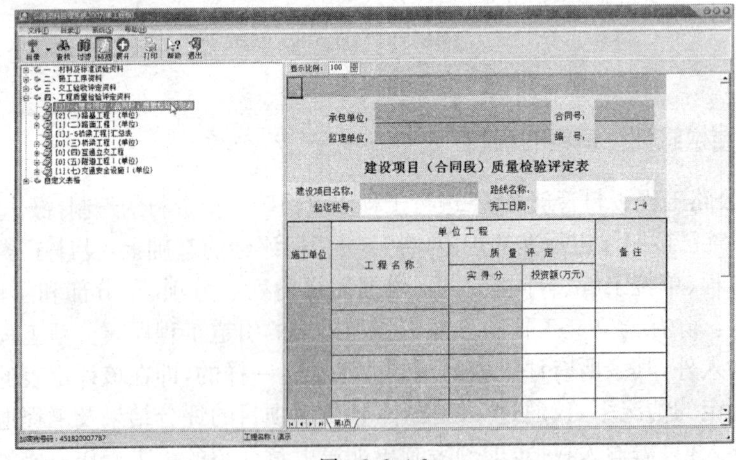

图 8.2.4-2

××工程建设项目

承包单位：××建设工程公司　　合同号：六

监理单位：××监理单位　　编　号：6J406H001

建设项目(合同段)质量检验评定表

建设项目名称：××工程建设项目　　路线名称：

起讫桩号：K51+000～K53+000　　完工日期：　年　月　日　　J-4

施工单位	单位工程			备注
	工程名称	质量评定		
		实得分	投资额(万元)	
××建设工程公司	路基工程	96.5	400	
	路面工程	96.8	1 000	
	桥梁工程	97.1	210	
	交通安全设施	95.9	23	
质量等级	合格	加权平均分		96.8
评定意见	合同段所含各单位工程全部合格，合同段工程质量等级评为合格			

检验负责人：　　计算：　　复核：　　年　月　日

图　8.2.4-3

第九章

公路工程施工资料的立卷

监理资料和施工资料的立卷要按照“公路工程项目文件归档范围”、“公路建设项目文件材料立卷归档管理办法”和上级档案主管部门的规定进行。

第一节　有关对监理资料和施工资料立卷的规定

一、“公路工程项目文件归档范围”的规定

第三部分　监理资料(第二章介绍的黑体字部分)：

(二)监理独立抽检资料(注：编排顺序参照第四部分)

(三)交工验收工程质量评定资料

第四部分　施工资料(第二章介绍的黑体字部分)：

三、施工质量控制文件

(一)工程质量管理文件

2.工程质量检验评定资料。

4.桥梁荷载试验报告。

5.桥梁基础检验汇总资料。

7.交工验收施工单位的自检评定资料。

(二)材料及标准试验

1.原材料、外购成品、半成品抽检试验报告及资料。

2.外购材料(产品) 出厂合格证书、检验报告及质量鉴定报告。

3.各种标准试验、配合比设计报告。

(三)施工工序资料

1.路基工程

(1)路基土石方工程

ⅰ地表处理资料。

ⅱ不良地质处理方案、施工资料、检测资料。

ⅲ分层压实资料。

ⅳ路基检测、验收资料。

ⅴ分段资料汇总。

(2)防护工程

ⅰ基坑放样、开挖处理、试验检测资料。

ⅱ各工序施工记录、检测、试验资料。

ⅲ成品检测资料。

ⅳ砂浆(混凝土)强度试验资料。

(3)小桥工程

ⅰ基坑放样、开挖处理、试验检测资料。

ⅱ基础施工检查、试验资料、桩基检测资料。

ⅲ各分项施工工序检查、成品检测资料。

ⅳ砂浆强度、混凝土强度、台背回填压实度等试验报告及汇总表。

(4)排水工程

ⅰ基坑放样、开挖处理、试验检测资料。

ⅱ各施工工序检查、成品检测资料。

ⅲ砂浆、混凝土强度试验资料。

(5)涵洞工程

ⅰ基坑放样、开挖处理、试验检测资料。

ⅱ各施工工序检查、成品检测资料。

ⅲ砂浆强度、混凝土强度、台背回填压实度等试验报告及汇总表。

2.路面工程

(1)施工工序检查资料。

(2)材料配合比抽检(油石比、马歇尔试验等)资料。

(3)压实度、弯沉、强度等试验检测报告及汇总资料。

3.桥梁工程

(1)基坑放样、开挖处理、试验检测资料。

(2)基础施工检查、试验资料、桩基检测资料。

(3)墩台、现浇构件、预制构件、预应力等施工工序检查、成品检测资料。

(4)各工序施工、检测记录。

(5)砂浆强度、混凝土强度、台背回填压实度等试验报告及汇总表。

5.交通安全设施

(1)各种标志牌制作安装检查记录。

(2)标线检查资料、施工记录。

(3)防撞护栏、隔离栅及附属设施施工、检查资料。

(6)成品检测资料。

二、“公路建设项目文件材料立卷归档管理办法”的规定

第十七条 公路建设项目文件材料归档移交前,由文件材料形成单位,在项目文件材料预立卷的基础上,按照文件材料的自然形成过程并保持其内在有机联系,进行系统化整理组卷,要做到分类科学,便于保管和利用。合同段未完成项目档案整理的,项目法人单位不得组织交工验收。

第十八条 卷内文件材料系统化排列

(五)施工文件材料

1.原材料质量保证文件按照原材料类别依次进行排列。

3.各单位、分部、分项工程质量评定表及汇总文件按照汇总及各单位、分部、分项工程评定工作程序依次进行排列。

4.按照分项(分部、单位)工程分别整理组卷的文件材料,依照分项(分部、单位)工程施工进程,结合施工工序顺序依次进行排列。

(六)监理文件

2.平行试验及独立抽检文件材料按照单位、分部、分项工程依次进行排列。

第十九条 经系统化排列的卷内文件材料,双面书写的文件材料,在其正面右下角、背面左下角,单面书写的文件材料,在其正面右下角,用阿拉伯数字逐页编写页号。

第二十条 案卷由案卷卷盒、内封面、卷内目录、卷内文件材料及备考表(封底)组成,其格式均应符合《科学技术档案案卷构成的一般要求》(GB/T 11822—2008)。

第二十一条 卷盒正面及卷脊可只填写案卷的档号和立卷单位(卷盒内装有若干卷案卷的,卷盒正面及卷脊应填写盒内案卷的起止档号)。

第二十二条 内封面由下列内容构成:案卷题名、立卷单位、起止日期、保管期限、密级及档号。

案卷题名应能准确反映本案卷的基本内容,包括公路建设项目名称、起讫里程、分项(分部、单位)工程名称及文件材料名称。

立卷单位指案卷的组卷单位或部门。

起止日期指本案卷内文件形成的最早和最晚的时间——年、月、日(年度应填写

四位数字)。

保管期限填写划定的保管期限。保管期限分为永久、30 年、10 年三种。应根据项目的实际情况、项目文件材料的特性及利用价值,分别确定案卷的保管期限。

密级根据国家及交通运输部有关保密规定确定并填写。

第二十三条　卷内目录由下列项目组成:

(一)序号,按照文件排列顺序,用阿拉伯数字从 1 起依次标注。

(二)文件编号,填写文件材料的原始编号或图号。

(三)责任者,填写文件材料的形成单位或主要形成单位。属原材料报验和工序报验文件,责任者应填写施工单位和监理单位。

(四)文件题名,填写卷内文件材料标题的全称,没有标题或标题不能说明文件材料内容的,应自拟标题,并加[ ]符号。案卷内每份独立成件及单独办理报验和批准手续形成的文件材料,均应逐件填写文件标题。

(五)日期,填写文件材料形成最终日期。

(六)页次,填写每份文件材料首页上标注的页号,最后一份文件标注起止页号;属已装订成册的文件材料,在卷内文件目录页次栏中填写册数,并在备注栏中注明累计总页数。

(七)备注,填写需注明的情况。

卷内目录需纸质目录及电子目录各一份。

第二十四条　备考表中须注明本案卷组卷情况及本案卷包含文件份数;说明复印件归档原因和原件存放地;立卷人指案卷组卷人员,检查人应为部门或项目技术负责人及监理。

第二十五条　公路建设项目档案除蓝图及成册文件材料外,按照三孔一线方式进行装订。装订前,应去除塑胶、塑封、塑膜、胶圈等易老化腐蚀纸张的封面或装订材料。

不装订的图纸及成册文件材料,每份需加盖档号章。档号章内容包括该份文件材料所在案卷的档号和本案卷中所在页次(档号章式样见附件 3《档号章式样》)。

第二十六条　案卷系统化排列及编号:

案卷的编制单位应按工程进展的自然过程,对已经整理好的案卷进行系统化排列,并用铅笔在封面及卷脊编写案卷流水号。其中,施工单位应对本合同段形成的案卷,按照其自然形成过程,依照路线进行方向,结合单位工程排列顺序依次进行排列。监理单位按照监理工作程序,以合同段为单位,对形成的案卷进行系统化排列。

第二十七条　案卷目录的编制:

经系统化排列和编号的案卷须编制案卷目录一式两份(含电子版),其格式应符合《科学技术档案案卷构成的一般要求》(GB/T 11822—2008)。

第二节　监理资料和施工资料的立卷

监理资料和施工资料，即材料及标准试验资料、施工工序资料、交工验收评定资料、工程质量检验评定资料。它内容多、数量大，资料的立卷归档工作既繁琐又费时。但可以结合资料编制程序化的特点，制定资料的立卷程序。运用资料立卷程序进行监理资料和施工资料的立卷，可达到快捷、简便、系统的目的。

一、制定实际施工项目监理资料和施工资料的立卷程序

由于施工过程中原材料试验与原材料进场试验资料的编制方法相同，所以施工工序资料中未进行原材料试验资料编制程序的制定，这里同样不进行立卷程序的制定。但施工过程中的原材料试验资料应归档，并要在相关桥涵和路面工程的施工工序中列入。

(一)按照施工资料归档范围的编排顺序制定监理资料和施工资料共同使用的立卷程序

依据监理资料的编制与施工资料相同、监理资料归档范围中监理独立抽检资料的编排顺序参考第四部分的规定，确定按照施工资料的归档范围的编排顺序制定监理资料和施工资料共同使用的立卷程序。

(二)按照归档范围、立卷归档管理办法的具体规定制定实际施工项目资料的立卷程序

按照归档范围和立卷归档办法制定的立卷程序由归档范围、案卷题名、文件材料内容、文件材料表格内容和程序顺序编号五项内容组成。下面以路面工程施工工序资料的立卷程序为例进行逐项制定说明，见表 9.2.1-1。

1. 归档范围

立卷程序中归档范围的“三　施工质量控制文件”、“(三)施工工序资料”、“ 2　路面工程”与施工资料归档范围中路面工程的排序相对应。

2. 案卷题名

××公路××段××合同段 K×＋×××～K×＋×××段路面工程施工工序资料是按照立卷归档管理办法第二十二条案卷题名应能准确反映本案卷的基本内容，包括公路建设项目名称、起讫里程、分项(分部、单位)工程名称及文件材料名称的规定制定。

3. 文件材料内容

立卷程序中文件材料内容的“一、施工工序检查资料”，“二、材料配合比抽检资料”，“三、压实度、强度等试验检测报告及汇总表资料”是按照施工资料归档范围三、(三)—2

路面工程的归档范围制定。同时满足立卷归档管理办法第二十三条(四)款文件题名，填写卷内文件材料标题的全称的规定，并为制定卷内目录文件题名打下基础。

4.程序顺序编号

立卷程序中水泥砂砾基层的程序顺序编号“二、(二)—2”，是第三章介绍的施工工序资料中水泥砂砾基层编制程序的顺序号(见第三章表3.2.2)。其中“二 代表施工工序资料”、“(二)是路面工程序号”、“2是 水泥砂砾基层序号”。

5.文件材料表格内容

它是与文件材料内容、编制程序顺序号相对应的编制程序中各表的表号。例如与文件材料内容为水泥砂砾基层、程序顺序编号“二、(二)—2”相对应的编制程序中的表号是A-10、A-04、C-125、C-121、C-124、C-130、C-126、D-28、D-29、E-11。

(三)不进行归档的资料

如:A-04施工放样报验单(个别需要的存档)、A-11工程报验单、B-03中间交工证书、各种现场质量检验报告单(个别需要的存档)、C-010混凝土浇筑申请报告单和D-51水泥混凝土抗压强度试验报告单、D-53水泥混凝土弯拉强度试验报告单的7d强度试验单、施工控制含水率试验记录、模板工序等，这些资料是在施工过程中为强化管理程序和控制施工质量所必须的，缺一不可。但这些资料不能反映所完工程的真正施工质量状况，所以这些资料不需要进行立卷归档。另外，路堤填筑(路床顶面除外)工序中的C-122路堤每层填筑纵断高程检验记录表、C-123中线偏位检验记录表、C-124宽度检验记录表等外形尺寸检验记录表，在施工过程中起到了控制施工质量的作用，反映了所完工程的真正施工质量状况(外形尺寸)，很重要，但路床顶面外形尺寸检验记录表完全可以反映整个所完路堤填筑的施工质量状况(外形尺寸)，所以除路床顶面以外其他路堤填筑工序中外形尺寸检验记录表，不需要进行立卷归档。

(四)制定实际施工项目监理资料和施工资料的立卷程序

立卷程序中程序顺序编号是指第三章介绍的材料及标准试验资料(见表3.1.1-20和表3.1.2-12)、施工工序资料(见表3.2.2和表3.3.2)、交工验收评定资料(见表3.3.2)和工程质量检验评定资料(见表3.4.2)的顺序号，其中“一”代表原材料及标准试验，“二”代表施工工序资料，“三”代表交工验收评定资料，“四”代表工程质量检验评定资料。

实际施工项目的监理资料和施工资料的立卷程序，见表9.2.1-2。

二、监理资料和施工资料的立卷

(一)卷内文件材料系统化排列

1.制定隔页

(1)按照文件材料内容制定隔页

如涵洞工程的隔页，按照文件材料内容中归档范围规定的基坑放样、开挖处理、试验检测资料，各施工工序检查资料，混凝土强度、台背回填压实度等试验报告及汇总表的规定制定，(详见后文所述的 K51＋800 圆管涵基坑放样、开挖处理、试验检测资料的隔页)。

(2)根据文件材料数量的多少制定隔页

路面工程的基层、面层施工工序资料数量较多，按照每分项工程制定隔页。路肩施工工序资料数量很少，可把两个分项工程(K51＋000～K53＋000 段)的底基层、基层、面层的路肩资料合在一起制定隔页。

2. 卷内文件材料的编排

分别按照隔页的内容、文件材料内容的具体项目、编制程序顺序号、文件材料表格内容等，在临时归档资料中查找相对应的表格，把查找到的表格分别按照文件材料内容的顺序和桩号要求放在隔页的后边，即完成卷内文件材料的编排工作。以上卷内文件材料的编排符合立卷归档管理办法第十七条按照文件材料的自然形成过程并保持其内在有机联系，进行系统化整理组卷，做到分类科学，便于保管和利用的规定。

(二)制定卷内目录

当案卷资料的数量较多时，要按照规定或最佳厚度分成几个分卷，卷内目录按照分卷制定。

1. 文件题名

依次按照隔页内容填写文件题名。

2. 其他序号、文件编号、责任者、日期、页次等的填写

其他序号、文件编号、责任者、日期、页次等要按照立卷归档管理办法第二十三条的相关规定填写；

卷内目录(只进行文件题名和页次的说明)的填写，涵洞工程见表 9.2.2-1、路面工程见表 9.2.2-2、表 9.2.2-3。

3. 案卷的其他(如卷盒、内封面、备考表、装订等)

案卷的其他如卷盒、内封面、备考表、装订等要分别按照立卷归档管理办法的第二十一条、第二十二条、第二十四条、第二十五条的规定和上级档案主管部门的规定进行。

4. 案卷的排列及编号

案卷系统化排列及编号要按照立卷归档办法的第二十六条的规定进行编号。

5. 案卷目录的编制

案卷目录的编制要按照立卷归档管理办法的第二十七条的规定进行编制。

表 9.2.1-1

实际施工项目路面工程监理资料和施工资料的立卷程序

归档范围			案卷题名	文件材料内容	文件材料表格内容	程序顺序号
三	(二)	2				
施工质量控制文件	施工工序资料	路面工程	××公路××段第××合同段K×+×××～K×+×××段路面工程施工工序资料(施) 第　卷共　卷	一、施工工序检查资料		
				(一)K×+×××～ K×+×××段水泥砂砾底基层(略)		
				(二)K×+×××～ K×+×××段水泥砂砾基层施工工序检查资料	A-10、E-04、C-125、C-121、C-124、C-130、C-126、D-28、D-29、E-11	二、(二)—2
				(三)K×+×××～ K×+×××段水泥混凝土面层(略)		
				(四)路肩(略)		
				二、材料配合比抽检资料		
				(一)K×+×××～ K×+×××段水泥砂砾底基层(略)		
				(二)K×+×××～ K×+×××段水泥砂砾基层材料配合比抽检资料	D-23-1	二、(二)—2
				(三)K×+×××～ K×+×××段水泥混凝土面层(略)		
				三、压实度、强度等试验检测报告及汇总资料		
				(一)压实度、强度等试验检测报告资料		
				1.K×+×××～ K×+×××段水泥砂砾底基层(略)		
				2.K×+×××～ K×+×××段水泥砂砾基层压实度、强度试验检测报告	D-09、D-30	二、(二)—2
				3.K×+×××～ K×+×××段水泥混凝土面层(略)		
				(二)压实度、强度试验检测汇总资料		
				1.K×+×××～ K×+×××段水泥砂砾底基层(略)		
				2.K×+×××～ K×+×××段水泥砂砾基层压实度、强度试验检测汇总资料	C-161、C-171	三、(二)—2
				3.K×+×××～ K×+×××段水泥混凝土面层(略)		

实际施工项目监理资料和施工资料的立卷程序

表 9.2.1-2

归档范围			案卷题名	文件材料内容	文件材料表格内容	程序顺序号
三	(一)	2				
施工质量控制文件	工程质量管理文件	工程质量检验评定资料	××公路××段第 6 合同段 K51+000～K53+000 段工程质量检验评定资料 第 卷共 卷	一、建设项目(合同段)质量检验评定表	J-4	四、(一)
				二、路基工程		
				(一)单位工程质量检验评定表(路基工程)	J-3	四、(一)—1
				1. K×+×××～ K×+×××段		
				(1)子单位工程质量检验评定表(路基工程)	J-3-1	四、(一)—1—(1)
				①分部工程质量检验评定表(路基土石方工程)	J-2	四、(一)—1—(1)—①
				②分部工程质量检验评定表(排水工程)	J-2	四、(一)—1—(1)—②
				③分部工程质量检验评定表(K51+110 小桥)	J-2	四、(一)—1—(1)—③
				A 子分部工程质量检验评定表(基础及下部构造)(全桥)	J-2-1	四、(一)—1—(1)—③—A
				a 分项工程质量检验评定表(基础及下部构造)(每墩台)	J-1-1	四、(一)—1—(1)—③—A—a
				B 子分部工程质量检验评定表(上部构造预制和安装)	J-2-1	四、(一)—1—(1)—③—B
				a 分项工程质量检验评定表(上部构造预制和安装)	J-1-1	四、(一)—1—(1)—③—B—a
				C 子分部工程质量检验评定表(总体、桥面系及附属工程)	J-2-1	四、(一)—1—(1)—③—C
				④分部工程质量检验评定表(涵洞)	J-2	四、(一)—1—(1)—④
				A 子分部工程质量检验评定表(××涵洞)	J-2-1	四、(一)—1—(1)—④—A
				a 分项工程质量检验评定表(基础及下部构造)	J-1-1	四、(一)—1—(1)—④—A—a
				b 分项工程质量检验评定表(主要构件预制、安装)	J-1-1	四、(一)—1—(1)—④—A—b

续上表

归档范围			案卷题名	文件材料内容	文件材料表格内容	程序顺序号
三	(一)	2				
施工质量控制文件	工程质量管理文件	工程质量检验评定资料	××公路××段第6合同段K51+000～K53+000段工程质量检验评定资料 第 卷共 卷	c分项工程质量检验评定表(填土总体、附属工程)	J-1-1	四、(一)—1—(1)—④—A—c
				⑤分部工程质量检验评定表(砌筑防护工程)	J-2	四、(一)—1—(1)—⑤
				三、路面工程		
				(一)单位工程质量检验评定表(路面工程)	J-3	四、(一)—2
				1. K×+×××～K×+×××段		
				(1)分部工程质量检验评定表(路面工程)	J-2	四、(一)—2—(1)
				四、桥梁工程		
				(一)单位工程质量检验评定表(桥梁工程)	J-3	四、(一)—3
				1. 分部工程质量检验评定表(基础及下部构造)(全桥)	J-2	四、(一)—3—(1)
				(1)子分部工程质量检验评定表(基础及下部构造)(每墩台)	J-2-1	四、(一)—3—(1)—①
				2. 分部工程质量检验评定表(上部构造预制和安装)(全桥)	J-2	四、(一)—3—(2)
				(1)子分部工程质量检验评定表(上部构造预制和安装)(每孔)	J-2-1	四、(一)—3—(2)—①
				3. 分部工程质量检验评定表(总体、桥面系及附属工程)	J-2	四、(一)—3—(3)
				4. 分部工程质量检验评定表(防护工程)	J-2	四、(一)—3—(4)
				五、交通安全设施		
				1. 单位工程质量检验评定表(交通安全设施)	J-3	四、(一)—4
				(1)分部工程质量检验评定表(标志)	J-2	四、(一)—4—(1)
				(2)分部工程质量检验评定表(标线)	J-2	四、(一)—4—(2)
				(3)分部工程质量检验评定表(护栏、轮廓标)	J-2	四、(一)—4—(3)

续上表

归档范围			案卷题名	文件材料内容	文件材料表格内容	程序顺序号
三	(一)	4、5				
施工质量控制文件	工程质量管理文件	桥梁荷载试验报告及桥梁基础检验汇总资料	××公路××段第××合同段K52+930中桥荷载试验报告及基础检验汇总资料 第 卷共 卷	一、桥梁荷载试验报告	经有资质的检测机构检测的资料	
				二、桥梁基础检测汇总资料		
				(一)桩基检测资料		
				1. 钻孔灌注桩		
				(1)钢筋加工及安装检测汇总资料	C-148、E-12	二、(三)—1—(1)—①
				(2)钻孔灌注桩成孔检测汇总资料	C-148、E-15、E-13、E-11	二、(三)—1—(1)—②
				(3)钻孔灌注桩检测汇总资料	E-07、C-148、E-16	二、(三)—1—(1)—③
				2. 承台		
				(1)钢筋加工及安装检测汇总资料	C-148、E-12	二、(三)—1—(2)—①
				(2)混凝土浇筑检测汇总资料	E-07、C-148	二、(三)—1—(2)—③
				(二)混凝土强度汇总表		
				1. 钻孔灌注桩混凝土强度试验结果汇总表	C-168	三、(三)—1—(1)—②
				2. 承台混凝土强度试验结果汇总表	C-168	三、(三)—1—(2)—②

续上表

归档范围			案卷题名	文件材料内容	文件材料表格内容	程序顺序号
三	(一)	7				
施工质量控制文件	工程质量文件	交工验收评定资料	××公路××段第6合同段K51+000～K53+000段交工验收评定资料 第 卷共 卷	一、路基工程交工验收评定资料		
				(一)路基土石方工程		
				1. K×+×××～ K×+×××段		
				(1)土方路基交工验收评定资料	B-05-1(002 土方路基)、C-181、C-184、C-121、C-123、C-124、C-125、C-126、C-127、D-09、C-128	三、(一)—1—(1)
				(2)砂垫层(软土地基)交工验收评定资料	B-05-1(004 砂垫层)、C-129、C-124、D-09	三、(一)—1—(2)
				(二)排水工程		
				1. K×+×××～ K×+×××段		
				(1)土沟交工验收评定资料	B-05-1(008 土沟)、C-146、C-145	三、(一)—2—(1)
				(2)浆砌排水沟交工验收评定资料	B-05-1(009 浆砌排水沟)、C-187、C-146、C-147	三、(一)—2—(2)
				(3)盲沟交工验收评定资料	B-05-1(010 盲)、C-146、C-145	三、(一)—2—(3)
				(三)K51+110 小桥		
				1. 基础及下部构造		
				(1)扩大基础		
				①钢筋安装交工验收评定资料	B-05-1(051 钢筋网)、C-148	三、(一)—3—(1)—①—A
				②混凝土浇筑交工评定资料	B-05-1(053 扩大基础)、C-186、C-148	三、(一)—3—(1)—①—B
				(2)墩、台身		
				①钢筋安装交工验收评定资料	B-05-1(050 钢筋安装)、C-148	三、(一)—3—(1)—②—A
				②混凝土浇筑交工评定资料	B-05-1(056 墩台身)、C-186、C-148	三、(一)—3—(1)—②—B

续上表

归档范围			案卷题名	文件材料内容	文件材料表格内容	程序顺序号
三	(一)	7				
施工质量控制文件	工程质量文件	交工验收评定资料	××公路××段第6合同段K51+000～K53+000段交工验收评定资料 第 卷共 卷	(3)墩台帽		
				①钢筋安装交工验收评定资料	B-05-1(050钢筋安装)、C-148	三、(一)—3—(1)—③—A
				②混凝土浇筑交工评定资料	B-05-1(058墩台帽或盖梁)、C-186、C-148	三、(一)—3—(1)—③—B
				(4)台背填土交工验收评定资料	B-05-1(059台背填土)、C-182	三、(一)—3—(1)—④
				2.上部构造预制和安装		
				(1)梁(板)预制		
				①钢筋安装交工验收评定资料	B-05-1(050钢筋安装)、C-148	三、(一)—3—(2)—①—A
				②混凝土浇筑交工评定资料	B-05-1(062梁(板)预制(一))、B-05-1(062梁(板)预制(二))C-186、C-148	三、(一)—3—(2)—①—B
				(2)梁(板)安装交工验收评定资料	B-05-1(063梁(板)安装)、C-148	三、(一)—3—(2)—②
				3.总体、全面系和附属工程		
				(1)桥梁总体交工验收评定资料	B-05-1(049桥梁总体)、C-148	三、(一)—3—(3)—①
				(2)桥面铺装		
				①钢筋安装交工验收评定资料	B-05-1(051钢筋网)、C-148	三、(一)—3—(3)—②—A
				②混凝土浇筑交工评定资料	B-05-1(067桥面铺装)、C-186、C-148、C-131	三、(一)—3—(3)—②—B
				(3)支座安装交工验收评定资料	B-05-1(071支座安装)、C-148	三、(一)—3—(3)—③
				(4)桥头搭板		
				①钢筋安装交工验收评定资料	B-05-1(050钢筋安装)、C-148	三、(一)—3—(3)—④—A
				②混凝土浇筑交工评定资料	B-05-1(077桥头搭板)、C-186、C-148	三、(一)—3—(3)—④—B
				(5)伸缩缝安装交工验收评定资料	B-05-1(072伸缩缝安装)、C-148	三、(一)—3—(3)—⑤
				(6)混凝土防撞栏		

续上表

归档范围			案卷题名	文件材料内容	文件材料表格内容	程序顺序号
三	(一)	7				
施工质量控制文件	工程质量文件	交工验收评定资料	××公路××段第6合同段K51+000～K53+000段交工验收评定资料 第 卷共 卷	①钢筋安装交工验收评定资料	B-05-1(050 钢筋安装)、C-148	三、(一)—3—(3)—⑥—A
				②混凝土浇筑交工评定资料	B-05-1(076 混凝土防撞栏)、C-186、C-148	三、(一)—3—(3)—⑥—B
				(四)涵洞		
				1. ××涵洞		
				(1)基础及下部构造		
				①涵台交工验收评定资料	B-05-1(079 涵台)、C-186、C-148	三、(一)—4—(1)—①
				②一字墙和八字墙交工验收评定资料	B-05-1(084 一字墙和八字墙)、C-186、C-148	三、(一)—4—(1)—②
				(2)主要构件预制、安装		
				①管节预制		
				A 钢筋安装交工验收评定资料	B-05-1(050 钢筋安装)、C-148	三、(一)—4—(2)—①—A
				B 混凝土浇筑交工评定资料	B-05-1(005 管节预制)、C-186、C-148	三、(一)—4—(2)—①—B
				②管座及涵管安装交工验收评定资料	B-05-1(080 管座及涵管安装)、C-186、C-148	三、(一)—4—(2)—②
				③盖板制作		
				A 钢筋安装交工验收评定资料	B-05-1(050 钢筋安装)、C-148	三、(一)—4—(2)—③—A
				B 混凝土浇筑交工评定资料	B-05-1(081 盖板制作)、C-186、C-148	三、(一)—4—(2)—③—B
				④盖板安装交工验收评定资料	B-05-1(082 盖板安装)、C-148	三、(一)—4—(2)—④
				(3)填土、总体、附属工程		
				①桥面铺装(明涵)交工验收评定资料	B-05-1(067 桥面铺装)、C-186、C-148、C-131	三、(一)—4—(3)—①
				②涵洞回填土交工验收评定资料	B-05-1(059 台背填土)、C-182	三、(一)—4—(3)—②
				③涵洞总体交工验收评定资料	B-05-1(078 涵洞总体)、C-148	三、(一)—4—(3)—③

续上表

归档范围			案卷题名	文件材料内容	文件材料表格内容	程序顺序号
三	(一)	7				
施工质量控制文件	工程质量文件	交工验收评定资料	××公路××段第6合同段K51+000～K53+000段交工验收评定资料 第 卷共 卷	④搭板(明涵)		
				A 钢筋安装交工验收评定资料	B-05-1(050 钢筋安装)、C-148	三、(一)—4—(3)—④—A
				B 混凝土浇筑交工评定资料	B-05-1(077 桥头搭板)、C-186、C-148	三、(一)—4—(3)—④—B
				(五)砌筑防护工程		
				1. K×+×××～K×+×××段锥、护坡交工验收评定资料	B-05-1(015 锥、护坡)、C-187、C-148	三、(一)—5
				二、路面工程		
				(一)K51+000～K53+000段水泥砂砾底基层交工验收评定资料	B-05-1(036 水泥砂砾底基层)、C-181、C-125、C-121、C-124、C-185、C-126、C-189、D-09	三、(二)—3
				(二)K51+000～K53+000段水泥砂砾基层交工验收评定资料	B-05-1(034 水泥砂砾基层)、C-181、C-125、C-121、C-124、C-185、C-126、C-189、D-09	三、(二)—2
				(三)K51+000～K53+000段水泥混凝土面层交工验收评定资料	B-05-1(其他公路(一))(023 水泥混凝土路面)、B-05-1(其他公路(二))(023 水泥混凝土路面)、C-188、C-185、C-125、C-138、C-131、C-132、C-133、C-123、C-124、C-121、C-126	三、(二)—1
				(四)K51+000～K53+000段路肩交工验收评定资料	B-05-1(048 路肩)、C-181、C-125、C-126、C-124	三、(二)—4
				三、K52+930中桥		
				(一)基础及下部构造		
				1. 钻孔灌注桩基础		
				(1)钢筋安装交工验收评定资料	B-05-1(050 钢筋安装)、C-148	三、(三)—1—(1)—①
				(2)混凝土浇筑交工评定资料	B-05-1(054 钻孔灌注桩)、C-186、C-148	三、(三)—1—(1)—②
				2. 承台		
				(1)钢筋安装交工验收评定资料	B-05-1(050 钢筋安装)、C-148	三、(三)—1—(2)—①

续上表

归档范围			案卷题名	文件材料内容	文件材料表格内容	程序顺序号
三	(一)	7				
施工质量控制文件	工程质量文件	交工验收评定资料	××公路××段第6合同段K51+000～K53+000段交工验收评定资料 第 卷共 卷	(2)混凝土浇筑交工评定资料	B-05-1(055 承台)、C-186、C-148	三、(三)—1—(2)—②
				3. 台身		
				(1)钢筋安装交工验收评定资料	B-05-1(050 钢筋安装)、C-148	三、(三)—1—(3)—①
				(2)混凝土浇筑交工评定资料	B-05-1(056 墩台身)、C-186、C-148	三、(三)—1—(3)—②
				4. 柱式墩身		
				(1)钢筋安装交工验收评定资料	B-05-1(050 钢筋安装)、C-148	三、(三)—1—(4)—①
				(2)混凝土浇筑交工评定资料	B-05-1(057 柱或双臂墩身)、C-186、C-148	三、(三)—1—(4)—②
				5. 墩台帽或盖梁		
				(1)钢筋安装交工验收评定资料	B-05-1(050 钢筋安装)、C-148	三、(三)—1—(5)—①
				(2)混凝土浇筑交工评定资料	B-05-1(058 墩台帽或盖梁)、C-186、C-148	三、(三)—1—(5)—②
				6. 支座垫石交工验收评定资料	B-05-1(069 支座垫石)、C-186、C-148	三、(三)—1—(6)
				7. 台背填土交工验收评定资料	B-05-1(059 台背填土)、C-182	三、(三)—1—(7)
				8. 挡块交工验收评定资料	B-05-1(070 挡块)、C-186、C-148	三、(三)—1—(8)
				(二)上部构造预制和安装		
				1. 梁(板)预制		
				(1)钢筋安装交工验收评定资料	B-05-1(050 钢筋安装)、C-148	三、(三)—2—(1)—①
				(2)混凝土浇筑交工评定资料	B-05-1(062 梁(板)预制(一))、B-05-1(062 梁(板)预制(二))C-186、C-148	三、(三)—2—(1)—②
				2. 梁(板)安装交工验收评定资料	B-05-1(063 梁(板)安装)、C-148	三、(三)—2—(2)
				(三)总体、桥面系和附属工程		
				1. 桥梁总体交工验收评定资料	B-05-1(049 桥梁总体)、C-148	三、(三)—3—(1)

续上表

归档范围			案卷题名	文件材料内容	文件材料表格内容	程序顺序号
三	(一)	7				
施工质量控制文件	工程质量文件	交工验收评定资料	××公路××段第6合同段K51+000～K53+000段交工验收评定资料 第 卷共 卷	2. 桥面铺装		
				(1)钢筋安装交工验收评定资料	B-05-1(051 钢筋网)、C-148	三、(三)—3—(2)—①
				(2)混凝土浇筑交工评定资料	B-05-1(067 桥面铺装)、C-186、C-148、C131	三、(三)—3—(2)—②
				3. 支座安装交工验收评定资料	B-05-1(071 支座安装)、C-148	三、(三)—3—(3)
				4. 桥头搭板		
				(1)钢筋安装交工验收评定资料	B-05-1(050 钢筋安装)、C-148	三、(三)—3—(4)—①
				(2)混凝土浇筑交工评定资料	B-05-1(077 桥头搭板)、C-186、C-148	三、(三)—3—(4)—②
				5. 伸缩缝安装交工验收评定资料	B-05-1(072 伸缩缝安装)、C-148	三、(三)—3—(5)
				6. 混凝土防撞栏		
				(1)钢筋安装交工验收评定资料	B-05-1(050 钢筋安装)、C-148	三、(三)—3—(6)—①
				(2)混凝土浇筑交工评定资料	B-05-1(076 混凝土防撞栏)、C-186、C-148	三、(三)—3—(6)—②
				(四)防护工程		
				1. 锥、护坡交工验收评定资料	B-05-1(015 锥、护坡)、C-187、C-148	三、(三)—4—(1)
				2. 导流工程交工验收评定资料	B-05-1(016 导流工程)、C-187、C-148	三、(三)—4—(2)
				四、交通安全设施(K51+000～K53+000段)		
				(一)交通标志交工验收评定资料	B-05-1(085 交通标志)、C-148	三、(四)—1
				(二)路面标线交工验收评定资料	B-05-1(086 路面标线)、C-148	三、(四)—2
				(三)波形梁钢护栏交工验收评定资料	B-05-1(087 波形梁钢护栏)、C-148	三、(四)—3—(1)
				(四)轮廓标交工验收评定资料	B-05-1(089 轮廓标)、C-148	三、(四)—3—(2)

续上表

归档范围			案卷题名	文件材料内容	文件材料表格内容	程序顺序号
三	(二)	1				
施工质量控制文件	材料及标准试验	原材料、外购成品、半成品抽检报告及资料	××公路××段第6合同段K51+000～K53+000段材料及标准试验资料 第　卷共　卷	一、原材料抽检试验报告及资料		
				(一)路基工程		
				1. 路基土石方工程		
				(1)土方路基填料(包括基底土)试验报告及资料	D-01、D-03、D-03-1、D-04、D-13	一、(一)—1—(1)—①
				(2)砂垫层(软土地基)原材料试验报告及资料	D-14、D-15	一、(一)—1—(1)—②
				2. 排水工程		
				(1)水泥试验报告及资料	D-18、D-19、D-20	一、(一)—1—(2)—①
				(2)细集料试验报告及资料	D-42、D-43、D-44、D-45	一、(一)—1—(2)—②
				3. 小桥工程		
				(1)水泥试验报告及资料	D-18、D-19、D-20	一、(一)—1—(3)—①
				(2)粗集料试验报告及资料	D-36、D-37、D-40、D-41	一、(一)—1—(3)—②
				(3)细集料试验报告及资料	D-42、D-43、D-44、D-45	一、(一)—1—(3)—③
				(4)台背填土试验报告及资料	D-01、D-03、D-03-1、D-04	一、(一)—1—(3)—④
				(5)钢筋试验报告及资料	经有资质的检测机构检测的资料	
				4. 涵洞工程		
				(1)水泥试验报告及资料	D-18、D-19、D-20	一、(一)—1—(4)—①
				(2)粗集料试验报告及资料	D-36D-37、D-40 D-41	一、(一)—1—(4)—②
				(3)细集料试验报告及资料	D-42、D-43、D-44、D-45	一、(一)—1—(4)—③
				(4)回填土、台背填土试验报告及资料	D-01、D-03、D-03-1、D-04	一、(一)—1—(4)—④
				(5)钢筋试验报告及资料	同小桥	

续上表

归档范围			案卷题名	文件材料内容	文件材料表格内容	程序顺序号
三	(二)	1				
施工质量控制文件	材料及标准试验	原材料、外购成品、半成品抽检报告及资料	××公路××段第6合同段K51+000～K53+000段材料及标准试验资料 第 卷共 卷	5. 砌筑防护工程		
				(1)水泥试验报告及资料	D-18、D-19、D-20	一、(一)—1—(5)—①
				(2)细集料试验报告及资料	D-42、D-43、D-44、D-45	一、(一)—1—(5)—②
				(二)路面工程		
				1. 水泥砂砾底基层		
				(1)水泥试验报告及资料	D-18、D-19、D-20	一、(一)—2—(1)—①
				(2)集料试验报告及资料	D-23、D-23-1、D-27、D-04	一、(一)—2—(1)—②
				2. 水泥砂砾基层		
				(1)水泥试验报告及资料	D-18、D-19、D-20	一、(一)—2—(2)—①
				(2)集料试验报告及资料	D-23、D-23-1、D-27 D-04	一、(一)—2—(2)—②
				3. 水泥混凝土面层		
				(1)水泥试验报告及资料	D-18、D-19、D-20	一、(一)—2—(3)—①
				(2)粗集料试验报告及资料	D-36、D-38、D-39、D-40、D-41	一、(一)—2—(3)—②
				(3)细集料试验报告资料	D-42、D-43、D-44、D-45	一、(一)—2—(3)—③
				(4)钢筋试验报告及资料		
				(三)桥梁工程		
				1. 水泥试验报告及资料	D-18、D-19、D-20	一、(一)—3—(1)
				2. 粗集料试验报告及资料	D-36、D-37、D-40、D-41	一、(一)—3—(2)
				3. 细集料试验报告及资料	D-42、D-43、D-44、D-45	一、(一)—3—(3)
				4. 台背填土试验报告及资料	D-01、D-03、D-03-1、D-04	一、(一)—3—(4)

续上表

归档范围			案卷题名	文件材料内容	文件材料表格内容	程序顺序号
三	(二)	1				
施工质量控制文件	材料及标准试验	原材料、外购成品、半成品抽检报告及资料	××公路××段第6合同段K51+000～K53+000段材料及标准试验资料 第　卷共　卷	5. 钢筋试验报告及资料	同小桥	
				(四)交通安全设施		
				1. 水泥试验报告及资料	D-18、D-19、D-20	一、(一)—4—(1)
				2. 粗集料试验报告及资料	D-36、D-37、D-40、D-41	一、(一)—4—(2)
				3. 细集料试验报告及资料	D-42、D-43、D-44、D-45	一、(一)—4—(3)
				4. 成品检测报告及资料	经有资质的检测机构检测的资料	
		2		二、外购材料(产品)出厂合格证书、检验报告及质量鉴定报告		
		3. 各种标准试验、配合比设计报告		三、各种标准试验、配合比设计报告		
				(一)混凝土、砂浆配合比设计报告		
				1. 路基工程		
				(1)排水工程水泥砂浆配合比设计报告	D-58、D-52;水泥试验:D-18、D-19 D-20;细集料:D-42、D-43、D-44、D-45	一、(二)—1—(1)—①
				(2)小桥工程××水泥混凝土配合比设计报告	D-56、D-46、D-51;水泥试验:D-18、D-19、D-20;粗集料:D-36、D-37、D-40、D-41;细集料:D-42、D-43、D-44、D-45	一、(二)—1—(1)—②
				(3)涵洞工程××水泥混凝土配合比设计报告	D-56、D-46、D-51;水泥试验:D-18、D-19、D-20;粗集料:D-36、D-37、D-40、D-41;细集料:D-42、D-43、D-44、D-45	一、(二)—1—(1)—③
				(4)砌筑防护工程水泥砂浆配合比设计报告	D-58、D-52;水泥试验:D-18、D-19、D-20;细集料:D-42、D-43、D-44、D-45	一、(二)—1—(1)—④
				2. 桥梁工程		
				(1)××水泥混凝土配合比设计报告	D-56、D-46、D-51;水泥试验:D-18、D-19、D-20;粗集料:D-36、D-37、D-40、D-41;细集料:D-42、D-43、D-44、D-45	一、(二)—1—(2)—①

续上表

归档范围			案卷题名	文件材料内容	文件材料表格内容	程序顺序号
三	(二)	1				
施工质量控制文件	材料及标准试验	3.各种标准试验、配合比设计报告	××公路××段第6合同段K51+000～K53+000段材料及标准试验资料 第　卷共　卷	(2)防护水泥砂浆配合比设计报告	D-58、D-52;水泥试验:D-18、D-19、D-20;细集料:D-42、D-43、D-44、D-45	一、(二)—1—(2)—②
				3.交通安全设施		
				1.标志、轮廓标基础水泥混凝土配合比设计报告	D-56、D-46、D-51;水泥:D-18、D-19、D-20;粗集料:D-36、D-37、D-40、D-41;细集料:D-42、D-43、D-44、D-45	一、(二)—1—(3)
				(二)击实试验报告		
				1.路基工程		
				(1)路基土石方工程		
				①土方路基击实试验报告	击实:D-10、D-12;材料:D-01、D-03 、D-03-1、D-04	一、(二)—2—(1)—①—A
				②砂垫层(软土地基)击实试验报告	击实:D-10、D-12;材料:D-14、D-15	一、(二)—2—(1)—①—B
				(2)小桥台背填土(包括锥坡填土)击实试验报告	击实:D-10、D-12;材料:D-01、D-03、D-03-1、D-04	一、(二)—2—(1)—②
				(3)涵洞回填土、台背填土击实试验报告	击实:D-10、D-12;材料:D-14、D-15	一、(二)—2—(1)—③
				2.路面工程		
				(1)水泥砂砾底基层击实试验报告	击实:D-11、D-12、D-29;水泥:D-18、D-19、D-20;集料:D-23、D-23-1、D-27、D-04	一、(二)—2—(2)—①
				(2)水泥砂砾基层击实试验报告	击实:D-11、D-12、D-29;水泥:D-18 D-19、D-20;集料:D-23、D-23-1、D-27、D-04	一、(二)—2—(2)—②
				(3)路肩击实试验报告	击实:D-10、D-12;材料:D-01、D-03、D-03-1、D-04	一、(二)—2—(2)—③

续上表

归档范围			案卷题名	文件材料内容	文件材料表格内容	程序顺序号
三	（二）	1				
施工质量控制文件	材料及标准试验	3. 各种标准试验、配合比设计报告	××公路××段第6合同段K51+000～K53+000段材料及标准试验资料 第 卷共 卷	3. 桥梁工程		
				（1）台背填土击实试验报告	击实：D-10、D-12；材料：D-01、D-03、D-03-1、D-04	一、（二）—2—（3）—①
				（2）导流堤击实试验报告	击实：D-10、D-12	一、（二）—2—（3）—②
				（三）路面结构层配合比设计报告		
				1. 水泥砂砾底基层混合料组成设计报告	配合比：D-31、D-30、D-28、D-29；水泥：D-18、D-19、D-20；集料：D-23、D-23-1、D-27、D-04；击实：D-11、D-12	一、（二）—3—（1）
				2. 水泥砂砾基层混合料组成设计报告	配合比：D-31、D-30、D-28、D-29；水泥：D-18、D-19、D-20；集料：D-23、D-23-1、D-27、D-04；击实：D-11、D-12	一、（二）—3—（2）
				3. 水泥混凝土面层配合比设计报告	配合比：D-57、D-46、D53；水泥：D-18、D-19、D-20；粗集料：D-36、D-38、D-39、D-40、D-41；细集料：D-42、D-43、D-44、D-45	一、（二）—3—（3）

续上表

归档范围				案卷题名	文件材料内容	文件材料表格内容	程序顺序号
三	(三)	1	(1)				
施工质量控制文件	施工工序资料	路基工程	路基土石方工程	××公路××段第6合同段K51+000～K53+000段路基土石方工程施工工序资料 第 卷共 卷	一、地表处理资料		
					(一)K×+×××～ K×+×××段地表处理资料	A-10、C-004、E-01、C-121、C-123、C-124、D-09、E-11	二、(一)—1—(1)—①
					二、不良地质处理方案、施工资料、检测资料		
					(一)K×+×××～ K×+×××段		
					1. 软基基底处理方案、施工资料、检测资料	A-10、C-122、C-124、E-11	二、(一)—1—(2)—①
					2. 砂垫层(软土地基)处理方案、施工资料、检测资料	A-10、C-124、C-129、D-09	二、(一)—1—(2)—②
					三、分层压实资料		
					(一)K×+×××～ K×+×××段		
					1. 土方路基每层压实资料	D-09(下路堤、上路堤、下路床、上路床下层)	二、(一)—1—(1)—②
					2. 土方路基上路床顶面压实资料	D-09(上路床顶面)	二、(一)—1—(1)—③
					四、路基检测、验收资料		
					(一)K×+×××～ K×+×××段		
					1. 土方路基每层施工、检测、验收资料	A-10、E-01、E-02	二、(一)—1—(1)—②
					2. 土方路基上路床顶面施工、检测、验收资料	A-10、E-01、C-121、C-123、C-124、C-125、C-126、C-127、E-11、C-128	二、(一)—1—(1)—③
					五、分段资料汇总		
					(一)K×+×××～K×+×××段		
					1. 土方路基检测、试验结果汇总表	C-161、C-162	三、(一)—1—(1)
					2. 砂垫层(软土地基)检测、试验结果汇总表	C-161	三、(一)—1—(2)

续上表

归档范围				案卷题名	文件材料内容	文件材料表格内容	程序顺序号
三	(三)	1	(2)				
施工质量控制文件	施工工序资料	路基工程	防护工程	××公路××段第6合同段K51+000～K53+000段防护工程施工工序资料 第 卷共 卷	一、K×+×××～K×+×××段或××锥、护坡基坑放样、开挖处理、试验检测资料	A-10、C-148、E-11、D-08	二、(一)—5—(1)—①
					二、K×+×××～K×+×××段或××锥、护坡工序施工记录、检测试验资料	A-10、C-148、D-09-1	二、(一)—5—(1)—②
					三、K×+×××～K×+×××段或××锥、护坡砂浆强度试验资料	D-52	二、(一)—5—(1)—③
			(3)小桥工程	××公路××段第6合同段K51+110小桥工程施工工序资料 第 卷共 卷	一、基坑放样、开挖处理、试验检测资料	A-10、C-148、E-13、E-11、D-07或D-08	二、(一)—3—(1)—①—A
					二、基础检查资料		
					(一)扩大基础钢筋加工安装(钢筋网)检查资料	A-10、C-148、E-12	二、(一)—3—(1)—①—B
					(二)扩大基础混凝土浇筑检查资料	A-10、E-07、C-148	二、(一)—3—(1)—①—D
					三、各分项施工工序检查资料		
					(一)下部构造各分项施工工序检查资料		
					1. 混凝土墩、台身		
					(1)钢筋加工及安装检查资料	A-10、C-148、E-12	二、(一)—3—(1)—②—A
					(2)混凝土浇筑检查资料	A-10、E-07、C-148	二、(一)—3—(1)—②—C
					2. 墩、台帽		
					(1)钢筋加工及安装检查资料	A-10、C-148、E-12	二、(一)—3—(1)—③—A
					(2)混凝土浇筑检查资料	A-10、E-07、C-148	二、(一)—3—(1)—③—C
					3. 支座垫石检查资料	A-10、E-07、C-148	二、(一)—3—(1)—④
					4. 台背回填土检查资料	A-10、C-148	二、(一)—3—(1)—⑤
					5. 挡块检查资料	A-10、E-07、C-148	二、(一)—3—(1)—⑥

续上表

归档范围				案卷题名	文件材料内容	文件材料表格内容	程序顺序号
三	(三)	1	(3)				
施工质量控制文件	施工工序资料	路基工程	小桥工程	××公路××段第6合同段K51+110小桥工程施工工序资料 第 卷共 卷	(二)上部构造预制和安装各分项施工工序检查资料		
					1. 梁(板)预制		
					(1)钢筋加工及安装施工、检验资料	A-10、C-148、E-12	二、(一)—3—(2)—①—A
					(2)混凝土浇筑施工、检验资料	A-10、E-07、C-148	二、(一)—3—(2)—①—C
					2. 梁(板)安装施工工序检查资料	A-10、C-148	二、(一)—3—(2)—②
					(三)桥面系和附属工程各分项施工工序检查资料		
					1. 桥面铺装		
					(1)钢筋加工及安装检查资料	A-10、C-148、E-12	二、(一)—3—(3)—①—A
					(2)水泥混凝土铺装检查资料	A-10、E-07、C-148、C-131	二、(一)—3—(3)—①—C
					2. 支座安装检查资料	A-10、C-148	二、(一)—3—(3)—②
					3. 搭板		
					(1)钢筋加工安装检查资料	A-10、C-148、E-12	二、(一)—3—(3)—③—A
					(2)混凝土浇筑检查资料	A-10、E-07、C-148	二、(一)—3—(3)—③—C
					4. 伸缩缝安装检查资料	A-10、C-148	二、(一)—3—(3)—④
					5. 混凝土防撞护栏		
					(1)钢筋加工及安装检查资料	A-10、C-148、E-12	二、(一)—3—(3)—⑤—A
					(2)混凝土浇筑检查资料	A-10、E-07、C-148	二、(一)—3—(3)—⑤—C
					四、混凝土强度、台背回填压实度试验报告及汇总表		
					(一)混凝土强度试验报告		
					1. 基础及下部构造		

续上表

归档范围				案卷题名	文件材料内容	文件材料表格内容	程序顺序号
三	(三)	1	(3)				
施工质量控制文件	施工工序资料	路基工程	小桥工程	××公路××段第6合同段K51+110小桥工程施工工序资料 第 卷共 卷	(1)扩大基础混凝土强度试验报告	D-51	二、(一)—3—(1)—①—D
					(2)墩、台身混凝土强度试验报告	D-51	二、(一)—3—(1)—②—C
					(3)墩、台帽混凝土强度试验报告	D-51	二、(一)—3—(1)—③—C
					(4)支座垫石混凝土强度试验报告	D-51	二、(一)—3—(1)—④
					(5)挡块混凝土强度试验报告	D-51	二、(一)—3—(1)—⑥
					2. 梁(板)预制混凝土强度试验报告	D-51	二、(一)—3—(2)—①—C
					3. 桥面系及附属工程混凝土强度试验报告		
					(1)桥面铺装水泥混凝土强度试验报告	D-51	二、(一)—3—(3)—①—C
					(2)搭板混凝土强度试验报告	D-51	二、(一)—3—(3)—③—C
					(3)防撞护栏混凝土强度试验报告	D-51	二、(一)—3—(3)—⑤—C
					(二)台背回填压实度试验报告	D-09	二、(一)—3—(1)—⑤
					(三)混凝土强度、台背填土试验资料汇总表		
					1. 混凝土强度试验资料汇总表	C-168	三、(一)—3
					2. 台背填土压实度试验资料汇总表	C-161	三、(一)—3—(1)—④
			(4)排水工程	××公路××段第6合同段K51+000～K53+000段排水工程施工工序资料 第 卷共 卷	一、各施工工序检查资料		
					(一)K×+×××～K×+×××段土沟施工工序检查资料	A-10、C-146、C-145、E-11	二、(一)—2—(1)
					(二)K×+×××～K×+×××段浆砌排水沟施工工序检查资料	A-10、C-146、C-147、E-11	二、(一)—2—(2)
					(三)K×+×××～K×+×××段盲沟施工工序检查资料	A-10、C-146、C-145、E-11	二、(一)—2—(3)
					二、K×+×××～K×+×××段浆砌排水沟砂浆强度试验资料	D-52	二、(一)—2—(2)

续上表

归档范围				案卷题名	文件材料内容	文件材料表格内容	程序顺序号
三	(三)	1	(5)				
施工质量控制文件	施工工序资料	路基工程	涵洞工程	××公路××段第6合同段K51＋000～K53＋000段涵洞工程施工工序资料 第　卷共　卷	一、××涵洞		
					(一)涵台基坑放样、开挖处理、试验检测资料	A-10、C-148、E-13、E-11、D-08	二、(一)—4—(1)—①—A
					(二)各施工工序检查资料		
					1. 基础及下部		
					(1)涵台混凝土浇筑施工工序检查资料	A-10、E-07、C-148	二、(一)—4—(1)—①—C
					(2)八字墙混凝土浇筑施工工序检查资料	A-10、E-07、C-148	二、(一)—4—(1)—①—B
					2. 主要构件预制、安装		
					(1)管节预制		
					①钢筋加工和安装施工工序检查资料	A-10、C-148、E-12	二、(一)—4—(2)—①—A
					②混凝土浇筑施工工序检查资料	A-10、E-07、C-148	二、(一)—4—(2)—①—C
					(2)管座及涵管安装施工工序检查资料	A-10、E-07、C-148	二、(一)—4—(2)—②
					(3)盖板制作		
					①钢筋加工和安装施工工序检查资料	A-10、C-148、E-12	二、(一)—4—(2)—③—A
					②混凝土浇筑施工工序检查资料	A-10、E-07、C-148	二、(一)—4—(2)—③—C
					(4)盖板安装施工工序检查资料	A-10、C-148	二、(一)—4—(2)—④
					3. 填土附属工程		

续上表

归档范围				案卷题名	文件材料内容	文件材料表格内容	程序顺序号
三	(三)	1	(5)				
施工质量控制文件	施工工序资料	路基工程	涵洞工程	××公路××段第6合同段K51+000～K53+000段涵洞工程施工工序资料 第 卷共 卷	(1)桥面铺装(明涵)施工工序检查资料	A-10、E-07、C-148、C-131	二、(一)—4—(3)—①
					(2)涵洞台背填土施工工序检查资料	A-10、C-148	二、(一)—4—(3)—②
					(3)搭板(明涵)施工工序检查资料		
					①钢筋加工和安装施工工序检查资料	A-10、C-148、E-12	二、(一)—4—(3)—③—A
					②混凝土浇筑施工工序检查资料	A-10、E-07、C-148	二、(一)—4—(3)—③—C
					(三)混凝土强度、台背填土压实度试验报告及汇总表		
					1. 混凝土强度试验报告		
					(1)基础及下部构造		
					①涵台混凝土强度试验报告	D-51	二、(一)—4—(1)—①—C
					②八字墙混凝土强度试验报告	D-51	二、(一)—4—(1)—②—B
					(2)主要构件预制		
					①管节预制混凝土强度试验报告	D-51	二、(一)—4—(2)—①—C
					②管座及涵管安装混凝土强度试验报告	D-51	二、(一)—4—(2)—②
					③盖板制作混凝土强度试验报告	D-51	二、(一)—4—(2)—③—C
					(3)填土、附属工程		
					①桥面铺装(明涵)混凝土强度试验报告	D-51	二、(一)—4—(3)—①
					②搭板(明涵)混凝土强度试验报告	D-51	二、(一)—4—(3)—③—C
					2. 台背填土压实度试验报告	D-09	二、(一)—4—(3)—②
					3. 混凝土强度、台背回填试验资料汇总表		
					(1)混凝土强度试验资料汇总表	C-168	三、(一)—4
					(2)台背填土压实度试验资料汇总表	C-161	三、(一)—4—(3)—②

续上表

归档范围			案卷题名	文件材料内容	文件材料表格内容	程序顺序号
三	(三)	2				
施工质量控制文件	施工工序资料	路面工程	××公路××段第6合同段K51+000～K53+000段路面工程施工工序资料 第 卷共 卷	一、施工工序检查资料		
				(一)K×+×××～K×+×××段水泥砂砾底基层施工工序检查资料	A-10、E-04、C-125、C-121、C-124、C-130、C-126、D-28、D-29、E-11	二、(二)—3
				(二)K×+×××～K×+×××段水泥砂砾基层施工工序检查资料	A-10、E-04、C-125、C-121、C-124、C-130、C-126、D-28、D-29、E-11	二、(二)—2
				(三)K×+×××～K×+×××段水泥混凝土面层施工工序检查资料	A-10、E-07、E-06、C-130、C-125、C-131、C-132、C-152、C-123、C-124、C-121、C-126、E-11、C-134、D-55、C-188-1、C-185-1	二、(二)—1—(3)
				(四)路肩		
				1. K×+×××～K×+×××段		
				(1)路肩(底基层)施工工序检查资料	A-10、C-124、D-09	二、(二)—4—(1)
				(2)路肩(基层)施工工序检查资料	A-10、C-124、D-09	二、(二)—4—(2)
				(3)路肩(面层)施工工序检查资料	A-10、C-125、C-126、C-124、D-09	二、(二)—4—(3)
				二、材料配合比抽检资料		
				(一)K×+×××～K×+×××段水泥砂砾底基层材料配合比抽检资料	D-23-1	二、(二)—3
				(二)K×+×××～K×+×××段水泥砂砾基层材料配合比抽检资料	D-23-1	二、(二)—2
				(三)K×+×××～K×+×××段水泥混凝土面层材料配合比抽检资料	D-38、D-39、D-43、D-47	二、(二)—1—(3)
				三、压实度、强度试验检测报告及汇总资料		
				(一)压实度、强度试验检测报告		
				1. K×+×××～K×+×××段水泥砂砾底基层压实度、强度试验检测报告	D-09、D-30	二、(二)—3

续上表

归档范围			案卷题名	文件材料内容	文件材料表格内容	程序顺序号
三	(三)	2				
施工质量控制文件	施工工序资料	路面工程	××公路××段第6合同段K51＋000～K53＋000段路面工程施工工序资料 第 卷共 卷	2. K×＋×××～K×＋×××段水泥砂砾基层压实度、强度试验检测报告	D-09、D-30	二、(二)—2
				3. K×＋×××～K×＋×××段水泥混凝土面层压实度、强度试验检测报告	D-53、D-55	二、(二)—1—(3) 三、(二)—1
				(二)压实度、强度试验检测汇总资料		
				1. K×＋×××～K×＋×××段水泥砂砾底基层压实度、强度试验检测汇总资料	C-161、C-171	三、(二)—3
				2. K×＋×××～K×＋×××段水泥砂砾基层压实度、强度试验检测汇总资料	C-161、C-171	三、(二)—2
				3. K×＋×××～K×＋×××段水泥混凝土面层强度试验检测汇总资料	C-170	三、(二)—1
		3. 桥梁工程	××公路××段第6合同段K52＋930中桥施工工序资料 第 卷共 卷	一、桩基放样资料	E-13、E-11	二、(三)—1—(1)—②
				二、桩基检测资料		
				(一)钻孔灌注桩		
				1. 钢筋加工及安装检查资料	A-10、C-148、E-12	二、(三)—1—(1)—①
				2. 钻孔桩成孔检查资料	A-10、C-148、E-15	二、(三)—1—(1)—②
				3. 钻孔灌注桩检查资料	A-10、E-07、C-148、E-16	二、(三)—1—(1)—③
				(二)承台		
				1. 钢筋加工及安装检查资料	A-10、C-148、E-12	二、(三)—1—(2)—①
				2. 混凝土浇筑检查资料	A-10、E-07、C-148	二、(三)—1—(2)—③
				三、墩台、预制构件施工工序检查资料		
				(一)墩台		
				1. 混凝土台身		

续上表

归档范围			案卷题名	文件材料内容	文件材料表格内容	程序顺序号
三	(三)	2				
施工质量控制文件	施工工序资料	桥梁工程	××公路××段第6合同段K52+930中桥施工工序资料 第 卷共 卷	(1)钢筋加工及安装施工工序检查资料	A-10、C-148、E-12	二、(三)—1—(3)—①
				(2)混凝土浇筑施工工序检查资料	A-10、E-07、C-148	二、(三)—1—(3)—③
				2. 柱式墩身		
				(1)钢筋加工及安装施工工序检查资料	A-10、C-148、E-12	二、(三)—1—(4)—①
				(2)混凝土浇筑施工工序检查资料	A-10、E-07、C-148	二、(三)—1—(4)—③
				3. 墩、台帽或盖梁		
				(1)钢筋加工及安装施工工序检查资料	A-10、C-148、E-12	二、(三)—1—(5)—①
				(2)混凝土浇筑施工工序检查资料	A-10、E-07、C-148	二、(三)—1—(5)—③
				4. 支座垫石施工工序检查资料	A-10、E-07、C-148	二、(三)—1—(6)
				5. 挡块施工工序检查资料	A-10、E-07、C-148	二、(三)—1—(8)
				(二)梁(板)预制施工工序检查资料		
				1. 钢筋加工及安装施工工序检查资料	A-10、C-148、E-12	二、(三)—2—(1)—①
				2. 混凝土浇筑施工工序检查资料	A-10、E-07、C-148	二、(三)—2—(1)—②
				四、各工序施工、检测记录		
				(一)台背回填土工序施工、检测记录	A-10、C-148	二、(三)—1—(7)
				(二)梁(板)安装工序施工、检测记录	A-10、C-148	二、(三)—2—(2)
				(三)桥面系和附属工程各工序施工、检测记录		
				1. 桥面铺装		
				(1)钢筋加工及安装工序施工、检测记录	A-10、C-148、E-12	二、(三)—3—(1)—①
				(2)水泥混凝土铺装工序施工、检测记录	A-10、E-07、C-148、C-131	二、(三)—3—(1)—③

续上表

归档范围			案卷题名	文件材料内容	文件材料表格内容	程序顺序号
三	(三)	3				
施工质量控制文件	施工工序资料	桥梁工程	××公路××段第6合同段K52+930中桥施工工序资料 第 卷共 卷	2. 支座安装检查记录	A-10、C-148	二、(三)—3—(2)
				3. 搭板		
				(1)钢筋加工安装工序施工、检测记录	A-10、C-148、E-12	二、(三)—3—(3)—①
				(2)混凝土浇筑工序施工、检测记录	A-10、E-07、C-148	二、(三)—3—(3)—③
				4. 伸缩缝安装工序施工、检测记录	A-10、C-148	二、(三)—3—(4)
				5. 混凝土防撞护栏		
				(1)钢筋加工及安装工序施工、检测记录	A-10、C-148、E-12	二、(三)—3—(5)—①
				(2)混凝土浇筑工序施工、检测记录	A-10、E-07、C-148	二、(三)—3—(5)—③
				(四)防护工程		
				1. 锥、护坡		
				(1)基础基坑开挖检查记录	A-10、C-148、E-11、D-08	二、(三)—4—(1)—①
				(2)锥、护坡检查记录	A-10、C-148、D-09	二、(三)—4—(1)—②
				2. 导流工程		
				(1)导流工程填土检查记录	A-10、C-148、D-09	二、(三)—4—(2)—①
				(2)基础基坑检查记录	A-10、C-148、E-11、D-08	二、(三)—4—(2)—②
				(3)导流工程检查记录	A-10、C-148	二、(三)—4—(2)—③
				五、砂浆强度、混凝土强度、台背回填压实度等试验报告及汇总表		
				(一)砂浆强度		
				1. 锥、护坡水泥砂浆强度试验报告	D-52	二、(三)—4—(1)—②
				2. 导流工程水泥砂浆强度试验报告	D-52	二、(三)—4—(2)—③

续上表

归档范围			案卷题名	文件材料内容	文件材料表格内容	程序顺序号
三	(三)	3				
施工质量控制文件	施工工序资料	桥梁工程	××公路××段第6合同段K52+930中桥施工工序资料 第 卷共 卷	(二)混凝土强度		
				1.基础及下部构造		
				(1)桩基础		
				①钻孔灌注桩混凝土强度试验报告	D-51	二、(三)—1—(1)—③
				②承台混凝土强度试验报告	D-51	二、(三)—1—(2)—③
				(2)台身混凝土强度试验报告	D-51	二、(三)—1—(3)—③
				(3)柱式墩身混凝土强度试验报告	D-51	二、(三)—1—(4)—③
				(4)墩台帽或盖梁混凝土强度试验报告	D-51	二、(三)—1—(5)—③
				(5)支座垫石混凝土强度试验报告	D-51	二、(三)—1—(6)
				(6)挡块混凝土强度试验报告	D-51	二、(三)—1—(8)
				2.梁(板)预制混凝土强度试验报告	D-51	二、(三)—2—(1)—③
				3.桥面系及附属工程		
				(1)桥面铺装水泥混凝土强度试验报告	D-51	二、(三)—3—(1)—③
				(2)搭板混凝土强度试验报告	D-51	二、(三)—3—(3)—③
				(3)防撞护栏混凝土强度试验报告	D-51	二、(三)—3—(5)—③
				(三)台背回填压实度试验报告	D-09	二、(三)—1—(7)
				(四)砂浆强度、混凝土强度、台背回填压实度试验汇总表		
				1.砂浆强度试验结果汇总表	C-169	三、(三)—4—(2)
				2.混凝土强度试验结果汇总表	C-168	三、(三)
				3.台背回填压实度试验结果汇总表	C-161	三、(三)—1—(7)

续上表

归档范围			案卷题名	文件材料内容	文件材料表格内容	程序顺序号
三	(三)	4				
施工质量控制文件	施工工序资料	交通安全设施	××公路××段第6合同段K51+000～K53+000段交通安全设施施工工序资料 第　卷共　卷	一、标志牌制作安装检查记录	A-10、C-148、D-51	二、(四)—1
				二、标线检查资料、施工记录	A-10、C-148	二、(四)—2
				三、防撞护栏及附属设施检查资料		
				(一)波形梁钢护栏检查资料	A-10、C-148	二、(四)—3—(1)
				(二)轮廓标施工检查资料	A-10、C-148、D-51	二、(四)—3—(2)

K51＋800 圆管涵基坑放样、开挖处理、试验检测资料

科技档案卷内目录 表 9.2.2-1

档案日期		编制单位		档案编号	
保管期限		编制日期		卷内页数	

案卷题名	××公路××段第 6 合同段(K51＋000～K53＋000) 涵洞工程施工工序资料(施) 第一卷 共一卷

数序号	文件编号	责任者	文件材料题名	日期	页次	备注
			K51＋800 圆管涵基坑放样、开挖处理、试验检测资料		1	
			K51＋800 圆管涵各施工工序检查资料		6	
			K51＋800 圆管涵混凝土强度、台背回填压实度试验报告及汇总表		43	
			K52＋100 圆管涵基坑放样、开挖处理、试验检测资料		59	
			K52＋100 圆管涵各施工工序检查资料		64	
			K52＋100 圆管涵混凝土强度、台背回填压实度试验报告及汇总表		101	
			K52＋310 盖板涵基坑放样、开挖处理、试验检测资料		117	
			K52＋310 盖板涵各施工工序检查资料		122	
			K52＋310 盖板涵混凝土强度、台背回填压实度试验报告及汇总表		179～195	

科技档案卷内目录

表 9.2.2-2

档案日期		编制单位		档案编号	
保管期限		编制日期		卷内页数	
案卷题名	××公路××段第 6 合同段(K51＋000～K53＋000) 路面工程施工工序资料(施) 第一卷　共二卷				

数序号	文件编号	责任者	文件材料题名	日期	页次	备注
			K51＋000～K52＋000 段水泥砂砾底基层施工工序检查资料		1	
			K52＋000～K53＋000 段水泥砂砾底基层施工工序检查资料		28	
			K51＋000～K52＋000 段水泥砂砾基层施工工序检查资料		55	
			K52＋000～K53＋000 段水泥砂砾基层施工工序检查资料		91	
			K51＋000～K52＋000 段水泥混凝土面层施工工序检查资料		123～214	

科技档案卷内目录

表 9.2.2-3

档案日期		编制单位		档案编号	
保管期限		编制日期		卷内页数	
案卷题名	××公路××段第 6 合同段(K51＋000～K53＋000) 路面工程施工工序资料(施) 第二卷　共二卷				

数序号	文件编号	责任者	文件材料题名	日期	页次	备注
			K52＋000～K53＋000 段水泥混凝土面层施工工序检查资料		1	
			K51＋000～K53＋000 段路肩施工工序检查资料		57	
			K51＋000～K53＋000 段水泥砂砾底基层材料配合比抽检资料		79	
			K51＋000～K53＋000 段水泥砂砾基层材料配合比抽检资料		89	
			K51＋000～K53＋000 段水泥混凝土面层材料配合比抽检资料		99	
			K51＋000～K53＋000 段水泥砂砾底基层压实度、强度试验检测报告		143	
			K51＋000～K53＋000 段水泥砂砾基层压实度、强度试验检测报告		163	
			K51＋000～K53＋000 段水泥混凝土面层强度试验检测报告		183	
			K51＋000～K53＋000 段压实度、强度试验检测汇总资料		194～204	

附录一

交通运输部文件

交办发〔2010〕382号

关于印发公路建设项目文件材料立卷归档管理办法的通知

各省、自治区、直辖市、新疆生产建设兵团交通运输厅(局、委)、天津市市政公路管理局:

现将《公路建设项目文件材料立卷归档管理办法》印发给你们,望遵照执行。

二〇一〇年八月九日

公路建设项目文件材料立卷归档管理办法

第一章 总 则

第一条 为规范公路建设项目文件材料立卷归档工作,保证项目档案质量,更好地为公路建设事业服务,根据《科学技术档案工作条例》、《科学技术档案案卷构成的一般要求》(GB/T 11822—2008)、《国家重大建设项目文件归档要求与档案整理规范》(DA/T 28—2002)、《公路建设监督管理办法》、《交通档案管理办法》等有关规定,制定本办法。

第二条 本办法适用于新建、改建和扩建公路建设项目文件材料立卷归档管理工作。

第三条 本办法所称公路建设项目文件材料，是指自项目立项审批（核准）至竣工验收全过程产生的，反映项目质量、进度、费用和安全管理基本情况，对建成后工程管理、维护、改建和扩建具有保存、查考利用价值的各种形式和载体的历史记录。

本办法所称公路建设项目档案，是指按照项目档案组卷要求，经系统整理并归档的公路建设项目文件材料。

第二章 公路建设项目文件材料立卷归档工作组织与职责

第四条 各级交通运输主管部门根据统一领导、分级负责的原则，依法对所辖区域内公路建设项目文件材料立卷归档工作进行管理，同时接受公路建设项目所在地上级及同级档案行政管理部门的监督和指导。

第五条 公路建设项目档案工作实行项目法人负责制。项目法人单位负责做好本单位形成的公路建设项目文件材料的收集、整理和归档工作，承担各参建单位项目文件材料收集归档工作的组织、协调和监督、指导等管理职责；将项目文件材料立卷归档工作纳入工程建设管理程序、纳入招投标制，与工程建设同步收集、同步整理、同步归档，保证项目文件材料收集、立卷、归档的及时、准确、完整、系统和安全。

第六条 项目竣工文件材料立卷归档工作应纳入工程合同管理，纳入监理工作内容，按照“谁形成谁负责”的原则，由文件材料的形成单位或部门负责，不得委托他人。

项目监理单位应负责对施工单位竣工文件材料形成、收集和整理归档工作进行监督、检查，在交工验收前向项目法人单位提交项目档案质量审核意见。

第七条 各参建单位应配备具有相关工程专业知识、能够适应项目文件材料立卷归档工作需要的专职档案管理人员，并保持其稳定性；明确本单位有关岗位和人员项目文件材料收集归档的职责和要求；按规定做好项目文件材料的立卷归档和移交工作。

第三章 公路建设项目文件材料的收集

第八条 公路建设项目文件材料具体收集范围按照交通运输部《关于印发公路工程竣交工验收办法实施细则的通知》（交公路发［2010］65 号）中附件 2《公路工程项目文件归档范围》的规定执行。

已经实行计算机辅助项目管理的，电子文件须与纸质文件同步归档；在与设计单位签订合同时，应对电子版设计文件归档提出明确要求；如无条件形成电子文件的，对利用率高的竣工文件，可采取图像扫描或缩微方式，进行档案复制。

第九条 公路建设项目各阶段文件收集归档责任分工按照本办法附件1《公路建设项目文件材料收集归档单位》执行。

第十条 各有关单位应按照收集归档责任分工，建立健全项目文件材料收集归档制度和预立卷制度，按照公路建设项目建设程序的不同阶段文件材料产生的自然过程，分部做好预立卷工作。

第十一条 收集归档的项目文件材料应为原件。其中，项目立项审批等文件，原件保存在项目主管单位的，项目法人可将复印件归档保存；供货商提供的原材料及产品质量保证文件为复印件的，须在复印件上加盖销售单位印章并注明原件存放处后归档保存；热敏纸传真件，需复印保存。复印件应清晰。

第十二条 收集归档的项目文件材料应能全面、准确地反映工程建设的实际过程。勘察及测量基础资料、施工记录须是现场原始记录，如需清稿，须将原始记录与清稿后的记录文件一并归档保存；表单填写内容规范，产生及使用部位标注清楚，相关签署手续完备，且为相关责任人亲笔签名。

第十三条 项目文件材料应书写工整，字迹、线条清晰，修改规范；纸张优良，规格基本统一，小于A4纸规格的出厂证明、材质合格证等应粘贴在A4纸上；书写材料应符合耐久性要求。

第十四条 数码照片应刻录在不可擦写光盘上保存，同时还须冲印出6英寸纸质照片与说明一并整理归档；照片档案的整理应符合国家档案局《照片档案管理规范》(GB/T 11821—2002)要求。

第十五条 电子文件及纸质文件数字化的形成和保存应符合国家档案局《电子文件归档与管理规范》(GB/T 18994—2002)、《CAD电子文件光盘存储、归档与档案管理要求》(GB/T 17678.1—1999)和《纸质档案数字化技术规范》(DA/T 31—2005)的要求。

第十六条 竣工图编制要求：

(一)竣工图由施工单位负责编制。编制完成的竣工图应由编制单位逐张加盖竣工图章并签署，经监理审核签字认可；如项目法人制定由设计单位编制或施工单位委托设计单位编制的，应明确施工单位和监理单位的审核及签字认可责任。

(二)竣工图应能全面、准确、清晰地反映项目竣工时的实际情况。竣工图编制说明应能充分体现已完工项目的建设过程和完工时的实际情况，包括主要建设内容、完成工程量、执行的规范标准、主要施工方案、采用的新技术新工艺新材料、特殊问题的处理、施工图的版本、变更情况以及修改完善情况、完工时间等。

(三)一般性变更及符合杠改或划改要求的，可在原施工图上修改，要注明修改依据，并加盖竣工图章作为竣工图；凡结构、工艺、平面布置等重大变更及图面变更面积超过10%的，须重新绘制竣工图；重新绘制竣工图的图签如能全面反映施工和监理单位签署情况的，可不另加盖竣工图章。重绘竣工图纸在原施工图号前加“竣”字。

（四）同一构筑物、建筑物重复使用的标准图、通用图可不编入竣工图中，但应在图章目录中列出图号，指明该图所在位置并在编制说明中注明；不同构筑物、建筑物应分别编制。

第四章　公路建设项目文件材料的整理

第十七条　公路建设项目文件材料归档移交前，由文件材料形成单位，在项目文件材料预立卷的基础上，按照文件材料的自然形成过程并保持其内在有机联系，进行系统化整理组卷，要做到分类科学，便于保管和利用。合同段未完成项目档案整理的，项目法人单位不得组织交工验收。

（一）立项审批阶段文件材料根据审批事项内在联系分别整理组卷。

（二）勘察设计阶段文件材料按照设计的不同阶段和专业分别整理组卷。

（三）招投标及合同文件材料按照招投标工作程序和合同内容分别整理组卷。

（四）工程准备阶段文件材料按照审批事项及相关手续办理过程分别整理组卷。

（五）工程管理文件材料按照问题结合时间分别整理组卷。

（六）变更文件以合同段为单位，按照变更文件编号依次汇总整理组卷，并编制设计变更与修改后的竣工图档号对照一览表（见附件 2《设计变更文件与竣工图档号对照一览表》）。

（七）计量支付报表与附件、计划进度报表按照合同段结合时间分别整理组卷。

（八）施工日志按照合同段结合时间集中整理组卷

（九）施工文件材料：

1.原材料质量保证文件、配合比设计文件属单位（分部、分项）工程专用的，按单位（分部、分项）工程，分别集中整理组卷。除此之外，可以合同段为单位分别集中整理组卷。

2.施工原始文件，包括就工序施工质量控制问题印发的整改指令性文件及相关整改报告等，均应按照分项（分部、单位）工程，结合施工工序，归入相应部分分别整理组卷。

3.竣工图按照专业、图号分别整理组卷。

（十）监理文件：

1.监理管理文件以监理合同段为单位，按照依据性文件、合同管理文件、工程质量控制文件、安全管理文件、计划进度控制文件、费用控制文件等分别整理组卷。

2.平行试验及独立抽检的文件材料按照单位工程分别整理组卷。

3.旁站监理记录按施工合同段整理组卷。

4.监理日志按照监理机构和形成时间整理组卷。

（十一）工程试运行及竣工验收工作文件材料按照检测观测记录及报告、缺陷整改情况、各专项验收和竣工验收工作内容分别整理组卷。

第十八条 卷内文件材料系统化排列：

（一）立项审批文件按照批复、请示、相关审查及专家评审文件材料的顺序依次排列。

（二）设计审批文件按照批复、请示、相关审查及专家评审文件材料的顺序依次排列。

（三）工程准备阶段文件材料按照审批及相关手续办理程序依次进行排列。

（四）项目法人及监理就质量控制、计划进度控制、费用控制及安全管理等问题普发的文件材料，按照文件材料所反映问题的有机联系，结合重要程度依次进行排列。

（五）施工文件材料：

1.原材料质量保证文件按照原材料类别依次进行排列。

2.变更文件按照变更文件的文号顺序依次进行排列。

3.各单位、分部、分项工程质量评定表及汇总文件按照汇总及各单位、分部、分项工程评定工作程序依次进行排列。

4.按照分项（分部、单位）工程分别整理组卷的文件材料，依照分项（分部、单位）工程施工进程，结合施工工序顺序依次进行排列。

5.合同段交工验收文件按照交工验收证书、交工验收报告、质量监督机构出具的交工验收质量检测意见、各项工程总结依次进行排列。

6.竣工图按照专业结合图号依次进行排列。

7.设备安装及调试文件按照依据性、设备开箱验收、设备安装及调试、设备运行维护、随机文件等顺序依次进行排列。

（六）监理文件：

1.监理管理文件按照文件材料所反映问题的有机联系，结合重要程度依次进行排列。

2.旁站监理记录和平行试验及独立抽检文件材料按照单位、分部、分项工程依次进行排列。

3.监理日志按照监理机构和日志形成时间依次进行排列。

（七）计量支付文件与附件及计划进度报表以合同段为单位，按时间依次进行排列。

（八）试运行及竣工验收工作文件材料按照检测观测记录、车辆通行情况、缺陷整改落实情况及各专项验收和竣工验收工作程序依次进行排列。

第十九条 经系统化排列的卷内文件材料，双面书写的文件材料，在其正面右下角、背面左下角，单面书写的文件材料，在其正面右下角，用阿拉伯数字逐页编写页号。已装订成册的文件材料，如自成一卷的，不需要新编写页号；如与其他文件材料组成一卷的，该册文件材料排列在其他文件材料之后，并将其作为一份文件编写册号，不需重新编写页号。

第二十条 案卷由案卷卷盒、内封面、卷内目录、卷内文件材料及备考表（封底）组成，其格式均应符合《科学技术档案案卷构成的一般要求》(GB/T 11822—2008)。

第二十一条 卷盒正面及卷脊可只填写案卷的档号和立卷单位（卷盒内装有若干卷案卷的，卷盒正面及卷脊应填写盒内案卷起止档号）。

第二十二条 内封面由下列内容构成：案卷题名、立卷单位、起止日期、保管期限、密级及档号。

案卷题名应能准确反映本案卷的基本内容，包括公路建设项目名称、起讫里程、分项（分部、单位）工程名称及文件材料名称。

立卷单位指案卷的组卷单位或部门。

起止日期指本案卷内文件形成的最早和最晚的时间——年、月、日（年度应填写四位数字）。

保管期限填写划定的保管期限。保管期限分为永久、30 年、10 年三种。应根据项目的实际情况、项目文件材料的特性及利用价值，分别确定案卷的保管期限。

密级根据国家及交通运输部有关保密规定确定并填写。

第二十三条 卷内目录由下列项目组成：

（一）序号，按照文件排列顺序，用阿拉伯数字从 1 起依次标注。

（二）文件编号，填写文件材料的原始编号或图号。

（三）责任者，填写文件材料的形成单位或主要形成单位。属原材料报验和工序报验文件，责任者应填写施工单位和监理单位。

（四）文件题名，填写卷内文件材料标题的全称，没有标题或标题不能说明文件材料内容的，应自拟标题，并加[ ]符号。案卷内每份独立成件及单独办理报验和批准手续形成的文件材料，均应逐件填写文件标题。

（五）日期，填写文件材料形成最终日期。

（六）页次，填写每份文件材料首页上标注的页号，最后一份文件标注起止页号；属已装订成册的文件材料，在卷内文件目录页次栏中填写册数，并在备注栏中注明累计总页数。

（七）备注，填写需注明的情况。

卷内目录需纸质目录及电子目录各一份。

第二十四条 备考表中须注明本案卷组卷情况及本案卷包含文件份数；说明复印件归档原因和原件存放地；立卷人指案卷组卷人员，检查人应为部门或项目技术负责人及监理。

第二十五条 公路建设项目档案除蓝图及成册文件材料外，按照三孔一线方式进行装订。装订前，应去除塑胶、塑封、塑膜、胶圈等易老化腐蚀纸张的封面或装订材料。

不装订的图纸及成册文件材料，每份需加盖档号章。档号章内容包括该份文件材料所在案卷的档号和本案卷中所在页次（档号章式样见附件3《档号章式样》）。

第二十六条 案卷系统化排列及编号：

案卷的编制单位应按工程进展的自然过程，对已经整理好的案卷进行系统化排列，并用铅笔在封面及卷脊编写案卷流水号。其中，施工单位应对本合同段形成的案卷，按照其自然形成过程，依照路线进行方向，结合单位工程排列顺序依次进行排列。监理单位按照监理工作程序，以合同段为单位，对形成的案卷进行系统化排列。

第二十七条 案卷目录的编制：

经系统化排列和编号的案卷须编制案卷目录一式二份（含电子版），其格式应符合《科学技术档案案卷构成的一般要求》(GB/T 11822—2008)。

第五章 公路建设项目档案的移交与汇总整理

第二十八条 公路建设项目各承包单位应在合同段交工验收前，将已经系统化整理的项目档案连同案卷目录（含电子版目录）和案卷编制说明，经项目法人单位和监理检查合格后，移交项目法人单位，并按规定办理移交手续。

案卷编制说明内容包括本合同段项目建设内容、档案整理执行的标准、项目档案整理情况及案卷数量、竣工图编制质量及其他需要说明的问题。

移交项目档案套数由项目法人单位根据实际需要确定，并在合同中明确。

第二十九条 项目法人单位负责对接收的全部项目档案进行系统化整理和排列。案卷排列顺序按照立项审批、设计、工程准备、施工、交工、竣工等不同阶段依次进行汇总整理和排列。其中施工阶段案卷按照项目法人单位、施工单位及监理单位形成的案卷分别进行汇总、整理和排列；施工单位和监理单位形成的案卷，依路线进行方向，以合同段为单位依次进行汇总整理和排列。

招投标、合同及计量支付、计划进度报表类档案可单独整理和编目。

第三十条 档号的编制：

档号由项目法人单位或档案接收单位编制。档号应简单、清晰。

第三十一条 案卷总目录的编制：

项目法人单位负责对系统化整理和排列的所有案卷汇总编制案卷总目录（含电子版）及项目档案整理情况说明。说明内容包括项目立项审批及初步设计审批情况、建设规模及主要建设内容、项目档案整理执行的标准、项目档案整理情况及案卷数量、项目档案运用计算机管理情况及其他需要说明的情况。

第三十二条 项目法人单位应在项目通过竣工验收3个月内，按照有关规定向有关单位办理项目档案移交手续。

第六章 附 则

第三十三条 本办法由交通运输部负责解释。

第三十四条 高速公路大修项目文件材料立卷归档工作参照本办法。

第三十五条 本办法自印发之日起实施。2001年6月13日交通部办公厅印发的《公路工程竣工文件材料立卷归档管理办法》(交办发[2001]390)同时废止。

附录二

交通运输部文件

交公路发〔2010〕65号

关于印发公路工程竣(交)工验收办法实施细则的通知

各省、自治区、直辖市、新疆生产建设兵团交通运输厅(局、委)、天津市市政公路管理局:

为进一步规范和完善公路工程竣(交)工验收工作,部制定了《公路工程竣(交)工验收办法实施细则》,现印发给你们,望遵照执行。

二〇一〇年一月二十七日

附件

公路工程项目文件归档范围

第一部分 综 合 文 件

一、竣(交)工验收文件

(一)竣工验收文件(附件6、7、8相关内容及竣工验收委员会各专业检查组意见)。

(二)交工验收文件(附件3、4相关内容)。

(三)工程单项验收文件(环保、档案等)。
(四)各参建单位总结报告。
(五)接管养护单位项目使用情况报告。

二、建设依据及上级有关指示

(一)项目建议书及批准文件。
(二)工程可行性研究报告及批准文件。
(三)水土保持批准文件。
(四)环境影响评价及批准文件。
(五)文物调查、保护等文件。
(六)初步设计文件及批准文件。
(七)施工图设计文件及批准文件。
(八)设计变更文件及批准文件。
(九)设计中重大技术问题往来文件、会议纪要。
(十)施工许可批准文件。
(十一)上级单位有关指示。

三、征地拆迁资料

(一)征地拆迁合同协议。
(二)征地批文。
(三)征用土地数量一览表。
(四)占地图及土地使用证。
(五)拆迁数量一览表。

四、工程管理文件

(一)招标文件。
(二)投标文件、评标报告。
(三)合同书、协议书。
(四)技术文件及补充文件。
(五)建设单位往来文件。
(六)工程质量责任登记表。
(七)其他文件及资料。

第二部分　决算和审计文件

一、支付报表

二、财务决算文件

三、工程决算文件

四、项目审计文件

五、其他文件

第三部分　监 理 资 料

一、监理管理文件

二、工程质量控制文件

(一)质量控制措施、规定及往来文件。

(二)监理独立抽检资料(注:编排顺序参照第四部分)。

(三)交工验收工程质量评定资料。

三、工程进度计划管理文件

四、工程合同管理文件

五、其他文件

六、其他资料

监理日志,会议记录、纪要,工程照片,音像资料。

监理机构及人员情况,各级监理人员的工作范围、责任划分、工作制度。

第四部分　施 工 资 料

一、竣工图表

(一)变更设计一览表。

(二)变更图纸。

(三)工程竣工图。

二、工程管理文件

施工组织机构及人员,岗位责任划分,施工组织设计,技术交底文件,会议纪要等。

三、施工质量控制文件

(一)工程质量管理文件。

1.工程质量往来文件(质量保证体系,专项技术方案等)。

2.工程质量自检报告及工程质量检验评定资料。

3.工程质量事故及处理情况报告、补救后达到要求的认可证明文件。

4.桥梁荷载试验报告。

5.桥梁基础检验汇总资料。

6.施工中遇到的非正常情况记录、处理方案、施工工艺、质量检测记录及观察记录、对工程质量影响分析。

7.交工验收施工单位的自检评定资料。

(二)材料及标准试验。

1. 原材料、外购成品、半成品抽检试验报告及资料。

2. 外购材料(产品) 出厂合格证书、检验报告及质量鉴定报告。

3. 各种标准试验、配合比设计报告。

(三)施工工序资料。

1. 路基工程。

(1)路基土石方工程。

i. 地表处理资料。

ii. 不良地质处理方案、施工资料、检测资料。

iii. 分层压实资料。

iv. 路基检测、验收资料。

v. 分段资料汇总。

(2)防护工程。

i. 基坑放样、开挖处理、试验检测资料。

ii. 各工序施工记录、检测、试验资料。

iii. 成品检测资料。

v. 砂浆(混凝土)强度试验资料。

(3)小桥工程。

i. 基坑放样、开挖处理、试验检测资料。

ii. 基础施工检查、试验资料,桩基检测资料。

iii. 各分项施工工序检查、成品检测资料。

iv. 砂浆强度、混凝土强度、台背回填压实度等试验报告及汇总表。

(4)排水工程。

i. 基坑放样、开挖处理、试验检测资料。

ii. 各施工工序检查、成品检测资料。

iii. 砂浆、混凝土强度试验资料。

(5)涵洞工程。

i. 基坑放样、开挖处理、试验检测资料。

ii. 各施工工序检查、成品检测资料。

iii. 砂浆强度、混凝土强度、台背回填压实度等试验报告及汇总表。

2. 路面工程。

(1)施工工序检查资料。

(2)材料配合比抽检(油石比、马歇尔试验等)资料。

(3)压实度、弯沉、强度等试验检测报告及汇总资料。

3. 桥梁工程。

(1)基坑放样、开挖处理、试验检测资料。

(2)基础施工检查、试验资料，桩基检测资料。

(3)墩台、现浇构件、预制构件、预应力等施工工序检查、成品检测资料。

(4)各工序施工、检测记录。

(5)砂浆强度、混凝土强度、台背回填压实度等试验报告及汇总表。

(6)引道工程施工检测、试验资料。

4. 隧道工程。

(1)洞身开挖施工、检查资料。

(2)衬砌施工、检验资料。

(3)隧道路面工程施工、检查资料。

(4)照明、通风、消防设施施工、检查资料。

(5)洞口施工检查资料。

(6)各种附属设施检验施工资料。

(7)各环节工序检查、验收资料。

(8)隧道衬砌厚度、混凝土(砂浆)强度试验检测资料。

5. 交通安全设施。

(1)各种标志牌制作安装检查记录。

(2)标线检查资料、施工记录。

(3)防撞护栏、隔离栅及附属设施施工、检查资料。

(4)照明系统施工、检测资料。

(5)各中间环节检测资料。

(6)成品检测资料。

6. 房屋建筑工程。

按建筑部门有关法规、资料编制办法管理、汇总。

7. 机电工程。

8. 绿化工程。

(四)缺陷责任期资料。

四、施工安全及文明施工文件

(一)安全生产的有关文件。

安全组织机构及人员、岗位责任、安全保证体系、施工专项技术方案、技术交底文件等。

(二)安全事故的调查处理文件。

(三)文明施工的有关文件。

五、进度控制文件

(一)进度计划(文件、图表)、批准文件。

(二)进度执行情况(文件、图表)。

(三)有关进度的往来文件。

六、计量支付文件

七、合同管理文件

八、施工原始记录

(一)施工日志。

(二)天气、温度及自然灾害记录。

(三)测量原始记录。

(四)各工序施工原始记录(未汇入施工质量控制文件的部分)。

(五)会议记录、纪要。

(六)施工照片、音像资料。

(七)其他原始记录。

第五部分　科研、新技术资料

一、科研资料

二、新技术应用资料

(批准的所有科研、新技术资料均要整理归档)。

参考文献

[1] 中华人民共和国行业标准. JTG G10—2006 公路工程施工监理规范. 北京:人民交通出版社,2006.

[2] 中华人民共和国行业标准. JTG F80/1—2004 公路工程质量检验评定标准. 北京:人民交通出版社,2004.

[3] 中华人民共和国行业标准. JTG F10—2006 公路路基施工技术规范. 北京:人民交通出版社,2006.

[4] 中华人民共和国行业标准. JTJ 041—2000 公路桥涵施工技术规范. 北京:人民交通出版社,2000.

[5] 中华人民共和国行业标准. JTJ 034—2000 公路路面基层施工技术规范. 北京:人民交通出版社,2000.

[6] 中华人民共和国行业标准. JTG F30—2003 公路水泥混凝土路面施工技术规范. 北京:人民交通出版社,2003.

[7] 中华人民共和国行业标准. JTG E42—2005 公路工程集料试验规程. 北京:人民交通出版社,2005.

[8] 中华人民共和国行业标准. JTG E40—2007 公路土工试验规程. 北京:人民交通出版社,2007.

[9] 中华人民共和国行业标准. JTG E30—2005 公路工程水泥及水泥混凝土试验规程. 北京:人民交通出版社,2005.

[10] 中华人民共和国行业标准. JTG E51—2009 公路工程无机结合料稳定材料试验规程. 北京:人民交通出版社,2009.

[11] 中华人民共和国行业标准. JTG E60—2008 公路路基路面现场测试规程. 北京:人民交通出版社,2008.